中国特色
新闻学
研究丛书

中国新闻传播概念史：
从新名词到关键词

邓绍根 著

中国国际广播出版社

目 录

绪 论 / 001

第一章 百年来"新闻"词源研究概况和新考 / 007

第一节 民国时期"新闻"词源的研究概况 / 007

第二节 改革开放前 30 年"新闻"词源的研究概况 / 011

第三节 改革开放 30 年"新闻"词源的研究概况 / 013

第四节 "新闻"词源新证 / 020

本章小结 / 023

第二章 "新闻"词源新证及其近代术语的形成 / 025

第一节 古代"新闻"词源新证 / 026

第二节 古代"新闻"语义的历史文化变迁 / 028

第三节 近代"新闻"观念的中西对接 / 032

本章小结 / 039

第三章 "舆论"词源新说 / 041

第一节 "舆论"词源旧说 / 041

第二节 "舆论"词源新考 / 043
本章小结 / 045

第四章 "舆情"词源考证及其历史变迁 / 047

第一节 "舆情"词源考证 / 047
第二节 五代十国时期"舆情"话语权的政治转移 / 054
第三节 两宋时期"舆情"使用及其途径探析 / 059
第四节 苏轼与宋代"舆情"/ 066

第五章 新闻界关于"记者"一词的探源纷争 / 072

第一节 两种观点，针锋相对 / 072
第二节 "记者"一词探源的新突破 / 075
第三节 新观点的商榷之处 / 077
本章小结 / 080

第六章 "记者"一词在中国的源流演变历史 / 081

第一节 "记者"一词在中国古代文献中的出现和流变 / 082
第二节 "记者"一词在日本的兴起和传入中国 / 085
第三节 "记者"一词在中国开花结果 / 093
第四节 "记者"一词现代新含义的生成 / 098
本章小结 / 100

第七章 跨语际旅行："记者"一词在中国演变历史再考察 / 101

第一节 古汉语"记者"词源再考证 / 102

目 录

第二节 "记者"新名词的中日跨语际旅行 / 103

第三节 跨语际旅行中"记者"渐成新闻学关键词 / 106

第四节 新闻职业化思潮中"记者"的分野与关键词地位的确立 / 109

本章小结 / 115

第八章 "采访"词源新证及历史解读 / 119

第一节 古代"采访"词源新证 / 119

第二节 "新闻采访"近代观念的生成 / 121

第三节 "采访"逐渐成为新闻学专业词汇 / 125

本章小结 / 129

第九章 "杂志"一词在中国的源流演变 / 130

第一节 "杂志"词源新证 / 130

第二节 西方近代"杂志"（Magazine）观念传入中国 / 132

第三节 日本近代"杂志"的兴起与返传中国 / 134

第四节 近代"杂志"在中国落地开花 / 136

第五节 "杂志"逐渐成为新闻学专业术语 / 140

本章小结 / 140

第十章 "舆论监督"的历史解读 / 142

第一节 舆论监督的历史形态 / 142

第二节 中国共产党舆论监督的历史传统 / 144

第三节 舆论监督融入中国民主政治生活 / 147

第十一章 近现代中国"舆论监督"观念的历史演变 / 149

第一节 清末"舆论监督"观念的萌发及其新词出现 / 150

第二节 民国"舆论监督"观念的发展及其阶级分野 / 155

第三节 新中国"舆论监督"观念的曲折前行及其制度建设 / 162

本章小结 / 172

第十二章 从"新闻学"一词的源流演变看中国新闻学学科的兴起和发展 / 175

第一节 汉语"新闻学"一词的由来 / 175

第二节 "新闻学"一词在中国的传播和中国新闻学的启蒙 / 178

第三节 中国新闻学学科的逐步建立和"新闻学"与"报学"的纷争 / 185

本章小结 / 191

第十三章 从新名词到关键词：民国"电视"概念史 / 194

第一节 民国"电视"词源探究 / 195

第二节 英文"television"一词传入中国 / 196

第三节 "电视"对译"television"渐成报刊常用语 / 198

第四节 "电视"成为反映电子技术新知识的物理学关键词 / 201

第五节 "电视"渐成代表新兴电子媒介的新闻学关键词 / 203

本章小结 / 204

第十四章　从新名词到关键词：民国"新闻自由"的概念史 / 206

第一节　国际新闻自由传递的呼吁中，"新闻自由"新名词"意外"登场 / 207

第二节　新闻统制与检查中，"新闻自由"新名词渐受关注 / 210

第三节　响应国际新闻自由运动中，"新闻自由"一词融入政治话语体系 / 213

第四节　迎接国际新闻自由运动代表，"新闻自由"成为政治斗争口号 / 217

第五节　新闻自由争论声中，"新闻自由"成为学术关键词 / 221

本章小结 / 227

第十五章　新闻心理学在中国研究发展历史的再考察 / 230

第一节　民国时期新闻心理学研究发展的历史概况 / 231

第二节　民国时期新闻心理学研究发展的历史分析 / 236

第三节　民国时期新闻心理学研究发展的历史定位 / 238

本章小结 / 240

第十六章　"党八股"一词的词源历史考察 / 241

第一节　"党八股"词源三观点 / 241

第二节　"党八股"词源分歧考析 / 244

第三节　"党八股"一词的词源新证 / 246

本章小结 / 249

第十七章 "党八股"概念的来源与变迁 / 250
——兼谈马克思主义文风建设的要求

第一节 "党八股"的四种词源说 / 251

第二节 从反八股文到新八股、洋八股 / 253

第三节 国民党"党化教育"中催生党八股 / 256

第四节 毛泽东在延安整风前后积极倡导反对党八股 / 263

本章小结 / 267

第十八章 新时期《人民日报》中"新闻规律"的话语呈现及其知识特征 / 270

第一节 《人民日报》"新闻规律"观念产生的历史背景 / 271

第二节 20世纪80年代的《人民日报》：遵守新闻规律，改革会议报道 / 275

第三节 20世纪90年代的《人民日报》：遵循新闻规律，在新闻改革中坚持党性原则 / 277

第四节 新世纪头10年的《人民日报》：新闻工作要全面坚持新闻规律 / 278

第五节 2010年代的《人民日报》：新闻规律新发展，传递正能量 / 281

第六节 改革开放新时期《人民日报》的"新闻规律"观念特点 / 283

第十九章 "舆论引导"在《人民日报》的演变及其新态势 / 287

第一节 应运改革开放新时代，"舆论引导"独立成词 / 288

第二节 推广"舆论引导"，探索舆论引导建设 / 289

第三节 普及"舆论引导"，确立舆论引导理论 / 292

第四节　强化舆论引导建设，构建舆论引导新格局 / 294

第五节　"2·19"重要讲话后舆论引导新态势 / 296

第二十章　"特约评论员"的历史解读 / 299

第一节　"特约评论员"横空出世 / 299

第二节　"特约评论员"大显神威 / 302

第三节　"特约评论员"与时俱进 / 303

第四节　广电、网络"特约评论员"异军突起 / 304

第二十一章　"党媒姓党"的理论根基、历史渊源和现实逻辑 / 307

第一节　"党媒姓党"的理论根基 / 308

第二节　"党媒姓党"的历史渊源 / 313

第三节　"党媒姓党"的现实逻辑 / 317

本章小结 / 320

第二十二章　正本清源："马克思主义新闻观"概念的生成与发展 / 321

第一节　拨乱反正中，"马克思主义新闻观"新词出现 / 322

第二节　反对资产阶级自由化中，"马克思主义新闻观"概念初步兴起 / 327

第三节　中国特色社会主义新闻理论体系建设中，"马克思主义新闻观"概念生成 / 334

第四节　"马克思主义新闻观"概念在其教育活动兴起中普及与深化 / 342

本章小结 / 353

绪　论

著名学术大师陈寅恪在《敦煌劫余录·序》中曾言："一时代之学术，必有其新材料与新问题。取用此材料，以研求问题，则为此时代学术之新潮流。治学之士得预于此潮流者，谓之预流（借用佛学初果之名）。其未得预者，谓之未入流。此古今学术史之通义，非彼闭门造车之徒所能同喻者也。"我就是在不断质疑历史并寻找新史料的过程中，走上了"从新名词到关键词"的中国新闻传播概念史研究之路。

2004年2月，在博士备考复习过程中，一篇名为《"记者"称呼的由来》的文章吸引了我的注意。该文说：我国最早出现"记者"一词是在1905年3月10日上海《申报》一篇题为《论今日各国对中国之大势》的文章中，从1905年到2004年，正好99岁。我联想起蓝鸿文先生主编的中国人民大学出版社版教材《新闻采访学》，对比发现该文观点是错误的。作为新闻研究业务爱好者，我也没有勇气撰文投给刊登此文的杂志与之商榷，于是以笔名"知者"撰写了一篇2000余字的小文——《也论"记者"称呼的由来》，通过邮箱投给了《中华新闻报》。该报是中华全国新闻工作者协会主办的中央级媒体，作为全国新闻行业的权威性报纸，其定位是立足传媒界、报道传媒界、服务传媒界、开拓界内外，它有责任澄清关于"记者"的不实不妥说法。所以，毅然决定投稿给该报。很幸运，第一次给报纸投稿就得到回复，并告知采纳刊登。2004年6月11日，《中华新闻报》刊登了《也论"记者"称呼的由来》一文，指出：有些报刊书籍早于《申报》使用了"记者""新闻记者"称呼。早于《申报》使用"记者""新闻记者"称呼最集中的代表是中国第一部新闻学著作——《新闻学》（中译本）。1903年10月，上海商务印书馆编修局将之译成中文出版，先后446次运用了"记者"称呼，其中"新闻记者"称呼有191次之多，目录中运用"记者"称呼的有12次。因此，中国"记者"的称呼，绝不是1905年3月10日《申报》首先使用。在此之前，我国的多家报纸已经采用了"记者"这一称呼来指代报馆的工作人员，即广义上的记者（也包括狭义的记者）。特别是，上海商务印书馆编译局翻译的松本君平的《新闻学》已广泛地采用了"记者"和"新闻记者"称呼。1899年3月2日，《清议报》第七期和第八期连载发表的《时事十大新闻汇记》一文中运用的"记者"两字，才是中国迄今所知的最早出现的"记者"称呼。正是这次研究经历，促使我走上了近代新名词的研究之路。

  这次研究也成为我做新闻史学术研究的起点。此后，我围绕"记者"一词，从小处着手、大处着眼，不断利用发掘的新史料、研究发现的新问题，培养起扎实搜集史料和精益求精的学术研究能力。我也将该小文寄给新闻史学家方汉奇先生，请他批评指正，他回信认可并鼓励了这一小研究，为我报考中国人民大学新闻学院新闻史方向的博士生增添了信心。2005年9月，我顺利考入中国人民大学新闻学院，攻读新闻史方向博士，成为方汉奇先生的入室弟子，正式走上了新闻史的研究道路。入学后，我阅读到《"记者"一词在中国的出现和使用》，发现该文对古代和近代"记者"一词提出了新说法。该文认为"记"与"者"二字组成的"记者"一词首先出现在中国，至迟在宋代的《朱子语类》里已经出现："后来记者却失上面一节，只作圣人白话记了。""黄遵宪于1890年出版的《日本国志》卷三十六'礼俗志三'中：'东酬西酢，甲询乙谇，巡檐倚柱，若有所思，新闻馆记者也。'这是目前所见'记者'一词在近代中国最早的出现。"该论断再次激发了我对"记者"研究的热情，撰写发表了论文《新闻界关于"记者"一词的探源纷争》(《国际新闻界》2007年第10期),对该文做出了回应。同时,也反思自己的研究完全是史料,史料很扎实地堆在那里,将自己所掌握的史料功夫淋漓尽致地展示出来,但没什么理论,采用的是很朴素的历史主义的研究方式。于是,我开始寻求理论支撑自己的新名词研究。当阅读到武汉大学著名历史学家冯天瑜先生的历史文化语义学研究著作《新语探源——中西日文化互动与近代汉字术语生成》时,我如获至宝,深受其启发。他主张:历史文化语义学以探析概念的历史轨迹和思想文化蕴涵为基旨,要将概念、术语的意涵还原到具体的历史文化语境当中,既考证它们各自最早的词源出处,又分析它们各自在古今演变、中西对接的不同历史文化语境中的语义变迁,探析其背后蕴藏的丰富历史文化意涵。其中的"古今演变、中西对接"成为我在近代新名词研究中的学术追求。在冯天瑜先生历史文化语义学的指导下,我对"记者"一词展开了新研究,撰写并发表了自己第一篇学术长文——《"记者"一词在中国的源流演变历史》(《新闻与传播研究》2008年第1期)。论文指出,目前新闻界关于"记者"一词的源流众说纷纭,主要有四种说法,即1899年说、1905年说、1815年说和1890年说。笔者根据大量史籍报刊材料,考证"记者"一词在中国的源流演变历史。结论是:"记者"一词源于中国古汉语,至迟见于战国秦汉时期经典史籍《管子》;后在日本历经明治维新的洗礼,被创造性地用来指代报馆中的新闻从业者;再由中国驻日的外交参赞黄遵宪、流亡日本的维新派和留日学生直译返传入中国新闻界,并在民国初年被中国新闻界赋予新含义——外勤记者。确实,我通过该研究深切体会到中国文化的博大精深。尤其是著名史学大师陈寅恪所言:"凡解释一字,即是作一部文化史。"同时,该论文也获得中国人民大学研究生院2008年优秀研究生学术论文一等奖,在毕业之际给自己的博士生求学生涯画上了一个圆满句号,也让我对学术研究信心倍增。

2008年7月,我进入北京大学历史学系博士后流动站工作,合作导师是新闻与传播学院肖东发先生和历史学系牛大勇先生。在博士后研究期间，我也不断寻求新名词的研究创新之路。英国著名文化理论家雷蒙·威廉斯（Raymond Williams，1921—1988）的《关键词：文化与社会的词汇》一书对我有很大启发。他考察了131个彼此相关的"关键词"，追溯这些词语意义的历史流变，并厘清这些流变背后的文化政治。他认为：词语的使用总是随着不同的历史社会背景而改变，词语也在具体的语境中生成不同的意义，当其所处的历史语境发生变化时，它们是如何被形成，被改变，被重新写义，被影响，被修改，被混淆，被强调的。于是，我逐渐将冯天瑜的历史文化语义学和雷蒙·威廉斯的关键词理论作为一种研究方法和理论指导，将它们应用到自己的研究中，不断扩展自己的新闻概念史研究领域，运用自己不断积累的新史料，从小处着手对"新闻学""采访""杂志""电视""舆论监督"等新闻学的关键词进行概念史研究，获得了一些新的研究成果，发表了相关学术论文。

　　随着新名词到关键词研究的深入，我愈发感受到自己理论的不足。于是，我不断阅读和借鉴学界兴起的概念史和观念史研究理论，如黄兴涛的新名词新概念研究，孙江、潘光哲等人的概念史研究方法和金观涛、刘青峰的《观念史研究》。从而认识到：第一，概念史和词语史的异同。概念史研究的"概念"与"词语"关系密切，概念来自词语，但含义比词语复杂。词语的含义是清晰的，而概念则是含混的。当词语凝聚了社会、政治的经验和意义时，词语就变成了概念。第二，概念史与观念史的异同。现在出现了不少关于"观念史"的研究（"关键词"研究也应包含在内），但观念史和概念史并非一回事。在方法论上，观念史将观念视为"常数"，虽然一个观念可以用来表达不同的历史形象，但是，观念本身没有发生实质性变化。而概念史则注意到词语与社会、政治因素之间的动态关系，概念本身就是"变数"。第三，概念史与社会史的异同。概念史关注文本的语言和构成，社会史则将文本作为分析手段，用以考察其背后的情境。概念史研究应该包含以下内容：词语的历史；词语被赋予了怎样的政治、社会内涵并因此而变成概念的历史；同一个概念的不同词语表述或曰概念在文本中的不同呈现；文本得以生成的社会政治语境。其狭义内涵是关于词语和概念的研究，广义内涵是关于知识形态的研究。尤其深入阅读了潘光哲先生的《"殖民地"的概念史：从"新名词"到"关键词"》一文，我深受启发，也开始了自己的概念史研究之路。发表了研究成果《新闻心理学在中国研究发展历史的再考察》(《现代传播》2014年第7期)、《从新名词到关键词：民国"电视"概念史》(《现代传播》2015年第7期)。

但是，随着《"记者"称呼的由来》一文再次在各网站的频发，我开始反思自己在博士研究生时期对"记者"一词的研究，觉得应该做一个批判性的回应，推翻自己，或者说对自己的论断进行重新的提炼，找出更多的新史料对这个问题进行新的研究，这是对自己研究水平的一次最直接、最有力的考验。于是，我搜集新史料，采用新理论，撰写了论文《跨语际旅行——"记者"一词在中国演变历史再考察》(《现代传播》2016年第4期)。

通过多年新闻概念史的研究，我总感觉自己在从小处着手搜集大量新史料进行大量个案研究后，应该从大处着眼，将新闻概念史研究系统化，推动近代中国新闻学术话语体系研究的深入发展。因此，小处着手，搜集史料，进行个案研究，有利于培养自己学术的志趣；大处着眼，学习借鉴理论，训练问题意识，有利于提升自己的学术能力。于是，我陆续撰写发表了《"党媒姓党"的理论根基、历史渊源和现实逻辑》(《新闻与传播研究》2016年第8期)、《"舆论引导"在〈人民日报〉的演变及其新态势》(《青年记者》2017年第10期)、《论新时期〈人民日报〉中"新闻规律"的话语呈现及其知识特征》(《现代传播》2018年第9期)、《"党八股"概念的来源与变迁——兼谈马克思主义文风建设的要求》(《新闻记者》2018年第11期)、《从新名词到关键词：民国"新闻自由"的概念史》(《兰州大学学报（社会科学版）》2019年第6期)、《从新名词到关键词：近代以来中国"舆论监督"观念的历史演变》(《新闻大学》2019年第11期)、

《正本清源："马克思主义新闻观"概念的生成与发展》(《湖南师范大学社会科学学报》2021年第2期)等。其中，2019年11月，拙文《从新名词到关键词：近代以来中国"舆论监督"观念的历史演变》发表后，在学界产生了热烈的反响。该文被人大复印资料《新闻与传播》2020年第2期全文转载，先后获得第八届（2019年度）全国新闻传播学优秀论文、2020年中国新闻传播学年鉴优秀论文、中国新闻史学会新闻传播思想史研究委员会 2019—2020 年度最佳论文奖、2021年中国新闻史学会第七届会员优秀成果"方汉奇奖"二等奖等四个奖项。

总之，在20年的"从新名词到关键词"的中国新闻传播概念史研究过程中，我首先要感谢硕士生导师王民先生、博士生导师方汉奇先生、博士后合作导师肖东发先生和牛大勇先生在求学生涯中给予我的无私关爱和宝贵指导；其次，要由衷地感谢理论上指引我研究前行的冯天瑜先生、雷蒙·威廉斯先生、沈国威先生、方维规先生、黄兴涛先生、孙江先生、潘光哲先生、金观涛先生、刘青峰先生，他们大多未曾谋面，但他们的佳作名篇不断给予我理论和思想营养；再次，特别感谢刊发这些文章的杂志社和出版社的编辑，没有他们的辛苦鼓励和辛勤付出，就不会有这些论文的问世。同时，我也感谢与我合作写作的一些学生，如杨帅、李兴博、伍中梅、阿依江等。

通过"从新名词到关键词"的中国新闻传播概念史研究，我不断享受着学术研究的过程和艰辛，也体会到成长的快乐和收获。我也认识到自己以前文章存在的不足与问题，这次将它们结集出版也是向读者袒露自己开展中国新闻传播概念史研究的心路历程，促使自己不断汲取教训、总结经验，推动今后的中国新闻传播概念史研究。同时，我也更加深刻意识到：哲学社会科学工作者唯有脚踏实地，方能做"大学问"、做"真学问"。哲学社会科学工作者要踏实、求真，小处着手、大处着眼。踏实，首先是扎实，其次是翔实，再次是平实。求真，要有批判性思维，要论之有据、言之成理。从小处着手、大处着眼，要不断发掘新材料，研究新问题。

第一章
百年来"新闻"词源研究概况和新考

人类天天都离不开新闻传播,时时都在和"新闻"打交道。它是新闻事业的细胞,一切新闻现象都是由它生发出来的。"新闻"成为新闻学的核心术语,历来受到了多方学者的关注。他们追根求源,深入考证,不断推陈出新。著名宋代理学家朱熹曾有诗云:"问渠那得清如许,为有源头活水来。"为此,笔者根据近代大量书籍报刊资料,一方面致力于梳理海内外近百年来"新闻"词源的研究概况,展示出中华文化生生不息的传播过程,另一方面利用新近发现的新史料,对"新闻"一词的词源出处进行重新考证,以期取得新突破、新成果。

第一节 民国时期"新闻"词源的研究概况

笔者目前掌握的资料:五四新文化运动伊始,一些学者就开始了"新闻"词源问题的研究,并取得了初步成果,最早见于1915年出版的《辞源》之中。

1908年,在"国无辞书,无文化之可言也"的理念下,商务印书馆编译所陆尔奎、高梦旦等编辑开始了《辞源》的编纂工作。1915年12月,经过50多人查证资料达10万多卷,近8年时间的努力,《辞源》终于出版。《辞源》是以语词为主、兼及百科的大型现代语文辞书,填补了我国近代出版史的空白，成为中国第一部近代大型综合性的词典。在《辞源》中，虽然无"新闻"一词的词条，但在"新闻纸"中提到了"新闻"词源出处，即"新闻纸：报纸今通称为新闻纸，定期出版，所以报告社会及政治上之事项者。按赵昇《朝野类要》'朝报，每日门下后省编定，请给事中判报，方行下都进奏院，报行天下。其有所谓内探、省探、衙探者皆私衷小报，率有泄漏之禁，故隐而号之曰新闻'。则宋时已有此称"①。《辞源》出版后，1916年就已风靡全国，成为学术界、文化界争相购买的畅销巨著。随着该书的出版和畅销，"新闻"一词也被各界学者所关注。

1919年6月，北京大学语言学者刘齐和在《日本文名辞考》中特设"新闻"专条，撰文指出："新闻，日本称'报纸'为'新闻纸'，吾国则称'报'反以'新闻'二字，不如'报'字之典。殊不知，唐尉迟枢著书一册名曰《南楚新闻》，其中皆杂记时事之文。日本'新闻'之名盖取于此。"②

20世纪20年代后期，随着中国新闻学研究的逐步开展和新闻史研究的深入，新闻史学者开始吸纳语言学者对"新闻"词源的考证成果，并写进了新闻史学著作。1927年，著名新闻史学家戈公振在其代表作《中国报学史》中详细记载到，"《朝野类要》：'边报，系沿边州郡，列日具干事人探报平安事宜，实封申尚书省、枢密院。朝报，每日门下后省编定，请给事中判报，方行下都进奏院，报行天下。其有所谓内探、省探、衙探者皆私衷小报，率有泄漏之禁，故隐而号之曰新闻。'读此，则小报与新闻二名词，在宋时已有之矣"③。1929年4月，黄天鹏主编的《报学月刊》发表《新闻考古》一文，也引用了上段《朝野类要》文字，并得出结论："观此，新闻古已有之矣。"④

---

① 辞源：上册[M].上海：商务印书馆，1915：184.《辞源》后来的各个版本均采用此说。
② 刘齐和.日本文名辞考[N].北京大学日刊，1919-06-06.
③ 戈公振.中国报学史[M].北京：中国新闻出版社，1985：27.
④ 新闻考古[J].报学月刊，1929，1（2）：79.

▶第一章
百年来"新闻"词源研究概况和新考

20世纪30年代,"新闻"词源问题引起了新闻学界的广泛关注,不仅新闻史学著作继续讨论,如黄天鹏的《中国新闻事业》(1930年)沿袭了《新闻考古》的观点,而且一些新闻业务书籍也开始展开深入探讨,如谢六逸在《实用新闻学》(1935年)中指出:"'新闻'一语在现代已成为一极通俗的名辞,几于妇孺皆知了。'新闻'二字,也和别的许多'新名词'一样,是从日本输入的。但是我国唐时,曾有人集乡间琐事,用笔记文字写成,题为南楚新闻。故日本之有'新闻'二字,还是从中国输入的。后来国人把从前输出的东西,再重新输入。"①

在探讨中文"新闻"词源的同时,一些学者也开始关注新闻(News)的英文语源问题。1930年,黄天鹏在《天庐谈报》中写道:"西国有一个故事,说报上登载着的纽斯News,是由东East、西West、南South、北North四个字的字母第一字组成的,就是搜集四方新闻的意思。所以只写着North、East、West、South的第一个字母拼起来。这个传说虽然似乎附会,但在另一个方面看,也很带有丰富的趣味。"②1935年,谢六逸在《实用新闻学》中则记载了另一种News语源说法:"News一语,据岳斯特教授(Prof.Yost)之言,为形容词'新的'(New)加'S'字而成。……在英语里面,'新的'(New)的一词,实为最古的言辞。如探讨此字的祖先,则最早由梵文的'Nava'转为拉丁语的'Novus',再由此转为古撒克逊语的'Niwi',盎格鲁·撒克逊的'Niwe'或'Neowe'。'New'一字在中世英语里,不仅作形容词,也作副词、动词、名词用。其名词的复数即为'News',在最初用为'新的东西'的意味。……至于此字用作'新的消息'(News Tidings)始于何时,则未能确知。据牛津字典所载,此字用作'新的消息'一意时,见于1423年苏格兰詹姆士第一世的诏书。为一般所用,便是1500年以后的事了。英国的手写新闻始于1622年名为'Weekly News',后于1641年停刊。英国人用'News'一字表示'新闻'

---

① 谢六逸.实用新闻学[M].上海:申报馆,1935:12.
② 天庐主人.天庐谈报[M].上海:光华书局,1930:4.

之意，当自'Weekly News'为始。"①

1936年10月，在舒新城等著名学者孜孜不倦地编撰下，中华书局出版了以字带词，兼有字典、语文词典和百科词典功能的辞典——《辞海》两巨册，成为继《辞源》之后近代中国又一大型综合性辞典。在《辞海》中，编撰者在"新闻纸"词条下，关注到"新闻"词源出处，不过内容与《辞源》基本相同。其文如下："新闻纸（Newspaper）以报告新闻为主要业务之刊物也，亦称报纸，大抵按日发行，但亦有三日刊或七日刊者。按：'新闻'一名，宋时已见于记载。赵升《朝野类要》。'边报，……古隐而号之曰新闻。'"②《辞海》出版后，名重一时，声动全国。随着《辞海》的风行，"新闻"一词始见于宋代《朝野类要》的观点更加深入人心。随后出版的《辞源》（正续合订本1939年初版和1947年再版）以及1948年的《辞海》（再版合订本）中也沿袭了该论断。

20世纪40年代，虽然有一些新闻理论著作探讨了"新闻"词源问题，但是研究成果出现了不进反退的状况。主要表现在：第一，含混不清地指明词源出处和流变。如1943年，管翼贤在《新闻学集成·新闻篇》中指出，"新闻，这名词，是在什么地方，什么时候发生的，无法去证实……也是有人说：新闻这名词，在十七世纪中叶出版的书籍里，已经见过。……但另据一说：作为新闻专门语的'新闻'，这个名词，起源于美国，在美国被一般人利用，并且是在美国发达起来的"③。第二，"新闻"词源研究成果回到了20年代以前的学术水平。如1945年，储玉坤在《现代新闻学概论》再版中就曾写道："'新闻'一词，虽自英文News译出，但系抄袭日本的名词。我国宋代虽已有'新闻'之称例，如《朝野类要》……"④

---

① 谢六逸.实用新闻学[M].上海：申报馆，1935：14-15.
② 辞海：上[M].上海：中华书局，1936：211.
③ 管翼贤.新闻学集成·新闻篇[M].[出版地不详]：中华新闻学院，1943：25-26.
④ 储玉坤.现代新闻学概论[M].上海：上海世界书局，1939：5-6.

总之，在民国时期，"新闻"一词一直受到了语言学者和新闻学者的关注和研究。他们追根溯源，在宋代赵昇《朝野类要》的基础上，指出"新闻"一词出自唐尉迟枢的《南楚新闻》，体现出学术创新精神。另一方面，他们视野开阔，不仅提出了日本"新闻"二字来自中国，而且关注到英文"News"的词源问题。

第二节　改革开放前30年"新闻"词源的研究概况

20世纪50年代，中国虽然出现了外来语研究的小高潮，但在"新闻"词源研究方面并没有继承民国时期的学术成果。在代表作《现代汉语外来词研究》（1958年）中，作者高名凯、刘正埮指出："新闻，Shinbun，英.a newspaper；the press（总称）。"[①] 他们否认它是日本人用古代汉语原有的语法"意译"欧美语言的词，而是"先由日本人以汉字的配合去'意译'（或部分的'意译'）欧美语言的词，再由汉族人民搬进现代汉语里面来，加以改造而成的现代汉语外来词"[②]。在20世纪六七十年代，中国大陆的学术研究进入一个沉寂期，"新闻"词源研究处于无人问津的状态。如在中华书局《辞海》（1965年未定稿）中，随着与《辞源》的明确分工，"新闻纸"词条做了比较大的词义改动，不再关注其词源问题，且一直延续至今。1976年，由复旦大学新闻系编撰、广西日报社出版的《新闻学小辞典》，虽有"新闻"词条，但没有关注词源出处。

在大陆学术研究沉寂之际，台湾新闻学者积极开展中国新闻史研究，在"新闻"词源研究方面也取得了一些进展。1967年，台湾著名古代新闻史学者朱传誉在其著作《宋代新闻史》中，认为："'新闻'一词，起源很早，且常与'旧闻'对称。新闻是新事，旧闻是旧事。唐宋多以之为笔记

---

① 高名凯，刘正埮.现代汉语外来词研究［M］.北京：文字改革出版社，1958：95.

② 高名凯，刘正埮.现代汉语外来词研究［M］.北京：文字改革出版社，1958：88.

小说的名称。如唐代有尉迟撰《南楚新闻》、李德裕撰《次柳氏旧闻》和宋代有段成式撰《锦里新闻》。……不过，在名称上虽有'新'、'旧'之别，实际上都是'旧闻'。因为有的是记事，固属旧闻；有的虽然是记新事，但当发表时，早成明日黄花。与旧闻无别了。……由于政府采取事先检阅制度，邸报上所登的，大多是过时或不重要的消息。……小报所采访的消息，因为不经检阅，可以提前发表，所以'隐而号之曰新闻'，这里所说的新闻与邸报上的新闻，在时间的观念上，有所不同。换句话说，前者'新闻'一词含义，和今天'新闻'的含义完全相同，赵昇可以说是最早引用'新闻'一词之一人。"①

1969年，台湾地区中国新闻史研究成果的集大成者《中国新闻史》再版问世。在该书中，学者们在讨论宋代新闻事业史时，指出"新闻"二字之由来："小报"既被查禁，可是并未绝迹，反而愈禁愈盛，考其原因，"小报"已由改装门面的方式以"新闻"出现了。据《朝野类要》载："……故隐而号之曰'新闻'。"②

20世纪70年代中后期，台湾新闻学者的研究取得了新的进展。1976年，孙如陵先生在著作《报学研究》中，收录文章《"新闻"一词的发现》和《〈红楼梦〉中的"新闻"》。在前文中，他认为，"沈复《浮生六记·卷四·浪游记快》记载：违教两月，城中有何新闻？抚军在辕否？……其含义，与吾人今日所习者，初无二致"③。在后文中，他抄录了《红楼梦》中六处运用"新闻"的语句，再一次强调："上文所引各条，可贵之处，在'新闻'一词的含义，与我们今日所习用者，完全吻合。盖《红楼梦》中所用的'新闻'，有'最近发生的新奇事物'之意。"④1978年，台湾商务印书局出版的《辞源》（增修版）沿袭了民国时期《辞源》

---

① 曾虚白. 中国新闻史［M］. 台北：台湾政治大学新闻研究所，1966：84.
② 朱传誉. 宋代新闻史［M］. 台北：台湾"中国学术著作奖助委员会"，1967：80.
③ 孙如陵. 报学研究［M］. 台北：台湾学生书局，1976：173.
④ 孙如陵. 报学研究［M］. 台北：台湾学生书局，1976：174.

的说法。李瞻先生则在专著《中国新闻史》（1979年）中基本承袭了朱传誉《宋代新闻史》的观点。

日本学者从20世纪70年代也开始积极从事外来词的探索和研究。1970年，日本汉学家实藤惠秀撰写的《中国人留学日本史》（1983年谭汝谦、林启彦译成中文版出版）在"中国人承认来自日本的现代汉语词汇一览表"收入了"新闻"一词。[1]

总之，在改革开放前，受政治因素的影响，中国大陆"新闻"词源研究并没有取得进展。中国大陆学者认为"新闻"一词是日本的外来词，且被日本学者征引借用。台湾新闻学者则取得新成果，不仅提及唐代尉迟枢的《南楚新闻》，而且在语义分析研究之后，指出古代"新闻"与现代"新闻"的含义一致。

第三节 改革开放30年"新闻"词源的研究概况

改革开放后，随着思想解放，学术研究逐渐恢复开展，一些学者开始深入探究"新闻"词源问题，取得了新成果，但也引发了各种争议。

1980年，商务印书馆出版了《辞源》（修订版）第2册，设有"新闻"词条，部分内容为："新闻：新近听说的事，后以指最新的信息，也作'新文'。如唐李咸用《披沙集·春日喜逢乡人刘松》诗：'旧业久抛耕钓侣，新闻多说战争功。'"[2]

1982年12月，姚福申先生在《唐代新闻传播活动考》一文中，向学术界呈现了自己关于"新闻"词源研究的新成果：一般认为"新闻"一词作为最近消息解释，最早见于南宋赵昇所撰《朝野类要》一书。其实早在初唐神龙年间（公元705年前后），有一位孙处玄的文人就曾说过："恨天

---

[1] 实藤惠秀.中国人留学日本史[M].谭汝谦，林启彦，译.北京：生活·读书·新知三联书店，1983：333.

[2] 辞源：第2册[M].北京：商务印书馆，1980：1375.

下无书以广新闻。"如果把这里的"新闻"理解为奇闻逸事或近作（因为《旧唐书》将"新闻"作"新文"），显然是解释不通的。[1]1984年初，他在《唐代新闻传播形式》一文中再次强调了该观点。这一研究新成果问世后，就被载入新闻学工具书《新闻学简明词典》（1984年），详文为："新闻，新近发生的事实的报道。他的特性是向公众传递各种讯息。我国'新闻'一词始出于唐朝，如武则天时人孙处玄'尝恨天下无书以广新闻'（《新唐书》），尉迟枢著《南楚新闻》（系传说和故事）。宋朝赵昇《朝野类要》称'其有所谓内探、省探、衙探者皆私衷小报，率有泄漏之禁，故隐而号之曰新闻'。据西方新闻学记载：1423年，苏格兰詹姆斯第一曾使用此词：'我把可喜的新闻带给你。'"[2]但是，原来的《旧唐书》却误写为《新唐书》，以致后来许多研究者在征引时都采用了《新唐书》，其实《新唐书》中并无《孙处玄传》。

但是，有些学者质疑该新成果。1984年11月，王志兴在《新闻学论集》第八辑发表文章《唐人孙处玄用过"新闻"一词吗？》，认为："新闻"实为"新文"之误，孙处玄未用过"新闻"一词。理由是：中华书局印行的《旧唐书》中的原文为"尝恨天下无书以广新文"。而"文"字不能代之以"闻"，"新文"中的"文"亦不可能为"闻"之通假。[3]此论一出，学界哗然，绝大多数学者都不敢以"尝恨天下无书以广新闻"为据，如《资料工作与新闻》（北京广播学院出版社，1988年）、《新闻知识荟萃》（白山出版社，1989年）等。其中以《新闻学词典》（1988年）最典型。该词典是《新闻学简明词典》（1984年）的修订版，在"新闻"词条中就删去了"如武则天时人孙处玄'尝恨天下无书以广新闻'（《新唐书》）"的

---

[1] 姚福申.唐代新闻传播活动考[J].新闻大学，1982（5）：74.
[2] 余家宏，宁树藩，徐培汀，等.新闻学简明词典[M].杭州：浙江人民出版社，1984：67.
[3] 王志兴.唐人孙处玄用过"新闻"一词吗?[M]//中国人民大学新闻系《新闻学论集》编辑组.新闻学论集：第8辑.北京：中国人民大学出版社，1984：160.

▶第一章
百年来"新闻"词源研究概况和新考

内容。①

1989年春,姚福申先生经过深入考证,在《新闻大学》发表文章《唐代孙处玄使用"新闻"一语的考辨》,尖锐指出孙处玄的这段史料被认定为"实属讹误",其实这是新闻史研究者轻率地相信了该文轻率的结论。他之所以敢于说这一结论下得过于轻率,是因为作者虽然考虑到"会不会是版本不同",却没有在《旧唐史》的版本上做充分的研究。于是,他经过版本比较,发现其他三个版本,即《四库全书》本和英殿本《旧唐史》以及清代刊刻的《旧唐书》中,均作"尝恨天下无书以广新闻"。他还根据校勘学,运用他校法对《唐诗纪事》、《太平御览》和《旧唐书》进行对比,得出结论:四个古本进行比较,"新"字三见,"所"字一见,"闻"字三见,"文"字一见,似应作"新闻"为是。同时,他认为在清人眼光中,"新文"与"新闻"可以通假。②这个研究成果问世后,立即被载入书籍,如《追踪溯源》(学苑出版社,1989年)、《中国新闻史事溯源》(中国新闻出版社,1989年)等。

20世纪90年代以来,"新闻"始于"尝恨天下无书以广新闻"的观点,逐渐被学术界接受,并开始流行起来,许多论文和著作纷纷采用它作为"新闻"词源出处,如《中国报纸始于唐代考》(台北《报学》杂志第四、五期,1991年)、《万事万物溯源辞典》(吉林人民出版社,1991年)、《中外新闻知识概览》(新华出版社,1992年)、《舆论宣传学大辞典》(经济日报出版社,1993年)、《中国新闻界之最》(社会科学文献出版社,1993年)等。特别是方汉奇先生在《中国新闻事业通史:第1卷》(中国人民大学出版社,1992年)中指出:新闻一词始见于初唐人孙处玄所说的"恨天下无书以广新闻"(见《旧唐书·孙处玄传》)。晚唐人李咸用有"旧业久抛耕钓侣,新闻多说战争功""多少新闻见,应须语句明"等

---

① 余家宏,宁树藩,徐培汀,等.新闻学词典[M].杭州:浙江人民出版社,1988:57.
② 姚福申.唐代孙处玄使用"新闻"一语的考辨[J].新闻大学,1989(1):45.

诗句（见《全唐诗》），是最早以"新闻"一词入诗的人。段成式的《锦里新闻》、尉迟枢的《南楚新闻》等两书，也成于晚唐，是最早以"新闻"一词作为书名的。其中，孙处玄、李咸用所说的"新闻"，带有"新的见闻"的意思，已接近于现代人对新闻一词的理解。孙处玄的那句话，几种版本的用字不同（印作"新闻""所闻""新文"的都有），因而有过歧义。姚福申对此做过考证，认为仍以作"新闻"一词为是。此从姚说。参看姚福申的《唐代孙处玄使用"新闻"一词的考辨》，刊1989年2月《新闻大学》。① 但是，它并没有被一些权威性工具书收录，如《中国大百科全书·新闻出版》（1990年）、《汉语大词典》（汉语大词典出版社，1993年）、《新闻学大辞典》（河南人民出版社，1993年）等。

1993年至今，新闻学界普遍接受了"新闻"始于"尝恨天下无书以广新闻"的观点，大多数著述都采信了这一观点，特别一些工具书、教科书的采用，更使得这一观点在全社会逐渐普及推广起来。主要有：《中国新闻传播学说史》（重庆出版社，1994年）、《中国新闻事业史新编》（四川人民出版社，1998年）、《中国新闻记录大全》（广州出版社，1998年）、《新闻传播百科全书》（四川人民出版社，1998年）、《新闻史的奇情壮彩》（华文出版社，2000年）、《当代新闻理论》（新华出版社，2003年）、《新闻学概论》（上海大学出版社，2003年）、《中国新闻传播事业史纲要》（法律出版社，2004年）、《方汉奇自选集》（中国人民大学出版社，2007年）、《中国新闻史》（上海交通大学出版社，2008年）。其中，2005年，由方汉奇、李矗主编的《中国新闻学之最》最具代表性。该书特别对20世纪80年代的"新闻"与"新文"的争议进行了综合评述，认为："后晋刘昫等编撰的《旧唐书·孙处玄传》有'孙处玄，长安中征为左拾遗。颇善属文，尝恨天下无书以广新闻'一语，这是中国现存文献中'新闻'二字的最早记录。有些新闻学者撰文认为'新闻'二字出自《新唐书》，是不符实

---

① 方汉奇.新闻史的奇情壮彩［M］.北京：华文出版社，2000：61.方汉奇.中国新闻事业通史：第1卷［M］.北京：中国人民大学出版社，1992：61.

▶第一章
百年来"新闻"词源研究概况和新考

的。因为《新唐书》并无此传,即便有,也不可能早于《旧唐书》。……不过,古今的'新闻'之义并不尽相同。古代指的是与人们切身利益无直接关系的供人们茶余饭后消遣的新闻轶事,并非新闻机构发布的消息。其中看中的是事情而不是事实,讲究的是新奇而不是新意,着重的是时过境迁仍堪把玩的传世韵味而不是越来越好稍纵即逝的'易碎'品质。……直到 19 世纪,中国出现的近代报刊上所指的新闻,才与现代意义的'新闻'近似。"①

当然,新闻学界也存在一些微弱的不同声音。如《唐代文明与新闻传播》(新华出版社,1999 年),作者则认为:李咸用的诗句"多少新闻见"里的"新闻"应当另当别论,句读上是"新——闻见",即新的见闻。且由于"尝恨天下无书以广新闻"作为最早的"新闻"一词的出处受到质疑,较为可靠的只有《锦里新闻》、《南楚新闻》和"新闻多说战争功"三条,可以作为"新闻"一词的初始出处。②

新闻学界纷争不断,随着外来语研究高潮的到来语言学界也逐渐热闹起来。随着日源汉字研究成为中国近代文化史和中外交流史上的重要课题,西方汉学家和海外华人学者的研究兴趣日渐浓厚。1993 年,意大利汉学家马西尼(Federico Masini)出版了《现代汉语词汇的形成——十九世纪汉语外来词研究》英文版(1997 年中文版),认为:"'新闻'是 19 世纪文献中发现的一个较早的本族意译词,它原指'新近听来的事'或者'有别于正式朝报的小报',后来获得英语'News'的意思。在这个例子中,新旧意义之间有着一个明显的语意连续。"③ 该书附录二中设有"新闻"专条:"新闻,news 或 information,双音节词,偏正结构,意译词,名词。自唐朝开始,此词用来表示'新近听来的事'。至宋朝,它用来指有别于

---

① 方汉奇,李矗.中国新闻学之最[M].北京:新华出版社,2005:7-8.
② 李彬.唐代文明与新闻传播[M].北京:新华出版社,1999:101.
③ 马西尼.现代汉语词汇的形成:十九世纪汉语外来词研究[M].黄河清,译.上海:汉语大词典出版社,1997:172.

正式朝报的小报。"(《现代大词典》第 1078 页) 1828 年，此词见于《天下新闻》这一杂志名称，这是一份较早的汉语杂志，由西方人编辑，在马六甲印行（戈公振《中国报学史》第 67 页）。此词也见于 1844 年的《海国图志》第 2921 页、1866 年的张德彝《航海述奇》第 519 页。根据高名凯《外来词语究》第 95 页，这是一个来自日语的原语借词。这词很可能是从中国传至日本的。在 19 世纪末至 20 世纪初，此词被新语"报纸"所取代。[①]

1994 年，日本学者沈国威出版《近代日中语汇交流史》（日文版），将《现代汉语外来词研究》的日语借用语一览作为附录，继承了高名凯、刘正埮和实藤惠秀等学者的观点（"新闻"源出日语）。

1995 年，旅美学者刘禾在美国斯坦福大学出版社刊行英文版 *Translingual Practice: Literature, National Culture, and Translated Modernity-China, 1900—1937*［2002 年译成中文版《跨语际实践——文学，民族文化与被译介的现代性（中国，1900—1937）》］，在附录"源自传教士汉语文本的新词及其传播途径"中，并设有"news"专条：

> 新闻，xinwen，1828 年付梓于马六甲的最早的教会汉语杂志之一 Tianxiaxinwen《天下新闻》，使用该词翻译"news"。请比较：一、唐李咸用《春日喜逢乡人刘松》诗："旧业久抛耕钓侣，新闻多说战争功。"谓近日听来的事。二、宋苏轼《分类东坡诗五·次韵高要令刘湜峡山寺见寄》中有诗句"新闻妙无多，旧学闲可束"，指新知识。三、宋赵昇《朝野类要·文书》"……故隐而号之曰新闻"。指有别于正式朝报的小报。[②]

[①] 马西尼. 现代汉语词汇的形成：十九世纪汉语外来词研究［M］. 黄河清，译. 上海：汉语大词典出版社，1997：256.

[②] 刘禾. 跨语际实践：文学，民族文化与被译介的现代性（中国，1900—1937）［M］. 宋伟杰，等译. 北京：生活·读书·新知三联书店，2002：382.

第一章
百年来"新闻"词源研究概况和新考

1997年，著名学者黄时鉴在整理出版《东西洋考每月统记传》时，认为："'新闻'这个词，可能是麦都思在1823年至1826年间编纂《特选撮要每月纪传》时最早采用的，在此刊物上开始登载新闻。1828年至1829年，吉德编纂《天下新闻》，分有中国新闻和欧洲新闻。"①

1998年，牛角发表论文《古代"新闻"辨义——古代新闻、传播概念的训诂研究之一》，认为："新闻"，正是一个外来义兼汉语义的同形词，也是个"回归词"。"新闻"一词，古已有之，但是作为新闻（news）、新闻界（the press）、新闻报道（reportage）、新闻从业者（journalist）等相关概念的"新闻"一词，却来自日语，译示近代西方的新闻概念。外来义与汉语义是基本异义。而一般人往往不识汉语双音词的这种复杂类型，"见字明义"，率以为"新闻"当然古今同义。一切谬失均由此而生。②

2004年，著名学者冯天瑜在著作《新语探源——中西日文化互动与近代汉字术语生成》中，虽然提及"新闻"一词出自马礼逊的《华英字典》，但再次将"新闻"一词作为近代入华的"日本新名词"，多次收录。③同年，何华珍先生在著作《日本汉字和汉字词研究》中，特别讨论和评析了"新闻"词源争议问题，指出：高名凯认为，日本"新闻"指"报纸"，现代汉语"新闻"的"报纸"义源出日语。马西尼的观点是，现代汉语的"新闻"指"消息"，日语"新闻"的"消息"义很可能是传自汉语。④经过"新闻"同"报纸"和"消息"语义的论证，得出结论：我国"新闻"确是一个"外来义兼汉语义的同形词"，是中西方文化交流的产物。然而它

---

① 爱汉者，等.东西洋考每月统记传［M］.黄时鉴，整理.北京：中华书局，1997：前言18.
② 牛角.古代"新闻"辨义：古代新闻、传播概念的训诂研究之一［J］.杭州大学学报，1998（4）：70.
③ 冯天瑜.新语探源：中西日文化互动与近代汉字术语生成［M］.北京：中华书局，2004.
④ 何华珍.日本汉字和汉字词研究［M］.北京：中国社会科学出版社，2004：231.

并非来自日语，而是中国人自己用既有之词译示西方的新闻概念。如果要说中日两国在"新闻"一词上有什么联系的话，那就是日本不但继承了我国唐宋时"新闻"的古有之义，而且借用了我国近代以来的外来新义；只是到了后来，日本是弃"news"（消息）而取"newspaper"（报纸），而中国则几乎与之相反。[①]

总之，改革开放30年来，语言学者和新闻学者对"新闻"词源的研究取得了新成果，但也争议不断。争议主要表现在两方面：第一，古代"新闻"词源的最早出处问题。虽然，目前新闻学界普遍接受了"新闻"始见于《旧唐书》记载的神龙年间（公元705年前后）孙处玄曾谓"尝恨天下无书以广新闻"一语，且即便《辞源》等语言工具书指出"新闻"也作"新文"，但仍有部分学者质疑，而不予采信。第二，古今"新闻"含义是否相近，今天的"新闻"源自古代"新闻"还是日本借用语？早期认为含义相近，近来则不尽相同。新闻学者大多认为"新闻"来源于中国古代文献；而语言学者则分三派，一方认为源自日语，一方主张是"外来义兼汉语义的同形词"，一方认定是来自近代来华传教士汉语文本。至于争议的第一点，下文将重点讨论；而第二点，则限于篇幅和时间将另文详述。

第四节 "新闻"词源新证

笔者多年来一直在关注"新闻"词源研究情况的同时，投入大量精力、撒下大网，"上穷碧落下黄泉"去考证。最近，笔者终有所获，取得了"新闻"词源考证的新突破。据目前笔者掌握的新史料，在神龙年间（公元705年前后）孙处玄"尝恨天下无书以广新闻"一语之前，已经有七条史料使用了"新闻"一词，资料和出处逐一摘录于下：

[①] 何华珍.日本汉字和汉字词研究[M].北京：中国社会科学出版社，2004：235.

建武之中,游学上京,住道林寺,历听藏旻二公经论,后移住彭城。学无时习,经耳不忘,多从酒谑,博弈自娱。而值造次之机,阙无对辩,人间席上讪其词也。后忽割略前习,专攻名教,处众演散,咸庆**新闻**,及至解名析理,应变无穷。虽逢勍敌巧谈,罕有折其角者。(见《义解篇二·梁杨都彭城寺释慧开传十二》,《续高僧传》第六卷)

道次江阳,辞疾不见,蒙敕丹阳,栖霞山寺,以事治养。又素协性松筠,辅神泉石,赏狎既并,缠疴用弭。于栖霞法堂,更敷大论,**新闻**旧学,各谈胜解,且归善禅。(见《义解篇六·隋丹阳聂山释慧旷传五》,《续高僧传》第十卷)

齐亡法毁,南奔陈国,大隋革运,又依乡壤,行经洛下,还附远焉。故业**新闻**,备填胸臆,及远入关,从而来至,住大兴善,弘敷为任。(见《义解篇八·唐京师大总持寺释慧迁传十二》,《续高僧传》第十二卷)

宗率其部属三百余人,横经承旨,初不觉倦,立寺极久,净地全无。虽未执触,终染宿煮,释文至此,宗乃知非。衔慨晚学,未成护法,乃停讲翻秒,方进后文。又常徒布萨,物贵**新闻**,众多说欲,不赴斯集。及闻欲之为教,诚为悕求。(见《义解篇十·唐同州大兴国寺释道宗传五》,《续高僧传》第十四卷)

后入关中遇昙迁禅师讲开摄论,一闻如旧慧不**新闻**。仁寿四年,下敕送舍利于华原石门山之神德寺,琳即于此住,居静课业,行解之盛名布京师。(见《习禅篇五·唐京师弘法寺释静琳传四》,《续高僧传》第二十卷)

法华大集楞伽胜鬘地论中百等,并资承茂实,研核**新闻**。环循弥讨,其际搜会,擢其玄理。(见《明律下·唐京师普光寺释玄琬传四》,《续高僧传》第二十二卷)

故自汉代以来,淳风转浇,仁义渐废,大道之科莫传,五经之学弥寡。大义既乖，微言又绝；众妙之门莫游，中庸之仪弗睹。礼术既坏，雅乐又崩，风俗寝顿，君臣无章，正教陵迟，人伦失序。于是圣道弥纶，天运远被，玄化东流，以慈系世，仁众生民，黩所先习，欣所**新闻**，革面从和，精义复兴。（见朱昭之《难顾道士夷夏论》，《弘明集》卷七，《大正新修大藏经》第52册）

上述七条史料中"新闻"一词，来自两部佛教文集《续高僧传》和《弘明集》。其中，前六条出自《续高僧传》。该书亦称《唐高僧传》，三十卷，由唐代高僧道宣（公元596—667年）编纂。初稿完成于唐贞观十九年（公元645年），记载了140多年（南朝梁代初期至唐贞观十九年）的历代高僧传记，正传331人，附见160人。成书后20余年，道宣陆续增补成后集《续高僧传》十卷，最迟内容为麟德二年（公元665年），且按科分别羼入初稿。最后，该书著录了南北朝至唐麟德间历代高僧传记，正传498人，附见229人。第七条出自南朝梁代《弘明集》。该书由梁代杨都建初寺释僧祐（公元445—518年）编撰于天监年间（公元502—519年）。他广泛搜集了自东汉末年至梁代初年300年间的佛教论著，反映了自东汉佛教传入中国后，人们对佛教的理解以及佛教与儒道的斗争与融合，是研究当时佛教史和思想史的重要文献。其实，《弘明集》卷七收录的朱昭之《难顾道士夷夏论》，写于南朝宋代（公元420—479年）末年。当时佛道相争，道士顾欢撰文《夷夏论》以会通二教，但力持华狄之辩，意在抑佛而扬道，从而引起佛教人士纷纷撰文讨伐。而朱昭之《难顾道士夷夏论》就是其中的代表作之一。

七条史料的"新闻"一词，并没有现在"新闻"的含义，而多为"新知识"和"新近的见闻"之义。这也与历史的实际状况相符。社会存在决定社会意识。自东汉以来，佛教东传中土，成为中国的新宗教，特别在南朝、隋唐历朝当权者的推崇下，中国佛教渐入繁荣的时代，佛教学说哲理也成为社会上流行的新知识。根据笔者迄今掌握的史料表明：

在神龙年间（公元705年前后）之前，"新闻"一词已经在前人著述中七次使用。

本章小结

综上所述，近百年来，语言学者和新闻学者密切关注"新闻"词源研究。究其原因，一方面它与中国新闻事业的不断发展和日益繁荣密不可分，另一方面则与思想解放和学术自由的氛围紧密相连。考察"新闻"词源研究的开展和深入的轨迹以及社会变迁的历史，其近百年历史可以分为三大历史时期，即民国时期、改革开放前30年和改革开放后30年。在民国时期，在思想解放、学术自由的氛围下，"新闻"词源研究逐渐开展，不断推陈出新，在宋代赵昇《朝野类要》的基础上，学者们发现唐代尉迟枢的《南楚新闻》，而且视野开阔，提出了日本"新闻"二字来自中国，且关注到英文"News"的词源问题。在改革开放前，由于中国大陆相当部分时期处在"左"倾路线的影响下，"新闻"词源研究深陷无人问津的状况，而大陆之外的台湾学者却不断取得新成果，不仅提及《南楚新闻》，而且在语义分析之后，认为古代"新闻"与现代"新闻"的含义一致。改革开放后，随着思想解放、学术自由的回归，"新闻"词源研究日益繁荣，成果更加丰硕，各种意见并存。大陆新闻学界基本达成共识："新闻"一词始于神龙年间（公元705年前后）孙处玄的"尝恨天下无书以广新闻"一语。而海内外语言学者则更加关注于近代"新闻"词源是否是外来语的问题。

最近，笔者发现：在神龙年间（公元705年前后）之前，"新闻"一词已经出现在两部佛教文集《续高僧传》（初唐年间，公元645—665年）和《弘明集》（南朝梁代天监年间，公元502—519年）之中。特别是《弘明集》收录的朱昭之《难顾道士夷夏论》一文，撰写于南朝宋代（公元420—479年）末年。因此，笔者根据迄今掌握的新史料认为："新闻"一词最早出自南朝宋代（公元 420—479 年）末年朱昭之撰写的文章《难顾道士夷夏论》，比初唐孙处玄使用"新闻"一词的神龙年间（公元 705 年前后）早了 200 多年；而朱昭之成为中国使用"新闻"一词的第一人；佛教文集《弘明集》则是中国第一本使用"新闻"一词的书籍。

第二章
"新闻"词源新证及其近代术语的形成

"新闻"一词是社会生活中最常见的日常词语,更是新闻传播学中最基本的概念和核心术语。近百年来,学者们追根求源,深入考证,"新闻"词源不断推陈出新,先后有宋代赵昇《朝野类要》说[①]、唐代《南楚新闻》说[②]和初唐"恨天下无书以广新闻"说[③]等。但是,笔者在梳理近百年来"新闻"词源研究的过程中,查阅了大量书籍报刊,溯其渊源,考其流变,发现了"新闻"词源的新证据,梳理出"新闻"语义的历史文化变迁

---

① 辞源:上册[M].上海:商务印书馆,1915:184.《辞源》指出:"按赵昇《朝野类要》'……其有所谓内探、省探、衙探者皆私衷小报,率有泄漏之禁,故隐而号之曰新闻。'……则宋时已有此称。"这被多数民国时期新闻学者所征引,如戈公振《中国报学史》(1927年)、黄天鹏《中国新闻事业》(1930年)、《辞海》(1936年)、储玉坤《现代新闻学概论》(1945年)等。

② 刘齐和.日本文名辞考[N].北京大学日刊,1919-06-06.1919年6月,北京大学语言学者刘齐和在《日本文名辞考》一文中,指出:"唐尉迟枢著书一册名曰《南楚新闻》。"这一观点也得到了部分新闻学者的认同,如谢六逸《实用新闻学》(1935年)等。

③ 姚福申.唐代新闻传播活动考[J].新闻大学,1982(5):74.但这一观点在20世纪80年代受到了质疑。1984年,王志兴先生在《唐人孙处玄用过"新闻"一词吗?》一文中认为:"新闻"实为"新文"之误,孙处玄未用过"新闻"一词。后来姚福申先生经过深入考证,发表文章《唐代孙处玄使用"新闻"一语的考辨》,重新论证了他的论断。20世纪90年代以来,"新闻"始于"恨天下无书以广新闻"的观点,逐渐被学术界接受,许多论文和著作普遍采用此作为"新闻"词源出处。

脉络，建构起近代"新闻"观念形成和其转化成为新闻学专业术语的发展过程。

第一节　古代"新闻"词源新证

"新闻"一词真的始见于初唐人孙处玄所说的"恨天下无书以广新闻"？笔者认为该论断尚须认真分析。

"恨天下无书以广新闻"出自《旧唐书·卷一百九十二·列传第一百四十二·隐逸》。更完整的表述文字为："孙处玄，长安中征为左拾遗。颇善属文，尝恨天下无书以广新闻。神龙初，功臣桓彦范等用事，处玄遗彦范书，论时事得失，彦范竟不用其言，乃去官还乡里。以病卒。"

《旧唐书》编修时间为后晋天福六年（公元941年）至开运二年（公元945年）。虽然该书史料翔实而且录自旧史，案牍不轻易改动，但毕竟不是唐代编纂记载的。事实上，在初唐人孙处玄"恨天下无书以广新闻"之前，"新闻"一词已经八次出现于南北朝至初唐时期的古代文献之中。

根据笔者迄今掌握的新史料表明：最早史料来自南北朝时期南朝梁代佛教文集《弘明集》。该书由梁代杨都建初寺释僧祐（公元445—518年）编撰于天监年间（公元502—519年）。他广泛搜集了自东汉末年至梁代初年300年间的佛教论著，是研究当时佛教史和思想史的重要文献。《弘明集》卷七收录的朱昭之《难顾道士夷夏论》一文中就有"新闻"一词出现："玄化东流，以慈系世，仁众生民，黩所先习，欣所新闻，革面从和，精义复兴。"不过，朱昭之《难顾道士夷夏论》并非南朝梁代之文，而是南朝刘宋（公元420—479年）末年之作。据南宋志磐《佛祖统纪》卷三十六记载，宋明帝泰始三年（公元467年）顾欢撰成《夷夏论》[①]，认为佛教是夷狄之教传入中夏，引起佛教人士不满，纷纷撰文讨伐。约在宋明

[①] 苏渊雷，高振农. 佛藏要籍选刊：12 [M]. 上海：上海古籍出版社，1994：218.

第二章
"新闻"词源新证及其近代术语的形成

帝泰始四年（公元468年）至宋后废帝元徽四年（公元476年）间，司徒袁粲托名道人"通公"首起反驳《夷夏论》①，展开"夷夏之争"。其中，朱昭之撰写的《难顾道士夷夏论》就是其中代表文章之一。

当然，笔者也查阅到"新"与"闻"两字并列在一起有更早出处。如东晋著名炼丹家葛洪（约公元283—约363年）的医学著作《肘后备急方》中，就曾出现："唐崔魏公云铉夜暴亡，有梁新闻之，乃诊之。"但"新"与"闻"两字并非构成"新闻"一词，而应作"梁新""闻之"之断。

因此，根据目前掌握的新史料，笔者认为："新闻"一词始见于约在宋明帝泰始四年（公元468年）至宋后废帝元徽四年（公元476年）间朱昭之撰写的《难顾道士夷夏论》一文。这一时间，比孙处玄"尝恨天下无书以广新闻"的初唐神龙年间（公元705年前后）提前了200多年。朱昭之由此成为中国使用"新闻"一词的第一人，而佛教文集《弘明集》则是中国第一本出现"新闻"一词的书籍。

朱昭之在《难顾道士夷夏论》一文采用的"新闻"一词，如何理解？关键在于动词"黩"和"欣"、"先习"和"新闻"的对立关系。在《古汉语常用字典》中，"黩"有二义："污浊"和"轻慢，亵渎"。"欣"也有二义："快乐，喜悦"和"草木旺盛的样子"。"先"古义有"先前"和"旧时"等七种，"习"有"鸟屡次拍着翅膀""反复练习，学习""通晓，熟悉""习惯"等释义。根据上述"新""闻"两字的含义，该次组合出现的"新闻"一词应释义为"新近所知"，联系到南朝佛教兴起的背景，应作"新知识"之解更为恰当。因为自东汉以来，佛教东传中土，成为中国的新式宗教，到南朝时期，当权者尊崇佛教，各阶层人士普遍信仰佛教。但也遭到了本土宗教道教的强烈挑战，引发佛道相争论战。作为外来的新式宗教，佛教哲理学说日益成为社会上流行的新知识。

朱昭之使用"新闻"一词，从词源学上具有了初始意义，但在浩瀚的

---

① 李养正.顾欢《夷夏论》与"夷夏"之辩述论［J］.宗教学研究，1998（3）：117.

历史长河之中时隐时现。据笔者迄今查阅的史料表明：至隋朝，"新闻"一词才再次出现在隋代高僧吉藏（公元549—623年）编撰的佛教文集《大乘玄论》之中："会通诸经，使不相违，善则善矣。然新闻异响，未见深旨，一切诸人，并皆同疑，愿为开示，遣疑滞也。"

然而，斗转星移，时至盛唐，随着唐朝佛教的兴盛，"新闻"一词又逐渐被佛学研究者所使用。唐代高僧道宣（公元596—667年）编纂的《续高僧传》（亦称《唐高僧传》），先后在《义解篇二·梁杨都彭城寺释慧开传十二》《义解篇六·隋丹阳聂山释慧旷传五》《义解篇八·唐京师大总持寺释慧迁传十二》《义解篇十·唐同州大兴国寺释道宗传五》《习禅篇王·唐京师弘法寺释静琳传四》《明律下·唐京师普光寺释玄琬传四》等六位高僧传中使用了"新闻"一词。这些"新闻"均出自佛学文集，具有相同的时代背景，因此在含义方面基本相同，均可释义为"新近所知"，作"新知识"之解。最典型的例子就是"于栖霞法堂，更敷大论，新闻旧学，各谈胜解，且归善禅"，"新闻"与"旧学"相对。"旧学"在古文释义为"昔从之学，昔时所学"，即我们所说的"旧时所学的知识"。因此，"新闻"作"新知识"之解，是恰当的，是符合当时社会历史文化背景的。它们的出现均比孙处玄使用"新闻"一词的时间早了近半个世纪。与此交相辉映的是，古代的新闻事业已由开元杂报开其端绪，在晚唐进奏院状报渐呈活跃态势。似现似隐的"新闻"一词，与渐成熟语的"报状"一词互相映衬，表露新闻事业业已从原始的传播活动而转换生成了可以把握的脉搏。

第二节 古代"新闻"语义的历史文化变迁

语言三要素中，词汇语义的历史性和文化性最为深厚，也与历史进程联系最为密切，因而最富有变异性。"新闻"是一语多义词，属偏正式，以"新"修饰"闻"。许多不同领域的学者从不同角度给出了不同的语义

第二章
"新闻"词源新证及其近代术语的形成

答案。著名新闻学者王中先生认为,"'新闻'并不像一些辞书和文章说的那样:报上当作新闻发表的文字就叫'新闻'。'新闻'这个词不是在报纸产生以后才出现的,而是沿用我们老祖宗的词儿。在我们的老祖宗那里,'新闻'这个词在不同场合有不同的含义,这就给后人留下麻烦"[①]。因此,"新闻"语义的变迁,与当时具体的文化语境和社会历史进程密切相关。

"新闻"一词从南北朝刘宋末年出现后,在历史长河中时隐时现。但随着唐代新闻事业的兴起和发展,它跳出了佛教范畴,开始在社会上流传,词义也逐步扩大。

初唐神龙初年(公元705年前后),孙处玄使用了"恨天下无书以广新闻"之句。从字面理解,"新闻"一词释义为"新知识"似乎恰当,因为"书"是传播知识的载体。但该"新闻"另有别解。有两个关键线索:一是"左拾遗"。孙处玄在武则天时期曾任左拾遗,主要"掌供奉讽谏",肩负议政重任,说明他要关注朝政以及新近的见闻。二是"神龙初,功臣桓彦范等用事,处玄遗彦范书,论时事得失"。古文中"时事"泛指"当时史实,当时情况"和"当时的政事、世事"。因此,该句的"新闻"应与"时事"有关,释义为"新近所闻",应作"新近听说的事情"之解更为恰当。

唐代中期,"新闻"一词开始与新闻传播活动紧密结合起来。在开元年间(公元713—741年),幽州长史薛楚玉属官樊衡撰写的《为幽州长史薛楚玉破契丹露布》使用了"新闻"一词:"诸军蓄锐,久思奋发,新闻破贼,无不争气。若驱而袭之,可不血刃而取也。"露布是唐代主要的新闻传播形式。"新闻"在露布中被运用说明该词已经进入军事信息传播活动领域。唐宪宗(公元778—820年)时人齐推在方药《灵飞散方传信录》中,曾记载:"因约索精要,近拯形骸,有新闻阅,互相晓导。"随后,唐朝户部尚书马总在题写的《郓州刺史厅壁记》一文中,也使用了"新闻"

---

① 王中.论新闻[J].新闻大学,1981(1):11.

一词,"今以平寇之初,魏博田公奉诏权兼勾当,则位同正牧,宜书为新闻片,亦春秋始鲁隐公,贤之也"。这三处出现的"新闻",词义并不相同。方药中的"新闻"继承了佛教中的用法,释义为"新知识",而其他两处"新闻"应作"新近所闻",释义为"新近听说的事情"。

此后,"新闻"进入了唐朝诗人的视野。目前,大家比较熟悉的有李咸用(约公元873年前后在世)的《春日喜逢乡人刘松》:"旧业久抛耕钓侣,新闻多说战争功。"李商隐(约公元813—约858年)的《木兰》诗:"愁绝更倾国,惊新闻远书。"陈陶(约公元812—885年)的《题僧院紫竹》诗:"新闻赤帝种,子落毛人谷。"姚合(约公元813年前后在世)的《裴大夫见过》:"解下佩刀无所惜,新闻天子付三刀。"权德舆(公元759—818年)的《奉送孔十兄宾客承恩致政归东都旧居》:"乞身已见抗疏频,优礼新闻诏书许。"五位诗人都是晚唐人,但生活的时间顺序为权德舆、姚合、陈陶、李商隐、李咸用。这些"新闻"应作"新近所闻",释义为"新近听说的事情"。

同时,唐代其他文人也开始使用"新闻"一词来概括表达书名,并将其义扩大出"新奇的见闻"之义。如唐朝文学家段成式的《锦里新闻》和尉迟枢的《南楚新闻》,书中既有作者新近的闻见,又有道听途说的奇闻,还有100多年前的趣闻。[①]"新闻"语义的扩大反映出唐代新闻传播活动的活跃,从一个侧面体现出作为开始有新闻事业的朝代,唐朝新闻事业发展和兴起的状况,说明"新闻"一词已经融入了文人雅士的日常生活。

随着宋代官办邸报和民间小报的出现,"新闻"一词的使用也频见于时人的文集之中,词义在继承原有词义基础上也有新变化。北宋大文学家苏轼(1037—1101年)在诗《次韵高要令刘湜峡山寺见寄》中写道:"新闻妙无多,旧学闲可束。""新闻"为"新知识"之义。南宋诗人范成大(1126—1193年)在宋词《水龙吟·寿留守》中记载:"物外新闻,凤歌鸾

---

① 姚福申. 唐代孙处玄使用"新闻"一语的考辨[J]. 新闻大学, 1989(1): 46.

第二章
"新闻"词源新证及其近代术语的形成

鬻,龙蟠虎绕。"词人郑元秀在宋词《醉蓬莱·记征鸿归候》中写道:"况是新闻,日边增秩,诰墨方妍,玉符将剖。"两句宋词中的"新闻"含义为"新近听说的事情"。

南宋端平三年(1236年),赵昇刊行《朝野类要》。该书分门别类地对宋朝的各种典章制度以及习俗用语的由来与变迁做了扼要的介绍。其中"文书"中记载:"边报,系沿边州郡,列日具干事人探报平安事宜,实封申尚书省、枢密院。朝报,日出事宜也。每日门下后省编定,请给事叛报,方行下都进奏院报行天下。其有所谓内探、省探、衙探之类,皆衷私小报,率有漏泄之禁,故隐而号之曰新闻。"此"新闻"指"有别于正式朝报的小报"[①],而不是小报上报道的消息。这反映了南宋时期新闻事业发展的状况。在官报不能满足士大夫消息需求的情况下,小报兴起,逐渐成为一种独立经营的事业。

元、明、清三代,"新闻"一词已经逐渐融入了老百姓的社会日常生活,在民间文学、戏剧、小说作品中频繁出现。"新闻"虽仍作"新近所闻"解,但释义已开始转化为"新近发生的事情",当然也有少数含有"新奇的见闻"的含义。

如元代著名剧作家王实甫(1260—1336年)的《西厢记》中:"谁想有今日也呵!文章旧冠乾坤内,姓字新闻日月边。"元代剧作家杨梓(1260—1327年)的《功臣宴敬德不伏老》中:"你到城中去,可有甚么新闻么?他说,新闻倒没有,闻得高丽国差铁肋金牙下战书来,单奈尉迟出马。"

明朝施耐庵(约1296—约1370年)的《水浒传》第三十八回:"京师近日有何新闻?"罗贯中(约1330—约1400年)的《三遂平妖传》第二回:"袁公正到天门打探,闻知此信,自言自语道:'那个多嘴饶舌的,闲在那里不去打瞌睡,却去报新闻,搬起这样是非。'"第八回:"过了三五

---

① 汉语大词典编辑委员会,汉语大词典编纂处.汉语大词典:第6卷[M].上海:汉语大词典出版社,1991:1078.

个月，外人都知道寺里老和尚在菜园里拾个小孩儿，交与刘狗儿养着，把做个新闻传说。""三言二拍"中均运用了"新闻"一词，具体为冯梦龙《喻世明言》三次、《警世通言》八次、《醒世恒言》三次，凌濛初《初刻拍案惊奇》一次、《二刻拍案惊奇》一次。

清代孔尚任的《桃花扇》、曹雪芹的《红楼梦》、张潮的《幽梦影》、吴敬梓的《儒林外史》、纪昀的《四库全书总目提要》、沈复的《浮生六记》、李汝珍的《镜花缘》、梁章矩的《枢垣记略》等都出现了"新闻"一词。

总之，随着社会历史文化的发展和中国新闻事业的兴起，"新闻"一词的语义不断变迁。同时，从"新闻"一词的语义变迁中，我们发现古今"新闻"的异同。相同的是"新"。无论是最初的"新知识"，还是"新近听说的事情"、"新近发生的事情"或"新奇的见闻"，都强调"新意"，"新奇"。尤其"新近听说的事情"和"新近发生的事情"都已经具有"新信息、新消息"的意味，这已经与今天的"新闻"相似。但是，我们更应该看到差异。古今"新闻"的不同在于，它们具体所指的事物和现象。其一，古代"新闻"以奇特、有趣的见闻为主，现代"新闻"以国际国内重要消息为代表。其二，古代"新闻"唯民间口头新闻，是人际传播，而现代"新闻"必通过媒介传播，属大众传播。[①]

第三节 近代"新闻"观念的中西对接

到晚清年间，随着中国近代新闻事业的发端，近代"新闻"观念开始了中西对接，西方"新闻"（News）开始传入。近代来华传教士将中国古代的"新闻"与西方的"News"等词对应起来，并开始出现第一个冠以"新闻"之名的报刊、栏目、相关词汇以及"新闻"概念的厘定，近代

[①] 牛角.古代"新闻"辨义：古代新闻、传播概念的训诂研究之一[J].杭州大学学报，1998（4）：72.

第二章
"新闻"词源新证及其近代术语的形成

"新闻"观念也在中国新闻事业向近代化迈进中逐步形成。

近代化报刊意义的"新闻"一词源自何处？有些学者给出了不同回答。有学者认为，"新闻：1828年，此词见于《天下新闻》这一杂志名称，……这是一个来自日语的原语借词。这词很可能是从中国传至日本的。在19世纪末至20世纪初，此词被新语'报纸'所取代"[1]。也有学者认为："'新闻'这个词，可能是麦都思在1823年至1826年间编纂《特选撮要每月纪传》时最早采用的，在此刊物上开始登载新闻。"[2]但笔者细考历史，发现近代"新闻"一词最早出自近代第一位来华传教士马礼逊编撰的一部汉英、英汉双语词典《华英字典》。

1807年9月，罗伯特·马礼逊（Robert Morrison，1782—1834年）来到中国。为了在中国传教，他努力学习中文，致力于汉译《圣经》和编纂双语字典，为外国人提供一本学习中国语言的工具书。1815年，他在澳门东印度公司印刷所出版第一部第一卷中英字典《字典》，汉英对照。1819年，出版了第二部第一卷《五车韵府》，英汉对照，1820年出版第二卷。1822年出版第一部第二卷和第三部，第三部英文译名为《英中字典》。1823年，出版第一部第三卷。整部字典合计4595页，六大册，冠名《华英字典》（*A Dictionary of the Chinese Language*）[3]。1819年，出版的《五车韵府》第一卷中，出现了英汉对照的"新闻"一词："Sin Wan，新闻，Newly heard，News。"[4]这里，"新闻"对应西方新闻"News"，注意释义是"Newsly heard"，译为"新近听说的"，即古代"新闻"的含义"新近听说的事情"。但笔者也注意到，该字典前一页也有"News"的

---

[1] 马西尼. 现代汉语词汇的形成：十九世纪汉语外来词研究 [M]. 黄河清，译. 上海：汉语大词典出版社，1997：256.

[2] 爱汉者，等. 东西洋考每月统记传 [M]. 黄时鉴，整理. 北京：中华书局，1997：前言18.

[3] 马礼逊夫人. 马礼逊回忆录 [M]. 顾长声，译. 桂林：广西师范大学出版社，2004：99.

[4] MORRISON R. A dictionary of the Chinese language：Volume 4 [M]. 東京：ゆまに書房，1996：773.

出现，"Sin Seih 信息：News"，对应的是"信息"[1]。这种对应在 1815 年出版的第一部《字典》第一卷中也出现过，"信息：Sin Seih；News"[2]。而在 1822 年出版的第三部《英中字典》中，"News"的中译对应变化为，"News：① Something not hear before，新闻，Sin Wan。② Fresh accounts that transpire，消息，Seaou Seih；信息，Sin Seih。He wants to come to find out the news. 他要来打探消息。Ta Yaou lae ta tan seaou seih"[3]。

在西方"News"出现后，"Newspaper"和"Gazette"也曾出现。《英中字典》中出现："Newspaper or Peking Gazette. 京抄，king chaou；邸报，te paou；辕门报，yuen mun paou；a sort of paper issued daily in provincial town."[4]

马礼逊出版双语字典中的汉字，来源于清嘉庆十二年（1807 年）刊刻的《艺文备览》。他将西方"News"与汉语"新闻"、"信息"和"消息"对接，赋予了"新闻"近代含义。虽然，据目前资料来看，他和米怜于 1815 年共同在马六甲创办的世界第一份近代中文报刊《察世俗每月统记传》上没有出现"新闻"一词，真正的新闻消息也仅为《月食》一则，但随着来华传教士创办近代中文报刊的兴起，"新闻"一词直接与报刊发生了联系，开始出现了以"新闻"命名的近代化报刊。

第一个以"新闻"命名的近代化报刊是《天下新闻》，但这里的"新闻"是"报纸"的含义。因为《天下新闻》的英文名为 Universal Gazette。"Gazette"译为"报纸"，在西方就"作报纸名称的一部分"。该刊由英华书院院长塞缪尔·基德（Samuel Kidd，1799—1843 年）在马六甲于

---

[1] MORRISON R. A dictionary of the Chinese language：Volume 4 [M]. 東京：ゆまに書房，1996：772.

[2] MORRISON R. A dictionary of the Chinese language：Volume 1 [M]. 東京：ゆまに書房，1996：119.

[3] MORRISON R. A dictionary of the Chinese language：Volume 6 [M]. 東京：ゆまに書房，1996：293.

[4] MORRISON R. A dictionary of the Chinese language：Volume 6 [M]. 東京：ゆまに書房，1996：293.

▶第二章
"新闻"词源新证及其近代术语的形成

1828—1829年出版发行。它不再是一个完全的宗教性刊物了，主要刊登欧洲和中国的新闻，宗教和道德方面的内容退居次席。它突破书本式样，改为散张活字印刷品，已接近于一张近代报纸了。①

随着近代新闻事业由东南亚华人聚集区向中国沿海发展，到19世纪二三十年代中国境内创办的一些早期外文报刊开始出现了以英文"News"命名的新闻栏目，如《广州纪录报》（*The Canton Register*，1827）的 *Canton Local News*、《中国差报和广州钞报》（*Chinese Courier and Canton Gazette*，1831）中的 *Foreign News* 和 *Shipping News* 等。随着中国境内外文报刊使用"News"表达中文"新闻"现象的频率加大，与"新闻"相关的词汇开始逐渐增加。

1833年4月29日，马礼逊在澳门创办了不定期中文刊物《杂闻篇》（*A Misccellaneous Paper*）。"壹号"首刊文章中就出现了"新闻篇"一词："余略议外国几样话音字义，可以看其警世诗书及各处新闻篇、杂录。"②1833年8月29日出版的第二号刊登的文章《外国书论》中，又出现了"新闻纸"一词："又有日日出的伊所名，新闻纸三字，是篇无所不论……其新闻纸无所不讲也。"③"新闻篇"和"新闻纸"都指西方的报刊，如果两者要有区别的话，"新闻篇"侧重"刊物"，"新闻纸"则指"报纸"。

---

① 方汉奇.中国新闻事业通史：第1卷［M］.北京：中国人民大学出版社，1992：262.
② "新闻篇"曾被认为最早出自1859年洪仁玕撰写的《资政新篇》："又由众下而达于上位，则上下情通，中无壅塞弄弊者，莫善于准卖新闻篇或暗柜也。"（汉语大词典编辑委员会，汉语大词典编纂处.汉语大词典：第6卷［M］.上海：汉语大词典出版社，1991：1078.）实际上，最早应在《杂闻篇》第一号。参见：林玉凤.中国境内的第一份近代化中文期刊——《杂闻篇》考［J］.国际新闻界，2006（11）：72.
③ "新闻纸"曾被认为始见于《东西洋考每月统记传》（见《近现代汉语新词词源词典》、《中国新闻事业通史：第1卷》），实际上最早始见于《杂闻篇》第一号。参见：林玉凤.中国境内的第一份近代化中文期刊——《杂闻篇》考［J］.国际新闻界，2006（11）：74.

1833年8月，传教士郭士立（Karl Friedrich August Gützlaff，1803—1851年）在广州创刊《东西洋考每月统记传》。该刊对报刊业务近代化的推动，最明显的表现就是出现了以中文"新闻"命名的新闻栏目，报道各国的近况。据中华书局影印出版的《东西洋考每月统记传》统计，该刊共使用"新闻"一词68次，其中封面目录32次，正文"新闻"栏目名32次，正文4次。在正文中，前两次相同，为"其每月出一次者，亦有非纪新闻之事，乃论博学之文"[1]。第三次为"盖欧罗巴人甚贵文字，新闻之本，以广阔流传不胜数"[2]。第四次为"传东西洋之新闻消息，各商要投卖货物，或有他事致可通知，得以说明而登载之"[3]。在这正文使用的四次"新闻"中，第三次"新闻"似应作"报刊"解，这是古代"新闻"特指"有别于正式朝报的小报"含义的回归；其他为"新近发生的事情"，即"新消息"。《东西洋考每月统记传》对"新闻"的运用还有一个重要的意义。它不仅先后68次使用了"新闻"一词，而且运用"新闻纸""新闻篇"的频率加大，并创造了"新闻纸篇"等新词语。更为重要的是：1834年1月，《东西洋考每月统记传》发表了简略介绍欧美报刊情况的《新闻纸略论》，成为中文报刊历史上第一篇新闻学专文。

在《东西洋考每月统记传》等近代中文报刊影响下，中国知识分子开始逐渐使用与"新闻"相关的词语来指代"报刊"。据笔者目前掌握的资料表明：1834年，清人叶钟进在著作《英吉利国夷情记略》中就曾两次使用了"新闻纸"一词："澳门所谓新闻纸者，初出于意大里亚国，后各国皆出。遇事之新奇及有关系者，皆许刻印，散售各国无禁。苟当事留意探阅，亦可觇各国之情形，皆边防所不可忽也。……探阅新闻纸，亦驭夷要

---

[1] 爱汉者，等. 东西洋考每月统记传［M］. 黄时鉴，整理. 北京：中华书局，1997：66.

[2] 爱汉者，等. 东西洋考每月统记传［M］. 黄时鉴，整理. 北京：中华书局，1997：191.

[3] 爱汉者，等. 东西洋考每月统记传［M］. 黄时鉴，整理. 北京：中华书局，1997：318.

> 第二章
> "新闻"词源新证及其近代术语的形成

策。"[1] 他不仅介绍西方报纸的起源,而且指出"探阅新闻纸"是"驭夷要策",这是中国人最早使用"新闻纸"一词,说明了近代"新闻"观念已经对中国人的思想产生了影响。

其后,林则徐则走得更远,不仅具有"探阅新闻纸"的思想,而且有了实际行动,开始了中国最早的译报活动。1839年3月,林则徐作为禁烟钦差大臣抵达广州后,为"探访夷情",组织人马翻译各种外文报刊,如《澳门钞报》《中国丛报》《广州周报》等,并将译出的新闻报道和时事评论按时间顺序装订成册,以"新闻纸"命名为《澳门新闻纸》。林则徐重视报刊"探访夷情"功能,积极组织翻译外报,也深深影响了积极向西方学习的其他知识分子,如魏源。在他的著作《海国图志》中,"新闻纸"出现24次,"新闻"仅出现了3次,但创造了两个与"新闻"相关的新词,一个"新闻录",出现4次;一个"新闻书",出现1次。再如1859年,洪仁玕在《资政新编》提出"设新闻馆以收民心以公议""准买新闻篇""兴各省新闻官"[2],不仅沿用了传教士所创造的"新闻篇",而且新创了"新闻馆"和"新闻官"等词语。

鸦片战争后,传教士中文报刊再度兴起,"新闻"观念不断得到发展,但"新闻"一词的使用被削弱了,"新闻纸"的使用频率却高涨。1853年9月,香港《遐迩贯珍》(*The Chinese Serial*)由马利逊教育会主办,英华书院印刷发行,至1856年6月停刊。出版期间,"新闻纸"一词在正文出现35次,"新闻"一词出现22次。[3] 1857年1月,宗教刊物《六合丛谈》在上海创刊。该刊仍设有新闻栏目,但也没有冠以"新闻",而是以"近事"命名,如"泰西近事略述""南洋近事""印度近事"等。在正文中,

---

[1] 叶钟进.英吉利国夷情记略[M]//魏源.海国图志:卷五十二.长沙:岳麓书社,1998:1440.

[2] 转引自:张之华.中国新闻事业史文选:公元724年—1995年[M].北京:中国人民大学出版社,1999:5-6.

[3] 松浦章,内田庆市,沈国威.遐迩贯珍:附解题·索引[M].上海:上海辞书出版社,2005:340.

"新闻"一词并没有出现,"新闻纸"却使用了19次,且以新创"新闻纸局"来指代"报馆","民间素有新闻纸局,今皆惧不敢发"。[①]

随着近代中文商业报纸和国人办报的兴起,开始出现"新报"等新词语,如《香港中外新报》(前身《香港船头货价纸》,1857年)、宁波《中外新报》(1854年)、《上海新报》(1861年)、《广州新报》(1865年)、《中国教会新报》(1868年)、《中外新闻七日报》(1871年)、《圣书新报》(1871年)、《香港华字日报》(1872年)、《申江新报》(1872年)、《昭文新报》(1873年)、《福音新报》(1874)等。特别是《中外新闻七日报》,"新闻"不仅出现在报刊名称之中,而且与"日报"连用。

同时,"新闻"在《东西洋考每月统记传》中"报刊"之义的用法,也得到了延用。如1868年,《教会新报》中,"新闻一事,外国通行有年"。《申报》创刊号《本馆告白》中,"向见香港唐字新闻体例甚善,今仿其意,设《申报》于上洋。……此新闻之作固大有益于天下也"[②]。《〈申江新报〉缘起》中,"虽有新闻而未能传之天下。……是故新闻者,真可便民而有益于国者也。夫民间不立新闻者何?惧其有诽谤之罪也"[③]。此后,此种用法演变为"某国新闻载",开始出现在各种报章文章之中。

另外,一些报人开始注重探讨和厘清近代"新闻"观念,尤其是《申报》的编辑们。在《〈申江新报〉缘起》中,编者对"新报"与"书籍"进行了区分,认为"古书之事,昔日之事;新报之事,今日之事也。今日之事何便乎?盖古书仅集前人之意以为今事之鉴;新报则出今日之事,以见今日之才"[④]。这紧紧抓住了新闻的特点。"新闻"是"事"的记载,辨别了它与"文学"的区别;"新闻"是"今日之事",辨明了它与"历史"的差异。这与今天"新闻是新近发生的事实的报道"的说法,很接近了。这

---

① 沈国威.六合丛谈[M].上海:上海辞书出版社,2006:533.
② 本馆告白[N].申报,1872-04-30.
③ 《申江新报》缘起[N].申报,1872-05-06.
④ 《申江新报》缘起[N].申报,1872-05-06.

是当时所能达到的对"新闻"的最佳解释了。[①] 但是,以往论者在引述该句之文时,往往采用二手资料,没有查阅《申报》原文,造成"新闻则书今日之事"之误[②]。在《邸报别于新报论》中,编者特别探讨了"新报"与古代"邸报"的异同。其异有四:其一,邸报"传朝廷之政事,不录闾里之琐屑",新报则"传述各国国家之事,上自朝廷,下至闾里,一言一行,一器一物,无论美恶精粗备书于纸";其二,"阅之者学士大夫居多,而农工商贾不预焉",新报则"人人喜阅也";其三,"邸报之作成于上","新报之作成于下";其四,邸报"备史臣之采择",新报"如太史之陈风"。不过,编者们也认为两者"其事虽殊,其理则一,其法虽异,其情则同也"[③]。这说明《申报》的中国编辑们已经比较清楚地认识到近代报刊与古代报刊的异同,特别是古代和近代报刊在内容、读者、运作和报道方面的差异性,这充分反映出近代"新闻"观念已经初步形成。

本章小结

综上所述,据目前笔者所掌握的史料表明:"新闻"一词始见于约在宋明帝泰始四年(公元468年)至宋后废帝元徽四年(公元476年)间朱昭之撰写的《难顾道士夷夏论》一文。在隋唐宗教文集中均有出现,初始释义由"新近所知"指代"新知识"。在随后的社会历史文化发展中,"新闻"一词的语义不断变迁。特别是唐朝新闻事业兴起后,"新闻"与新闻传播活动紧密相连,开始用"新闻"基本义"新近所闻"表达"新近发生的事情"和"新奇的见闻"。到宋代,随着新闻事业的蓬勃发展和民间小

---

① 方汉奇.中国新闻事业通史:第1卷[M].北京:中国人民大学出版社,1992:390.
② 笔者查阅《申报》原件及相关书籍,发现"新闻则书今日之事"之误非常普遍。从目前资料看,始于戈公振的《中国报学史》,后来一直被新闻界沿用,如《中国新闻事业通史》《中国新闻事业文选》等著作和文章。
③ 邸报别于新报论[N].申报,1872-07-13.

报的兴起,"新闻"一词在维持原有古义的前提下,新增特指"有别于正式朝报的小报",开始与"报纸"关联。元、明、清三代,"新闻"一词已经逐渐融入了当时人们的社会生活,广泛出现在时人撰写的戏剧小说等文学作品之中,其语义以"新近的闻见"和"新奇的见闻"为主。

时至近代,随着来华传教士马礼逊将中国古代的"新闻"与西方的"News"对接起来,并开始出现第一个冠以"新闻"之名的报刊、栏目、相关词语和近代语义的变化以及概念的厘定,近代"新闻"术语在中国新闻事业近代化进程中逐步形成。此后,近代"新闻"观念在近半个世纪的不断演进完善,直到1919年12月徐宝璜撰写的中国人自撰的第一本新闻学著作《新闻学》的问世。他对"新闻"概念进行了明确的定义,"新闻者,乃多阅读者所注意之最近事实也"[1]。这不仅标志着中国近代"新闻"概念的正式形成,而且标志着"新闻"一词正式成为新闻学的专业术语,走入了新闻学的学科殿堂,且一直沿用并影响至今。

---

[1] 徐宝璜.徐宝璜新闻学论集[M].肖东发,邓绍根,编.北京:北京大学出版社,2008:52.

第三章
"舆论"词源新说

在现代国家或国际生活中,"舆论"一词不仅是一个常用词,而且是新闻传播学学科的一个基本术语。"舆论"词源旧说在工具书中多有记载。

第一节 "舆论"词源旧说

"舆论"一词在权威的《汉语大词典》中解释为"公众的言论",并附有文献出处,即《三国志·魏志·王朗传》:"设其傲狠,殊无入志,惧彼舆论之未畅者,并怀伊邑。"[1]它也经常出现在各大新闻辞典当中,如在《中国大百科全书·新闻出版》的"舆论"专条中,释义为"公众的意见或言论"。撰写者甘惜分先生详细叙述了舆论的由来、舆论的定义、舆论形成的过程、舆论的层次、舆论与政治、舆论与社会风气、舆论的多样性与一致性、舆论学的研究等内容。他认为,舆论观念在中国有久远的历史。"舆论"作为一个词组,最早见于《三国志·魏·王朗传》:"没其傲狠,殊无入志,惧彼舆论之未畅者,并怀伊邑。"其后见于《梁书·武帝纪》:"行能臧否,或素定怀抱,或得之舆论。"其中"舆论"即公众的言

---

[1] 汉语大词典编辑委员会,汉语大词典编纂处. 汉语大词典:第9卷[M]. 上海:汉语大词典出版社,1993:1311.

论，或公众的意见。①《中国新闻学之最》认为："中国历史上'舆论'一词的最早记录，见于《三国志·魏书·王朗传》：'设其傲狠，殊无人志，惧彼舆论之未畅者，并怀伊邑。'"并认为，"舆论"指的是公众的意见或看法。②这些工具书均反映了一个共同的事实，即"舆论"一词的词源是《三国志·王朗传》。但究竟是"魏志"，或"魏"，还是"魏书"，稍加分析就不言自明。《三国志》是西晋陈寿编写的一部主要记载魏、蜀、吴三国鼎立时期的纪传体国别史，全书一共六十五卷，其中《魏书》三十卷，《蜀书》十五卷，《吴书》二十卷。而"王朗传"见于《三国志·卷十三·魏书十三》，因此，"舆论"一词词源的准确表述为《三国志·魏书·王朗传》。

著名日本学者沈国威先生指出："首见书证是一个新词的源头，其重要性是自不待言的。"他认为，在新词的研究中，"第一项工作是发现首见书证。首见书证告诉我们某一词最先出于何种文献（时代、著者、种类）"③。虽然，我们发现了"舆论"一词的首见书证为《三国志·魏书·王朗传》。但是，"舆论"一词的最早使用者是谁？是陈寿还是王朗？出现在何时代？是《三国志》成书之时还是之前？具体语境如何？这些问题都需要从它出现的段落全文开始认真探究，正如德国哲学家杜勒鲁奇所言："从起源中理解事物，就是从本质上理解事物。"

"舆论"一词在首见书证《三国志·魏书·王朗传》中的段落全文如下：

> 孙权欲遣子登入侍，不至。是时车驾徙许昌，大兴屯田，欲举军东征。朗上疏曰："昔南越守善，婴齐入侍，遂为冢嗣，还君其国。

---

① 中国大百科全书总编辑委员会《新闻出版》编辑委员会.中国大百科全书：新闻出版[M].北京：中国大百科全书出版社，1990：457.
② 方汉奇，李矗.中国新闻学之最[M].北京：新华出版社，2005：4.
③ 沈国威.近代中日词汇交流研究：汉字新词的创制、容受与共享[M].北京：中华书局，2010：9.

康居骄黠，情不副辞，都护奏议以为宜遣侍子，以黜无礼。且吴濞之祸，萌于子入，隗嚣之叛，亦不顾子。往者闻权有遣子之言而未至，今六军戒严，臣恐舆人未畅圣旨，当谓国家慁于登之逋留，是以为之兴师。设师行而登乃至，则为所动者至大，所致者至细，犹未足以为庆。设其傲狠，殊无入志，惧彼**舆论**之未畅者，并怀伊邑。臣愚以为宜敕别征诸将，各明奉禁令，以慎守所部。外曜烈威，内广耕稼，使泊然若山，澹然若渊，势不可动，计不可测。"是时，帝以成军遂行，权子不至，车驾临江而还。①

从段落全文中，我们看到"舆论"一词出现在陈寿记载的"朗上疏曰"内容之后，因此"舆论"一词的最早使用者是王朗，而非陈寿。

第二节 "舆论"词源新考

"舆论"一词出现于何时，是《三国志》成书之时还是之前？《三国志》作者陈寿和王朗并非同时代人。陈寿（公元233—297年），西晋史学家。公元280年，晋灭东吴，结束分裂局面。48岁的陈寿开始撰写《三国志》，历经10年，至公元289年完成，详细记载了从魏文帝黄初元年（公元220年）到晋武帝太康元年（公元280年）60年的历史。《三国志》虽为私人修史，但记事翔实，取材精审，文笔简洁，剪裁得当，为历代史学家所重视。史学界把《三国志》与《史记》、《汉书》和《后汉书》合称"前四史"，视为纪传体史学名著。王朗（公元？—228年），东海郯县（今山东郯城西北）人，三国名士，仕于曹魏，官至司徒、兰陵侯，与钟繇、华歆并为"三公"。他是曹魏时期著名散文家、经学家，有《王朗集》三十四卷传世。熟悉罗贯中《三国演义》人都知道，该小说第九十三回

---

① 陈寿.三国志[M].郑州：中州古籍出版社，1996：178.

《姜伯约归降孔明 武乡侯骂死王朗》记载了诸葛亮阵前骂死王朗的故事，不过注意这是小说作品，不是历史史实。因此，从两人生平经历看，两人不属于同一时期，王朗去世时，陈寿还没有出世。但是，王朗在哪一年使用了"舆论"一词呢？从《三国志》中则找不到答案。但同样是"朗上疏曰"给我们提供了线索。

笔者在清代学者严可均编撰的《全三国文》中找到了答案。在《全三国文·卷二十二·魏二十二》中，我们不仅找到了王朗这段奏章的全文，而且在奏章之前清楚地书明名称为《谏东征疏》，更标有具体年月"黄初四年八月"。[①] 查阅中国历史纪事年表，"黄初四年"即为三国时期的公元223年。因此，"舆论"一词是王朗于公元223年在上奏给魏文帝曹丕的奏章《谏东征疏》中最早使用的。

当时，王朗官至曹魏司空大夫，被封乐平乡侯，是魏文帝曹丕身边的近臣。他曾多次向魏文帝曹丕上奏，如《劝育民省刑疏》，建议魏文帝曹丕免除百姓徭役，休养生息，赏罚分明，让天下黎民苍生安居乐业；再如《谏文帝游猎疏》，规劝魏文帝曹丕顾及帝王之尊，不能经常为狩猎早出晚归，破坏禁宫规制。公元223年8月，他上奏《谏东征疏》的历史背景是：是年四月，蜀国皇帝刘备病逝，太子刘禅继位，诸葛亮主持蜀政，国势渐衰；而东吴孙权则于是年六月出其不意突袭魏国领地蕲春（今湖北蕲春西北），生擒蕲春太守晋宗，占据蕲春，军事上暂得先机。于是，孙权原本答应派遣儿子孙登前往魏国王宫做侍者（人质）之事就此作罢。因此，魏文帝曹丕迁徙许昌，屯兵魏吴边境，准备兴兵东征，讨伐孙权。

王朗在《谏东征疏》中，纵论古今送人质入宫侍候的正反事例，规劝魏文帝不要太在意孙权送子入宫侍候之事，但要慎重考虑兴兵东征。他在奏章中说："南越国奉行友好政策，婴齐入朝侍候，终于当上太子，回到自己的国家做了君主。西域康居国王骄纵狡黠，口是心非，都护上奏建

---

① 全上古三代秦汉三国六朝文：第3册 三国[M].石家庄：河北教育出版社，1997：219.

议，认为应当送儿子入朝侍候，以消除无礼之误会。况且吴王刘濞的叛乱，起因是在于儿子入朝做人质；隗嚣的叛乱，也不顾及儿子。过去听说孙权说送儿子入朝，可至今没有来。如今我六军戒备森严，我担心民众没有弄清楚圣上的旨意，而误会说我国因孙登不肯前来而愠怒，以此事为借口兴兵征讨。假如军队出发，孙登就来了。那我们的动作太大了，而收获却很小，这并不是值得我们庆贺的事情。假使孙权骄傲凶狠，一点儿也没有送儿子入朝之意，仅是因害怕那些公众的言论不通畅，而使我们心情忧郁烦闷。我愚昧地认为，皇上应当分别诏令出征的各位将领，各自明白地奉行命令，慎重地掌握自己的部队。对外炫耀显赫的军威，对内则广泛地开垦土地、种植庄稼；使军队像山岳一样倚峙，像深渊一般安静，态势不可动摇，计谋不可测度。"王朗上奏《谏东征疏》时，曹丕已经率领大军开拔，但孙登仍未抵达魏国。曹丕接受王朗的建议，认为兹事体大，于是东征罢兵，班师回朝。

在这份奏章中，"舆人"之后，出现了"舆论"一词。"舆人"出现于《考工记》中"舆人为车"之句，原为"造车的工人"。后来，"舆"字词性由名词转为形容词"众"之义，"舆人"扩大为"众人""民众"之义，并出现了"舆人之诵"等词语，如《左传·僖公二十八年》中的"晋侯患之，听舆人之诵"。因此，"舆论"应作"舆人之论"解，为"众人的议论"之义，引申为"民众的议论或言论"。根据上下文的语境，"舆论"具体表达之义为：魏国民众对东吴孙权未能按约派遣儿子孙登到魏国王宫做侍者（人质）之事不满而发表的言论，暗指民众对孙权失约之事的批评，具有贬低之义。

本章小结

综上所述，从词源学首见书证的角度，"舆论"一词的词源是由陈寿在公元280—290年著写的《三国志·魏书·王朗传》。但是，在此前的60

年左右，曹魏大臣王朗借鉴当时已经流行的"舆人""舆人之诵"等词语，为表达"舆人之论"而创造了"舆论"一词，以表达"众人的议论"之义，引申为"民众的议论或言论"。王朗在公元 223 年八月上奏给魏文帝曹丕的奏章《谏东征疏》中最早使用"舆论"一词，用它来表达"魏国民众对东吴孙权未能按约派遣儿子孙登到魏国王宫做侍者（人质）之事不满而发表的言论"之义，暗含着民众对现实社会现象和问题表达的不满言论和不良情绪。

第四章
"舆情"词源考证及其历史变迁

舆情是社会生活的"晴雨表",它能最敏感、最迅速地洞察社会动态,把握社会脉搏,引导社会舆论,是社会的风向标。自2004年中国共产党十六届四中全会,中共中央提出"建立社会舆情汇集和分析机制,畅通社情民意反映渠道"的重要战略性任务,舆情机制成为党的执政能力和执政水平的重要体现。于是,舆情研究方兴未艾,日渐成为一门显学,但人们对"舆情"一词有时却"日用而不知",甚至"日用而不辨"。因此,需要对"舆情"一词进行深入细致的词源考证。

第一节 "舆情"词源考证

"舆情"一词古而有之,是古汉语中由"舆"和"情"两字构成的一个偏正词组。"舆"字始见于春秋时期《考工记》等文献,在《潜夫论》《易经·困卦》《孟子》《老子》中均有使用。"舆"字本义为车厢,《说文解字》解释为"车舆也。从车,舁声",后泛指"车辆",引申为"轿子""贱官,仆役"等意思。后来,词性发生变化,转变为"众,众人的"之义,如《广雅》有"舆,多也"之句。"情"字始见于《周礼》等文献,本义为感情,《说文解字》解释为"人之阴气有欲者。从心,青声",后来扩展为"实情,情况"等义,如《韩非子·主道》有"虚则知实之情"之句。"舆"和"情"两字组成"舆情"一词,《现代汉语词典》解释为"群众的意见和态度"。权威的《汉语大词典》将"舆情"解释为"群情；民情"，并列出古近文献的四条引证，分别为南唐李中《献乔侍郎》诗："格论思名士，舆情渴直臣。"宋秦观《与苏公先生简》："伏乞为国自重，下慰舆情。"明刘基《处州分元帅府同知副都元帅石末公德政碑颂》："予既敬公德，又重父老请，于是述舆情而颂之。"郭孝成《山东独立状况》："始议组织临时政府，以顺舆情，而维大局。"

一、学界"舆情"纷争

《汉语大词典》是目前规模最大的汉语工具书。由于它的权威性，许多学者在引用"舆情"一词的出处时，未加考察，直接引用，使得人们误以为"舆情"一词出自南唐诗人李中的《献乔侍郎》："格论思名士，舆情渴直臣。"如王来华在著作《舆情研究概论：理论、方法和现实热点》中就写道："据记载，'舆情'作为一个单独的概念最早使用的例子，是唐朝诗人李中在其《献乔侍郎》诗中的句子：'格论思名士，舆情渴直臣。'"2004年，该学者在论文《对舆情、民意和舆论三概念异同的初步辨析》中再次强调同一观点。2006年5月，刘保位在硕士论文《中国共产党社会舆情机制研究》中也引用了该观点。

2006年7月，张兆辉、郭子建编著《舆情信息工作理论与实务》，对"舆情"一词重新进行了历史考察，提出词源新证："舆"字与"情"字相连的应用最早出现在《旧唐书》中，是唐昭宗在乾宁四年（公元897年）的一封诏书中，"朕采于群议，询彼舆情，有冀小康，遂登大用"。"舆情"这个词出现后，使用频率较高，在《旧唐书》到《清史稿》等这些正史中出现有几十次。最为著名的是出现在唐朝诗人李中《献乔侍郎》一诗的句子中。同年10月，王晓晖在主编的《舆情信息汇集分析机制研究》一书中也认为，"舆情"一词最早出现在《旧唐书》中，唐昭宗在乾宁四年（公元897年）的一封诏书中称："朕采于群议，询彼舆情，有冀小康，遂登大用。"2007年，刘毅在著作《网络舆情研究概论》中再次对"舆情"一词进行辞源学分析，"《旧唐书》（卷一百七十七）和《唐大诏令集》（卷五十八）中同时记载有唐昭宗在乾宁四年（897年）的一封诏书：'……朕采于群议，询彼舆情，有冀小康，遂登大用……'到目前为止，这是我们能查找到的'舆情'二字的最早出处。此后，'舆情'一词在我国历史文献中的出现频率逐渐增加"①。他特别检索了《文渊阁四库全书》电子版，发现："舆情"一词共出现1100余次，分散在"经""史""子""集"以及唐代之后历代的各类文献中。此后，关于"舆情"一词始出自《旧唐书》记载的公元897年诏书的观点逐渐被学者引用，如张元龙的论文《关于"舆情"及相关概念的界定与辨析》（《浙江学刊》2009年第3期）、姜胜洪的论文《网络舆情的内涵及主要特点》（《理论界》2010年第3期）、于家琦的论文《"舆情"社会内涵新解》（《天津大学学报（社会科学版）》2011年第13卷第2期）等。甚至，王来华在论文《舆情概念辨析》（《社会工作（学术版）》2011年第5期）中也纠正了原来"舆情"一词始出自唐朝诗人李中《献乔侍郎》诗句的观点，支持该论断。

但是，学者们对"舆情"一词始出自《旧唐书》记载的唐乾宁四年（公元897年）诏书的论断并没有进行深入细致的考察，以致有些论著中仍然坚持"舆情"一词始出自唐朝诗人李中《献乔侍郎》诗句的观点，如魏永忠主编的《公安机关舆情分析与舆论引导》（2011年）一书。因此，有必要对该论断进行重新的历史考辨。

二、"舆情"新考

南唐诗人李中《献乔侍郎》全文如下：

---

① 刘毅.网络舆情研究概论［M］.天津：天津人民出版社，2007：1.

位望谁能并，当年志已伸。人间传凤藻，天上演龙纶。
贾马才无敌，褒雄誉益臻。除奸深系念，致主迥忘身。
谏疏纵横上，危言果敢陈。忠贞虽贯世，消长岂由人。
慷慨辞朝阙，迢遥涉路尘。千山明夕照，孤棹渡长津。
杜宇声方切，江蓠色正新。卷舒惟合道，喜愠不劳神。
禅客陪清论，渔翁作近邻。静吟穷野景，狂醉养天真。
格论思名士，舆情渴直臣。九霄恩复降，比户意皆忻。
却入鸳鸾序，终身顾问频。漏残丹禁晓，日暖玉墀春。
鉴物心如水，忧时鬓若银。惟期康庶事，永要叙彝伦。
贵贱知无间，孤寒必许亲。几多沈滞者，拭目望陶钧。

作者李中在《献乔侍郎》诗中，盛赞乔侍郎的见识高超和为民敢言的高贵品格。作者使用"舆情"一词表达"民间或民众的情况，包括民众的情绪和意见"之义。李中，字有中，陇西人，仕南唐为淦阳宰，著《碧云集》三卷，收录其诗一百八十余首。南唐是五代十国的十国之一，时间为公元937—975年。学者们后来考证"舆情"一词始出自《旧唐书》记载的唐乾宁四年（公元897年）的诏书，时间显然比南唐早了40年以上。但是，"舆情"一词真的始出自《旧唐书》记载的唐乾宁四年（公元897年）诏书中吗？笔者表示怀疑！

"舆情"一词出自《旧唐书》"朕采于群议，询彼舆情，有冀小康，遂登大用"之句，许多学者认为它来自唐乾宁四年（公元897年）的诏书，但他们在论著中均没有详细展现考证这一时间的过程。笔者仔细阅读了《旧唐书·卷一百七十七·列传第一百二十七》全文，推敲出他们得出年份的时间逻辑。该列传记载了崔慎由及其子等人，其中在叙述其子胤时，有如下记载："慎由子胤。胤，字昌遐，乾宁二年登进士第。""三年，李茂贞犯京师，扈昭宗幸华州。""明年夏，朱全忠攻陷河中、晋绛，进兵至同华。"他们可能从带有明显时间印记的三句话来推论时间："乾宁二年"

第四章
"舆情"词源考证及其历史变迁

是公元895年,"三年"是公元896年,"明年"则为公元897年。但是仔细审读全文后,笔者发现该文记载"慎由子胤"的段落中还有三处是唐昭宗年号,如"大顺""光化""天复"。"大顺"为公元890—891年,"光化"为公元898年八月—901年三月,"天复"为公元901年四月—904年四月。通读该文记载"慎由子胤"的段落,相关年份时间标识的文字出现顺序为:乾宁二年(公元895年)、大顺(公元890—891年)、乾宁三年(公元896年)、光化(公元898年八月—901年三月)、明年夏(公元897年)、天复(公元901年四月—904年四月)。考察该文记载"慎由子胤"段落中相关年份出现的顺序,笔者发现以往学者仅注意到"乾宁二年""三年""明年",从而轻率地推论出该诏书发布的时间为唐乾宁四年(公元897年),而遗漏了唐昭宗在位期间(公元888—904年)的"大顺""光化""天复"等年号。当然,从前述6个时间标识看,"明年夏"出现在"光化"(公元898年八月—901年三月)之后,"明年"是"光化"之后的明年,则为公元902年。但前述6个时间标识并非就是时间正序,所以还不能轻易下结论说这一时间是准确的。但是,根据正文记载"明年夏,朱全忠攻陷河中、晋绛,进兵至同华",这一事实同公元902年历史相符。唐天复二年(公元902年)三月,朱全忠令叔琮、友宁乘胜攻河东,李克用遣李存信以沙陀亲兵逆战,因寡不敌众退还晋阳(今山西太原)。汴军收复慈(今山西吉县)、隰(今山西隰县)、汾(今山西汾阳)三州,进围晋阳。即便如此,"公元902年"这一时间还需要有进一步的文献支持。

通读《旧唐书·卷一百七十七·列传第一百二十七》记载的诏书全文,其同时记载了唐昭宗下诏责贬崔胤工部尚书"罔惑朕躬,伪行书诏"的罪行,但诏书没有标题,为进一步求证增加了难度。但功夫不负苦心人,笔者根据相关线索在《唐大诏令集·卷五十八·大臣·贬降下》中找到了这份诏书全文,标题为"崔胤工部尚书制",全文如下:

食君之禄，合务于尽忠；秉国之钧，宜思于致理。其有叠膺异渥，继执重权，遽萌狂悖之心，忽构倾危之计。人知不可，天固难容！扶危定乱，致理功臣、开府仪同三司、守司空、兼门下侍郎、同平章事，充太清宫使、弘文馆大学士、延资库使、诸道盐铁转运等使、判度支、上柱国、魏国公、食邑五千户崔胤，奕叶公台，蝉联珪组，冠岁名升于甲乙，壮年位列于公卿，趣向有文，行藏可尚。**朕采于群议，询彼舆情，冀有小康，遂登大任**。殊不知漏卮难满，小器易盈，曾无报国之心，但作危邦之计。四居极位，一无可称；岂有都城，合聚兵甲？暗养死士，将乱国经。聚貔虎以保其一坊，致刀戟远连于右辅。始则将京兆府官钱，委元规召卒，后则用度支榷利，令陈班聚兵；禄去公朝，权归私室，百辟休戚，在其顾盼之间；四方是非，系彼指呼之际。令狐涣奸纤有素，操守无堪，用作腹心，共张声势。遂令滥居深密，日在禁闱，罔惑朕躬，伪行书诏。致兹播越，职尔之由。岂有权重位崇，恩深奖厚，曾无惕厉，转恣睢盱，显构外兵，将图不轨！朕以士庶流散，兵革繁多，遂命内臣，与之商议。五降内使，一贡表章，坚卧不来，拒召如此。况又拘留庶吏，废阙晨趋。人既奔惊，朕须巡幸。果见兵缠辇毂，火照宫闱，烟尘涨天，干戈匝野。致朕奔迫，及于岐阳。翠辇未安，铁骑旋至，围逼行在，焚烧屋庐。睹此险危，咎将谁执？近者全忠章表，兼遣幕吏陈言，宰臣继飞密缄，促其兵士西上。静详构扇，孰测苞藏？无功及人，为国生事。于戏！君人之道，委之宰衡，庶务殷繁，岂能亲理？尽将机务，付尔主张，负我何多，构乱至此。仍存大体，不谓无恩。可责授朝散大夫、守工部尚书。天复二年十一月。

《唐大诏令集》整理的诏书"崔胤工部尚书制"，有明确的时间"天复二年"，即公元902年。在此诏书中，"舆情"与"群议"两词连用，"群议"似指大臣们的议论，"舆情"则指来自民众的感情和看法。与《旧唐书》诏书相比较，全文内容90%文字相同，而"舆情"一词出自"朕采于群议，询彼舆情"，两文献相同，但后面八字，却有所出入。《旧唐书》是"有冀小康，遂登大用"，而《唐大诏令集》为"冀有小康，遂登大任"。从文献保真性上，《唐大诏令集》高于《旧唐书》，但《旧唐书》成书比《唐大诏令集》早。《旧唐书》由后晋历史学家刘昫于天福五年（公元940年）始奉石敬瑭之命修撰，到后晋开运二年（公元945年）完成。《唐大诏令集》则由北宋宋敏求整理，于神宗熙宁三年（1070年）成书。《旧唐书》的说法，也收录到清朝大学士董诰领衔于1808—1814年编纂的《全唐文·卷九十一》中，诏书名称为"贬崔允工部尚书诏"。

综上所述，根据笔者目前掌握的文献资料，从词源学首见书证的角度，"舆情"一词应出自《旧唐书·卷一百七十七·列传·第一百二十七》"朕采于群议，询彼舆情，有冀小康，遂登大用"之句，时间不是以往学者研究的唐乾宁四年（公元897年），而是唐天复二年（公元902年）十一月唐昭宗发布的《崔胤工部尚书制》使用了"舆情"一词，初始义为"民众的感情和看法"。此后，"舆情"一词屡现五代十国历史文献之中。据《全唐文》记载有《答谏官请不幸汴州批》（卷一百五，后唐庄宗，公元923—926年在位）、《昭雪洛阳令罗贯敕》（卷一百九，后唐明宗，公元926—933年在位）、《御文明殿大赦文》（卷一百十七，后晋高祖，公元936—942年在位）、《授景范中书侍郎平章事制》（卷一百二十五，后周世宗，公元954—959年在位）等。随着时间的推移，一些文人墨客也开始使用"舆情"一词。南唐诗人李中所作《献乔侍郎》首先在诗词文章中使用了"舆情"一词，表达"民间或民众的情况，包括民众的情绪和意见"之义。再如南唐保大二年（公元944年）的《袁州厅壁记》（《全唐文·卷八百七十六》）、《忠懿王庙碑文》（《全唐文·卷八百九十三》）等。至宋代，"舆情"一词逐渐普及推广流行（流变详情，另文再叙）。

第二节　五代十国时期"舆情"话语权的政治转移

著名史学大师陈寅恪先生在《致沈兼士》信中说:"解释一字,即是作一部文化史。"公元902年十一月,唐昭宗颁发诏书《崔胤工部尚书制》,首次使用"舆情"一词,"朕采于群议,询彼舆情,有冀小康,遂登大用"。从此,"舆情"一词进入中国的政治话语体系,在千年历史长河中逐渐推广流传至今。舆情本身是社会生活的"晴雨表","舆情"一词的历史流变不仅反映出其词义自古及今发展的历史演变,而且折射出中国千年历史的文化变迁和政治兴替。本节拟从"舆情"一词在五代十国(公元907—979年)文献中的使用情况出发,追踪其在五代十国社会中的内涵演进,窥探五代十国时期"舆情"话语权的政治转移。

一、初指"民意"

"舆情"一词最早出现在晚唐昭宗皇帝于公元902年十一月颁发的一份贬官诏书中(《旧唐书》里称《崔胤工部尚书制》,《全唐文》里称《贬崔允工部尚书诏》)。在这封诏书中,昭宗皇帝把提拔崔胤归结为"朕采于群议,询彼舆情"的结果。"'舆情'与'群议'两词连用,'群议'似指大臣们的议论,'舆情'则指来自民众的感情和看法。"[①]

崔胤,唐乾宁二年(公元895年)进士,历任兵部侍郎、吏部侍郎,先后四次拜相,时人称"崔四人"。崔胤的宰相地位并不安稳,屡次被罢黜。每次被贬,崔胤就向军权在握的节度使朱温求援,朱温便迫使唐昭宗恢复他的相位。作为回报,崔胤与朱温里应外合,事实上架空了唐昭宗的皇权。唐昭宗称提拔崔胤当宰相是出于满足群臣和百姓的意愿,事实上更可能是被时势所迫。公元904年,朱温挟天子以令诸侯,逼迫唐昭宗迁都

---

① 张文英.康熙时期对"舆情"的使用及其研究[J].理论界,2010(9):120-123.

洛阳，居民也被迫跟着东迁。真实的民意在当时的民谣中得到生动反映："国贼崔胤，勾结朱温，引狼入室，致使我们百姓流离失所。"①

"舆情"一词第一次登上历史舞台，即指帝王口中的民意，作为帝王合法化统治的依据。此后的文献中，"舆情"最常见的出处仍是帝王之口，其含义也多指"民意"。这与儒家的民本思想有关，儒家曾系统地对"民为邦本"的思想进行过阐述。其中，孟子的"民贵君轻说"和荀子的"载舟说"都不约而同地论证了民众在政治生活中的重要性。"政之所兴，在顺民心；政之所废，在逆民心。"古代的政治家不无谙熟这一点，因而总在事实上或是表面上把民意作为政治处事的重要参考。②

二、衍成"民情"

五代十国是中国历史上自唐朝灭亡至宋朝建立的一段时期，本质上是唐朝藩镇割据和唐朝后期政治的延续。公元907年，朱温篡位改朝，建立后梁，开启五代十国历史。五代分别是后梁、后唐、后晋、后汉和后周，十国分别是前蜀、后蜀、吴、南唐、吴越、闽、楚、南汉、南平和北汉。五代为期54年，有八姓称帝，14个君王。其中，有4个君王都曾提到"舆情"一词。

第一个是后唐开国皇帝庄宗李存勖（公元923—926年在位）。公元923年，李存勖灭朱温后梁，即位称帝，史称"后唐"。庄宗李存勖在《答谏官请不幸汴州批》文中使用了"舆情"一词，"近以水潦为灾，租赋失额，欲巡方岳，贵便兵民。卿等细察舆情，备陈忠恳，虑沸腾于物议，俾镇静于宸居"③。

庄宗称帝后为享受骄奢淫逸的帝王生活，将天下财赋分为内外两府。

---

① 陈东. 中国古代经筵概论[J]. 齐鲁学刊，2008（1）：52-58.
② 魏彦红. 宋代经筵研究综述[J]. 河北师范大学学报（教育科学版），2012，14（10）：90-96.
③ 叶坦. 宋代社会发展的文化特征[J]. 社会学研究，1996（4）：82-92.

内府供他私人开支和赏赐之用，外府用作国家的费用。结果，内府财务堆积如山，外府则财政入不敷出。庄宗治下最突出的问题就是财力不足，官吏欠奉，士兵缺饷。① 人祸不止，水灾又至，导致军队粮饷雪上加霜，士兵议论纷纷，而官府强征暴敛则使百姓怨声载道。《答谏官请不幸汴州批》一文，就是庄宗对谏官报告的上述情况的批示。该文中"舆情"虽仍有"民众的感情和看法"之义，但内涵则因粮饷不足而导致军民物议沸腾的情况而有所变化，具体指"军民饷粮不足的社会情况"。因此，在《答谏官请不幸汴州批》一文中，"舆情"一词的词义由"民意"衍化为反映民众疾苦等社会情况的"民情"。

三、兼意"民众"

公元926年，李存勖在魏州叛乱中被杀。李嗣源承继帝位，史称后唐明宗（公元926—933年在位）。明宗在《昭雪洛阳令罗贯敕》一文中，使用了"舆情"一词。诏书中，明宗追述了河南县县令罗贯"未审罪名，便当极法，不削不贬，不案不彰，困枯木于广衢，抱沈冤而至死"的不公遭遇，认为罗贯"荡荡无私，俾舆情而共感"，所以"宜加昭雪，兼赐赠官"。② 此处"舆情"，泛指民众，"俾舆情而共感"，指的是罗贯清廉无私，在百姓中有口皆碑。

明宗不仅为冤案昭雪，而且励精图治，改革吏治，裁汰冗员，使百姓得以休养生息。公元933年，明宗病逝，其子李从厚继位，不久明宗养子李从珂夺位。公元936年，明宗女婿石敬瑭勾结契丹灭后唐，建后晋，史称后晋高祖。石敬瑭在位期间（公元936—942年），发表《御文明殿大赦文》，为其建国正名，并大赦天下。文中使用了"舆情"一词，"明宗朝属

---

① 董德志.略论宋代文化的时代特征［J］.聊城大学学报（社会科学版），2011（2）：293-294.
② 刘毅.刍论中国古代舆情收集制度［J］.天津大学学报（社会科学版），2007（5）：424-427.

之内，宿旧之中，或功名曾著于舆情，或材气可裨于公政，宜委中书门下量才叙录"①。其意为：明宗统治下的朝廷官员中，在民众中曾经功名显著或才能有利于朝政的，后晋朝廷都量才叙用。

石敬瑭是明宗女婿，又曾作为部下随明宗出生入死，对明宗有旧情。他灭后唐，主要是不满李从珂当政。他眷顾民意，大赦天下，无非想通过此举收买人心，巩固帝位。因此，《御文明殿大赦文》中的"舆情"，泛指民众。"功名曾著于舆情"，即功名在民众中有威望、很显著的意思。

石敬瑭称帝后，献媚契丹，割让燕云十六州，不得人心，统治 7 年中兵乱连年，公元 942 年终于忧郁成疾而死。此后，公元 947 年刘知远灭后晋建后汉，公元 951 年郭威灭后汉建后周。政权更替频繁，民众颠沛流离。公元 954 年，郭威内侄和养子柴荣继承帝位，史称后周世宗（公元 954—959 年在位）。后周世宗继位后立刻下令招抚流亡，减少赋税，恢复中原经济，同时重用人才，任人唯贤。

后周世宗柴荣在提拔景范的任命书《授景范中书侍郎平章事制》中使用了"舆情"一词，"繇是进用良臣，辅宣元化。虽朕志先定，亦舆情具瞻，爰择嘉辰，诞敷明命"②。这是世宗为做出提拔景范的决定所写的说明。世宗认为选贤任能既是他个人的主意，也是民众希望看到的事情。此处的"舆情"一词，应作"民众"解，"舆情具瞻"即民众普遍希望发生的、翘首以待之意。景范进士出身，开始是范县县令，周太祖郭威时官至谏议大夫。此处，周世宗提拔他由枢密直学士任中书侍郎。公元 955 年，他因为父亲去世而罢相。

四、"舆情"话语权的政治转移

"舆情"一词最早出自帝王之口，前面所引五处无不来自帝王的诏书、

---

① 唐克军.论中国古代民意的表达与实现[J].学术月刊，1999（1）：75-80，87.
② 董诰，等.全唐文：第 2 册[M].北京：中华书局，1983.

批示。但在五代十国时期，该词语也开始慢慢从帝王政治的皇权话语渗透到官僚士大夫的官僚话语体系，出现了自上而下的话语转移。

公元 925 年，后唐大举入侵建都成都的前蜀，蜀军无力抵抗，前蜀宰相王锴受前蜀末帝王衍之命起草投降书，史称《王衍降表》，其中使用了"舆情"一词，"属梁孽挺灾，皇纲解纽，不能助逆，遂至从权。勉徇舆情，止王三蜀"[①]。文中"舆情"一词，指的是民意，即民众的情感和意愿。"勉徇舆情，止王三蜀"，指的唐朝灭亡后，前蜀开国皇帝王建不附逆后梁，而选择变通的办法，尽量顺从民意的选择，在三蜀之地保境安民。"勉徇"即尽量顺从，"舆情"即民意。王衍试图说明前蜀的建立是无奈之举，如今后唐成为唐朝的继业，他愿意归顺降服。

如果说此处的"舆情"仍是以帝王之姿来书写的，那么在南唐诗人李中（曾仕南唐为淦阳宰）所作的《献乔侍郎》诗中，"舆情"一词不仅首次入诗，还真正获得了"平民"身份。李中在《献乔侍郎》诗中盛赞了乔侍郎的见识高超和为民敢言的高贵品格。"舆情"一词出自"格论思名士，舆情渴直臣"，大意是精当的言论需有名望但不做官的人来讲，而人民的情感意愿则迫切地需要直言敢谏的人来表达。此处"舆情"意指"民意"，不再是帝王口中合理化其统治的说辞，而真正获得了平民色彩。

《袁州厅壁记》出自刘仁赡之手，作于南唐保大二年（公元 944 年）。刘仁赡曾历任黄州（今湖北省黄冈市）、袁州（今湖南省宜春市）刺史，该文或是他在袁州刺史任上所写。文章是一篇题在袁州厅上的壁文，"舆情"一词出自"矧又舆情攸愿，帝命曰俞，乃蠲帑廪以市便楠，创陶冶以备瓴甓"一句。大意是说建亭之事关乎社会民情，皇上也很关心。此处"舆情"再次从士大夫口中说出，意指"民情"。

《忠懿王庙碑文》是吴越忠献王长子钱昱为闽忠懿王王审知建庙立祠所写的碑文，其中有"公居下惟谦，事长必顺。虽舆情之有属，在公论以

[①] 董诰，等.全唐文：第 9 册［M］.北京：中华书局，1983.

第四章 "舆情"词源考证及其历史变迁

不忘"之句,"舆情"泛指"民众"。

"舆情"一词首现晚唐昭宗颁发诏书《崔胤工部尚书制》后,在五代十国时期频繁地出现在诏书、奏折之中;由最初帝王重视的民众意见和情绪的民意,逐渐衍化成产生民意的具体事物或真实情况的民情,再被泛指为产生民意民情的人——民众,其内涵不断随着五代十国具体的社会文化历史变迁而得到丰富和发展,且互不排斥地共同发展。如《旧五代史·末帝纪下》篇中记载石敬瑭使用过"舆情"一词:"居六七日,敬瑭上章云:'明宗社稷,陛下纂承,未契舆情,宜推令辟。许王先朝血绪,养德皇闱,傥循当璧之言,免负阋墙之议。'"在此,"舆情"指"民意"。说明石敬瑭在位期间,"舆情"一词至少已经具备了两种以上的含义。在五代十国社会创造话语的历史演进过程中,话语也不断折射出五代十国的历史变迁。法国思想家福柯说,话语即权力。"舆情"使用的话语权在五代十国时期逐渐从皇权政治的帝王专用慢慢下移至官僚士大夫阶层,实现了"舆情"话语权的政治转移。

第三节 两宋时期"舆情"使用及其途径探析

公元902年十一月,晚唐昭宗皇帝于颁发的一份贬官诏书《崔胤工部尚书制》(《全唐文》里称《贬崔允工部尚书诏》)中首次使用"舆情"一词:"朕采于群议,询彼舆情。"诏书中,"舆情"与"群议"两词连用,"群议"指大臣们的议论,"舆情"则指来自民众的感情和看法。五代十国时期,"舆情"使用的话语权逐渐从皇权政治的帝王专用慢慢下移至官僚士大夫阶层。时至两宋时期(公元960—1279年),虽然内忧外患,但不可否认宋朝是中国古代历史上经济、文化教育与科学创新高度繁荣的时代。在这种历史背景下,"舆情"的使用更加频繁,不仅延续了五代十国时期使用话语权的政治转移传统,而且其汇集途径也开始多样化、制度化。

一、两宋时期"舆情"的四重含义

两宋时期,"舆情"一词得到了更广泛的使用,仅《宋大诏令集》中就出现了44次,也有10首宋代诗词使用过"舆情"一词。在五代十国时期,"舆情"初指"民意",衍成"民情",兼意"民众";两宋时期,"舆情"除上述三词义外,具有新意涵。

1. 民众的意愿、态度

"舆情"是一个充分体现中国历史文化传统的概念。"舆情"表示"民意"的用法是宋代"舆情"最主要的内涵,文献中的多处记载为此提供了佐证。如苏轼的排律《紫宸殿正旦教坊词致语口号》中,"知舆情之愿颂,顾盛德之难形。不度荒芜,敢进口号"。舆情即为民意的用法,表达祝颂之意,作口号导引乐舞杂剧演出。在《宋大诏令集》一书中,"舆情"共出现了44次,其绝大多数为表达"民意"。如《崇文广武圣明仁孝皇帝册文》中写道:"由是夷夏臣庶,不谋而集,咸以为嘉运累洽,鸿猷允塞,宜受尊称,以符至公。群恳翕然,疏封五上,舆情难夺,帝命乃俞。"此处"舆情"很显然是表达"民意"的内涵,来歌颂宋真宗的册封是民心所向、民意使然。该书作为收录自宋太祖建隆至宋徽宗宣和年间颁布的诏令文书,其内容均出自官方之口,固其中"舆情"的释义基本都可译作"民意"。体现了"舆情"一词的使用深受儒家民本思想的影响,主要集中于了解民意、顺应民情,其目的是维护封建帝王的皇权皇威。这种内涵被广泛借鉴在现代社会的舆情概念界定中,如认为广义的舆情就是社情民意,或直接将舆情解读为民意。

2. 民众的情绪

"舆情"在宋代文献中作为"民众的情绪"的用法也有诗词例证,如南宋郑国公史弥忠的《送安抚使袁彦淳之任》:"雄心中夜岂难平,一队旌旗万里行。为国许身增慷慨,逢人说剑转平明。尊前白发怀南浦,马上青山过楚城。从此海邦多治略,好听歌诵快舆情。"这里的"快舆情"即同后世"舆情欢载""舆情怡悦""舆情震骇"的用法,指顺畅民众的情绪,使民众心情愉悦。同样的用法也出现在北宋诗人王令的《何处难忘酒·其二》一诗中:"何处难忘酒,天心渴太平。焚山急贤出,拔草恶奸生。议尽刍荛口,歌回雅颂音。此时无一盏,何以快舆情。"

与舆情的第一层含义相比,宋代文献中将舆情作为民众情绪的用法并不多见,但民众的情绪、情感正是解释古代舆情内涵的核心焦点。这是因为中国古代的舆论特别是文化阶层对于统治阶级的公众批判是非常强大的,在社会发展中充当着当代新闻"第四等级"的角色。而以喜、怒、哀、乐、愁等情绪为主的情感因素,必然成为他们评价统治阶级时最易表露的部分。

3. 民众的疾苦、社情

"舆情"作为百姓的疾苦、民情的含义使用时与"民瘼""民隐"意思相近,关乎民众利益的民众生活(民情)、社会生产(民力)和民众中蕴涵的知识与智力(民智)等社会客观情况,其内涵范围相对宽泛,内容更客观,是广义的"舆情"。[①]宋代无名氏所作《十二时·忆少年》中写道:"汾水上、寅辂銮声。荐精诚。仙宇玉为京。圭洁奉高明。瑶山银榜,固国本丕闳。诏公卿。绵蕝殉舆情。"表达召集三公九卿制定朝仪典章来典礼膜拜,为民情赐福禳灾。在这里,"舆情"更多体现民生疾苦的含义,是皇权自上而下俯视的产物,说明"舆情"在两宋时期语境里是一个政治指向性很强的词语,强调管理者对被管理者的审视。

4. 民众本身

"舆情"代表民众本身的例子在宋代文献中并不鲜见。南宋官员程公许的《又上座主李左史八十韵》一文中写道:"公道荒荆棘,舆情渴蓼萧。"表达公共的大道已变为长满荆棘的荒地,老百姓渴望君王的恩泽。"舆情"表民众之意,同样的用法还出现在南宋文人王炎的《贺皇太子生

[①] 张文英.康熙时期对"舆情"的使用及其研究[J].理论界,2010(9):120-123.

辰》一诗中:"凤姿日表极高明,讲习诗书若性成。参决万机裨独断,力行三善答舆情。"

二、两宋时期社会舆情汇集途径

宋代处于中国历史上重要的转型期,宋代的政治、文化、社会等方面较前代均发生了深刻的变革。宋代虽然是我国历代王朝中统治面积最小的朝代,但其统治所达到的纵深严密层面却是前朝难以比拟的。宋代政治权力的变化体现在封建主义中央集权制度的加强。宋代统治者吸取唐、五代"弊政"的历史教训,严防文臣、武将、外戚、宦官篡权,制定出一整套集中政权、兵权、财权、司法权的统治制度,形成了各种权力集中于皇帝一身、各官僚系统相互制衡的封建政体,同时强化了以礼学思想为指导、以宗法制度为载体的基层社会的管理体制,形成了官方与民间上下联动的社会控制模式。宋代将唐代地方政府派驻中央的进奏官采集编写的进奏院状,改为在中央统一领导下、向地方定本发行的邸报,就是宋代在舆情领域加强中央集权的例证。

1. 宋代官僚机构内部的舆情传递机构——都进奏院

中国古代重民思想的核心内容就是顺民心,让民意得以表达和实现。民意的表达是化民意为政令的前提。古代统治者不明察民情民意,则不能明断,即难以作出顺乎民心的决断,把民意上升为国家意志。传说中,尧立诽谤之木,舜有告善之旌,都是让民意得以上呈,以便能明察明断。要明察,必须开辟让民意得以表达的途径。为此,宋代统治阶级建立了专职机构——都进奏院,保证地方民情得以上达。

都进奏院是宋代中央政府最直接负责政令及舆情的专职机构,是宋代政令下达、政情民意上传的中枢部门,同时也是宋代政府公文收发、传递的系统,主管中央与地方文书的收与发两个环节。《宋会要辑稿》记载,都进奏院"掌受诏敕及诸司符牒,辨其州府军监以颁下之;并受天下章奏、案牍、状牒,以奏御分授诸司"。都进奏院接收的地方文书大多是集中在司法、民间利弊、军事、官员信函等方面。地方官员利用实封文书传递信息加强了君主对地方的控制，拓展了地方民情民意信息的流动，加大了朝廷对这些地区的监管力度，是中央了解地方实际情况、制约各地官员的重要手段。

2. 经筵

经筵又称"经幄""经帷""讲席"，现代学术界将其定义为古代帝王为研读经史而特设的御前讲席。中国古代经筵历史悠久，发展到宋代制度比较完善，始称经筵。经筵这种特殊的教育制度对于帝王经史素养和君德的培养、国策的制定、教育的发展、人才的选拔等都具有重要意义。宋代经筵已有"会讲"与"日讲"之别，讲义的内容非常广泛，有古代经典，有前朝史书或政书，也有本朝史书和政书，还有其他如"帝学""续帝学"等相关书籍。[①]

经筵设立的本意，是通过讲读经史来提高皇帝的文化素质，与政治民情信息交流并无直接关联。然而通过梳理描写宋代经筵的文献，可以看到经筵在这一时期所起的作用已经不限于经史讲读，而是成为皇帝与臣僚进行政务交流的场所。整个两宋时期还有很多类似的事例。例如，司马光在熙宁变法时，就新法得失与臣僚和神宗在经筵中进行过反复讨论。苏轼在宋哲宗时任侍讲，在经筵中也利用讲读《三朝宝训》等书籍的机会，对朝中政务进行评述。宋孝宗时，周必大也利用经筵留身奏事，论述时政。所以可以肯定，皇帝与讲读官利用经筵进行政治交流，在两宋时期是具有一定普遍性的现象。[②]

在宋代，皇帝需要处理的事务较之以往明显增加，为应对这些纷繁复杂的事务，皇帝必须大量地获取各种信息和建议，以便合理地作出决策。同时，为确保自己能有效地控御臣僚，皇帝亦必须不断开辟新的信息管

---

① 陈东.中国古代经筵概论［J］.齐鲁学刊，2008（1）：52-58.
② 魏彦红.宋代经筵研究综述［J］.河北师范大学学报（教育科学版），2012，14（10）：90-96.

道，以防信息被垄断而导致威权下移。通过经筵，宋代君王不仅系统地学习了古学经典，累积治国经验，而且可以从直陈民隐的经筵官那里了解民隐舆情。

3. 文学艺术作品

两宋300余年间，经历了由鼎盛而式微，由和平而战乱，终至灭亡的过程，巨大的历史落差给社会民族心理造成极大冲击。宋代通俗文化的兴起在中国社会史上具有里程碑意义。宋代出现了作为综合性娱乐中心的瓦子，南宋临安城内共有瓦子20余个，包括酒楼、饮食店、卜卦、字画等行业，其中最重要的行业是勾栏，如临安城的北瓦子内有勾栏13座。勾栏是市井中的固定演出场地，是历史上最早的商业演出场所。在当时各种通俗文化中，对后世影响最为深远的当数话本小说。话本小说在宋代的流行显示出传统文化的世俗化、人文化转变，在叙述、评价事物时以下层市民为视角，题材也由王侯将相的丰功伟绩变成平民百姓的日常生活，特别是具备了难能可贵的批判精神，如对黑暗腐败的政治当局、屡弱无力的外交政策、草菅人命的贪官污吏进行了无情的鞭挞，在很大程度上反映并引导了社会舆情。[①] 在古代君主专制中央集权的政治环境下，文学作品是士大夫知识分子和平民阶层表达政治主张、影响社会舆论的重要工具。

宋词是宋代文人、士大夫表达政治观点、寄托理想抱负的主要手段。如辛弃疾的"千古江山，英雄无觅孙仲谋处"，岳飞的"靖康耻，犹未雪，臣子恨，何时灭。驾长车，踏破贺兰山缺"等，尽表现出为国捐躯的慷慨激昂。话本小说是广泛流传于民间的重要舆论载体，它的繁荣与宋代城市经济发展和市民阶层崛起密切相关，并且出现了固定的演出场所和职业艺人。话本小说表现出强烈的社会批判精神，对社会黑暗、官场罪恶进行犀利的揭露。[②] 民歌也是一种隐晦反映社会舆论的重要载体。如南宋时期广为

[①] 叶坦. 宋代社会发展的文化特征[J]. 社会学研究，1996（4）：82-92.

[②] 董德志. 略论宋代文化的时代特征[J]. 聊城大学学报（社会科学版），2011（2）：293-294.

传唱的民歌:"月子弯弯照几州,几家欢乐几家愁。几家夫妇同罗帐,几家飘散在他州。"用平实的语言表达了百姓流离失所、妻离子散的哀怨和对朝廷不思收复北方失地的不满。

两宋时期的舆情及其汇集制度,隶属于宋朝政治制度体系,其根本目的是维护君主的专制统治。舆情表达的主体是官吏,舆情实现的主体是君王,舆情得以表达与实现的基础是君臣爱民,而舆情民意的主体——民众,基本上被排斥在统治之外,君民之间基本没有直接相通的渠道,舆情表达的权利是不平等的。通过制度渠道汇集的士人舆情属于精英舆论,不足以代表社会整体舆情。[1] 囿于严格的社会等级制和高度集权的封建君主专制,无论士人还是庶民的表达自由都缺乏坚实的法律保障,舆情的真实性和完整性难以保证,下情上达的渠道不够通畅,舆情的监督功能也因此大打折扣。从根本上说,舆情汇集制度一旦服务于皇权,其制度效应只能取决于政治风气和统治者的贤明程度,缺乏稳定性和长效性。而客观上,舆情汇集制度利于体察民情、倾听民意,一定程度上有助于匡正君主过失,合理决策,澄清吏治。孟子曾说:"左右皆曰贤,未可也;诸大夫皆曰贤,未可也;国人皆曰贤,然后察之;见贤焉,然后用之……左右皆曰可杀,勿听;诸大夫皆曰可杀,勿听;国人皆曰可杀,然后察之;见可杀焉,然后杀之。……如此,然后可以为民父母。"他从用人、用政、用刑三个方面说明为政者察民意、化舆情为政令的路线。[2] 在当今社会,应通过立法切实保障社会公众的舆情表达权利,培育国家和社会公众的良性沟通机制,提高舆情管理的科学化水平,才能确保社会和谐稳定、长治久安。

---

[1] 刘毅.刍论中国古代舆情收集制度[J].天津大学学报(社会科学版),2007(5):424-427.
[2] 唐克军.论中国古代民意的表达与实现[J].学术月刊,1999(1):75-80,87.

第四节　苏轼与宋代"舆情"

在前文中，笔者指出：宋代不仅延续了五代十国时期"舆情"使用话语权的政治转移传统，"舆情"语义逐渐丰富，具备了"民众的意愿、态度""民众的情绪""民众的疾苦，社情""民众本身"等四种含义，而且其汇集途径多样化、制度化，如宋代官僚机构成立了专门的舆情传递机构——都进奏院，并通过经筵方式了解反映社情民意的"舆情"，且大量出现在文学艺术作品之中。在《宋大诏令集》中，"舆情"一词先后出现了44次；在《四库全书》中收录的宋代文献中，"舆情"一词出现的频次有173次之多，其中，仅苏轼一人就先后9次使用"舆情"一词。因此，本节拟对苏轼进行个案研究，分析当时文人墨客的个人"舆情"使用情况，从而展现宋代"舆情"风貌。

苏轼，字子瞻，号东坡居士，四川眉山人，其名"轼"原意为车前的扶手，取其默默无闻却扶危救困、不可或缺之意。他是中国文学艺术史上罕见的全才，也是中国数千年历史上被公认文学艺术造诣最杰出的大家之一，诗、词、赋、散文均成就极高，且善书法和绘画。其文汪洋恣肆，明白畅达，"大略如行云流水，初无定质，但常行于所当行，常止于所不可不止""虽嬉笑怒骂之辞，皆可书而诵之"。苏轼与欧阳修并称"欧苏"，与父亲苏洵、弟苏辙合称"三苏"，父子三人同时名列"唐宋散文八大家"。其诗现存2700多首，内容广阔，风格多样，豪放为主，有人赞誉说："白称诗仙，古体绝伦；杜诗律圣，拓宇七言；东坡晚出，各体皆能，无题不作，比配诗神。"苏轼与辛弃疾并称"苏辛"，抒情写景、说理怀古、感事等题材无一不可入词，他提高了词的意境，扩大和开拓词境，提高格调，开创词坛"豪放派"之风，改变了晚唐、五代以来绮靡的词风。现存其词340多首，《念奴娇·赤壁怀古》《水调歌头·明月几时有》《定风波》传诵甚广。其书法名列北宋四大书法家"宋四家"之一，早期书法代表作为《治平帖》，笔触精到，字态妩媚；中年代表作为《黄州寒食诗帖》，其笔墨跌宕起伏、气势不凡，而又一气呵成，达到"心手相畅"的几近完美的境界，被称为"天下第三行书"；晚年代表作有行书《洞庭春色赋》《中山松醪赋》等，此二赋以古雅胜，姿态百出而结构紧密，集中反映了苏轼书法"结体短肥"的特点。其弟子黄庭坚在《山谷集》里赞誉说："本朝善书者，自当推（苏）为第一。"其画则开创了湖州画派，能画竹，学文同，也喜作枯木怪石。存世画迹有《枯木怪石图卷》《潇湘竹石图》等。苏轼生性放达，好交友，好美食，创造了许多饮食精品，好品茗，亦雅好游山林，黄庭坚称他为"真神仙中人"。苏轼一生经历了北宋仁宗、英宗、神宗、哲宗、徽宗五朝，这六七十年正是北宋王朝积贫积弱局势逐渐形成，社会危机急剧发展的时代，也是统治阶级内部政局反复多变，党争此起彼伏的时代。苏轼在政治上处于中立，但也有改革弊政的要求，有任何不满，"如食中有蝇，吐之乃已"。他既反对新党王安石比较急进的改革措施，也不同意司马光尽废新法，因而在新旧两党间均受排斥，仕途生涯十分坎坷。据任朝第先生《三苏年谱简编》统计：苏轼自26岁入仕到66岁终老，40年间官职变动达20余次，其中任京官时间加起来不足7年，实任地方官时间22年，其间谪居黄州、汝州5年，尤其是自59岁始谪居岭南惠州以至海南儋州7年，其晚景之萧瑟，人莫能堪。但他在各地居官清正，为民兴利除弊，关心民间疾苦，注重舆情社情民意，政绩颇多，口碑甚佳，杭州西湖的苏堤就是实证。他去世后，其人其作受到南宋皇帝高宗、孝宗的推崇，赐他谥号"文忠公"，并由宋人王宗稷撰《苏文忠公全集》。林语堂曾撰写了脍炙人口的《苏东坡传》，并称赞说："像苏东坡这样富有创造力，这样守正不阿，这样放任不羁，这样令人万分倾倒而又望尘莫及的高士。"王水照则认为苏轼文学作品的数量之巨为北宋著名作家之冠，质量之优则为北宋"文学最高成就的杰出代表"[①]。

---

① 王水照，聂安福.苏轼散文精选［M］.上海：东方出版中心，1998：323.

对于苏轼存世的大量文献，后人编辑成《苏轼集》，收入清代《四库全书》。《苏轼集》中先后9次使用"舆情"一词，其具体出现的文献情况如下：《贺欧阳少师致仕启》《三法求民情赋——王用三法断民得中》、《答彭舍人启》、《答乔舍人启》、《贺新运使张大夫启》、《紫宸殿正旦教坊词》的《教坊致语》和《小儿致语》、《兴龙节集英殿宴教坊词小儿致语》、《贺兴龙节表》等。

宋神宗熙宁四年（1071年）春末夏初，苏轼因不满王安石变法，请求离京赴徐州任职，其恩师欧阳修则以太子少师退休，并选择颍州为养老的"福地"。欧、苏两代宗师忘年交契，两人于颍州欢聚，成为士林美谈的文坛佳话。苏轼献上《贺欧阳少师致仕启》高度评价欧阳修，表达出对欧阳修的尊敬和倾慕之情："伏以怀安天下之公患，去就君子之所难。世靡不知，人更相笑。而道不胜欲，私于为身。君臣之恩，系縻之于前；妻子之计，推荷之于后……伏惟致政观文少师，全德难名，巨材不器。事业三朝之望，文章百世之师。功存社稷，而人不知……虽外为天下惜老成之去，而私喜明哲得保身之全。伏暑向阑，台候何似。伏冀为时自重，少慰舆情。"[①] 恭祝这位"事业三朝之望，文章百世之师"的师长得以"明哲保身"，并直言感戴恩师"较其所得，孰与昔多。轼受知最深，闻道有自"。这里的"舆情"，即为民众的情绪。

《三法求民情赋——王用三法断民得中》是一篇关于古代律令的赋文。宋哲宗赵煦于1085年登基，改年号为"元祐"，由于其才10岁，便由高太后执政，任用司马光为宰相。元祐初年，御使中丞刘挚和右谏议孙觉因刑律烦琐，难以检用，上书哲宗去取删正。哲宗诏刘挚等人刊定。苏轼代吕公著《上初即位论治道二首》，其二即为《刑政》。其论指出，宋朝刑法繁多，使执法者详于小而略于大，"民者国之本，而刑者民之贼"，要治民就应当临下以简、御众以宽。苏轼献此赋劝谏哲宗宽减刑法，体现爱民之

---

① 李之亮.苏轼文集编年笺注：6［M］.成都：巴蜀书社，2011：92.

第四章
"舆情"词源考证及其历史变迁

心。"三法"一词出自《周礼·秋官》:"三法者,求民情,断民中,而施上服下服之罪。"是"三刺之法""三宥之法""三赦之法"的合称,意在阐述刑罚应轻重适中。在《三法求民情赋》中,苏轼再次表达了刑法要宽严适度的观点:"民之枉直难其辩,王有刑罚从其公。用三法而下究,求舆情而上通。"① 此处的"舆情"应意指"民众的意愿和态度",即"民意",表明刑罚的度量应征求民意,慎重刑罚。

北宋元祐三年(1088年)四月,彭汝砺被任用为中书舍人,苏轼作《答彭舍人启》一文庆贺,文中对彭汝砺各方面的才能和特点进行了评价,称颂其"对策决科,尝魁天下之士;犯颜逆指,有古名臣之风","伏审显膺宸命,进直掖垣。除目播腾,舆情欣属。国家董正百官之治,聿追三代之隆。用事考言,因名责实"。② 在官报中看到彭汝砺的官吏升迁文书之后,民众欢欣鼓舞,此处的"舆情"也应解为民众。

在《答乔舍人启》中,苏轼将文章重"体用"还是重"华采"与国之兴衰联系起来,强调"以体用为本"。"以体用为本"与"有为而作"的精神完全一致,主张文艺要反映现实生活,敢于揭露社会矛盾,要以"体用"为文之根本,强调具有社会价值和实际功用,不能一味追求华美的词藻,即"文章以华采为末,而以体用为本"。其中,"舆情"一词出现在"元祐以来,真人在位。并兴多士,以出异材。眷惟淮海之英,久屈江湖之上。迨兹显擢,实慰舆情"③。这里的"慰舆情"即同后世"舆情欢载""舆情怡悦""舆情震骇"的用法,指顺畅民众的情绪,使民众心情愉悦,即"民众的疾苦,社情"。同样的用法还出现在苏轼的《贺新运使张大夫启》中:"自闻新命,实慰舆情。再惟衰朽之余,得荷宽明之庇。其为厚幸,未易究陈。"④

---

① 邓立勋.苏东坡全集:中 [M].合肥:黄山书社,1997:19.
② 李之亮.苏轼文集编年笺注:6 [M].成都:巴蜀书社,2011:176.
③ 李之亮.苏轼文集编年笺注:6 [M].成都:巴蜀书社,2011:185.
④ 李之亮.苏轼文集编年笺注:6 [M].成都:巴蜀书社,2011:132.

北宋元祐四年（1089年）年初一，翰林学士苏轼作《紫宸殿正旦教坊词》。紫宸殿在北宋"视朝"之所——大庆殿北面，正旦宴即春节年初一的宴会，教坊词是教坊于正旦这天演出的歌词。当时，乐语、致语、口号是宋代礼乐的重要组成部分，这是直接秉承《周礼·大司乐》《诗经》的渊源而来的。乐语多为生辰、节令、婚寿、升迁、宴饯等场合所作，充满喜庆气氛，在内容上以歌功颂德、祝圣庆寿为主，"间有讽词"和"寓规谏意"，为人所推重。由于风气所使，宋代不少文人曾撰有教坊词。苏轼的教坊词是宋人教坊词中现存最完好的作品。在《紫宸殿正旦教坊词》的《教坊致语》中，他写道："知舆情之愿颂，顾盛德之难形。不度荒芜，敢进口号。"[1]舆情即为"民众的意愿、态度"，表达祝颂之意，作口号导引乐舞杂剧演出。在《小儿致语》中，他也使用了"舆情"一词："诞日载临，舆情共祝。"[2]意为普天同庆皇家诞辰，舆情即为"民众"的用法。《兴龙节集英殿宴教坊词：小儿致语》中，他再次使用了"舆情"一词："载临诞日，俯答舆情，非为靡曼之观，庶备太平之福。"[3]此"舆情"作"民众的意愿、态度"解。

北宋元祐四年（1089年）十一月，苏轼作《贺兴龙节表》，庆祝宋哲宗赵煦生日。在古代，兴龙节是皇帝生日。此类贺表主要内容多为单纯对朝堂之事的敬贺，每当节庆或有重大喜事发生之时，臣子均要上表以示恭贺。此时，苏轼受到重用，从黄州回朝任礼部郎中、中书舍人、翰林学士，是年官拜龙图阁学士，是其仕途的巅峰之时，故作《贺兴龙节表》："臣轼言：天佑我邦，祥开是日。山川贡瑞，日月增华。臣某诚欢诚忭，顿首顿首。伏以上圣所储，有慈俭不争之宝；舆情共献，盖忧勤无逸之龟。不待祷祠而求，自然天人之应。恭惟皇帝陛下，尧仁舜孝，禹勤汤宽。德莫大于好生，故以不杀为神武；道莫尊于问学，故以所闻为高明。

---

[1] 李之亮. 苏轼文集编年笺注：5[M]. 成都：巴蜀书社，2011：621.
[2] 李之亮. 苏轼文集编年笺注：5[M]. 成都：巴蜀书社，2011：667.
[3] 李之亮. 苏轼文集编年笺注：5[M]. 成都：巴蜀书社，2011：681.

敷锡庶民，向用五福。臣备员内阁，出守近畿。虽违咫尺天威，乃身在外；而上千万岁寿，此意则同。臣无任。"①其中"舆情共献，盖忧勤无逸之龟"，"舆情"作"民众"之义。

苏轼一生所写的赋、表、奏、议等应用文章不计其数，在艺术领域里始终挥洒着旺盛的生命力，成就了辉煌的文化业绩。尽管个人的处境是困难而微妙的，但苏轼不以个人政治进退介怀，而以天下苍生为念，行文仍是我行我素，不改倔强故态，创作内容涵盖了政局和社会的方方面面，无一不体现出他的政治气度、民生情怀、人道关怀。作为文学家，他的作品是士大夫知识分子和平民阶层表达政治主张、影响社会舆论的重要工具。两宋时期苏轼笔下"舆情"的多义性反映出其词义自古及今发展的历史演变，而且折射出中国千年历史的文化变迁和政治兴替，但其核心仍是出于体察民情、倾听民意的目的，能够在一定程度上有助于匡正君主过失、合理决策、澄清吏治。

---

① 李之亮.苏轼文集编年笺注：3［M］.成都：巴蜀书社，2011：459.

第五章
新闻界关于"记者"一词的探源纷争

在中国新闻事业发展史上,一些具有开创意义的新闻术语,如"记者"一词,自然吸引了新闻界的热切关注。许多研究者纷纷投入大量人力物力去探索搜寻它在中国最早出现的文献记载。各研究者受时间、精力和视野的限制,答案也各有千秋,由此在新闻界引发了一次次纷争。这一方面反映出新闻学术研究的自由争鸣和不断深入,另一方面表明目前新闻界对"记者"一词的模糊认识。

第一节　两种观点,针锋相对

自20世纪80年代起,中国新闻界就掀起了关于"记者"一词探源的纷争。

1985年,《当代传播》第四期发表文章《记者的来历》,指出:"在我国,'记者'一词最早见于《清议报》第七期。这家报纸是一八九八年十二月在日本横滨创刊的。"[①] 遗憾的是,该文虽然指出了"记者"一词的出处,却没有标明具体时间。

1988年,徐载平、徐瑞芳在他们编著的《清末四十年申报史料》中

---

① 记者的来历 [J]. 当代传播,1985(4): 33.

第五章 新闻界关于"记者"一词的探源纷争

提出:《申报》首次使用"记者""新闻记者"。他们认为:"第一次发现'记者'这一词汇的日期是公元一九〇五年三月十日,在《申报》上的一篇题为《论今日各国对中国之大势》的论文中有一句'记者又何必须再烦笔墨以渎吾同胞之听哉!'。"[①] 该论点的出现,立即引发了学术界的争议。

同年,余家宏等人在其主编的《新闻学词典》中明确指出:"记者"一词最早见于《清议报》第七期,是在光绪二十五年一月二十一日(1899年3月2日)。[②] 这立即被新闻学界所采用。1989年,梁一高和姚建红分别在各自著作《新闻采访学》和《中国新闻史事溯源》中采用了这一观点。

到20世纪90年代,这一观点占据上风,似乎成为新闻界的共识,先后被一些新闻传播学的权威著作所采信,如《中国大百科全书·新闻出版》(中国大百科全书出版社,1990年)、《新闻学大辞典》(甘惜分主编,河南人民出版社,1993年)、《中国新闻事业通史:第2卷》(方汉奇主编,中国人民大学出版社,1996年)、《中国新闻纪录大全》(刘圣清编著,广州出版社,1998年)、《新闻采访学》(林如鹏著,暨南大学出版社,1998年)等。真理似乎越辩越明,但仍有一些著作采用了"《申报》在1905年开始使用'记者'一词"的说法,如《舆论宣传学大辞典》(刘建明主编,经济日报出版社,1993年)。

进入新世纪后,中国新闻事业飞速发展,学术研究不断深入。关于"记者"一词的探源一度沉寂,并没有取得新的进展,但是关于"记者"一词的纷争重燃战火,两种观点针锋相对。

2000年1月,中国人民大学新闻学院蓝鸿文教授在著作《新闻采访学》中,针对"记者"一词的纷争明确指出:"'记者'这种称谓,是从国外引进的。最早见于梁启超主办的《清议报》第七、八两期刊出的《时

---

① 徐载平,徐瑞芳.清末四十年申报史料[M].北京:新华出版社,1988:111.
② 余家宏,宁树藩,徐培汀,等.新闻学词典[M].杭州:浙江人民出版社,1988:88.

事十大新闻汇记》一文。此两期于1899年3月出版于日本横滨。比《申报》1905年实行业务改革首次用'记者'这一称谓早六七年。"[①]但是，同年6月，熊高在其著作《采访行为概论》中，却沿袭了"'记者'最早见于1905年《申报》"的观点。由于新闻界对此已经有所共识，这一观点再次出现并没有平生波澜。

时至2004年，关于"记者"一词的探源再次引发学术界的热切关注，纷争又起。2004年1月，作者杨中兴在刊物《新闻爱好者》上发表题为《"记者"称呼的由来》的文章，再次旧话重提，认为："在我国最早出现'记者'一词的日期是1905年3月10日上海《申报》，一篇题为《论今日各国对中国之大势》的文章中。从1905年到2004年，正好九十九岁。"[②]

该文发表后，各家媒体尤其是新闻业界的知名网站好像发现了新大陆，人民网传媒频道《综合研究》栏目（2004年4月20日）、中国记者网记者家园频道《职业观察》栏目（2004年5月19日）、《中华新闻报》及其网站（2004年5月21日）等先后转载。

一时纷争再起，许多研究者撰文表示不同看法。2004年6月11日，笔者也曾卷入其中，撰文《也论"记者"称呼的由来》发表于《中华新闻报》，支持"记者"一词最早见于1899年3月2日的《清议报》第七期《时事十大新闻汇记》。2004年8月，法制日报社主任记者、主任编辑，中国政法大学兼职教授李矗在中国新闻研究中心网站发表文章《"记者"究竟"年庚"几何——对于"中国记者网"一文的辨析》，再次对《"记者"称呼的由来》提出批判。文章发表后，人民网传媒频道《综合研究》栏目进行了转载，同年出版的《新闻采访学》（何志武，武汉大学出版社，2004年）也赞同这一观点。

---

① 蓝鸿文.新闻采访学［M］.2版.北京：中国人民大学出版社，2000：16.
② 杨中兴."记者"称呼的由来［J］.新闻爱好者，2004（1）：17.

第五章
新闻界关于"记者"一词的探源纷争

第二节 "记者"一词探源的新突破

2005年,关于"记者"一词探源的纷争还在延续,而且取得了新突破。

2005年1月,由方汉奇、李矗主编的新闻巨作《中国新闻学之最》详尽地叙述了记者称呼的变化,有力地支持了"记者一词最早见于1899年3月2日《清议报》"的观点。

同年2月,论者李开军以《"记者"一词在中国的出现和使用》为题在《中文自学指导》发表文章,指出,"记"与"者"二字组成的"记者"一词首先出现在中国,至迟在宋代的《朱子语类》里已经有这样的话:"今后来记者却失上面一节,只作圣人白话记了。"此处"记者"的意思是"作记的人"。该文以新的史料考证出:1898年12月23日,《清议报》创刊号上使用了"记者"一词,是《东报译编》栏目中的文章《俄国外交官评言》:"驻美俄国公使加衣希尼波……顷日谓美国某报馆记者曰:俄国无欲占取牛庄之意。"《申报》使用"记者"一词始自1905年2月24日刊载的《论中国改革官制宜分定权限》一文,"记者昔读前二十年俄人游历中国笔记……记者曰:非权限之不明奚为而至是"。同时,该文在"记者"一词的探源上取得了新突破,认为黄遵宪于1890年出版的《日本国志》卷三十六"礼俗志三"中:"东酬西酢,甲询乙谘,巡檐倚柱,若有所思,新闻馆记者也。"这是目前所见"记者"一词在近代中国最早的出现。[①]

《"记者"一词在中国的出现和使用》不仅在古代文献中找到了"记者"一词的出处,而且推翻了以前新闻学著作关于"记者"一词最早出现在《清议报》和《申报》的时间。最为重要的是,它为"记者"一词在近代的出现和使用做出了阐释。

---

① 李开军."记者"一词在中国的出现和使用[J].中文自学指导,2005(2):34-36.同见《国际新闻界》2007年第1期,第77—80页。

但让人遗憾的是，新闻业界非但没有吸纳这最新的学术研究成果，一些媒体还在引用陈旧的错误观点。2005年6月8日，《中华新闻报》又转载中国记者网的文章《"记者"称呼可追溯到1905年》（该文仅是《"记者"称呼的由来》改头换面之作，只换了个标题）。笔者曾致信该报编辑部指出错误，他们表示感谢，随后转载了《中国新闻学之最》一书中关于"记者"一词的短文。争论再次平息。

2006年4月，中国传媒大学出版社出版教材《新闻采访》，著者熊高再次重申了他在《采访行为概论》中"'记者'一词最早见于1905年《申报》"的观点。

同年8月，《当代传播》发表文章《"记者"一词在中国出现于何时》，该文作者李开军重申了他在《"记者"一词在中国的出现和使用》的观点，并认为：1905年《申报》最早使用"记者"一词的看法，大概受了《清末四十年申报史料》一书的影响。笔者再次细读了《清末四十年申报史料》中关于"首次使用'记者''新闻记者'等词汇"的记载，发现主张"'记者'一词最早见于1905年《申报》"的论者其实误读了该书作者的原意。因为《清末四十年申报史料》本身只限于《申报》史料的整理，而且在记载中作者就交代了"就《申报》来说"的写作前提。

但是，令人遗憾的事情再次发生。2006年12月26日，中华新闻传媒网（原中国记协网）《史海钩沉》栏目又转载中国记者网文章《"记者"称呼可追溯到1905年》。另外，中国记者网《职业观察》栏目也刊登了该篇文章。

如今，网络信息浩如烟海，良莠丛生，正误杂陈，固然在所难免。但是，中华新闻传媒网（原中国记协网）是由中华全国新闻工作者协会（简称"中国记协"）主管、主办的官方网站，是全国新闻媒体和广大新闻工作者的网上家园；中国记者网是国家新闻出版总署主管、主办的官方网站，以"发布权威的业界资讯和全面的政策法规"而"引领传媒"为己任。两大权威新闻网站长期刊登《"记者"称呼可追溯到1905年》，不

▶第五章
新闻界关于"记者"一词的探源纷争

仅有损它们"权威"之名,而且有误导全国新闻媒体和广大新闻工作者之嫌。

2007年1月,论者李开军在《国际新闻界》发表《"记者"一词在中国的出现和使用》,重申了自己的观点,即"记"与"者"二字组成"记者"一词首先出现在中国,至迟在宋代的《朱子语类》里;黄遵宪于1890年出版的《日本国志》卷三十六"礼俗志三"中的"记者"一词,是目前所见"记者"一词在近代中国最早的出现。

第三节 新观点的商榷之处

关于《"记者"一词在中国的出现和使用》一文的价值,前文已述。但是,该文的观点就正确了吗?笔者初略考证,发现还有值得商榷的余地。

第一,"记"与"者"二字组成"记者"一词首先出现在中国,至迟并非在宋代的《朱子语类》里。早在2004年6月,有论者就指出:"记"与"者"两个字组合在一起,始于唐代,见于杜甫的诗中。《杜工部集》第六卷《客堂》一诗里,有这么两句:"上公有记者,累奏资薄禄。"这就是"记者"一词见于中国古代诗文的发端。这里的"记者"一词,意指"心念的旧交",与后世"新闻记者"没有一丝牵连。[①]

第二,《日本国志》最早引进近代新词语"记者",早在2004年武汉大学著名教授冯天瑜发表的论文《清末民初国人对新语入华的反应》(见《江西社会科学》2004年第8期)和同年出版的著作《新语探源——中西日文化互动与近代汉字术语生成》就已经提出。他指出:"曾于1877—1882年担任驻日公使参赞的黄遵宪所著《日本国志》(1887年成书,1895年印行)大量介绍明治维新以后产生的汉字新语,例如:社会、团体……

---

① 丁华艳,钟穗珊.漫谈记者[N].中华新闻报,2004-06-11(7).

077

记者……"①

第三，《日本国志》出版时间并非1890年。虽然《日本国志》的封页上有"光绪十六年羊城富文斋刊版"字样，但该书的真正出版时间为1895年冬。据北京大学历史系教授、著名中日关系学者王晓秋研究证实：黄遵宪于1887年撰写完成《日本国志》，1890年（清光绪十六年）交与羊城富文斋刊刻，但迟迟未刻成。1894年，他又把稿本邮寄到巴黎，请出任英、法、意、比四国大臣的薛福成作序，直到1895年（清光绪二十一年）才刻成正式出版。②这一出版的曲折过程，在2001年上海古籍出版社重版的《日本国志》的"前言"中也得到了证实。"前言"作者刘雨珍谈到《日本国志》的版本时，指出：《日本国志》完成后，虽于清光绪十六年（1890年）交羊城富文斋刊刻，初刻本及改刻本扉页亦皆署有"光绪十六年羊城富文斋刊版"，但实际上该年并没有刊行。清光绪十六年十二月二十日（1891年1月19日），黄遵宪自伦敦使署致函日本友人宫岛诚一郎，言及《日本国志》虽已完稿，然"所恨东西奔走，无暇付梓"，即为明证。清光绪二十年（1894年）春，黄遵宪任新加坡总领事期间，曾将《日本国志》稿本邮至巴黎使馆，请时任英、法、意、比四国大臣的薛福成作序。薛序作于该年旧历三月，初刻本即有收录，可知《日本国志》的出版应在此之后。③他根据华东师范大学图书馆藏有黄遵宪亲笔题签的《日本国志》初刻本的签文，推断认为："《日本国志》的初版时间应为光绪二十一年冬，即一八九五年底至一八九六年初之间。"④

---

① 冯天瑜. 新语探源：中西日文化互动与近代汉字术语生成［M］. 北京：中华书局，2004：508-509.
② 王晓秋. 近代中国与日本：互动与影响［M］. 北京：昆仑出版社，2005：225.
③ 刘雨珍. 日本国志·前言［M］// 黄遵宪. 日本国志. 上海：上海古籍出版社，2001：20-21.
④ 刘雨珍. 日本国志·前言［M］// 黄遵宪. 日本国志. 上海：上海古籍出版社，2001：20-21.

第五章
新闻界关于"记者"一词的探源纷争

第四,据中国新闻史研究的开山鼻祖戈公振在《中国报学史》里记载:米怜在《察世俗每月统记传》第二期《自述办报之旨趣》一文中就使用了两次"记者"一词。他写道:"第一期本报文字印刷,胥不免于简陋之讥。惟积学之士,当能心知其意,而曲为之谅,记者深愿此后假以时日,俾得于中国文学研究益深,而逐渐加以改善。……欲使本报随时改良,以引起读者之兴味,非竭教士一人半月之时间以从事于斯不为功,且须征求外来稿件,以补其不足。记者甚愿致力于是。他日国人之习华文者日多,当有佳作以光本报之篇幅,而年来最不易得者,即此项资料是也。"①但是,戈公振在注释中也指出:该文"见 *Chinese Repository*《中国文库》第二卷第二百三十四页。惟彼从汉文译成英文,此又从英文译成汉文,与原义恐不无出入"②。后来,他曾在大英博物馆阅读过《察世俗每月统记传》,在《英京读书记》中记载了该刊创刊号的序文,却没有出现"记者"一词。另外,据杨瑾琤、宁树藩、方汉奇、王凤超合撰的论文《〈中国报学史〉史实订误》考证:"《察世俗每月统记传》并没有登载过这篇文章。该文原见米怜于1819年所撰《基督教在华最初十年之回顾》(*A Retrospect of the First Ten years of the Protestant Mission to China*)一书。后来《中国丛报》第二卷曾予转载,转载时文字略有变动,并有删节。"③因此,从以上分析可知,该文被戈公振误以为是《察世俗每月统记传》第二期的文章,且根据20世纪20年代流行的词汇翻译而来的。因此,戈公振《中国报学史》记载的1815年出版《察世俗每月统记传》第二期出现的"记者"一词,并非确证,不足为信。本文记此,以免大家误用。

---

① 戈公振.中国报学史[M].北京:中国新闻出版社,1985:57.
② 戈公振.中国报学史[M].北京:中国新闻出版社,1985:307.
③ 杨瑾琤,宁树藩,方汉奇,等.《中国报学史》史实订误[J].新闻研究资料,1985(4):57-90.

本章小结

据笔者目前掌握的文献资料表明,"记者"一词首先出现在中国唐代;至于近代,则有确证的是1895年冬黄遵宪出版的《日本国志》,而非1890年,更不是1899年3月或1905年3月。

关于"记者"一词的探源纷争,也暴露了我们新闻界一些值得注意的问题。第一,新闻学界和业界应加强交流,避免一些已经是学界共识的问题被业界误用,业界也应及时关注学界研究的最新动态,及时更新网站的一些陈旧知识,以免传播错误知识和误导读者。第二,新闻研究应积极及时吸纳其他学术界的新观点,尊重前人研究成果和学术规范,免得使其他学术界看我们新闻界自娱自乐而落下"新闻无学"的微词。

第六章
"记者"一词在中国的源流演变历史

目前,新闻传播学的学术研究取得了巨大的发展,一些在中国新闻事业发展史上具有开创意义的新闻术语,日益引起新闻界的热切关注。新闻研究者们投入大量精力,撒下大网去考证、搜寻它们在中国最早出现的文献记载,探索其在历史长河中的流变。如"记者"一词,从 20 世纪 80 年代直至现在一直纷争不断,先后出现过 1899 年说[①]、1905 年说[②]、1815 年说[③]

---

① "记者"一词最早出现在 1899 年 3 月《清议报》第七期《时事十大新闻汇记》,这是新闻学界自 20 世纪 80 年代达成的共识。见《新闻学词典》(余家宏等,浙江人民出版社,1988 年)、《中国大百科全书·新闻出版》(中国大百科全书出版社,1990 年)、《新闻学大辞典》(甘惜分,河南人民出版社,1993 年)、《中国新闻事业通史:第 2 卷》(方汉奇,中国人民大学出版社,1996 年)、《中国新闻纪录大全》(刘圣清,广州出版社,1998 年)、《新闻采访学》(蓝鸿文,中国人民大学出版社,2000 年)、《中国新闻学之最》(方汉奇、李矗,新华出版社,2005 年)等。

② "记者"一词最早出现时间为 1905 年 3 月,这是目前新闻业界的主流观点。见《清末四十年申报史料》(徐载平、徐瑞芳,新华出版社,1988 年)、《舆论宣传学大辞典》(刘建明主编,经济日报出版社,1993 年)、人民网传媒频道《综合研究》栏目(2004 年 4 月 20 日)、中国记者网记者家园频道《职业观察》栏目(2004 年 5 月 19 日)、《中华新闻报》及其网站(2004 年 5 月 21 日)、中华新闻传媒网(原中国记协网)(2006 年 12 月 26 日)等。

③ "以今义使用'记者',始见于马礼逊的刊物《察世俗每月统记传》(第二期),该刊于 1815 年创办于马六甲。"见马西尼.现代汉语词汇的形成:十九世纪汉语外来词研究[M].黄河清,译.上海:汉语大词典出版社,1997:224.同见丁华艳,钟穗珊.漫谈记者[N].中华新闻报,2004-06-11(7).

和 1890 年说[①]等四种观点。这一方面反映出新闻学术的不断深入和自由争鸣，另一方面表明目前新闻界对它的模糊认识。"从起源中理解事物，就是从本质上理解事物。"（杜勒鲁奇）因此，对"记者"一词源流演变的考证，具有深远的学术意义和重要的现实价值。

第一节 "记者"一词在中国古代文献中的出现和流变

著名史学大师陈寅恪在《致沈兼士》信中说："凡解释一字，即是作一部文化史。""记者"一词的流变考就是一部关于记者的文化史。读者可以从中了解该汉语词汇发展的曲折过程，新闻工作者则可以从源头上理解记者称谓的演变，从而从本质上理解记者职业的内涵。

东汉文字学家许慎《说文解字》记载："记，疏也。从言，己声。""者，别事词也。从白𣎵声。𣎵，古文旅字。""记者"两字形成词汇，经历了一个历史的过程。在这一过程中，"记"和"者"的搭配词义也不断地发生变化。因为，"记"为实词，其义有：①记住不忘。②记录，记载。③记载事物的书籍或文章。④古时的一种公文。⑤印章。⑥标志，记号。"者"为虚词，放在形容词或动词后面，作代词或助词，表示有此属性或做此动作的人或事物。现在的各种词典工具书中对"记者"一词的解释也不尽相同。

《辞海》对"记者"一词的解释是：①即新闻记者。从事采访报道的专业人员。又称"外勤""访员"。②泛指新闻从业人员（包括编辑、采访、评论人员）。《汉语大词典》中，"记者"解释为：①指心念的旧交。

[①] "记者"一词最早出现于 1890 年黄遵宪的《日本国志》卷三十六"礼俗志三"。这是近年来新闻学界年轻学者的创新观点。持论者李开军先后发表文章《"记者"一词在中国的出现和使用》（见《中文自学指导》2005 年第 2 期）、《"记者"一词在中国出现于何时》（《当代传播》2006 年第 4 期）和《"记者"一词在中国的出现和使用》（《国际新闻界》2007 年第 1 期）。但该观点值得商榷。

▶第六章
"记者"一词在中国的源流演变历史

②作记的人。③记着,记住。④通讯社、报刊、电台等采访新闻和写通讯报道的专业人员。亦作为从事编辑、采访、评论工作的新闻工作者的统称。①据甘惜分主编《新闻学大辞典》记载:"记者"有广义和狭义之分。广义的记者泛指新闻业务人员,如编辑、主编、主笔等;狭义的记者则专指新闻机构中专门从事采写新闻报道的专业人员。②《中国大百科全书·新闻出版》则专指后者。因此,从以上得知:"记者"一词,在古时本义为"心念的旧交"、"记载事物的内容"和"作记的人",发展到现代有广义、狭义之分。

"记者"一词最早出现于何时?有论者认为是杜甫所著唐诗《客堂》中"上公有记者,累奏资薄禄"。③也有论者认为是《朱子语类》中的"今后来记者却失上面一节,只作圣人白话记了"。④但是根据笔者的考察,"记者"一词出现在中国古代文献中的时间比上述两者早得多。

据目前笔者查阅的大量古代文献资料的初步考证:"记"和"者"两个字组合在一起,至迟见于战国秦汉时期的经典史籍《管子·封禅第五十》:"古者封泰山禅梁父者七十二家,而夷吾所记者十有二焉。"⑤西汉著名史学家司马迁在《史记》中沿引了该书的"封禅"内容,收入卷二十八中的《封禅书第六》。⑥

南北朝时期,我国古代著名的史学家和文学家干宝也曾使用过"记者"两字:"以今况古,固知注记者之不妄也。"史学家裴骃在其著作《史记集解》中提道:"结此前事,悉是答子贡问之事。其《乐记》者,公孙尼子次撰也。"

---

① 汉语大词典编辑委员会,汉语大词典编纂处.汉语大词典:第11卷[M].上海:汉语大词典出版社,1993:60.
② 甘惜分.新闻学大辞典[M].郑州:河南人民出版社,1993:140.
③ 丁华艳,钟穗珊.漫谈记者[N].中华新闻报,2004-06-11(7).
④ 李开军."记者"一词在中国的出现和使用[J].国际新闻界,2007(1):77.
⑤ 黎翔凤.管子校注:中册[M].梁运华,整理.北京:中华书局,2004:952-953.
⑥ 司马迁.史记[M].长沙:岳麓书社,1988:206.

从以上三次"记者"一词的出现,可以看出它并没有完全独立使用,其义主要为"记载事物的内容",这已经与现代记者的信息传播活动有所关联。

唐代是我国封建社会发展的鼎盛时期,经济繁荣、政治昌明、文化发达、交通便利,新兴的传播媒介手写新闻——封建官报应运而生,开辟了中国新闻事业的新纪元。"记者"一词开始独立地散见于时人的著作中,而且意义有了新的发展,同信息传播活动的联系更加紧密。

初唐时期著名的经学家、史学家孔颖达撰写的《礼记正义》注解中,就两次使用"记者"一词:"亦当言名也,记者略,可知也。……此不云摈于天子,是记者略之也。"同时期的儒家学者、经学家贾公彦在著作《仪礼注疏·卷三·士冠礼第一》中三次使用"记者"一词:"'无大'至'之有'。释曰:此经所陈,欲见无大夫冠礼之事,有大夫冠礼,记者非之。……释曰:此记者见天子元子冠时,亦依士冠礼,故于此兼记之也。……郑云今谓周衰记之时也者,以记者自云今也。"

中唐时期著名史学家司马贞在《史记索隐》中也两次使用"记者"一词,"时燕王尚在,而丹称孤者,或记者失辞""索隐:按后之记者失辞也"。高僧湛然(711—782年)在佛经《法华五百问论》也4次使用了"记者"一词,分别是"初是因,记当得果;记初因,记者未入信心,尚二万劫""今谓体,谓主宰,应指所证依,得记者以之为体,记用可知三,所记者有二""此经中授记者,是故非应化"。

这些"记者"一词,独立地出现在唐代名人学者的儒家经典、史学、佛经、诗词等各种著作之中,说明时人已经逐渐使用该词汇。其意义已经逐渐由"记录的内容"转化为"记录者"或"作记的人",这与我们现在的信息传播活动已经密切相连。当然也有"记"的本义,如杜甫诗中"上公有记者","记者"应作"心念的旧交"。

虽然唐代中期已经诞生中国的新闻事业,有了从事类似新闻信息收集、发布、传递的工作者,即唐代邸报或进奏院状的创办者邸吏和进奏院官,但他们不被称为"记者",没有独立出来成为一种专门的职业,因而只能说是现代记者的雏形或前身,唐代"记者"一词也不具有现代"记者"的含义。

在宋元明清历朝文献中,"记者"一词也经常被使用,如北宋哲学家、思想家张载(1020—1077年)的《正蒙·王禘篇·第十六》中,"夏商诸侯,夏特一祫,《王制》谓'祈则不禘,禘则不尝',假其名以见时祀之数尔;作记者不知文之害意,过矣。……禘于夏周为春夏,尝于夏商为秋冬,作记者交举,以二气对互而言尔"。这里,"记者"应与"作"连用,"记"指"古时的一种公文",因此,"作记者"就成了"作记的人"。北宋著名诗人袁燮(1144—1224年)《江阴军司法厅壁记》中有云:"予以为姓氏,列岁月,此记者之常体尔。"南宋著名思想家、教育家朱熹在《四书集注·论语·泰伯》中也记载有:"称孔子者,上系武王君臣之际,记者谨之。"这些"记者"一词都是指"记录者或作记的人",与信息传播活动更加密切。

明代学者王世贞撰写的杂诗《题叶秀才为方氏复姓记后》,其中云:"建文末,天下之名能殉义者,莫如天台方先生。……又百年,而天下乃有求其已绝之裔,而为之记者。"该诗后来收入清代《钦定四库全书·弇州四部稿·卷一百二十九》。这里"记者"是指"记载的内容"。

总之,"记者"一词形成固定词汇出现于中国古代文献,其词义也经历了一番变化,从"记载的内容"演变为"心念的旧交"或"作记的人"、"记录者"。这些词义虽都与信息传播活动有关,但"记者"一词直接与新闻传播活动挂钩,则与日本近代新闻事业发展密切相连。

第二节 "记者"一词在日本的兴起和传入中国

中国古代新闻事业发展到清末,已经山穷水尽;在世界近代化的浪潮中,中国新闻事业在外力的作用下蹒跚迈入新世纪,开始蓬勃发展。"记者"一词也在此过程中,意义发生了质的变化,逐渐从古义转变为现代"记者"的广义含义,即报馆中的新闻从业者,如主笔、主编、编辑等。

在近代新闻事业发展初期,新闻机构中的编辑和记者没有严格的分工,采编合一,从事采写新闻报道的人没有专门的称谓。当时的新闻从业者,一般谦称为"弟"或"愚弟"等。

但是,据戈公振《中国报学史》记载:米怜在《察世俗每月统记传》第二期《自述办报之旨趣》中,曾两次使用过"记者"一词:"第一期本报文字印刷,胥不免于简陋之讥。惟积学之士,当能心知其意,而曲为之谅,记者深愿此后假以时日,俾得于中国文学研究益深,而逐渐加以改善。……欲使本报随时改良,以引起读者之兴味,非竭教士一人半月之时间以从事于斯不为功,且须征求外来稿件,以补其不足。记者甚愿致力于是。"[1]

《察世俗每月统记传》使用过"记者"一词,笔者认为不足为信。第一,戈公振在该文随后的注释中明确指出:该文"见 Chinese Repository《中国文库》第二卷第二百三十四页。惟彼从汉文译成英文,此又从英文译成汉文,与原义恐不无出入"[2]。第二,他曾在欧洲旅行时前往大英博物馆查阅《察世俗每月统记传》,在撰写的《英京读书记》中记载了该刊创刊号的序文,却没有出现"记者"一词。序文中,米怜的自称为"弟"或"愚弟"。第三,据杨瑾琤、宁树藩、方汉奇、王凤超合撰的论文《〈中国报学史〉史实订误》考证:"《察世俗每月统记传》并没有登载过这篇文章。该文原见米怜于1819年所撰《基督教在华最初十年之回顾》(*A Retrospect of The First ten years of the Protestant Mission to China*)一书。后来《中国丛报》第二卷曾予转载,转载时文字略有变动,并有删节。"[3]因此,从以上分析可知,该文被戈公振误以为是《察世俗每月统记传》第

---

[1] 戈公振.中国报学史[M].北京:中国新闻出版社,1985:57.
[2] 戈公振.中国报学史[M].北京:中国新闻出版社,1985:307.
[3] 杨瑾琤,宁树藩,方汉奇,等.《中国报学史》史实订误[J].新闻研究资料,1985(4):57-90.

第六章
"记者"一词在中国的源流演变历史

二期的文章,且根据20世纪20年代流行的词汇翻译而来的。当时"记者"已经广为流传。因此,笔者认为,《察世俗每月统记传》使用"记者"一词的说法,值得怀疑。

太平天国后期,干王洪仁玕在他的施政纲要《资政新篇》中曾有"记者"字样的记载:"兴各省新闻官。……专收十八省及万方新闻篇有招牌图记者,以资圣鉴。"① 但是,这里"记者"是古义的延伸,指"有标记的事物"。

一直到19世纪70年代,采访才逐渐从编辑中分离出来,开始出现从事采写新闻报道的专业人员,但称谓极不统一,如探员、探事、访友、访员、访事、报事人、友人、文士、采访等。

然而,这时期的日本文献中已经运用"记者"和"新闻记者"来指代报刊的主笔、主编、编辑等新闻从业人员。如明治六年(1873年),明治政府颁布的《新闻纸发行条目》、新闻著作《新闻大意》。明治八年(1875年),明治政府颁布的《新闻纸条例》和《诽谤律》、安川繁成所著的《英国新闻纸开明鉴记》。到19世纪80年代,"记者"和"新闻记者"一词不仅频繁出现在新闻书籍之中,而且以之命名的书名也逐渐增多,如《新闻记者列伝》(佑夕木秀二郎,1880年)、《东北各社新闻记者铭夕伝》(加藤真,1881年)、《新闻记者奇行伝》(隅田沽,1881年)、《现今名家记者列伝》(大屋专五郎,1889年)。这说明"记者"和"新闻记者"一词已经广泛地在日本被使用。

日文从何时开始使用汉字"记者"一词,在浩如烟海的日文古籍文献中,笔者无从可考。因为,汉字入日约有2000年历史,日本从古代长期接受中国传来的汉字文化,汉字及汉字词汇构成日本文字和词汇系统的基石。但是,进入近代后,明治政府学习西方,创造新语,广译西书。他们主要采用两种方法:第一,借用汉语古典词汇;第二,运用汉字造词法并

---

① 复旦大学新闻系新闻史教研室.中国新闻史文集[M].上海:上海人民出版社,1987:9.

参酌日语习惯，创造汉字新词。特别是日本人借汉字制作新语时，……新语却不合这个成语原来的意义，只当作包含一种新鲜意义的词语使用。[①]另外，1996年出版的《汉语百科大辞典》收录飞田良文列举近代"日制汉语"519例中，就有"恶德记者"等词。因此，日文使用"记者"一词，来源于中国，经日本创造性使用在日文中已经具有现代"记者"的广义词义，即泛指报馆的新闻业务人员，如主笔、主编、编辑等。

虽然中国人大量留学日本开始于1896年，但从光绪初年起就有许多游历者和外交官前往日本，如罗森、王韬、傅云龙、何如璋、黄遵宪等，观察明治维新以后日本社会的新发展。他们纷纷撰写游记，抒发观感，记载日本广译西书中创造的新名词。这些游记成为中国人认识日本的窗口，也标志着一个研究日本的新时代开始了。他们在日本开始耳闻目睹"记者"一词和日本记者的采访活动，并逐渐向中国介绍它们。

1877年11月，黄遵宪随第一任驻日公使何如璋抵达日本。他作为参赞，协助公使处理中日各种外交事务。工作闲暇，他也广交日本朋友，积极开展文化交流活动。在与日本友人的交往中，黄遵宪开始了自己的日本研究。1878年起，他开始搜集资料，并于1879年动手写作《日本国志》。原打算一年左右完成，但采辑之难、编纂之难、校对之难，使得他一直到1882年调离日本赴美国上任才写完初稿。经过仔细修改，1887年夏正式完成全书。《日本国志》写成后，黄遵宪抄写了四份，一份送总理各国事务衙门，一份送李鸿章，一份送张之洞，自存一份。李鸿章和张之洞阅读后，高度评价"实为出使日本者必不可少之书目"。1890年（清光绪十六年），他把书稿交与羊城富文斋刊刻，但出于各种原因迟迟未刻成。直到甲午战争失败后，国人顿醒，《日本国志》才于1895年（清光绪二十一年）底刻成正式公开出版。[②]《日本国志》出版后，社会反响强烈，曾7次

[①] 冯天瑜. 新语探源：中西日文化互动与近代汉字术语生成［M］. 北京：中华书局，2004：350.

[②] 黄遵宪. 日本国志［M］. 上海：上海古籍出版社，2001：前言21.

第六章
"记者"一词在中国的源流演变历史

再版。

《日本国志》凡40卷，50多万字，从各个角度对日本的历史和现状进行系统而深入的介绍和研究，特别是明治维新的制度改革，内容涉及政治、经济、文化、军事、法律、官制、文化等各个层面。它是一本"明治维新史"，亦是研究日本的百科全书。其卷三十六"礼俗志三"中记载有："东酬西酢，甲询乙谘，巡檐倚柱，若有所思，新闻馆记者也。"① 这里，"记者"一词其实是日文直译。因为在《日本国志·凡例》中，作者记载："此书官名、地名、事名、物名皆以日本为主，不假别称。"

从《日本国志》的写作出版情况可知：1879—1887年，黄遵宪在写作过程中直译了"记者"一词；1887年，清政府高层如总理衙门官员特别是李鸿章和张之洞已经接触到"记者"一词；1895年底，《日本国志》正式出版后，"记者"一词公诸于众，为世人所知。

其实，在黄遵宪《日本国志》出版前，中国出使日本的外交使节的相关著作中已经有"记者"一词的记载。1887年，清政府兵部郎中傅云龙（1840—1901年）在清廷主持的出洋游历考试中一鸣惊人，名列榜首，并于10月赴日本考察了半年，后赴美洲考察。为了深入考察明治维新的日本社会，在美洲考察完的归途中，他又在日本逗留了5个月。1889年10月回国，出版了《游历日本图经》。该书"卷帙之丰富，内容之翔实，除《日本国志》外，没有可以与之媲美者。《日本国志》虽然达四十卷之巨，成书要早，但是，其全书的篇幅逊于《图经》，出版晚于《图经》"②。《游历日本图经·第二十八卷·日本文徵一》刊载文章《物双松峡中纪行》，其中有记载："始藩主得封峡，欢甚，召计吏所往来者，咨询先公世旧邑营垒丘坟所在处，莫有能悉睹记者及营寿藏于治城北建寺，曰灵台。"③

---

① 黄遵宪.日本国志[M].上海：上海古籍出版社，2001：381.
② 傅云龙.游历日本图经[M].上海：上海古籍出版社，2003：前言6.
③ 傅云龙.游历日本图经[M].上海：上海古籍出版社，2003：557.

但是该文的"记者"显然是"记者"的古义，而非现代广义——泛指报馆的新闻业务人员，如主笔、主编、编辑等。因此，《日本国志》中"新闻馆记者"是目前在中国史籍中所见的关于近代中国"记者"一词（现代记者广义含义）的最早记载。

时空流转。1898年12月23日，梁启超等在日本创办《清议报》，创刊号《东报译编》栏目中的文章《俄国外交官评言》就使用了"记者"一词。"顷日谓美国某报馆记者曰：俄国无欲占取牛庄之意。"此后该刊多次使用，最多的一次就是1899年3月《时事十大新闻汇记》一文。该月2日和12日，日本横滨的《清议报》第七、八期连载《时事十大新闻汇记》，先后10次使用了"记者"称呼。该文认为戊戌变法失败后，当时中国的主要时事新闻有十大方面：一是囚天子，"而记者曰毋然也，作新闻观可也"。二是革师傅，"而记者曰无论也，作新闻观可也"。三是禁报馆，报馆"以时事必书，既能直言，又有直笔也。而记者曰无辩也，作新闻观可也"。四是罢学堂，"而记者曰无痛也，但作新闻观可也"。五是修京城，"而记者曰五笑也，作新闻观也"。六是筑宫墙，以防刺客，"而记者曰无论也，作新闻观可也"。七是抚余蛮，"而记者曰无惜也，作新闻观可也"。八是购慷逆，"而记者曰无争也，作新闻观可也"。九是召外医，"而记者曰无痛也，作新闻观可也"。十是分五军，"而记者曰无疑也，作新闻观可也"。

但根据《清议报》第七期《时事十大新闻汇记》文前编者按，该文转自《天南新报》，而非《清议报》自撰文章。"政变以后，内地报馆，能助长公义者实寡矣。至于力持清议，不懈初终，自澳门《知新报》外，殊罕观焉。近阅星架坡《天南新报》，篇篇忠愤，言言义忱，是非公论，令人景仰不置。此篇明大义，正人心，通时变，热血忠肝，尤为一时无两。而行文于哀哀长鸣之中，又复如讥如讽，以冀当世之一悟。言者无罪，闻者足戒。小雅之遗也。诸君子之用心深而详矣。本馆实有愧焉。爰录之以胎我同胞四万万，本馆志。"

▶第六章
"记者"一词在中国的源流演变历史

该段文字,在清议报馆出版《清议报全编》时略去,只剩下了作者笔名"佗城热血人"。目前,各图书馆馆藏《清议报》原件较少,《清议报全编》比较多,因而导致这段转载事实的缺失。

《天南新报》创刊于 1898 年 5 月 26 日,主编丘菽园、徐勤、欧榘甲,是保皇派在新加坡等南洋地区的重要舆论机关。《清议报》的转载,不仅体现了海外保皇党人的同气连枝、相互协作,而且扩大了《时事十大新闻汇记》的影响。正因为在《时事十大新闻汇记》一文频繁地出现,"记者"一词被后人记住,才被误认为这是第一次使用。

1899 年,日本著名新闻学者松本君平在日本正式出版《新闻学》。该书出版后,立即就引起了中国留学生的关注,并准备翻译该书。到 1901 年 7 月 30 日前,该书已经翻译完毕,选入《译书汇编》(1900 年 12 月 6 日,中国留日学生于东京主办的最早刊物之一)第七期广告中的"已译待刊书目录"。在该著作中,日文"记者"和"新闻记者"与汉字同文同形,作者先后 400 多次采用"记者"称呼,强烈地刺激了国内外中国人使用该词的欲望,他们在日本和国内创办的刊物开始运用起"记者"和"新闻记者"等词。

1902 年 2 月,《新民丛报》创刊后,开始逐渐采用"记者"一词直指文章作者和编者。1902 年 4 月 8 日,《新民丛报》第五号刊登文章《公民自治篇》,在正文前编者加了编者按,其中 4 次使用"记者"一词。"以立公民为筹款一法门,则与记者所见不无异同。记者以为公民者,自立者也。……兹篇所言,救时之良言也,为今日之中国说法也。读者深知其意焉,则著者之所望也。亦记者之所望也。本社记者识。"同日发表文章《行人失辞》,批评驻日公使蔡钧为保住官位,劝谕横滨商人收回大同学校房屋,阻扰在日留学生的学习和生活,"或曰籍此以解免于日本人,以求谋其三年一任也。或曰是口蜜腹剑也。记者益勿得尔断焉"。文末还特别署有"记者附识"四个字。此后,"记者"一词不断见诸报端,如《是汝师录一》(1902 年 4 月 22 日)、《尺素五千纸》(1902 年 7 月 5 日)、《尺素六千纸》(1902年10月2日)、《南洋公学学生退学事件》(1902年11月30日)等。

同年9月30日,《大公报》发表文章《浙报章程一览》,介绍该报的宗旨和内容分类情况。"第一章,纲领。观此章,一可知本报办事之条理,二可知本报之原力及主义。甲、经理部……丙、撰述部;一论说记者,为本报自撰论说之主笔,……二,翻译记者,主翻译各报之事。第二章,门类。观此章,一可知本报记述之精详,材料之丰富,为我国现行报界中独一之日报;二可因此而知本报之性质。首,电音类,甲论说类,自撰论说,专录本报论说记者之稿。"①

1903年3月18日,《浙江潮》第二期设立《时评》栏目,编者按中说道:"欧美各报以批评为天职,而记者之程度,即视其批评之上下以影响人,此自问能胜其任者。"

同年5月,《浙江潮》第四期发表了《论欧美报章之势力及其组织》一文。从译文中可知,作者"筑髓"是翻译了1899年松本君平著作《新闻学》中关于记者为第四等级和报馆组织的章节,且"记者"一词为日文汉字的直译。"十九世纪之心产儿,The Fourth Estate(第四种族者),乃于现今世界有绝大之势力……第四种族者何?英国罢尔古品是报馆记者之新名词也。……报馆记者常注意乎此间,而主持之,左右之。……报馆记者又维持时局平和之活菩萨也。"在文后附录《欧美报馆组织一览》,对欧美国家的报馆组织情况进行了比较详细的介绍:"(甲)社主;(乙)会计局;(丙)编辑局;(一)主笔记者,(二)编辑事务记者。(子)市内担任记者——通讯采访记者;(丑)地方部担任记者——地方通讯;(寅)电报担任记者——内外电讯记者;(卯)各部担任记者;一、财务记者,二、市况记者,三、铁道记者,四、剧场记者,五、游戏场记者,六、妇人事项及流行衣装记者,七、新刊书籍批评记者。各部门担任记者各有附肆之采

---

① 浙报章程一览[N].大公报,1902-09-30.

访员。(丁)文选部;(卯)印刷部;(已)发送部。"

由上观之,"记者"一词经日本创造性运用来指代"报馆的新闻业务人员,如主笔、主编、编辑等"后,由于中日文同文同形的关系,中国驻日外交官、南洋和日本华文报刊工作者或留学生以及国内报馆翻译人员都无意识地把它直译到中文报刊中来,传入中国,影响逐渐扩大,使国人逐渐熟悉起来。

第三节 "记者"一词在中国开花结果

"记者"一词经日本传入中国后,随着中国新闻事业的大发展,中国新闻界开始大量采用该词,"新闻记者"一词也开始流行起来。1903年是中国新闻界使用"记者"一词的标志性年份。随着留日学生的不断归国,国内报刊纷纷开始采用"记者"和"新闻记者",不仅在正文中频繁使用,而且开始运用到新闻标题之中。特别是松本君平《新闻学》中文版出版后,国内新闻界对"记者"一词已经耳熟能详了,尤其是上海。

1903年6月9日,《苏报》发表文章《本报大感情》,申明:"本报改良以来,颇承诸志士之所不弃,深表同情,投稿于本报者殆无虚日,可见中国民气之振,此本报绝大希望,铭感何如。故记者宁避三舍,敬谨先登,尤望诸大豪杰之不吝赐教。中国万岁。记者谨白。"6月21日,《苏报》发表署名"本报记者"的文章《告已亡汉口日报记者》,批评《汉口日报》向当权者妥协。正文中先后8次出现"记者"一词,如"读该报记者与梁鼎芬之书,一似敢拜梁之下风,绝不愿惜该报之名誉,不打而自招以乞怜于长官者也"。7月6日,著名学者报人章炳麟因"苏报案"被捕入狱,在狱中撰写的《狱中答新闻报记者书》一文发表于《苏报》,批驳《新闻报》对革命和他本人的诋毁和污蔑。其中有记载:"去矣,新闻记者!同是汉种,同是四万万人之一分子……去矣,新闻记者!"

1903年8月7日,上海《国民日日报》在《发刊词》一文中,也曾多次提到"记者"称呼。"对待贵族而为其监督，专以代表平民为职志，所为新闻记者是也。新闻学之与国民之关切为何如，故记者既居最高之地位，代表国民，国民而亦承认为其代表者。……如林肯为记者，而后释黑奴之战争，格兰斯顿为记者，而后有爱尔兰自治案之通过。……故以吾《国民日日报》区区之组织，詹詹之小言，而谓将解脱'国民'二字，以饷我同胞，则非能如裁判官，能如救世主（松本君平之所颂新闻记者），诚未之敢望。"

1903年10月，上海商务印书馆编译局将松本君平的《新闻学》译成中文出版，成为中国出版的第一本新闻学著作。在该著作中，从目录、原序、序论到全文内容的36章，先后446次使用"记者"这一称呼，其中"新闻记者"称呼有191次。其中，原序8次、序论1次、目录12次、正文425次。最多的一章（第十章　新闻编辑局一班）竟有52次之多。该书把编辑局分为：第一，主笔记者；第二，编辑事务记者，副编辑事务记者；第三，夜业编辑事务记者，又分为市内担任记者——通信探访记者数名，地方部担任记者——地方通信，电报担任记者——内外电报通信，各部门担任记者又分为财务记者、市况记者、铁道事务记者、土地买卖处记者、剧场记者、游戏所记者、妇人事项及流行衣装记者、新刊书籍批评记者。各部门担任记者之下各有探访者及写字生。笔者认为，《新闻学》中文版的出版，标志着"记者"和"新闻记者"词语在中国的大量传播和广泛使用。

1903年12月15日，《俄事警闻》创刊，发表《本社征文广告》，向全社会各阶层民众征文。在列举的题目中，第13题就是"告新闻记者"。该征文广告一直刊登到1904年初。1904年1月5日，《俄事警闻》第22号发表署名"孙汉"的文章《告报馆记者》。正文中9次用到"记者"一词，如"报馆者以通风气，监督政府，唤起国民为天职也。于政治国际社会上均占绝大之势力。英国罢尔古氏，品定新闻记者至惟之为第四种族……金陵学生果真有热心同学者，该记者亦能敢与之批战乎。……我中国现象之

> 第六章
> "记者"一词在中国的源流演变历史

污浊,前途之黑暗,殆难言喻,惟来新闻记者三寸之舌,七寸之管,与政府战,与异族战,与醉生梦死之顽民战"。作者来自南京,应征写稿,说明使用"记者"一词的地域正在不断地扩大。①

1904年4月16日,《女子世界》发表了标题含有"记者"一词的文章《柬女子世界记者》。同年8月5日,《大公报》在《录稿》栏目中,转载别报通讯《圣路易博览会万国报馆会议详记》。文章记载:"此次万国报馆会议为圣路易博览会种种会议之开幕。此会议凡亘一礼拜。路易全市几全属报馆主笔访事之势力范围,其前三日为美国国内各省会议,后三日为万国联合会议。各省与会者凡二千人,各国约一千人,合计有三千人之谱。洵空前之盛会也。凡以新闻记者之资格来会者,不须买入场票。盖特之优待也。"②

1905年,一些具有全国影响的大报纷纷采用"记者"一词,如《申报》《时报》《新闻报》《万国公报》等;地域也不断地扩展,扩展至华南地区的一些报纸,如香港《有所谓报》。

1905年元旦,《申报》进行思想和业务大改革,其中包括首次使用"记者""新闻记者"等词。2月24日,《申报》刊载《论中国改革官制宜分定权限》一文:"记者细读前二十年俄人游历中国笔记……记者曰:非权限之不明奚为而至是。"3月10日,《申报》载文《论今日各国对中国之大势》,记载:"记者又何必须再烦笔墨以渎吾同胞之听哉!"3月24日,在《安徽学生调查表》一文的文末具上"记者按"三个字。此后,"记者""新闻记者"等词在《申报》中出现的频率不断高起来。

同年1月22日,天津《大公报》发表论说《时报论如皋庆符之冤狱》一文,文中三次提到"记者"一词。此后,"记者"一词不断出现,如5月11日,天津《大公报》发表《报界最近调查表》一文,详细列举了302家报刊的名称、出版地点、创刊年份、经济来源等情况,文首有"记者按

---

① 孙汉.告报馆记者[N].俄事警闻,1904-01-05.
② 圣路易博览会万国报馆会议详记[N].大公报,1904-08-05(5).

语",按语后有"记者识"。6月12日,发表《本报记者敬告天津商务总会文》;6月14日,又发表该报编辑部所写《本报记者敬告津保两大学堂学生文》;6月26日,发表《本报记者与〈益闻西报〉书》,号召社会各阶层支持抵制美货运动。8月21日,《大公报》发表社论,要求清政府给报纸言论出版自由:"记者曰:国民既不久有享受三大自由之一日。"

1905年3月,上海报界还发起了一场关于"创立通国报馆记者同盟会"的争论。3月13日起连续四天,《时报》在该报刊出专论《宜创通国报馆记者同盟会说》,建议成立报界团体。认为此举可去三害:对于在外者、对于在上者、对于报馆之记者;也可兴三利:可得互相长益之助、可得互相挟助之力、可得互相交通之乐。此建议发出后,立即受到了《申报》的欢迎。3月14日,《申报》发表题为《赞成报馆同盟会之谈》的文章,说道:"由于中国各报记者程序之不齐,则虽非立异,而其议论自不相同。"但《警钟日报》提出异议,于3月16日发表社论,认为各报立宗旨、观点不同,反对《时报》"通国报馆记者同盟会"的倡议,表示"坚不赞成"。

1905年4月底,上海《新闻报》在论说文章中开始频繁采用"记者"一词。4月25日,该报发表社论《再论驻藏钦使被杀》,其中云:"朝廷于内政外交关系重大之事,多不明发上谕,记者曾百思其隐讳之古而不可得。"隔日,发表《论改定法律》,说道:"外人所探之治外法权或有允弃之时也。记者之意以为中国改定法律……"4月29日,《新闻报》刊载文章《论清江商民罢市》,指出:"清江商民罢市,专为恳留漕督一缺而起,记者实不敢深信此说。"次日,又登载《论清江开门后之图画》一文,认为清江开河后之利弊,"记者所感断言之也……得失悬殊,利害相反,谋国者当知所抉择矣,惟是记者吮笔涛墨为此无责任之言语"。

1905年8月12日起连续11天,香港《有所谓报》发表长文《拒约须急设计关日报议》,其中7次出现"记者"一词。"凡记者须有学问,……是故记者与报纸相维系。……故外国之记者,莫不夙娴政治,始克胜任。……故立宪之国,有今日之记者明日为议员者。……固无一有记者之

第六章
"记者"一词在中国的源流演变历史

人格。故欲言办报，不得不先言记者，言记者不得不先言其人格。"同年11月23日，《有所谓报》还发表专稿《出资购人行刺本报记者之详情》，谴责清廷压制新闻自由的暴行。

1905年8月，《万国公报》刊登告白《记者北行》，云："本报记者林乐知先生于西八月一日有北京之行。"9月，《万国公报》发表《万国公报第二百册之祝辞》，其中大力赞扬新闻工作者的作用："杂志报章者，社会之公共教科书也，杂志报章之记者，社会之公共教员也。"

1903年到1905年，不仅国内报刊大量运用"记者"一词，而且一些报人的私人日记等文集也开始采用"记者"一词，如《宋教仁日记》。1905年8月27日，《二十世纪之支那》因第二期刊登《日本政客之经营中国谈》，被东京警视厅勒令停刊，并没收全部刊物。次日，宋教仁等赴东京神田警署进行交涉。他在当日的日记中写道："润生言须同至警署诘问，并言：余妻兄某为《万朝报》记者，熟悉报律，可往问之。"[①]

这些"记者"一词，都是当时报馆中新闻从业者如主笔、主编和编辑等的自称，具有了"记者"一词的现代广义含义，但不是现代狭义的"记者"词义——专门负责采访新闻报道的外勤记者。当时大量的报刊仍然主要采用"访事""访员"等称呼来指代负责采访新闻报道的外勤记者。如1902年9月30日，《大公报》在《浙报章程一览》一文中，就专门谈到该报的记者分类。"探访部，一常任访事，专任探访新闻之事，一本城，二各埠，三外埠。二特派访事。"1904年6月12日，《时报》创刊。在发刊例中云："本报记事，以博为主。故于北京、天津、金陵，均置特别访事。"1905年1月6日，《大公报》发表文章《记泰晤士访事人莫利逊事》。1905年元旦《申报》改革时，其中要点之一就是"广延各省访事"。但是，采用"记者"一词指代报馆中新闻从业者如主笔、主编和编辑等，已经是大势所趋。"记者"一词已经在中国开花结果，发扬光大。

[①] 湖南省哲学社会科学研究所古代近代史研究室.宋教仁日记［M］.长沙：湖南人民出版社，1980：101.

097

第四节 "记者"一词现代新含义的生成

20世纪初年,"记者"一词的现代广义含义在中国流行开来后,逐渐向狭义词义——专门负责采访新闻报道的外勤记者——过渡。特别是民国初年,中外社会急剧变化,各大报刊在政论滞后的情况下,为满足民众的新闻需求,纷纷聘请特约通讯员,采访独家新闻,发表精彩的通讯,加强新闻报道,涌现了一批著名的新闻记者。他们开始用"记者"和"新闻记者"称谓来自指自己外勤记者的身份,使得"记者"一词的现代新含义逐渐生成。在这一转变的过程中,著名记者、中国新闻通讯之父黄远生发挥了重要作用。

黄远生(1885—1915年),少年时勤奋好学,曾在两年内连中秀才、举人、进士三榜而文名大噪。1904年中进士后,却不愿做官,东渡日本留学学习法律。1909年,学成归国,出任邮传部员外郎兼参议院行走。他不甘心落籍官场,经常为京沪等地报刊撰稿。辛亥革命后,绝意仕途,专事新闻工作。他先后主编过《少年中国》周刊、《庸言》月刊,担任过上海《时报》、《申报》、《东方日报》和《亚细亚报》驻京特约记者,同时为《东方杂志》《论衡》《国民公报》等报刊撰稿。

黄远生常常以"记者"或"新闻记者"自称,为《申报》和《时报》撰写《北京通信》,其中最典型的莫过于《记者眼中之孙中山》。

1912年8月29日,黄远生前往北京石大人胡同采访来京的孙中山先生,但拜访孙先生的人太多,于是孙先生未接受他的采访。黄远生根据现场观察和采访情况,写了现场通讯《记者眼中之孙中山》。9月5日,京沪各报发表《记者眼中之孙中山·其一》,记载:"孙中山先生于八月二十五到京,记者即思义访问其政见,综合所闻,作为此篇。记者既不欲冒昧而往,……于二十九前往。盖中山君定单日午前见客也。记者以是日午前九时到石大人胡同前总统府。……"9月6日,发表《记者眼中之孙中山·其二》，主要记述了袁孙两人四次会见所交谈的政治言论及关系，云："记者既出，所未得之于中山君，乃间接得之于秘密侦探。因是乃得将袁孙二人谈话之内容及关系调查无遗。自信足以为最确实之报告，此真记者之光荣也。……"9月8日，发表《记者眼中之孙中山·其三》，详细记载了孙中山先生到达北京后发表的各种政治主张，"其所对北京内外记者所言，皆不过此三种政策之零光片羽。……据记者之秘密侦探，孙君实主张迁都兰州"。9月10日，发表《记者眼中之孙中山·其四》，叙述他9月4日再次前往孙中山住处，独家采访孙中山先生的情况。"第一次之约见，既不及见而出，记者于九月四日五时展谒。……孙中山君方阅一电报，阅毕即问记者有何见教。"[①]然后，他以问答采访的形式记载了两人采访时交谈的内容，时时出现"记者问"。在《记者眼中之孙中山》一文中，黄远生不仅用"记者"表示自己的身份，而且把同他一起采访的同行也称为"记者"，如《记者眼中之孙中山·其三》中"其所对北京内外记者所言"。

另外，在为《东方杂志》等其他刊物撰稿时，他也经常以"记者"或"新闻记者"自居。如他在《忏悔录》中写道："余于前清时为新闻记者，指斥乘舆，指斥权贵……新闻记者须有四能：（一）脑筋能想，（二）腿脚能奔走，（三）耳能听，（四）手能写。……余无一于此，何能为新闻记者！余自问为记者若干年，亦宜大作孽之事也。"[②]

在短短的四五年新闻记者生涯中，他以深厚的中西学问基础、超人的社会活动能力和卓越的采访写作技巧，一举成为民国初年新闻记者的巨擘，被戈公振称为"报界之奇才"。黄远生作为上海《申报》和《时报》等驻京特约记者，是这些报纸专门在北京负责采写新闻通讯报道的外勤记者。这就真正确定了记者的业务范围，赋予了"记者"现代的狭义含义。

---

① 黄远生.记者眼中之孙中山［M］//黄远庸.远生遗著：第3册.上海：商务印书馆，1924：115-131.
② 黄远生.忏悔录［J］.东方杂志，1915，12（11）：5-10.

因此，他被称为"中国第一个真正现代意义上的记者"，是中国历史上第一个有影响的新闻通讯记者。[1]

当然，当时仍有"访员"等称呼来指代记者，如徐宝璜所著《新闻学》，1921年7月19日《晨报》的《招聘专任访员》启事等，并一直延续到20世纪三四十年代。但是从20世纪20年代初开始，中国新闻界逐渐采用"记者"一词来指代负责采写新闻报道的外勤记者。如邵飘萍所著《实际应用新闻学》。该书称记者为"外交记者"，其实并非指专跑外交部的记者，而是泛指外勤记者。特别是当时中国新闻界学习日本新闻界的做法，各报馆都做了内外勤的分工，把正式外出采访的人冠以"记者"的头衔。"记者"一词真正蕴含了现代狭义的词义，开始大行于道，并逐渐取代"访员"等称呼，专指从事新闻采访的外勤记者。

本章小结

综上所述，本文通过对"记者"一词的源流考证，发现它经历了漫长的演变历史。"记者"一词源于中国古汉语，至迟见于战国秦汉时期的经典史籍《管子·封禅第五十》；后在日本历经明治维新的洗礼，被用来指代报馆中的新闻从业者（主笔、主编和编辑等），"记者"一词具有了现代广义含义，后由中国驻日的外交人员（黄遵宪等）、流亡日本的维新派和留日学生直译借用返传入中国，其中日本著名新闻学者松本君平的著作《新闻学》汉译本在中国的出版，发挥了积极的作用；民国初年，新闻巨子黄远生作为《申报》和《时报》的外勤记者，常用"记者"作为自称，赋予了"记者"一词的现代狭义含义。因此，反观"记者"一词的源流演变历史，就是它从古义到现代广义再到现代狭义的发展历史，也是一种由中到日再到中的跨文化的语言旅行，它从一个微观的角度给世人展现了一幅中日文化互动的真实图景。

---

[1] 中国大百科全书总编辑委员会《新闻出版》编辑委员会.中国大百科全书：新闻出版[M].北京：中国大百科全书出版社，1990：152.

第七章

跨语际旅行："记者"一词在中国演变历史再考察

据权威《汉语大词典》记载："记者"一词是中国古汉语词汇，释义为：①指心念的旧交。②作记的人。③记着，记住。[①] 收录了近10000条受西方文化影响产生的新词词典《近现代辞源》指出："记者"一词是1890年产生的新名词。"记者，媒体采访新闻、写报道的专业人员。1890年《日本国志》三十六：'东酬西酢，甲询乙谘，巡檐倚柱，若有所思，新闻馆记者也。'"[②] 在新闻学领域，"记者"不仅是新闻职业称呼，更是学术关键词。据《新闻学大辞典》解释说："记者是新闻机构中专门从事采写新闻报道的专业人员。另有一种广义的解释，认为新闻业务人员，如编辑、主笔、主编、广播电视播音员、广播电视节目主持人等均为记者。记者又有内勤与外勤之分。专门在外从事采访写作的人员为外勤记者，从事编发新闻的编辑等人为内勤记者。狭义的记者概念即指外勤记者。"[③] 由是观之，"记者"一词在中国的演变历史实际上是一个从古汉语到新名词再到关键词的概念发展过程。虽然，笔者曾撰文认为："记者"一词源于中国古汉语，至迟见于战国秦汉时期的经典史籍《管子·封禅第五十》；后在

[①] 汉语大词典编辑委员会，汉语大词典编纂处.汉语大词典：第11卷[M].上海：汉语大词典出版社，1993：60.

[②] 黄河清.近现代辞源[M].上海：上海辞书出版社，2010：362.

[③] 甘惜分.新闻学大辞典[M].郑州：河南人民出版社，1993：140.

日本历经明治维新的洗礼，被用来指代报馆中的新闻从业者，"记者"一词具有了现代广义含义，后由中国驻日的外交人员、流亡日本的维新派和留日学生直译借用返传入中国；民国初年，黄远生作为《申报》和《时报》的外勤记者，常用"记者"作为自称，赋予"记者"一词的现代狭义内涵。但是，随着对其历史的再考察，笔者发现：关于"记者"一词古汉语词源的论断需要重新修正；它在中国的发展历史，不仅是一个从古汉语到新名词再到关键词的概念演变过程，而且是一次由中国传至日本再由日本返传入中国并与英文世界对译的跨语际旅行，更是一个在中国新闻业从政论时代向新闻时代过渡中新闻学术话语体系和记者自由职业的确立过程。

第一节　古汉语"记者"词源再考证

早在春秋时期，而非战国秦汉时期，古汉语"记者"一词已经出现。春秋时期法家代表人物管仲在《管子·封禅第五十》中说："桓公既霸，会诸侯于葵丘，而欲封禅。管仲曰：古者封泰山、禅梁父者七十二家，而夷吾所记者，十有二焉。"[①]"记者"在该句中意指"记述的事情"。《管子》是记录春秋时期齐国政治家、思想家管仲及管仲学派的言行事迹，大约成书于春秋战国时期。但是由于引文指出"管仲曰"，该历史事件葵丘会盟发生于公元前651年。"记者"一词出现于春秋时期，还有旁证。春秋末期，晋国名士程本，字子华，博学多才，聚徒著书，自号"程子"，与孔子有交谊。据程本著作《子华子》记载："阳城胥渠因北宫子以见子华子，曰：'胥渠愿有所谒也。夫太初胚胎，万有权舆，风转谁转？三三六六，谁究谁使？夫子闻诸故，记者审矣，其有以发也。胥渠愿承其余。'"[②]"记者"词义为"记述者自谓"。

---

① 管仲.管子校注：中册[M].北京：中华书局，2004：953.
② 百子全书：第3卷[M].长沙：岳麓书社，1993：2331.

> 第七章
> 跨语际旅行：“记者”一词在中国演变历史再考察

春秋之后，古汉语"记者"一词频现于《吕氏春秋》《论衡》《史记》《史记集解》《礼记正义》《史记索隐》《法华五百问论》《太平经》《后汉书》《宋书》《魏书》等历代经史子集，表达出"记述的事情"和"记述者自谓"的含义，在具体历史语境中也会发生变化。据《汉语大词典》记载：唐代杜甫《客堂》的"上公有记者，累奏资薄禄"，"记者"释义为"心念的旧交"；宋代袁燮《江阴军司法厅壁记》的"予以为书姓氏，列岁月，此记者之常体尔"，"记者"释义为"作记的人"；元代马致远《夜行船》的"分付俺顽童记者，便北海探吾来，道东篱醉了也"，"记者"释义为"记着，记住"。近代化中文报刊兴起后，古汉语"记者"一词的古义仍保持着生命力。如1834年1月《东西洋考每月统记传》之文章《东西史记和合》记载："亚耳达革耳革，名称'记者'，因其善记性故也，在位四十六年。"[1]再如《六合丛谈》（1857年第4号）、《中西闻见录》（第2、9、14、15、16号）均有使用。有研究者认为《申报》于1873年7月8日发表文章《记者人花孽送命事》。[2]细查原文，是研究者因原文模糊误将"老"字认作"者"字，该文章应是《记老人花孽送命事》。

第二节　"记者"新名词的中日跨语际旅行

近代中国报刊兴起初期，采编人员没有严格分工。近代商业报纸出现后，各种访友名称如探员、探事、探访、访员、访事、报事人等纷纷涌现。上海《申报》经常发布《延友访事告白》《访请报事人》《延请访事人》等告白，聘请社外新闻采访人员。1874年4月，申报馆专门派遣员工充任华友前往台湾采访生番事件，发表新闻报道持续一年有余。有研究者

---

[1] 爱汉者，等.东西洋考每月统记传［M］.黄时鉴，整理.北京：中华书局，1997：55.
[2] 温桢文.近代中国的"记者"：以其职业称谓之演变为中心［J］.东亚观念史集刊，2013（4）：335.

103

认为：尽管没有使用"记者"之名，但实具"记者"之型。[①]

明治维新后，日本积极学习西方，创造新语，广译西书。他们采用两种方法：一是借用汉语古典词汇；二是运用汉字造词法并参酌日语习惯，创汉字新词。日本借用古汉语"记者"为日制汉语，泛指新闻从业者，如《新闻记者列传》（佑夕木秀二郎，1880年）、《东北各社新闻记者铭夕伝》（1881年）、《新闻记者奇行伝》（1881年）、《现今名家记者列传》（1889年）等。日本大量使用日制汉语"记者"一词，受到近代驻日外交官的关注。如黄遵宪于1877年出任驻日参赞后搜集资料，撰写《日本国志》，并于1887年完成。1890年，他将书稿交由羊城富文斋刊刻，但5年后才出版。他在该书中使用了日制汉语"记者"一词："东酬西酢，甲询乙谘，巡檐倚柱，若有所思，新闻馆记者也。"虽然昙花一现，却揭开了日制汉语"记者"一词跨越语际交流的序幕。

1893年7月20日，上海《申报》使用日制汉语"记者"一词："阳历七月十四号午后三下钟时，东京亚细亚协会及地学协会各员设筵帝国虾台鲁大餐房以宴福岛中佐。……翌日，东京各日报社记者又宴于芝山红叶馆，花飞剑击，别具风流。"[②]1894年7月20日，《申报》声明："东历七月三日，即我华六月初一日，日本《读卖新闻》记申报馆记者姚文藻航海至日本云云。"[③]1896年10月30日，《申报》刊登《蓬壶日影》记载："日本明治胜生命保险会社所延医学博士中滨东一郎，……某日，由日本官民延至公立小学校内演说卫生秘要，在旁听者为代理公使加藤氏及各将校、各新闻社记者、韩国官绅亦与焉。"[④]上述报道均有一个特点：在报道日本涉及新闻社或报社新闻从业者时使用日制汉语"记者"一词。1897年，日制汉语"记者"一词在近代中国报刊使用中取得新突破。是年3月23日，

---

① 温桢文.近代中国的"记者"：以其职业称谓之演变为中心［J］.东亚观念史集刊，2013（4）：321.
② 公志盛［N］.申报，1893-07-28.
③ 声明东报讯言［N］.申报，1894-07-20（1）.
④ 蓬壶日影［N］.申报，1896-10-30（2）.

第七章
跨语际旅行："记者"一词在中国演变历史再考察

《时务报》报道孙中山"雾都蒙难"时两次使用"记者"一词,"有某新报记者,访孙逸仙"[①]"逸仙所语,某新报记者如此"[②]。这是由时务报馆日本译员古城贞吉在《东文报译》专栏从日本《国家学会志》翻译而来,也是日制汉语"记者"一词,具体指"报社新闻采访者"。10月18日,《申报》在文章《灯唇走笔》中说:"报馆执笔人谓之'记者',此语出自《论语朱注》,盖谓其籍以纪事也。"[③]这说明当时《申报》编辑清楚地意识到日制汉语"记者"来自中国古汉语,其概念泛指报社主笔或编辑等新闻从业者。

维新运动失败后,康梁等维新人士逃亡日本,他们创办的报刊大量使用日制汉语"记者"一词。1898年12月23日,《清议报》创刊号《东报译编》栏目中的文章《俄国外交官评言》就使用"记者"一词:"顷日谓美国某报馆记者曰:俄国无欲占取牛庄之意。"[④]1899年,《清议报》全年使用该词达60次之多。其中,《时事十大新闻汇记》(转自新加坡《天南新报》)和《辩谬余谈》两篇论说文中,先后达到10次和16次,是"记述者自谓"之义。1899年9月,该报《国闻短评》专栏开始用"记者曰"形式,频频直接发表作者评论。同年,澳门出版的《知新报》也在《论读报可知其国之强弱》等三篇文章中使用了"记者"一词。上述史料表明在日制汉语"记者"一词的影响下,康梁等人已经接受并积极使用日制汉语"记者"一词了。有论者指出:从日本国内已习用"记者"这一汉语称呼新闻从业人员(主笔、访员)来观察,《清议报》在无形中袭用。[⑤]1902年2月,《新民丛报》创刊后,日制汉语"记者"一词频繁出现,如《公

---

① 古城贞吉.论孙逸仙事[M]//强学报·时务报:第3册.北京:中华书局,1991:1432.
② 古城贞吉.论孙逸仙事[M]//强学报·时务报:第3册.北京:中华书局,1991:1433.
③ 灯唇走笔[N].申报,1897-10-18(1).
④ 俄国外交官评言[M]//清议报:第1册.北京:中华书局,2006:52.
⑤ 温桢文.近代中国的"记者":以其职业称谓之演变为中心[J].东亚观念史集刊,2013(4):328.

民自治篇》《是汝师录一》《尺素五千纸》《尺素六千纸》《南洋公学学生退学事件》等文章，且经常在文章开头或末尾注明"本社记者识""本社记者""记者附识""记者识"等。"记者"一词由"记述者自谓"演变为报文作者和编者的自谓之词。诸多留日学生刊物，如《湖北学生界》《浙江潮》《江苏》也纷纷采用"记者"自谓，并向国内流传。如是年9月30日，《大公报》发表文章《浙报章程一览》，介绍报馆"撰述部"（编辑部）分为："一论说记者，为本报自撰论说之主笔……；二，翻译记者，主翻译各报之事。"①"论说记者""翻译记者"分别指称报社主笔和新闻编辑。

第三节　跨语际旅行中"记者"渐成新闻学关键词

随着留日学生不断归国，日制汉语"记者"一词再作跨语际之行，大举传入中国。1903年2月，《女学报》刊登《蒋性遂君与本馆记者陈撷芬书》一文，陈撷芬自称"本馆记者"。"记者"俨然成为一种职业称谓，而且加上真实姓名加以区别，似有表明本馆记者还有其他人。随着松本君平著作《新闻学》中译本的出版，"记者"一词逐渐演变为新闻学关键词。

1903年10月，上海商务印书馆将松本君平的《新闻学》译成中文出版，基本确立"记者"一词的报社新闻从业者的含义。该书将编辑局分为：第一，主笔记者；第二，编辑事务记者，副编辑事务记者；第三，夜业编辑事务记者，又分为市内担任记者——通信探访记者数名，地方部担任记者——地方通信，电报担任记者——内外电报通信，各部门担任记者又分为财务记者、市况记者、铁道事务记者、土地买卖处记者、剧场记者、游戏所记者、妇人事项及流行衣装记者、新刊书籍批评记者。各部门担任记者之下各有探访者及写字生。《新闻学》中译本先后出现446次中文"记者"一词，其中"新闻记者"191次，标志着日制汉语"记者"一

---

① 浙报章程一览[N].大公报，1902-09-30.

第七章
跨语际旅行："记者"一词在中国演变历史再考察

词正式作为汉语新词融入近代中文话语体系。"记者"一词指称报社新闻从业者的译法基本确立，而且《新闻学》中译本作为中国第一本新闻学著作（译作）初步确定其新闻学关键词的地位。随着《新闻学》中译本的广泛传播，国内各大报刊纷纷采用汉语新词"记者"，如《时报》《新闻报》《中国日报》《有所谓报》等。当时报界发起一场关于"创立通国报馆记者同盟会"的争论，大肆报道记者逝世、记者游历、欢迎记者、控诉记者、记者大会开会信息。"记者"一词已从作文或记者的自谓之词，转变成一种职业的称呼。[①]

民国初年，瞬息万变的国际形势和国内时局变幻，民众的新闻需求激增，推动中国新闻业开始由政论时代向新闻时代过渡。记者以"无冕之王"自居，担负起"监督政府，指导国民"的天职，逐渐告别"文人末路""文氓职业"。晚清进士、翰林编修黄远生毅然退出官场，创办《少年中国》周刊，开始记者生涯。他受聘为上海《申报》和《时报》的"北京特派员"，常常以"记者"自谓撰写"北京特约通讯"，赋予"记者"一词现代狭义含义——专门负责采写新闻通讯报道的外勤记者。由此，他被誉为"中国第一个真正现代意义上的记者"。有研究者认为：黄远生作为一位体现了新闻职业化思想萌芽的名记者，自弃功名投身新闻业，身体力行地倡导了独立职业和新闻职业的"公共性"；他开创通讯的时代，追求新闻的真实、客观、全面、公正，展示了他对新闻职业的行为模式与准则的摸索；他在忏悔中强调了记者职业化的"四能"素养，这是新闻职业自律精神觉醒的明证。[②]

新闻界有识之士更加急迫寻求西方新闻学的滋养。1913年，美国记者埃德温·L.休曼（Edwin L.Shunman）的专著《实用新闻学》（*Practical*

---

① 温桢文.近代中国的"记者"：以其职业称谓之演变为中心［J］.东亚观念史集刊，2013（4）：334.
② 张洁.新闻职业化的萌芽：重读黄远生的新闻实践与新闻思想［J］.新闻大学，2006（3）：28.

Journalism）经史青翻译由上海广学会出版，成为中国第一本新闻实用业务译作。译者试图建立中英文对译的新闻话语学术体系，但由于译者受日本新闻观念的影响，翻译存在严重错位，体现在"记者"一词的译法尤为明显。如第二章"责任与俸给"对记者岗位的介绍："凡办一报，其中人物略分三等：行文者一也；校理者二也；程督者三也。大报之领袖，是为总编辑长，时或简称之曰'记者'"，其次是理事记者、本埠记者、电报记者、各部记者（戏剧记者、文学记者、游艺记者、商务记者、财政记者、不动产记者等）；并指出，"本埠记者有访事者若干人。电报记者择优通信员，分驻于紧要城镇。各部咸有读稿人若干"。[①] 由此可知，"记者"是报社新闻从业者的统称，并不包括报社外人员，如本埠记者之下的访事者和电报记者之下分驻各地的通信员。译者将"managing editor"译为"理事记者"；"city editor"译为"本埠记者"，"telegraph editor"或"news editor"译为"电报记者"，将中文"记者"对译了英文"editor"（编辑），将"reporter"译为"访事"或"访事者"，"correspondents"译为"通信员"，"journalist"和"newspaper man"译为"新闻记者"。如第三章标题"How a Reporter is Educated"译为"访事人之造就法"，第四章标题"The Reporter at work"直译为"探访"，第七章标题"Editor and their method"简译为"记者"，深入讨论报馆理事记者、城市记者、电报记者、夜事记者、交换记者、游戏记者、铁路记者、不动产记者、保险记者等岗位职责。《实用新闻学》译者史青对"记者"的译法，更加说明"记者"是报社新闻从业者的统称。1913年，《实用新闻学》翻译出版，进一步确定了"记者"的新闻学关键词地位。是年，以"记者"命名大会和新闻从业者组织先后出现，如1月19日召开的东三省中日记者大会和3月23日成立的北京中日记者俱乐部。

---

① 松本君平，休曼，徐宝璜，等.新闻文存［M］.余家宏，宁树藩，徐培汀，等编注.北京：中国新闻出版社，1987：170.

▶第七章
跨语际旅行："记者"一词在中国演变历史再考察

第四节　新闻职业化思潮中"记者"的分野与关键词地位的确立

在中国新闻业由政论时代向新闻时代的过渡中，"报纸之第一任务，在报告读者以最新而又最有兴味、最有关系之各种消息，故构成报纸之最要原料厥惟新闻。……报纸价值之有无大小，与新闻材料之敏捷丰富真确与否，有最密切之关系"①。这是所说的外交记者，即外勤记者，又名访员，专事采访新闻。因而各大报纸不惜重金聘请记者，新闻界涌现出一大批著名记者，如邵飘萍、刘少少、徐彬彬、林白水、胡政之、张季鸾等。他们大多有坚定的新闻理想，以新闻为终身职业，具有深刻的新闻职业认同。邵飘萍曾言："百无一嗜，惟对新闻事业乃有非常趣味，愿终生以之。"②记者社会地位提高，逐渐成为令人羡慕的职业。1917年，姚公鹤感慨说："往者文人学子所不屑问津之主笔、访事，至是亦美其名曰：'新闻记者'，曰：'特约通讯员'，主之者既殷殷延聘，受之者亦唯唯不辞。"③新闻职业化思潮随之兴起。有研究者认为：徐宝璜、任白涛、邵飘萍等开展的五四时期新闻学研究的另一个"破天荒"意义在于，第一次触及和研究中国报刊的职业化问题，并形成了中国新闻思想史上第一个关于新闻职业化的思潮。④在新闻职业化思潮中，"记者"一词在中英文世界里再做跨语际旅行。当时，一些英文时事刊物将"新闻记者"与"Journalist"对译。如1918年，上海《英文周刊》（*English Weekly*）将时政要闻《北京新

---

① 邵飘萍.邵飘萍新闻学论集［M］.肖东发，邓绍根，编.北京：北京大学出版社，2008：15.
② 邵飘萍.邵飘萍新闻学论集［M］.肖东发，邓绍根，编.北京：北京大学出版社，2008：249.
③ 姚公鹤.上海闲话［M］.吴德铎，标点.上海：上海古籍出版社，1989：131-132.
④ 黄旦.五四前后新闻思想的再认识［J］.浙江大学学报（人文社会科学版），2000（4）：6.

闻记者赴日》译为 Peking Chinese Journalists to Japan，在生词表中明确表明"Journalists，新闻记者"。[①]1921年，该刊将《日本新闻记者游历南洋群岛》译为 Japanese Reporters to Visit South Sea Islands，"新闻记者"译为"Reporters"。[②]"记者"或"新闻记者"的英文译法受到新闻研究者的关注，并逐渐区隔固定下来。

在新闻职业化思潮的推动下，新闻学研究和新闻教育提上议事日程，报社外勤记者（外交记者）与内勤记者逐渐分野。1918年10月14日，中国第一个系统讲授新闻课程并集体研究新闻学的新闻学术团体——北京大学新闻研究会正式成立。该会举办两年多，先后培训了100多名学员，成为中国新闻教育开端的标志。1919年12月，该会集体研究新闻学的结晶——《新闻学》出版，它是徐宝璜在吸纳美国新闻学知识基础上由中国人自撰的第一本新闻学著作，是中国人建立新闻话语学术体系的积极尝试。他将报社组织分为编辑部、营业部、印刷部，编辑部又分为新闻门、社论门。社论门有总编辑一人，编辑数人；新闻门按照新闻性质分为本埠新闻、外埠新闻与特别新闻三股。该书对记者和编辑有了明确的区分，"采集新闻之人，大抵有三种：即采集本埠新闻之访员，采集外埠新闻之通信员，与采集特别新闻之特别访员"[③]。编辑也有明确的职责，"督率并指导访员、阅稿员、画师及照像师外，尚有下列职务。（一）决定访员之进退。（二）实行社中之政策。……（三）采集临时发生之要闻。……（四）创造新闻"[④]。他在书中使用了18次"记者"一词、2次"新闻记者"，但多将新闻采集者称为"访员"，且在第六章"新闻之采集"中分17节专门探讨采集新闻和访员资格问题，并附有《访员应守之金科玉律》。1922

[①] 顾润卿.北京新闻记者赴日［J］.英语周刊，1918（134）：730.

[②] 顾润卿.日本新闻记者游历南洋群岛［J］.英语周刊，1921（274）：7.

[③] 邵飘萍.邵飘萍新闻学论集［M］.肖东发，邓绍根，编.北京：北京大学出版社，2008：65.

[④] 邵飘萍.邵飘萍新闻学论集［M］.肖东发，邓绍根，编.北京：北京大学出版社，2008：105.

▶第七章
跨语际旅行:"记者"一词在中国演变历史再考察

年,任白涛撰写出版中国人第一本新闻业务著作《应用新闻学》,论述新闻采集人是"直接当搜集新闻材料之任者,为'访事员',此外则有'通信员'等。'访事员'即英语之'Reporter'。日本译作'外勤员',亦有呼'外交员'者。我国多称'访员'或'访事',就其性质上言之,实以'访事员'之名称为确当也"①。他将报馆分为编辑部、印刷部、营业部,并特别介绍美国报社编辑部组织,下设编辑部和评论部。言论部包括言论部长及论说记者;编辑部包括副编辑长、城市部长、夜间城市部长。"特殊材料之搜集及编辑各有专员,例如政治记者、经济记者、宗教记者、教育记者、军事记者、狩猎记者、评剧记者、音乐记者、铁道记者、家庭记者、竞技记者等。"②

名记者邵飘萍在徐宝璜、任白涛的基础上提出严格的内外勤记者之分。他流亡日本期间,系统吸纳日本新闻学会《普通新闻学》的观点,将新闻记者分成内勤记者与外交记者两大类,"内勤记者之范围内中,包括主笔、编辑长、论说记者、政治部长、经济部长、通信部长、外报部长、学艺部长、文艺部长、妇人部长,各部之外交部长及各部之编辑助手。外交记者有游军与常务之区别。游军亦称游击,为大事件突发之时,为得特种材料而活动之预备记者,平日则无一定之事务。常务为每日奔走于社外各方面或就一定之部署者也。常置外交记者之范围内有政治部外交、经济部外交、社会部外交、文艺部外交、妇人部外交等。政治部外交中含有政党记者、议会记者等,社会部外交中含有相扑记者、运动记者、飞行记者、演艺记者等"③。1923年,他出版中国第一部采访学专著《实际应用新闻学》(又名《新闻材料采集法》),将"采集新闻之人"称为"外交记者","新闻材料何自来?全赖外交记者之活动(日人所编著之《新闻学》中,称外交记者或外勤员,即我国人称为'访事'或'访员',英语之

---

① 任白涛.应用新闻学[M].上海:亚东图书馆,1937:23.
② 任白涛.应用新闻学[M].上海:亚东图书馆,1937:126.
③ 普通新闻学[M].周吉人,译.邵新昌,校.北京:京报馆,1923:5-6.

111

'Reporter')"。① 他专门论述了外交记者的资格、外观、工具、杂艺，并将外交记者分为常务外交记者和特务外交记者，前者"专司一地方或一机关所发生之新闻"，后者"专就此事件（关于突然发生之重大问题，由编辑局发出临时命令）调查其远因近因、现有之结果及继续发见之新事实"。② 他按照新闻性质，将外交记者分为政治部与社会部外交记者两大系统。政治部外交记者从事于内政、外交、财政、军事等新闻材料之收集，分为：各种政治机关之常务外交（Runs）记者、访问外交（Interview）记者、特务外交（Assignments）记者（游击队），也包括议会记者、政党记者、财政经济记者、教育记者。社会部外交记者包括专门性质之社会部外交记者，如相扑、运动、戏剧、音乐、飞行等。经济部中分为社会新闻记者、妇女记者、宗教文艺记者、地方新闻之外交记者。邵飘萍针对日本《普通新闻学》的观点——"内勤记者亦有时当外交之任，外交记者亦常从事编辑。故各记者之人物绝非一定不变而为极易通融者也"，提出"内外互勤"的主张，"二年或三年令外交记者归为编辑，而编辑出为外交"③。1924年，邵飘萍在《新闻学总论》中专门论述记者地位与资格。他认为报馆工作人员有"记者与非记者"之分，"新闻记者，乃包含外交、编辑两大部分。从事于新闻之搜集、纪载、评论诸职务者为限，不能与其他发行、广告、会计等从事于新闻业之者混同"，即报社内部"发行、广告、会计、工场中职员等非记者"。④ 他主张新闻社编辑有广义、狭义之分，"广义的编辑，系对营业而言，如外交记者、编辑（狭义）记者、评论记者。总之，凡前章所认为新闻记者之职务，以及调查部、校对部、写真部，皆属

---

① 邵飘萍. 邵飘萍新闻学论集[M]. 肖东发，邓绍根，编. 北京：北京大学出版社，2008：15.
② 邵飘萍. 邵飘萍新闻学论集[M]. 肖东发，邓绍根，编. 北京：北京大学出版社，2008：39.
③ 邵飘萍. 邵飘萍新闻学论集[M]. 肖东发，邓绍根，编. 北京：北京大学出版社，2008：85.
④ 邵飘萍. 邵飘萍新闻学论集[M]. 肖东发，邓绍根，编. 北京：北京大学出版社，2008：112.

第七章
跨语际旅行："记者"一词在中国演变历史再考察

于广义的编辑方面,为构成新闻社之两大系统之一。至狭义的编辑,则为社内之一部,仅就整理新闻纸面者而言。如驻外通信员即不在编辑部之内,而调查部、校对部等亦只为编辑部之辅助机关"[①]。将外交记者再细分为驻外特派员、本埠通信员、地方通信员。

新闻学者在将新闻采集者——"访员"、"访事员"或"外勤记者"与英文"Reporter"对译的过程中,也引进了"新闻记者"(Journalist)。如邵飘萍将英国的新闻记者协会翻译为"The Institute of Journalists",将国民新闻记者同盟译为"The National Union of Journalists"。在介绍英国编辑部组织情况时,他将"外交记者"译为"Reporter",将"通信员"译为"Correspondent"。为捍卫记者自身权益,以"记者"命名的新闻职业组织纷纷成立,如北京中法新闻记者联合会(1918年)、中外记者联合会(1918年,北京)、万国新闻记者俱乐部(1919年,北京)。1921年11月,一个真正意义上的中国新闻记者的自由职业团体——上海新闻记者联欢会出现。据该会章程,报馆经理、总编辑和主笔因与新闻记者、编辑的利益不同而被排除在外。1922年,修改章程批准总编和主笔加入。此后,新闻记者团体在全国各地纷纷成立,如镇江新闻记者联合会(1923年)、长沙市新闻记者联合会(1926年)、上海日报记者公会(1927年)、上海新闻记者公会(1927年)、湖南新闻记者联合会(1927年)、上海通讯社记者公会(1927年)、上海新闻记者联合会(1927)、杭州记者公会(1927年)、无锡新闻记者公会(1927年)、重庆新闻记者联合会(1927年)等。"迨民国十七年国民军北伐完成,国民党统治全国,由各地党部指导组织的新闻记者联合会,一时如风起云涌,在县有县新闻记者联合会,在省有全省新闻界联合会,在市有市新闻记者联合会。"[②]

在新闻职业团体不断涌现中,外勤记者与内勤记者完全分野,"记者"

[①] 邵飘萍.邵飘萍新闻学论集[M].肖东发,邓绍根,编.北京:北京大学出版社,2008:121.

[②] 潘觉民.我国新闻界协作运动的回顾和前瞻[J].报学季刊,1934(1):71.

一词的中英文译法也完全固定下来。1928年，不仅上海商务印书馆翻译出版《万有文库》，其中包括德国作家G.弗赖塔格（G.Freytag）撰写的世界文学名著《新闻记者》（*Journalist*），而且出版了有关记者研究的专著，如张静庐的《中国的新闻记者》。张静庐在著作中认为中国的新闻记者范围，包括"凡供给编辑各种新闻（电报当然也在内）使成为报纸者，便是新闻记者。凡是代表报馆立论者，便是所谓评论记者——这往往是一报馆的总主笔。……就通信社方面说，自社长、外勤、编辑部都称为新闻记者。就报馆方面说：自总主笔、电信编辑、外部编辑、本埠编辑、商业编辑、教育编辑、文艺编辑——这些都是内勤的，以至于外勤的记者，都可以称为新闻记者"①。他在该书第四章"外勤记者与访员"中明确提出了外勤记者的概念，"所谓外勤记者意思就是专司采访新闻之职的记者。不一定限于采访报馆所在地的新闻——即本地新闻，凡各大都会的特约通信员、拍电员、各县市的地方通信员及战地（或其他临时事件）的新闻特派员都可以称作'外勤记者'"②。他比较外勤记者与访员的异同，两者"实在是性质相同的。外勤记者也可以名之曰访事员"；但两者"的确有很大的区别。他们所处的地位与工作可以说是绝不相同"，"外勤记者是受雇于一报馆或一新闻社而尽力所及去采访各种的新闻。新闻所从发生的区域和机关是没有限定的，新闻的性质也是非常庞杂，不能规定的"，"而访员则不然，访员是占据了一个机关或一区域。在这一机关和一区域内一日间所发生的新闻，全由该访员自行记述，分抄若干份送给各报馆而取得各报馆的稿费，……新闻大都属于火警、盗贼、奸拐等事，而记述的方法又刻板不移，文词似通非通，事实囫囵吞枣，不求甚解"。③ 在第五章"外勤记者的采访新闻"中，探讨了新闻采访方法和注意事项。在第六章"内勤记者的分工"中，给予了"内勤记者"清晰的定义，"所谓内勤记者的意思便

---

① 张静庐.中国的新闻记者[M].上海：光华书局，1928：10.
② 张静庐.中国的新闻记者[M].上海：光华书局，1928：41-42.
③ 张静庐.中国的新闻记者[M].上海：光华书局，1928：46-47.

> 第七章
> 跨语际旅行："记者"一词在中国演变历史再考察

是在报馆里编辑新闻之谓",且比较内外勤记者的区别,"与外勤记者之终日在外面奔走采访新闻者不同,内勤记者在报馆里是最重要的一部分……报馆的司令部"。其包括:"1. 主笔(多兼做评论者)、2. 总编辑、3. 电报编辑、4. 外省新闻编辑、5. 地方新闻编辑、6. 本地新闻编辑、7. 社会新闻编辑、8. 教育新闻编辑、9. 文艺编辑、10. 游艺编辑、11. 商业编辑等等,此外还有直接隶属于某一部分的专门记者,完全听命于编辑者的指挥和派遣,如教育新闻记者、商业新闻记者、游艺新闻记者、社会新闻记者等。"[①] 至此,"记者"或"新闻记者"一词的新闻学关键词地位完全确定。

本章小结

通过对"记者"一词在中国演变历史再考察,笔者认为:公元前651年,春秋时期著名思想家管仲在"葵丘会盟"中使用了古汉语"记者"一词,始出书证见于《管子·封禅第五十》。在长期的中日文化交流中,古汉语"记者"一词随着中文典籍传入日本。明治维新后,日本借用古汉语"记者"一词的"记述者自谓"或"作记的人"古义,制造日制汉语"记者"一词,成为泛指报社新闻从业者的新名词,包括报社评论主笔、新闻编辑和新闻采写者,但不包括报社外新闻采写者,且被近代驻日外交人员如黄遵宪和上海《申报》《时务报》等新闻编辑人员作为泛指新闻从业者的新名词,做跨语际旅行返传入中国,使得"记者"一词具有了广义含义。特别是《新闻学》中译本在中国的出版发行,"记者"一词由新名词向新闻关键词过渡,并作为"报文作者的自称"逐渐成为职业称谓。随着中国新闻业由政论时代向新闻时代过渡,黄远生作为一位体现了新闻职业化思想萌芽的名记者,使"记者"一词衍生出现代狭义含义——负责采写

[①] 张静庐. 中国的新闻记者 [M]. 上海:光华书局,1928:72-73.

新闻通讯报道的外勤记者，但当时并没有这一称呼。随着五四新文化运动中新闻职业化思潮的兴起，记者逐渐成为光鲜亮丽的职业，获得有志青年的广泛职业认同，以"记者"命名的新闻职业组织纷纷成立，记者研究和培养教育活动兴起，其新闻学关键词地位逐渐确立。徐宝璜在吸纳美国新闻学理论基础上撰写的著作《新闻学》，将原来报社外的访员、通信员和特别访员等"采集新闻之人"纳入报社编辑部组织体系。任白涛的著作《应用新闻学》、邵飘萍的著作《实际应用新闻学》和《新闻学总论》在日本内外勤记者分工的影响下，逐渐将外勤记者（外交记者）与内勤记者的岗位分工明确化。特别是1928年，张静庐在著作《中国的新闻记者》中用三章篇幅专门讨论内外勤记者问题，比较两者异同，给予了内外勤记者明确概念。在新闻职业化思潮中，"记者"一词的跨语际旅行也超越了中日藩篱，拓展至英文世界。"记者"一词的广义"新闻从业者"与英文"Journalists"对译，其狭义"外勤记者"与英文"Reporters"对译，而"通信员"与"Correspondent"对译。总之，"记者"一词由古汉语转变为蕴含现代性的新名词，再发展为新闻学关键词，最终衍变为新闻职业称谓，在古今历史演变中老树发新芽，彰显出与时俱进的旺盛生命力。同时，"记者"一词在跨语际旅行中，古义"记述的内容"逐渐消失，"记述者自谓"意涵被日本借用创制日制汉语新词返传入中国后，其概念逐渐明晰，内外勤记者分野，与英文"记者"的广义"Journalists"和狭义"Reporters"对译，在中西文化对接中体现出其海纳百川的文化张力。

黄天鹏曾言："记者今日的地位已经站在光荣的台上了，报纸也由政论本位到新闻本位了，'报纸的职务报告新闻，而不是代表舆论'已成一般人的呼声了。于是新闻记者本身就分化了，成为三类的记者：一是论说记者 Editor，一是编辑记者 News Editor，一是外交记者 Reporter。各尽各的责任，显出记者的高贵与威权，一枝笔擎着整个天下的太平。"[①] 有研究

---

① 黄梁梦.新闻记者的故事[M].上海：上海联合书店，1931：4.

第七章
跨语际旅行:"记者"一词在中国演变历史再考察

者认为:对中国新闻记者来说,20世纪30年代真正成为中国新闻业发展史分水岭的,是他们对新闻的职业性和自己的职业身份的重新认识。[①]确实,到1930年,记者有了自己的专业期刊,如上海新闻记者联合会创办的会刊《记者周报》。记者研究专著不断出现,如张静庐的《中国的新闻记者与新闻纸》(1930年),黄天鹏的《怎样做一个新闻记者》(1931年)、《新闻记者的故事》(1931年)和《新闻记者外史》(1931年)等。在新闻记者对新闻出版自由的不断抗争中,国民政府将新闻记者归入自由职业者之列,促使记者重新认识自己的职业身份。1931年1月20日,国民政府颁布的《国民代表选举法实施法》明确规定:新闻记者公会是自由职业团体,"国民会议代表选举法第五条第一项第四款所称之自由职业团体,谓曾经主管机关立案之新闻记者、律师、医师、工程师、会计师所组织之职业团体"[②]。1932年,国民政府再次明文规定:"以报馆为单位组织的报业公会,应加入商会,为商人团体;以新闻记者为单位组织的为新闻记者公会,属于自由职业团体。"[③]在国民政府的推导下,上海新闻记者联合会改组为上海新闻记者公会,会员达200多人。该会发表声明致力于推动新闻业的发展和提高记者的地位两大任务,终于成为一个具有自觉意识的自由职业团体,标志着记者完成了从文人到自由职业者的转型。[④]1934年8月,杭州新闻记者公会第五届全体会员大会通过将每年的9月1日定为"新闻记者节"议案,通电全国,迅速得到各地新闻界的积极响应。记者破天荒地有了自己的职业节日。1937年出版的《综合英汉大辞典》专门列有了"Correspondent"、"Journalists"和"Reporters"词条,"Correspondent

---

① 徐小群.民国时期的国家与社会:自由职业团体在上海的兴起,1912—1937[M].北京:新星出版社,2007:275.
② 夏新华,胡旭晟.近代中国宪政历程:史料荟萃[M].北京:中国政法大学出版社,2004:841.
③ 潘觉民.我国新闻界协作运动的回顾和前瞻[J].报学季刊,1934(1):71.
④ 徐小群.民国时期的国家与社会:自由职业团体在上海的兴起,1912—1937[M].北京:新星出版社,2007:277.

【名】通信者，通信员、访员、访事（人）"①；"Journalist,【名】新闻记者、杂志记者、报纸投稿者、杂志投稿者"②；"Reporter,【名】报告者、报道者；探访者、访员、访事"③。从中英跨文化旅行的对译中，再一次将"记者"一词的不同含义明确区分开来。1942年8月，国民政府通过了《新闻记者条例草案》。同年9月，中央政治学校新闻学系主任马星野受中国新闻学会委托起草《中国新闻记者信条》。1943年2月，国民政府颁布专门管理新闻工作者的法律《新闻记者法》，明确规定：在日报社或通讯社担任发行人、撰述、编辑、采访或主办发行广告者为新闻记者。"记者"一词深入人心，即便在抗战的中国民众心中，"记者"作为一种职业称呼也得到了普遍认同。民国著名记者卜少夫曾说："我有十个月记者生活，仔细的分析起来，是'写'多于'编'，换言之，采访工作占去了大部；以'编'而言，副刊版又多于新闻版。所以严格说来'编'的经验，恐怕异常浅薄。在中国习惯上，我道道地地是个'记者'了。（普通称记者，似专指外勤采访而言。）"④

---

① 黄士复，江铁.综合英汉大辞典（合订本）[M].上海：商务印书馆，1937：258.
② 黄士复，江铁.综合英汉大辞典（合订本）[M].上海：商务印书馆，1937：677.
③ 黄士复，江铁.综合英汉大辞典（合订本）[M].上海：商务印书馆，1937：1054.
④ 卜少夫.战地记者讲话[M].贵阳：文通书局，1942：1.

第八章
"采访"词源新证及历史解读

采访，记者通过访问、观察等方式采集新闻材料的活动。它是记者的主要工作任务，采访也是记者对客观事物的一种特殊的调查研究活动。新闻采访是新闻写作的前提和基础，是新闻写作成败的关键。没有新闻采访，新闻写作就成了无源之水、无本之木。因此，"采访"一词一直受到新闻学界的关注。据大量工具书和新闻教科书及各种论著记载：中国历史上，"采访"一词最早出自东晋史学家干宝的《搜神记·序》。①但细查历史，详考源流，笔者发现有新史料表明：该论断需要重新修正，"采访"一词词源另有更早出处，且在社会历史文化的变迁中近现代观念逐渐生成，最终成为新闻学专业词汇。

第一节 古代"采访"词源新证

在古汉语中，"采"和"访"两字是独立表意成词的。"采"，会意字，

---

① 方汉奇，李矗.中国新闻学之最[M].北京：新华出版社，2005：5.该观点同见：刘建明，张明根.应用写作大百科[M].北京：中央民族大学出版社，1994：516.刘圣清.中国新闻纪录大全[M].广州：广州出版社，1998：7.蓝鸿文.新闻采访学[M].2版.北京：中国人民大学出版社，2000：1.此外还有谭英主编《新闻采访与写作》，刘海贵著《当代新闻采访》（第二版），徐亚平、丁小燕编著《新闻采访》，徐培汀、吴永文著《资料工作与新闻》等。

从木从爪。上象手，下象树木及其果实，表示以手在树上采摘果实和叶子。本义为用手指或指尖轻轻摘取来，如《周南·关雎》的"参差荇菜，左右采之"，《周礼·乐师》的"行以肆夏，趋以采荠"。可引申为"采集；搜集"，如《汉书·艺文志》中"古有采诗之官"。"访"，形声字，从言，方声。本义为广泛地征求意见，如《周颂·访落》的"访予落止"，《说文》的"访，泛谋也"。可引申为"寻访、访问、拜访"等。因此，"采"和"访"两字组成古汉语词汇"采访"，即为"搜集寻访"之意。

任何新词汇的产生都是新事物、新现象、新概念在人们主观意识中的反映，"采访"一词也不例外。在它出现之前，人们早已进行着"搜集寻访"的"采访"活动。最典型的莫过于商周时期采诗官为收集歌谣和各朝史官为编撰史书所进行的采访实践活动。早在3000年前的周朝时期，每至"孟春之月"，周天子就派采诗官摇着木铎，到民间去收集歌谣，搜集风土人情和趣闻逸事的资料，供天子欣赏并作为统治集团施政的参考。另外，史官修史的一项重要工作就是进行采访。如西汉史学家司马迁，20岁时游历名山大川，实地考察历史遗迹，了解历史人物的趣闻逸事以及各地民情风俗和经济生活，为撰写《史记》搜集了丰富的资料。这些新事物、新现象的诞生以及新活动的开展，必然呼唤反映新观念的新词语出现。

据目前笔者掌握的史料表明：在东晋史学家干宝的《搜神记·序》之前，"采访"一词已出现在三国曹魏政权后期人物刘劭撰写的著作《人物志》中。

刘劭，三国时期魏国思想家，字孔才，出生于汉灵帝建宁年间（公元168—172年），卒于魏齐王正始年间（公元240—249年）。汉魏时期，曾历任广平吏、太子舍人、秘书郎、尚书郎、散骑侍郎、陈留太守等，死后则追赠"光禄勋"。刘劭通览群书，博学多闻，著有《乐论》《许都赋》《洛都赋》《人物志》《赵都赋》等著作。其中，《人物志》约成书于曹魏明帝统治时期（公元227—239年），是我国专门研究、辨析评论人才的专著，被后人推崇为夏商周三代以来第一流的人才学著作。在《人物志·七

> 第八章
> "采访"词源新证及历史解读

缪第十》中,刘勰指出了人们品评人才容易犯的七种错误,并分别分析了犯错的七种原因。他认为第一种原因就是只信耳,不信目,人云亦云,不经过自己的观察分析,指出"夫采访之要,不在多少;事无巨细,要在得正"。在此,"采访"独立成词,有了"搜集寻访"之意。

在此之后,东晋文学家干宝在记录古代民间神奇怪异故事的小说集《搜神记·序》中也采用了"采访"一词,"若使采访近世之事,苟有虚错,愿与先贤前儒分其讥谤"。此后,"采访"一词也开始出现在经籍与史书之中,经籍如《春秋左传正义》,史书如《晋书》《宋书》《魏书》《周书》《隋书》《南史》《北史》等。这些"采访"也是"搜集寻访"之意。

时至盛唐,中国新闻事业兴起,反映信息传播的"采访"一词广为流行。据粗略考察,"采访"一词仅在史书《旧唐书》和《新唐书》两书中便出现近百次之多。同时,书籍中也开始出现与"采访"相关的其他词汇,如"探访"一词,《敕河西节度副大使牛仙客书》中的"敕盖嘉运与王斛斯审量事宜,临时为计,既为卿探访所管,亦宜随要指麾,兼有别敕发三万人"。再如"采访使"一词,唐开元二十一年(公元733年),全国分为十五道,每道置采访处置使,简称"采访使",掌管检查刑狱和监察州县官吏。

到了宋、元、明、清各朝,"采访"一词频现各大经史子集之中。特别是从宋代开始出现从事新闻采集的专门人员,他们有内探、省探、衙探之分;且出现了"访事"一词,表达"探问情况"之义,如宋代周密的《齐东野语·巴陵本末》:"问涂胥口,访事泷头,曾无几微见于面。"

第二节 "新闻采访"近代观念的生成

在世界近代化的浪潮中,中国新闻事业在外力的作用下开始了近代化过程。"采访"一词开始与新闻传播活动发生更加紧密的联系,出现了与"新闻"一词连用的现象;且随着中国近代新闻事业的蓬勃发展,"新闻采访"的近代观念逐渐生成。

虽然，在近代早期新闻事业中，传教士们为了办报进行了简单的新闻采访活动，但"采访"一词并没有出现在早期报刊之中，如《察世俗每月统记传》《东西洋考每月统记传》《遐迩贯珍》《六合丛谈》等。

但是，随着商业报纸的兴起、民众新闻信息需求的增加，新闻采访活动日益活跃，逐渐成为新闻报馆的重要活动。"采访"一词也由此开始与新闻相关词汇连用，且出现采访启事，公开向社会征求稿件。1872年5月8日，刚刚创刊的《申报》在《本馆自述》中写道："粤东旧有新闻纸馆之设，所以网罗轶事，采访奇闻，论可解颐。"① 同月28日，《申报》刊登《采访新闻启》，向各方人士征求稿件，"凡兹声应而气求，不惮旁搜而远访。伏冀博闻君子、词林丈人，阐其琳笈之珍，福我瑯環之秘，近事贵详其颠末，远代尤藉以表彰……"② 此后，《申报》招聘各地访员，采访各地新闻，甚至派遣特派记者前往台湾报道战事。

当然，这些"采访"仍是"搜集寻访"之意，但是"采访"与"新闻"并用的"新闻采访"赫然出现于标题之中，说明"新闻采访"的近代观念开始萌发生成。

不过，"采访"一词的古代采风用法仍在沿用，如1896年8月9日《时务报》发表近代著名报刊活动家梁启超的文章《论报馆有益于国事》："古者太师陈诗以观民风，饥者歌其食，劳者歌其事，使乘輶轩以采访之，乡移于邑，邑移于国，国移于天子，犹民报也。""英国、德国、日本国，或于报馆有逸谤之律，有惩罚之条，则又何也？记载琐故，采访异闻，非齐东之野语，即秘辛之杂事，闭门而造，信口以谈，无补时艰，徒伤风化，其一弊也。"③

随着国人办报活动的兴起，一些新闻工作者开始专门探讨新闻采访活

---

① 本馆自述[N].申报，1872-05-08.
② 采访新闻启[N].申报，1872-05-28.
③ 梁启超.论报馆有益于国事[N].时务报，1896-08-09.

动的问题。如近代著名报刊评论家王韬于1876年在《循环日报》上发表的《论日报渐行于中土》一文中，就专门针对当时新闻界存在的采访新闻失实问题给予批评，"至于采访失实，纪（记）载多夸，此亦近时日报之通弊，或并有之，均不得免，惟所冀者，始终持之以慎而已"①。

随着维新运动的兴起，国人第一次办报高潮出现，新闻采访活动得到了各家报馆的重视。1897年10月，近代著名思想家严复在《国闻报》创刊号发表的《〈国闻报〉缘起》中指出，采访是该报新闻来源的两大渠道之一，"本馆取报之例，大要有二：一翻译，一采访"。同时，对该报的采访活动进行了介绍，"采访之报，如天津本地，如保定省会，如京师，如河南，如山东、山西，如陕、甘、新疆，如奉天、吉林、黑龙江三省，如前后藏，如内外蒙古，外国如伦敦、如巴黎、如柏林、如圣彼得堡、如纽约、华盛顿，访事之地大小几百余处，访事之人中外几数十位"。②

对新闻采访失实的诟病，引发政府的不满，使新闻界自身开始进行深刻反省。政府方面，如1897年6月18日清廷发布"上谕"宣称："澳门《知新报》所记各事，语极悖诞等语。此次俄使觐见，礼颇恭顺，该馆报内所记，实系信口编造。着谭钟麟、许振祎派员晓谕该馆，嗣后记事，务当采访真确，不得传布讹言。"当然，这里难免有欲加之罪何患无辞之嫌。新闻界方面，如1902年6月22日，《大公报》刚刚创刊六日就发表论说《原报》，批评新闻失实，"记载琐故，采访异闻，非齐东之野言，即秘辛之杂事。闭门造车，信口以谈，无补时艰，徒伤风化……"③

20世纪初，各家报馆更加重视新闻采访活动，西方新闻学知识在中国的介绍和传播也进入了一个新的阶段。但"采访"一词并未流行起来，而多以"探访"或"访问"来表达采访活动或新闻采访。

1903年，上海商务印书馆出版的松本君平《新闻学》汉译本，是中国

---

① 王韬.弢园文录外编[M].上海：上海书店出版社，2002：172.
② 严复.《国闻报》缘起[N].国闻报，1897-10-26.
③ 原报[N].大公报，1902-06-22.

第一部新闻学译著。它以实用新闻学为主体，对新闻采访活动进行了一些学理上的介绍，如专章介绍"探访部"和"探访者之职务"以及"探访者之资格"等。"采访"一词仅零星出现，如"搜集社会之新闻，编辑适当加以评论，行于所自出之处，以采访及编辑为主"①。不过，"采访"与"编辑"并列使用，说明作者对新闻业务活动整体构架的日益成熟。

当然，"采访"一词不时出现在各大报刊之上。如1904年10月，《东方杂志》刊登的《创办皖报章程》中，"广约同人采访中西新政、交涉事件，以及商务畅塞，工作良楛，物产优劣，随时登载"②。1905年8月20日，在《办报缘起》中，《北京女报》主编张毓书写道："凡印行报章，采访新闻，皆责成之。"③1906年6月27日，天津《大公报》与《北洋日报》、《北支那每日新闻》、《天津日日新闻》联合发表《告天津各报大主笔》一文，倡议成立"报馆俱乐部"，以"研究报务，交换知识"，其中写道："采访如何普及？"④后来，"采访"一词也出现在报刊团体的组织文件中。如1912年，中国报界俱进会通过的《报界俱进会组织通信社之提案》中就记载："报馆记事，贵乎详、确、捷。今日吾国访员程度之卑劣，无可为讳。报馆以采访之责付诸数辈，往往一事发生，报馆反为访员所利用，颠倒是非，无所不至。"⑤

1913年，上海广学会出版了美国记者休曼的《实用新闻学》，是我国最早翻译出版的西方实用新闻学著作。该书第四章"探访"专门介绍了美国的新闻采访与写作情况。虽然仍以"探访"居主，但"采访"一词在书中频频出现。如"欲访稿之修，不得不求采访之详矣"⑥，"凡所采访，必以

---

① 松本君平，休曼，徐宝璜，等.新闻文存[M].余家宏，宁树藩，徐培汀，等编注.北京：中国新闻出版社，1987：10.
② 创办皖报章程[J].东方杂志，1904，1（8）：190-193.
③ 办报缘起[N].北京女报，1905-08-20.
④ 告天津各报大主笔[N].大公报，1906-06-27.
⑤ 戈公振.中国报学史[M].北京：中国新闻出版社，1985：207.
⑥ 松本君平，休曼，徐宝璜，等.新闻文存[M].余家宏，宁树藩，徐培汀，等编注.北京：中国新闻出版社，1987：185.

▶第八章
"采访"词源新证及历史解读

大字刊于报中第一项"[①],"凡访事人于午后应采访之事,为之既讫"[②],"至法堂及警务新闻,自有专人日往采访,亦有得之与一事有关系之人物者"[③],"是否采访敏捷,而又适当,此皆视报馆记者之能事,抑记者之专责也"[④]。

总之,晚清至民国初年,"采访"一词并没有得到普遍流行,尤其在两本新闻学译著中出现也较少,但"新闻采访"的近代观念逐渐生成,而且开始进入了新闻学研究者的视野,预示着其成为新闻学专业词汇的趋势。

第三节 "采访"逐渐成为新闻学专业词汇

在五四新文化运动的推动下,中国新闻事业进入了一个崭新的发展阶段。特别是在1918年10月北京大学新闻学研究会后,中国新闻学者开始从事专业化的新闻学著述活动。在这历史转变过程中,"采访"一词逐渐被新闻界认可,慢慢地取代"探访""采集"等词,成为新闻学专业词汇。

当然,这个过程不是一蹴而就的。中国第一批新闻学著作虽然都有专门章节讨论了新闻采访问题,如中国人自撰的第一本新闻学著作《新闻学》第六章、《应用新闻学》第三章、《实际应用新闻学》第八章、《中国报学史》第六章,但都没有使用"采访"一词。徐宝璜称新闻采访活动为"新闻之采集",任白涛称之为"新闻之收集",邵飘萍称之为"探索新闻"。不过,"采访"一词并没有被他们遗忘。徐宝璜在《中国报纸之将来》的演讲中运用了"采访"一词,"中国近年来,事无真是非,人无

---

① 松本君平,休曼,徐宝璜,等.新闻文存[M].余家宏,宁树藩,徐培汀,等编注.北京:中国新闻出版社,1987:186.
② 松本君平,休曼,徐宝璜,等.新闻文存[M].余家宏,宁树藩,徐培汀,等编注.北京:中国新闻出版社,1987:187.
③ 松本君平,休曼,徐宝璜,等.新闻文存[M].余家宏,宁树藩,徐培汀,等编注.北京:中国新闻出版社,1987:189.
④ 松本君平,休曼,徐宝璜,等.新闻文存[M].余家宏,宁树藩,徐培汀,等编注.北京:中国新闻出版社,1987:189.

真毁誉，即多因报纸所登之新闻多非事实，并有许多事实因报纸采访之不力，未公于世耳"[1]。而《实际应用新闻学》中也出现过"采访家""采访者""采访主任"等与"采访"相关的词汇。戈公振介绍《新闻报》编辑部设立了专门的采访部门——"采访科"。

因此，上述早期中国新闻学著作表明，"采访"一词还没有得到新闻学界的认可，还没有得到普遍的推广和使用，也未成为新闻学专业术语。但这一局面，至1928年时发生改变。"采访"一词开始成为新闻学专业词汇。

1928年11月，新闻学研究者周孝庵出版了应用新闻学著作《最新实验新闻学》。该书是一部研究新闻采访学和新闻编辑学的专著，内容分为四编，其中第一编就是"新闻采访法"。作者以专门的章节分别介绍采访新闻的各方面知识，如第五章"采访之侦探化"、第六章"采访新闻之标准"、第八章"战时新闻之采访法"、第十章"突发事件之采访"、第十二章"采访科之组织"等。

从20世纪30年代开始，"采访"一词逐渐成为新闻学专业词汇，在新闻学著作中频频现身，大放异彩。张静庐在其出版的《中国的新闻记者与新闻纸》一书中，明确地对外勤记者进行了定义，"所谓外勤记者就是专司采访新闻之职的记者"[2]。同年9月，黄天鹏在新闻史专著《中国新闻事业》第二章"新闻事业之起源"中，以"采访与国风"为题，对古今"采访"进行了比较，"古设太史之官，以采风问俗，今设访员之职，以探访消息，所职所司，微有不同，就大体言，实殊途而同归"[3]。在第五章"新闻事业之现状"中，又以"新闻之采访与编辑"为目，专门叙述了新闻采访的历史发展过程，"报纸新闻之来源，初选录京报，刊载命令，继

---

[1] 徐宝璜.中国报纸之将来[M]//徐宝璜.徐宝璜新闻学论集.北京：北京大学出版社，2008：128.
[2] 张静庐.中国的新闻记者与新闻纸[M].上海：光华书局，1930：31.
[3] 黄天鹏.中国新闻事业[M].上海：上海联合书店，1930：22.

则兼译外报，无采访之设也。……入民国后，编辑部多附设采访科自行采访"①。

新闻研究者在专门研究中国新闻采访现状的同时，也开始介绍国外新闻采访学的课程体系。如1932年，燕京大学新闻学系出版的《新闻学研究》中刊登了周天墀的《现代美国新闻教育》一文，专门介绍了美国新闻院校的课程设置情况，其中介绍的第一门课程就是"采访"。他认为："新闻采访一门在美国各新闻学院，视为重要科目。其目的在使练习访员及其所遭遇之种种问题，如新闻价值之判断，新闻之体裁，新闻之种类，新闻之写作，新闻之来源，及新闻之机关等等，应有尽有。"② 同时还介绍了美国各校新闻采访教学采用的五种教授方法，并分别介绍了初级采访学和高级采访学的课程内容，"初级采访学：一、新闻，二、新闻之文字，三、新闻之体裁，四、真确，五、法律与访员，六、新闻之采访，七、简要记述之新闻，八、死亡报告，九、演讲与会议，十、访问，十一、体育新闻，十二、采访之专门界域""高级采访学：一、法院新闻，二、演讲，三、科学，商业，与政府新闻，四、访问，五、出版新闻"。③

到20世纪30年代后期，开始出现了以"采访"或"新闻采访"命名的新闻学论著。1938年4月，王文彬撰文指出："采访，是新闻学中最主要的一个部门，这是谁都不能否认的；可是在中国出版的新闻学书籍中，到现在还没有专门讨论采访的一部著作。"④ 5月，他出版了中国第一本以"采访"命名的新闻学著作《采访讲话》，该书第一部分就是"新闻采访法"，分别介绍了教育新闻采访法、社会新闻采访法、法律新闻采访法、政治新闻采访法、地方新闻采访法、战时新闻采访法等新闻采访方

---

① 黄天鹏.中国新闻事业[M].上海：上海联合书店，1930：62-63.
② 周天墀.现代美国新闻教育[M]//燕京大学新闻学系.新闻学研究.上海：良友公司，1932.
③ 周天墀.现代美国新闻教育[M]//燕京大学新闻学系.新闻学研究.上海：良友公司，1932.
④ 王文彬.报人之路[M].上海：三江书店，1938：序1.

法。6月,他出版了《报人之路》,整理收集了"采访"论文20篇,其中以"采访"命名的论文有:《新闻采访概述》(孙恩霖,1929年6月《报学月刊》)、《采访新闻之兴趣》(钱瑞甫,1931年《明日的新闻》第一期)、《采访新闻的改进》(陶孟和,1934年4月《国闻周报》)、《欧战期间纽约时报采访的成功》(刘豁轩,1936年12月《国闻周报》)、《新闻的采访》(夏仁麟)、《采访记者的工作》(唐克明)、《学校新闻的采访》(舒宗侨)等。再如1939年1月,陆诒撰写的《新阶段中一般新闻采访工作要旨》由桂林的国际新闻社出版。这些现象进一步说明:"采访"一词逐渐成为新闻学专业词汇。

到20世纪40年代,以"采访"为标题章节的著作有任白涛的《综合新闻学》(商务印书馆,1941年)、萨空了的《科学的新闻学概论》(桂林文化供应社,1943年)、张西林的《最新实验新闻学》(中华文化出版社,1945年)等;以"采访"或"新闻采访"命名的新闻学著作则数量更多起来,如《实用采访学》(中美日报读讯会,1941年)、王研石的《实践新闻采访学》(贵阳文通书局,1949年)、宓伽的《新闻采访学》(上海大东书局,1949年)、陆诒的《采访讲话》(香港中国新闻学院,1949年)等。甚至有些新闻著作尝试对"采访"下定义,如管翼贤在《新闻学集成》第三辑"采访篇"中写道:"采访是新闻纸生产过程的第一个步骤,同时也是新闻唯一的来源。采访的意义,依照字面来讲,凡是在许多静的或动的事务中,偶然采一种任何新闻,叫做'采';事务一经变故,就有导线,工作人得到这个导线,从事访问,在访问的时候,已有一种固定的,叫做'访'。前一种是以归纳为手段,后一种是以演绎为手段。……采访新闻在报学上的意义,是采访事实,就是赴事件发生的地点,用观察、询问之方法,尽量准确的,找出那个事件的显著的事实来。"[1] 这些现象充分说明:"采访"一词已经成为新闻学专业词汇。

---

[1] 管翼贤.新闻学集成:第3辑[M].北京:中华新闻学院,1943:1-2.

本章小结

综上所述，据笔者目前掌握的史料表明：古代"采访"一词，并非最早出自东晋史学家干宝的《搜神记·序》"若使采访近世之事"之句中，而应最早出现在成书于三国曹魏明帝统治时期（公元227—239年）《人物志》的"夫采访之要，不在多少"之句。此后，"采访"一词作为"搜集寻访"之意随着社会历史的不断变化，逐渐被世人所采用和推广。时至近代，随着中国新闻事业的茁壮兴起，"采访"一词开始与中国新闻事业紧密地联系起来，"采访新闻"的近代观念逐渐萌发生成。至20世纪早期，"采访"一词开始吸引了新闻学研究者的关注，也显现出它成为新闻学专业词汇的趋势。随着20世纪20时代前后中国新闻学著述进入专业化的新闻学研究阶段，"采访"一词逐渐被新闻学界认可，开始零星地出现在新闻学著作中。自1928年周孝庵著作《最新实验新闻学》出版后，"采访"一词开始成为新闻学专业词汇。至20世纪30—40年代，"采访"一词已经成为新闻学专业术语，并一直沿用至今。

第九章
"杂志"一词在中国的源流演变

我们身边的许多日常事物，由于习以为常、约定成俗，人们往往"日用而不知"，有些甚至连学术界也"日用而不辨"。如"杂志"就是典型一例。据《中国大百科全书·新闻出版》记载："杂志，是指具有固定刊名，以期、卷、号或年、月为序，定期或不定期连续出版的印刷读物。它根据一定的编辑方针，将众多作者的作品汇集成册出版，定期出版的又称'期刊'。马克思在《新莱茵报·政治经济评论》出版启事中指出，与报纸相比，杂志的优点是'它能够更广泛地研究各种事件，只谈最主要的问题。杂志可以详细地科学地研究作为整个政治运动的基础的经济关系'。"[①] 改革开放后，中国杂志得到了迅猛发展，数量蔚然可观，内容包罗万象，极大地满足了大众的知识和娱乐需求。但是，"杂志"词源出自何处？古今"杂志"有何异同？"杂志"怎样成为新闻传播学术语？笔者详细考察"杂志"一词在中国的源流演变过程，抛砖引玉，以飨读者。

第一节 "杂志"词源新证

现今许多学术著作和论文认为，"杂志"一词在中国用作出版物名称

---

① 中国大百科全书总编辑委员会《新闻出版》编辑委员会. 中国大百科全书：新闻出版[M].北京：中国大百科全书出版社，1990：462.

▶第九章
"杂志"一词在中国的源流演变

的情况可以追溯到宋代,如宋代江休复的《嘉祐杂志》、周辉的《清波杂志》[①]。但据笔者迄今掌握的史料表明,"杂志"一词以及作为出版物名称的情况,最早不在宋代,可更早追溯到唐代。

据五代后晋学者刘昫编撰的《旧唐书·经籍志·卷四十六·志第二十六》记载:在唐代保存下来的文献有"《陈尚书曹仪注》二十卷,杂志",而且出现了以"杂志"命名的书名"《杂志记》十二卷"。

唐代史学家刘知几撰写史论专著《史通》时,也采用了"杂志"一词:"谱牒之作,盛于中古。汉有赵岐《三辅决录》,晋有挚虞《族姓记》。江左有两王《百家谱》,中原有《方思格》。盖氏族之事,尽在事矣。……(以上《杂志序》)。"

宋、元、明、清各朝以"杂志"命名的书籍数量众多。据《宋史》记载,有马永易《寿春杂志》、江休复《嘉祐杂志》、曾敏行《独醒杂志》、周辉《清波杂志》、张耒《张太史明道杂志》、周必大《二老堂杂志》、李孟传《杂志》、程迥《淳熙杂志》、真德秀《清源杂志》等。据《元史》记载,有王柏《伊洛精义杂志》、陆友仁《砚北杂志》、杜瑛《律吕律历礼乐杂志》等。据《明史》记载,有陈懋仁《泉南杂志》、钱溥《朝鲜杂志》、伍袁萃《弹园杂志》等。据《清史稿》记载,有王念孙《读书杂志》、曹树翘《滇南杂志》、刘廷玑《在园杂志》、黎庶昌《西洋杂志》、钱仪吉《曝书杂志》等。

这些古代"杂志"含义与现代"杂志"不同。在唐代文献《陈尚书曹仪注》中,"杂志"的含义为"零星地记载传闻、逸事、掌故的笔记"。《杂志记》是地理类书籍,其"杂志"即作古书书名,意指"杂记"。在唐代《史通》中,刘知几将《杂志》列于《天文志》《艺文志》《五行志》

[①] 周光明,郑昱."杂志"近代含义的生成[J].武汉大学学报(人文科学版),2008(5):546.同见:张觉明.现代杂志编辑学[M].北京:中国书籍出版社,1987:57.林穗芳.中外编辑出版研究[M].武汉:华中师范大学出版社,1998:41.许清茂.杂志学[M].厦门:厦门大学出版社,2002:1.

《都邑志》《氏族志》《方物志》之后，作为"地方志的一目"，意指丛谈之类。宋、元、明、清时期的"杂志"一词，基本包含以上三种含义。

但是，古代"杂志"与现代"杂志"也有联系。古代"杂志"突出了"杂"字，反映了内容繁杂、无法归类等特点。这与近现代"杂志"包罗万象、体裁多样等特点类似。这也可能是中国近代沿用"杂志"来表达内容"杂"的书名或刊名的原因。

第二节　西方近代"杂志"（Magazine）观念传入中国

据《大英百科全书》的解释，西方"杂志"（magazine）原指仓库，或指武器、弹药、炸药等军火库。该词大约从16世纪起，就已经衍生为"知识的仓库"，进而解释为"杂志"。世界上第一种杂志是1665年创刊的《学者杂志》[①]。1731年，英国艾德华·卡夫（Eward Gave）创办了一份期刊，名为《绅士杂志》（Gentleman's Magazine）。该刊内容包括小品、论文和其他文章，比较庞杂。从此，人们用"杂志"来指"刊登论文、故事等文字并定期出版的刊物"。

西方近代化杂志兴起之后，随着近代来华传教士的报刊活动传入中国。1815年8月，英国传教士米怜和马礼逊在马六甲创刊《察世俗每月统记传》（Chinese Monthly Magazine），是第一份近代化的中文报刊。该刊英文名直译为"中文每月杂志"，而英文"杂志"（Magazine）一词被意译为"统记传"，表达出"无所不记，广为传布"之意。该刊第一次向中国读者介绍了"每月初日传数篇"的"定期出版物"观念以及内容博杂（基督教义、天文地理等科学知识、伦理道德等）、体裁多样的西方杂志形态。

1833年8月1日，普鲁士传教士郭士立在广州创办《东西洋考每月统

[①] 中国大百科全书总编辑委员会《新闻出版》编辑委员会.中国大百科全书：新闻出版［M］.北京：中国大百科全书出版社，1990：462.

▶第九章
"杂志"一词在中国的源流演变

记传》(Eastern Western Monthly Magazine),在刊物内容和形式上更加具有西方杂志化形态,内容更丰富了,形式上分栏目编排。特别在《新闻纸略论》中专门论及西方杂志,"(新闻纸)每月一次出者,亦有非纪新闻之事,乃论博学之文。于道光七年,在英吉利国核计有此书篇共四百八十多种,在米利坚国有八百余种,在法兰西国有四百九十种也"①。

1853年,香港第一份中文报刊《遐迩贯珍》虽然名称没有用"杂志"之名,但在刊物内容《圣拿马寺记》出现了"杂志"一词,"英国友人得于丛书中,兹译出,嘱为点串成文,附于香港杂志之末,俾读是书者,知世人之行善,竟有如此之笃好云。南充刘鸿裁"②。这是中国近代化报刊中第一次使用"杂志"一词,具有近代"杂志"期刊的含义。

中国近代出现第一个以"杂志"命名的刊物是《中外杂志》。该刊于1862年由英国伦敦会传教士玛高温(John Macgwan)创刊于上海。英文名"Shanghai Miscellany",直译为"上海杂集",这与《澳门杂文篇》(1833, The Evangelist and Miscellanea Sinica)一脉相承,借用的是"杂志"中文古义。因为"Miscellany"直译为"杂集",意指"不同作者所写不同题目的文集",这比西方"杂志"(Magazine)的单一名词性,更能体现汉字"杂"的特点。这可能是传教士没有将中国"杂志"对译西方杂志"Magazine"最重要的原因。

因此,随着西方"杂志"(Magazine)和"定期出版物"观念在中国的引进和传播,以及"Miscellany"等词汇与中文"杂志"的对应,近代中国"杂志"期刊概念开始兴起。

---

① 爱汉者,等.东西洋考每月统记传[M].黄时鉴,整理.北京:中华书局,1997:66.
② 圣拿马寺记。见松浦章,内田庆市,沈国威.遐迩贯珍:附解题·索引[M].上海:上海辞书出版社,2005:700.

第三节　日本近代"杂志"的兴起与返传中国

在中国近代报刊兴起的同时，日本"杂志"也开始出现。为了解海外状况，幕府于1856年设立番书调所，从事海外报刊翻译工作，供官员阅读。如《官版巴达维亚新闻》《官版六合丛谈》《官版中外杂志》等。《官版中外杂志》的"杂志"一词的翻译对日本产生了怎样的影响，无材料能直接证明。但据日本学者木村毅指出：江户中期的皆川棋园，其作品随笔集有《云萍杂志》。[①] 这同古汉语的"杂志"用法相同。因为同处汉字文化圈，日本江户时期的日文汉字"杂志"可能是借用了中国古汉语用法。

最早使用"杂志"命名的日本近代杂志，是1867年的《西洋杂志》。该杂志在创刊号中就声明："本杂志创刊之主旨与西洋各国之月刊无异，皆广集天下奇谈，应能一新耳目，加益万民之诸科学和百工技艺，包括所有译说，将不借版面，搜集汇纳。"[②] 这指明了日本近代杂志与西方杂志的渊源。日本学者山本文雄在《日本大众传媒史》指出：日本"杂志"对译了荷兰语"Magazijn"。因此，日本应该是借用了古汉语"杂志"对译西方"杂志"。

进入明治时期后，以"杂志"命名的刊物逐渐增多，如1873年《海外杂志》、《医事杂志》和《文部省杂志》等，1874年《教林杂志》、《民间杂志》、《明六杂志》、《法理杂志》和《陆军医事杂志》等。

但是，近代中国的"杂志"兴起之后，并不像日本那样得到了推广使用。当时中国创办的许多杂志仍以"报"或"汇编"等词命名，即便使用了英文"Magazine"也不对译为"杂志"，如《万国公报》《格致汇编》

---

① 山本文雄.日本大众传媒史[M].诸葛蔚东，译.桂林：广西师范大学出版社，2007：8.

② 山本文雄.日本大众传媒史[M].诸葛蔚东，译.桂林：广西师范大学出版社，2007：9.

▶第九章
"杂志"一词在中国的源流演变

等；而且，"杂志"的古代意义还在继续沿用，如清代外交官员黎庶昌的《西洋杂志》。但也有少数驻外官员关注和使用了近代期刊概念的"杂志"一词，如黄遵宪。《日本国志》的《学术志》中记载："文久三年，横滨既通商，岸田吟香始编杂志。"①

甲午战争失败后，中国掀起学习西学的新高潮，也迎来了国人办报的第一次高潮。受日本明治维新的影响和甲午战役失败的刺激，日本成为中国学习西学的中转站。日本杂志刊载的文章成为中国报刊内容的重要来源。日本许多期刊就以"杂志"命名，使得"杂志"一词频现中国报端。如上海《时务报》专门开设《东文译编》专栏，由日本人古城贞吉专门负责翻译编辑日本报刊文章，先后出现含有"杂志"的日本期刊8种40次之多，分别为《经济杂志》2次，《东京经济杂志》11次，《东华杂志》1次，《日本杂志》4次，《太阳杂志》5次，《世界杂志》3次，《国民杂志》8次，《地球杂志》6次。再如《译书公会报》（1897年）、《实学报》（1897年）、《东亚报》（1898年）等期刊，还专门开设了以"杂志"命名的专栏，如《中外杂志》专栏，刊载一些译自中外报刊、篇幅短小的中外新闻消息。

除上述两种情况，在中国大陆之外还开始出现了以"杂志"命名的中文期刊。如1894年10月，英国伦敦白来公司（Pelham Press）出版了面向中国、朝鲜发行的中文季刊《清韩英实业杂志》（又名《中英商工机器时报》）②。1896年6月，在日本占领的台湾创刊了《台南产业杂志》（后改名《台湾产业新报》）③。

甲午战争之后，以"杂志"命名的日本期刊名称频现中国报刊，进而设立以"杂志"命名的专栏，再发展到在中国大陆之外创办以"杂志"命名的中文期刊。这不仅反映出近代"杂志"期刊概念在中国的逐渐普及和

---

① 陈铮.黄遵宪全集[M].北京：中华书局，2005：1413.
② 方汉奇.中国新闻事业编年史[M].福州：福建人民出版社，2000：92.
③ 史和，等.中国近代报刊名录[M].福州：福建人民出版社，2000：202.

推广，而且体现出日本近代"杂志"用法对中国的示范作用。居留日本的中国人开始受到影响，重视近代期刊概念的"杂志"，并强势倒灌中国。虽然以"杂志"命名的中文期刊只是在中国大陆之外出现，但是新事物一般都是从外延向中心突破。这预示着随着国人办报新高潮的再次来临，中国大陆以"杂志"命名期刊的做法呼之欲出。

第四节 近代"杂志"在中国落地开花

20 世纪初，随着清廷"报禁""言禁"的开放，第二次国人办报的新高潮迅速到来。在报刊蓬勃发展的背景下，"杂志"相关的词汇有了新创新，如第一次使用了"杂志社"一词。1900 年 8 月，《清议报》发表的文章《英俄角逐》，使用了"杂志社"一词，"光绪十一年，与其友辜立飞共开《亚洲》杂志社"[①]。以"杂志"命名并自指的第一份期刊《亚泉杂志》随之在中国大陆横空出世。

1900 年 11 月 29 日，《亚泉杂志》在上海商务印书馆出版。创办者杜亚泉明确指出了创刊目的："揭载格致算化农商工艺诸科学，……区区杂志，讵足当此目的……"[②] 这种以"杂志"命名并自指的做法，说明杜亚泉具有比较明确的近代"杂志"期刊概念。但是，这仅是昙花一现。1901 年 6 月 9 日，《亚泉杂志》出版第 10 期后停刊。此后，杜亚泉创办的《普通学报》《中外算报》均以"报"称之。

舆论界对杂志也有各种称呼。如梁启超以"丛报"来指称"杂志"，但仍注明日本称之为"杂志"，且介绍了世界各国杂志的种类，"日报与丛报（丛报者指旬报、月报、来复报等，日本所谓杂志者是也）皆所当务，

---

① 香港中国语文学会. 近现代汉语新词词源词典 [M]. 上海：汉语大词典出版社，2001：331.
② 杜亚泉. 亚泉杂志序 [J]. 亚泉杂志，1900（1）.

▶第九章
"杂志"一词在中国的源流演变

而丛报为龙要"①。还有些报刊以"册报"来称呼"杂志"。如 1902 年《时务汇编续编》第 26 册发表的《新旧各表存目表》的统计表中，就以"册报（杂志）"和"日报"两类来统计中国自 1872 年至 1902 年这 30 年的报刊存佚情况。

1903 年是近代中国"杂志"期刊观念确立的关键性年份。首先，一些新创办的刊物纷纷使用近代期刊观念的"杂志"一词来自指期刊本身；其次，松本君平《新闻学》汉译本的出版，对近代期刊观念的"杂志"起到了积极的推广和普及作用。

1903 年初，中国留日学生同乡会纷纷成立杂志部，创办杂志，开始用"杂志"或"本志"自指。如 1903 年 2 月，浙江留学生同乡会在东京创办《浙江潮》，其创刊号《发刊词》中说："岁十月浙江人之留学于东京者百有一人，组织一同乡会……谋集会出一杂志，题曰《浙江潮》。"②同年 4 月，《江苏》杂志在《发刊词》中两次使用"杂志"："腐败者，我江苏之特色，而谈腐败者又我《江苏》杂志之特任""江苏杂志简章，本志之命名曰：江苏"。③

1903 年 10 月，上海商务印书馆将松本君平《新闻学》译成中文出版，成为中国第一本新闻学著作。该书中不仅频繁使用具有近代期刊观念的"杂志"一词，而且设立专章从学理上专门讨论"杂志"和"新闻纸"记事的区别。《新闻学》汉译本在《新闻社之组织》中，介绍了"新闻杂志节录部"。在《特别记事》中又比较了报纸和杂志的"记事""评论"的差异，认为：报纸比杂志记事"稍差"，"必须细密考究"，数量也"较杂志为多"，但是，报纸的新闻记事"结构精密"。杂志记事"在教训"，报纸记事"取趣味而已"。报纸的论说"比于杂志之论说，稍为淡泊"。杂

---

① 梁启超.在本馆第一百册祝辞并论报馆之责任及本馆之经历[J].清议报，1935（12）.
② 发刊词[J].浙江潮，1903（1）.
③ 发刊词[J].江苏，1903（1）.

志"须正确而精密";新闻"只须轻妙简明也"。报纸论说"可以朝生而暮死";杂志论说"则比新闻之有继续不断之体裁也"。①在《杂志及新闻文学者之注意》中,再次对杂志和报纸异同进行了细致的比较。著者总体认为:"杂志之记事与新闻之记事,初观之虽似同其性质。若详考其性质与材料,则两者之间,实大相径庭焉。"然后,对两者进行了五个方面的比较。第一,叙述风格上,"杂志之记事论文也,以文雅为尚,而且售永之意味,且如书籍之有体例。新闻之记事论说,已蹈浮薄草率之弊。其记事也,朝生暮死,只期一日之趣味"。第二,印刷技术上,杂志"印刷不必求速,而以美丽光明为主",而新闻只追求"物质进步","一时之间可得印刷六万纸"。第三,内容上,新闻"博杂",杂志"精练",新闻"以几多之事揭载于一时。其编辑既速,必不免粗率之病",杂志则"一月之间,凝神注意。选择材料、校对,也易精工"。第四,作者投稿方面,"寄书于杂志者多,寄书于新闻者少"。因为,"揭载于杂志,可较常数稍厚","寄书于杂志者,原不计其报酬,实望播其文名耳"。第五,插图绘画方面,"美丽之绘画,为发行杂志所不可缺""绘画之良窳,即新闻之盛衰也""杂志之须绘画,较新闻尤重"。著者最后认为,杂志与报纸记事最大的区别为:"第一,关于事实。第二,关于想象。如描写、传记、论说以及他类记事论文之实事。或为议论,如叙述风俗及一切构作,则与新闻之特别记事,已大相差异矣。惟杂志所要之处,其记事须加一层之注意,以合稗史之法则。"②

1903年10月,上海商务印书馆编译局翻译出版的松本君平《新闻学》对报纸和杂志在内容与形式等各方面都进行了厘清,说明译者已经对两者有了比较明确的区分。因此,《新闻学》汉译本的出版,标志着近代中国

---

① 松本君平,休曼,徐宝璜,等.新闻文存[M].余家宏,宁树藩,徐培汀,等编注.北京:中国新闻出版社,1987:81.
② 松本君平,休曼,徐宝璜,等.新闻文存[M].余家宏,宁树藩,徐培汀,等编注.北京:中国新闻出版社,1987:87-88.

▶第九章
"杂志"一词在中国的源流演变

的"杂志"期刊观念基本确立起来。随着《新闻学》汉译本在中国各地的发行和推广，至1904年，近代中国的"杂志"期刊观念已经确立起来。其最显著的标志就是1904年一系列以"杂志"命名的期刊纷纷在全国各地创刊，如《东方杂志》（上海）、《武备杂志》（保定）、《东浙杂志》（金华）、《教育杂志》（天津）、《湖北地方自治研究会杂志》（日本东京）、《滑稽》杂志（上海），甚至有些期刊改刊名为"杂志"，如《北京杂志》。这些杂志期刊中最典型的为上海《东方杂志》。

1904年以后的各个年份，以"杂志"命名的近代期刊如雨后春笋，纷纷创刊。根据《中国近代报刊名录》《中国新闻事业编年史》进行的统计，1905年有《华北杂志》、《北新杂志》、《直隶教育杂志》和《湖北警备杂志》等；1906年有《见闻杂志》、《法政杂志》、《农桑学杂志》、《学务杂志》、《南洋兵事杂志》、《音乐小杂志》、《宪政杂志》和《理学杂志》等；1907年有《寸心》杂志、《中国妇人会小杂志》、《中国新女界杂志》、《自治学社杂志》、《奉天教育杂志》和《法政学交通社杂志》等；1908年，10种；1909年，7种；1910年，20种；1911年，17种；1912年，15种；1913年，15种。虽然这些以"杂志"命名的近代期刊同当时报刊总数比起来，数量并不占多，但从1904年开始，它们先后问世，并时相存，没有间断。这些都说明近代"杂志"的期刊观念在中国已经落地生根、开花结果。这种现状也引起了学者的关注，并将"杂志"一词载入知识工具书。如1911年5月，黄摩西主编、上海国学扶轮社印行的《普通百科新大辞典》就有"杂志"词条："[杂志]Magzine，旧为无种类之书名，如随笔丛录等。自海通后，遂以成帙之报当之，如月报、旬报等（其实各有界限，此事尚未发达，故多混称）。西国，始于1737年，散德门斯麦伽勤之刊行。吾国始于同治初教会中人，至戊戌以后而稍盛，然此起彼仆，能持久者甚少。"[①] 它比较准确精要地概述了"杂志"一词的古今变化和中西流变。我国最早西方实用新闻学译著《实用新闻学》多次使用了"杂志"

---

① 钟少华. 词语的知惠：清末百科辞书条目选[M]. 贵阳：贵州教育出版社，2000：143.

一词，也充分地说明了这一点。

第五节 "杂志"逐渐成为新闻学专业术语

在五四新文化运动的催化下，中国新闻事业进入了一个崭新的发展阶段，中国新闻学者开始进入职业化、专业化的新闻学著述时期。在这一历史转变过程中，"杂志"作为新闻学专业术语逐渐被固定下来。在徐宝璜《新闻学》(1919)、任白涛《应用新闻学》(1922)、邵飘萍《实际应用新闻学》(1923)、邵飘萍《新闻学总论》(1924)、戈公振《中国报学史》(1927)等中国新闻学第一批著作中，"杂志"作为新闻学专业术语频繁出现。尤其在戈公振《中国报学史》中，先后两次专门讨论了杂志问题，不过侧重点不同。在第一章"绪论"中，认为报纸和杂志两者的区别在于："从外观着手，如报纸为折叠的，杂志为装订的。""从内容方面乃至原质方面着手，即报纸以报告新闻为主，而杂志以损载评论为主，且材料之选择，报纸是比较一般的，而杂志是比较特殊的。"[1]并指出："报纸之一般性，指普通报纸之内容有一般兴味而言。此与时宜性相似，为报纸与杂志最易区别之一点。"[2]在第五章第二节"杂志"中，专节介绍了1912年至1926年中国杂志业的发展现状。戈公振提出了"一国学术之盛衰，可于其杂志之多寡而知之"的主张，并将杂志以性质划分为"学术与政论、改革文学思想及批评社会"三大类，且一一作了详细的介绍。至此，"杂志"作为新闻学专业术语，被新闻学界广泛使用。

本章小结

纵观"杂志"一词在中国的源流演变历史，发现"杂志"一词并非

---

[1] 戈公振.中国报学史[M].北京：中国新闻出版社，1985：6.
[2] 戈公振.中国报学史[M].北京：中国新闻出版社，1985：11.

"入华日源新语"[①]。"杂志"一词从唐代开始在中国已有之,以"杂志"命名出版物名称的做法也从唐代开始,连续绵延,漫长久远。随着近代报刊的兴起,中国逐渐引进西方杂志(magazine)的期刊概念,并开始以"杂志"来命名近代期刊,如1862年上海《中外杂志》。反观日本,不仅在日文中借用了中国古汉语"杂志",如江户中期的《云萍杂志》,而且以"杂志"命名近代期刊的做法也比中国较迟,如1867年《西洋杂志》。但是,这个由中国在19世纪五六十年代创造的本族新词,后来有段时期弃而不用,却在日本大放异彩。甲午战败之后,日本成为中国学习西方的中转站,日本将"杂志"新语返传倒灌中国,在中华大地再次落地开花,且随着中国新闻学研究的发展,成为中国新闻学著作的专业术语。总之,"杂志"一词在中国的历史源流演变中,随着历史文化语义的生成变化,上演了一幅中西文化观点对接、中日文化互动的真实图景。

---

① 20世纪50年代,语言学者王立达论文《现代汉语中从日语借来的词汇》提出。日本汉学家实藤惠秀的《中国人留学日本史》将其列入"中国人承认来自日语的现代的现代汉语词汇一览表"。改革开放后,许多各类工具书以此为定论,如《汉语外来词词典》(1984年)、《宣传舆论学大辞典》(1993年)、《应用写作大百科》(1994年)等。

第十章
"舆论监督"的历史解读

"舆论监督",大家似乎耳熟能详,且日益成为百姓日常生活的重要话题。舆论监督是公民言论自由权利的体现,也是人民参政议政的一种形式。有人形容它就像"太阳光",能促进生物的生长;就像"防腐剂",能遏制病菌的繁衍;就像"啄木鸟",能帮助政府改进工作、纠正失误。更有人把它比喻为健全法制的加速器、政治事务的透明器和社会机体的净化器。但是,如此重要而威力无穷的"舆论监督",它的历史由来,大多数人却未必能知其所以然。

第一节 舆论监督的历史形态

"舆论监督"并非古已有之。它由古汉语的两个独立词语构成,是一个主谓结构的词组,主语"舆论",谓语"监督"。在古汉语中,"舆论"指众人的意见,即老百姓的议论。"舆论"一词,最早见于《三国志·魏书·钟繇华歆王朗传》:"设其傲狠,殊无入志,惧彼舆论之未畅者,并怀伊邑。"[①] 古汉语中,"监督"一词三义,即"监察督促"、"督察军事"和旧时官名。在词组"舆论监督"中,"监督"一词作谓语,显然是"监察

---

① 方汉奇,李矗.中国新闻学之最[M].北京:新华出版社,2005:4.

第十章
"舆论监督"的历史解读

督促"之义。"舆论"和"监督"组合成"舆论监督",字面意思是公众运用舆论手段对社会所实行的监督,但通常被学界认为是公民通过新闻媒介对国家机关、国家机关工作人员和公众人物的与公共利益相关的事务的批评、建议。

其实,早在原始社会末期就出现了"公众运用舆论手段对社会所实行的监督"的舆论监督原始形态。尧舜时代,就曾在交通要道设置"进善之旌""诽谤之木",鼓励人们在旌旗下发表议论,在木牌上书写谏言。当时还置有"敢谏之鼓",使民击之以进谏。它们都是一种供民众发表言论的工具,又是一种王者接受舆论监督的工具。在中国几千年封建专制社会中,虽然有人对它推崇备至,如汉朝的太学生、明朝的"东林党",但由于统治者具有严重的"防民之口,甚于防川"的观念,很难出现主动接受舆论监督的思想和制度。

时至近代,随着国人办报高潮的兴起和舆论功能的凸显,文人报刊成为"文人论政"的重要阵地。他们以报刊为阵地,以舆论为武器,"论政而不参政","以文章报国","为民请命","代民众立言",对旧中国反动统治者、各种社会黑暗腐朽势力、各类社会不公现象等进行无情的揭露和批判。这就催生了"舆论监督"近代意义的生成,诞生了中国最早提倡发挥报刊舆论监督作用的报纸——《强学报》[①]。该报是维新派团体强学会的机关报。1896年1月创刊号发表的论说《开设报馆议》一文中,首次提出了报刊具有对社会不良现象的批评以及对于政府和政党的批评并促使其修正错误的舆论监督功能。"吏史上闻,不敢作奸,是曰除舞弊。"这被学者们认为是中国报刊上首次提倡报刊的舆论监督作用。

但是,在我国最早比较详细论述报刊舆论监督近代意义的是当时"舆论界骄子"梁启超。1902年10月,他在《新民丛报》发表文章《敬告我同业诸君》,阐明了新闻媒介具有舆论监督和舆论引导的两大功能,"某以

---

① 方汉奇,李矗.中国新闻学之最[M].北京:新华出版社,2005:182.

为报馆有两大天职：一曰对于政府而为其监督者，二曰对于国民而为其向导者"，并赞扬了报馆"舆论监督"的巨大威力，"舆论无形，而发挥之代表之者，莫若报馆，虽谓报馆为人道之总督可也"。①1907年1月，女革命家秋瑾在《中国女报》发刊词中也指出："具左右舆论之势力，担监督国民之责任者，非报纸而何？"② 近代国学大师章太炎也积极倡导利用报刊对政府进行舆论监督。辛亥革命前，他曾在《民报》上发表《代议然否论》一文中，提出应开放言禁，利用报刊对政府进行必要的舆论监督。辛亥革命后，他在《大共和日报》发刊词中强调："风听臆言，高位之所有事；直言无忌，国民之所自靖。日报刊发，大义在兹。"虽然他们运用了报馆监督，没提"舆论监督"，但已经鲜明地有了舆论监督的思想。1912年3月，随着《中华民国临时约法》颁布，言论出版自由原则以法律的形式确定下来。新闻记者以"不冠之皇帝，不开庭之最高法官"的身份自居，当仁不让地肩负起"监督政府，向导国民"的天职。他们不仅可以在报上批评政府官员，甚至可以点名痛骂大总统。但这仅是昙花一现，随着袁世凯篡夺辛亥革命的胜利果实，报刊的舆论监督、新闻自由被当权者无情剥夺。但是，报刊具有舆论监督作用的认识却在升温发酵。

第二节 中国共产党舆论监督的历史传统

中国共产党诞生后，继承了马克思主义关于报纸批评的相关理论，并逐渐将它作为建构自身舆论监督思想的理论依据。马克思曾写道："唯一有效的监督——报纸。"他认为："报刊按其使命来说，是社会的捍卫者，是针对当权者的孜孜不倦的揭露者，是无处不在的耳目，是热情维护自己

---

① 中国之新民. 敬告我同业诸君[J]. 新民丛报，1902（17）：122.
② 转见复旦大学新闻系新闻史教研室. 中国新闻史文集[M]. 上海：上海人民出版社，1987：75.

第十章
"舆论监督"的历史解读

自由的人民精神的千呼万应的喉舌。"[1] 恩格斯说，批评是"工人运动生命的要素"。在十月革命胜利的第二天，列宁就宣布"我们愿意让政府时时受到本国舆论的监督"[2]，并主张在报纸上设立"黑榜"，用以揭露工作中的渎职行为和社会上的丑恶现象。[3]

中国共产党在革命根据地建立人民新闻事业后，积极提倡，并身体力行，开展报刊舆论监督，将报刊批评视为批评与自我批评的武器。1931年12月11日，中华苏维埃临时中央政府机关报《红色中华》在发刊词中申明：该报"不但要引导工农群众对于自己的政权，尽了批评、监督、拥护的责任"[4]。同日，中央军委机关报《红星》报也在"见面话"中强调："它要是一个裁判员，红军里消极怠工，官僚腐化和一切反革命分子，都会受到它的处罚，并且使同志们能明白他们的罪恶。"[5]

新中国成立后，党中央出台了《关于在报纸刊物上展开批评和自我批评的决定》《关于改进报纸工作的决议》等纲领性文件，确立了舆论监督的基本形态是报纸批评。1954年4月，毛泽东在和胡乔木谈话时就指出："关于报纸上的批评，要实行'开、好、管'的三字方针。"在这一精神指引下，《人民日报》充分发挥了舆论先锋的作用，积极开展报纸批评，发表批评稿件，刊登群众来信，进行舆论监督。

正是在这股报刊批评的潮流中，"舆论监督"一词作为新鲜事物横空出世。虽然声音微弱，但预示着舆论监督现代意义的萌发和兴起。由于在报纸批评中的先锋作用，《人民日报》在使用和推广"舆论监督"一词的过程中也是先拔头筹、引领潮流。

据目前笔者掌握的史料表明，"舆论监督"一词首次出现于1948年5

---

[1] 中共中央马克思恩格斯列宁斯大林著作编译局.马克思恩格斯选集：第1卷[M].2版.北京：人民出版社，1995：797.
[2] 列宁论和平与战争[M].北京：世界知识出版社，1959：90.
[3] 陈力丹.新闻学小词典[M].北京：中国新闻出版社，1988：94-95.
[4] 发刊词[N].红色中华，1931-12-11（1）.
[5] 见面话[N].红星，1931-12-11（1）.

145

月13日《人民日报》发表的消息《认真检讨政策，发展生产　晋绥生产会议闭幕》中："各级政府与金融贸易机关，则须认真解决群众在生产中的各种困难，恢复农村借贷，大力发展各种副业，并实行奖励生产政策，以村为单位选拔劳模，并克服过去对劳模只表扬不批评，夸大假造成绩的现象，对二流子要有目标的教育改造，发动群众舆论监督。"《人民日报》第二次使用"舆论监督"一词是在1950年8月30日发表的新闻综述《报纸上的批评和自我批评》："对以上两种不正确的态度，必要时并组织读者集体力量，实行群众舆论监督，以达到批评的目的。"（同见《解放日报》1950年8月22日）《人民日报》第三次出现"舆论监督"一词是在1956年12月4日发表的本报评论员文章《从各方面节约粮食》："当时，全国城乡各地对浪费粮食的行为形成了群众性的舆论监督，这是一种极可喜的现象。"

1957年，政治风云突变，"报纸大批判"兴起。特别是"文化大革命"期间，新闻界被夺权，林彪、江青反革命集团运用"影射史学"的手法制造假新闻进行诽谤、歪曲、捏造。舆论监督与报纸大批判交织在一起，产生非理性的畸变，沦为"阶级斗争的舆论工具"。"舆论监督"字眼也消失在人民的视野之中。

党的十一届三中全会以后，报纸"批评与自我批评"在大众传媒上的使用频率逐渐降低，其内涵开始收缩，专指党的思想建设的一种手段。早先有它所承载的党外监督，被一个更具有时代感和概括力的概念——舆论监督所取代。①"舆论监督"一词重新浮出水面。

据《人民日报》图文数据库检索显示，改革开放后，《人民日报》第一次使用"舆论监督"一词是在1980年6月22日发表的本报特约评论员文章《一切干部在亲属问题上都要坚持党的立场——读周恩来同志致淮安县人委的三封信》，"要通过教育和学习，形成一种强大的持久的舆论监督

---

① 丁柏铨. 中国新闻理论体系研究［M］. 北京：新华出版社，2002：231.

力量，使得那种违反党的立场照顾亲属的现象，不但无人顺从迎合，而且有人挺身而出，敢于批评揭发，阻拦制止"。

1980年后，"舆论监督"这一新闻术语也逐渐被中国的新闻学者们使用。如1981年5月，孙旭培在其硕士论文《刍议社会主义新闻自由》中多次采用了"舆论监督"语。他认为"舆论监督是实施社会主义民主的有效手段之一"，指出"舆论监督具有别的监督方法不能代替的特点"。[①]1982年7月，甘惜分先生出版的著作《新闻理论基础》也指出舆论对社会具有监督作用。他在评论报纸批评有人射杀白天鹅时说："经过这样经常的舆论监督，这类行为将会大大减少。"

第三节　舆论监督融入中国民主政治生活

"舆论监督"作为中国共产党新闻和宣传理论中的一个概念，首次正式写入党的重要文件是在1987年党的十三大政治报告中，即要通过各种现代化的新闻和宣传工具，增加对政务和党务活动的报道，发挥舆论监督的作用，支持群众批评党和国家工作中的缺点错误，反对官僚主义，同各种不正之风做斗争。这是中国共产党历史上第一次将发挥舆论监督的作用写入全国代表大会报告中。从此，"舆论监督"正式成为中国共产党的政治理论话语，进入中国的政治生活，并最终融入中国的民主政治生活，标志着中国共产党舆论监督思想的形成，在我国舆论监督理论的发展史上具有里程碑意义。此后，舆论监督作为社会监督的重要形式，写进了党的十四大、十五大、十六大、十七大报告。

以1987年为分水岭，"舆论监督"字眼在媒体上的曝光率陡增。试以《人民日报》为例，根据《人民日报》图文数据库检索显示，1986年，《人民日报》仅3篇文章出现"舆论监督"一词；1987年，增至22篇。1987

---

① 孙旭培.当代中国新闻改革[M].北京：人民出版社，2004：139.

年,"舆论监督"出现在标题中就有4次,如《论略舆论监督》(1987年10月19日)、《舆论监督有利于法律公正》(1987年11月19日)等。同样,舆论监督现象和理论逐渐成为新闻学研究的热点。

1990年以来,舆论监督继续得到党和政府的高度重视和大力支持。1990年,舆论监督被写入法规,如《报纸管理暂行规定》第七条。1993年,舆论监督被写入法律,如《中华人民共和国消费者权益保护法》第六条和《中华人民共和国价格法》第三十八条。

新世纪以来,党中央加强了舆论监督的制度化建设。2003年,党中央颁布了《中国共产党党内监督条例(试行)》,其中第八节专门谈到"舆论监督",这是中共中央第一次将舆论监督列入党的法规之中,将其规范化和制度化。2005年,中共中央办公厅印发《关于进一步加强和改进舆论监督工作的意见》的通知,要求各级党委和政府支持新闻媒体正确开展舆论监督,并加强对舆论监督工作的领导,强化新闻媒体在舆论监督中的社会责任。这是中国共产党为加强舆论监督所制定的一个专门性的重要指导文件。

第十一章

近现代中国"舆论监督"观念的历史演变

中国现代重要政治术语形成的研究，使得近年来经常被概念史引用的柯林伍德的那句名言"历史知识沉淀于特定观念"变成了"历史沉淀于词汇"。[①]"观念"是指人用某一个（或几个）关键词所表达的思想，可以用关键词或含关键词的句子来表达。人们通过它来表达某种意义，进行思考、会话和写作文本，并与他人沟通，使其社会化，形成公认的普遍意义，并建立复杂的言说和思想系统。一旦观念实现社会化，就可以和社会行动联系起来。[②]"舆论监督"观念及词汇就是其中代表之一。"舆论监督"首次载入中国共产党最高文件是1987年10月党的十三大报告，此后出现在历次党的全国代表大会报告之中，成为当代中国最重要的政治关键词之一。有研究者指出：舆论监督就是公民通过新闻媒体对公共事务进行批评与建议，是公民言论自由权利的体现，是人民参政议政的一种形式。回顾改革开放以来的中国新闻传播业，"舆论监督"无疑是"关键词"之一，欧美国家没有"舆论"（public opinion）和"监督"（supervision）这样的固定

[①] 金观涛，刘青峰. 观念史研究：中国现代重要政治术语的形成 [M]. 北京：法律出版社，2009：2.

[②] 金观涛，刘青峰. 观念史研究：中国现代重要政治术语的形成 [M]. 北京：法律出版社，2009：2.

搭配,"舆论监督"完全是我国独创的特色词语。[①] 根据中国知网中的统计,自1987—2019年(截至6月30日)以"舆论监督"命名的文章达6315篇;而据读秀学术搜索数据库统计,自1989—2019年(截至6月30日)以"舆论监督"为书名的学术著作或书籍达58种。关于舆论监督的研究成果蔚为壮观,"舆论监督"也成为当代中国最重要的学术关键词之一。但目前,相关研究仍存在着"日用而不知""日用而不辨"的状况,需要正本清源,进一步深化。回顾历史,考察近现代中国"舆论监督"观念的演变过程,发现它不仅是"舆论监督"从新名词到关键词的发展过程,而且是"舆论监督"和"报纸批评"一词在报刊上此消彼长的过程,更是中国特色舆论监督观念的形成及制度建设的过程。

第一节 清末"舆论监督"观念的萌发及其新词出现

目前,关于"舆论监督"一词最早出现时间就有四种说法:第一种,1923年说。有研究者认为:1923年2月,申报馆出版的《最近之五十年》发表《予对于本报已往之观察和将来之希望》一文中使用了"舆论监督"一词。[②] 第二种,1945年说。有研究者认为:1945年12月5日,重庆《新民报》刊发的《给收复区以新闻自由》一文中出现了"舆论监督"一词。[③] 第三种,1948年说。郭镇之教授研究指出:"舆论监督"一词最早见于《人民日报》(1948年5月13日)发表的消息《认真检讨政策,发展生产 晋绥生产会议闭幕》之中。[④] 第四种,1950年说。有研究者在对新

---

① 陈建云. 舆论监督与司法公正[M]. 上海:上海人民出版社,2016:44.
② 周光明,张静. 申报馆编《五十年来之新闻业》中的新闻传播词汇[J]. 新闻与传播评论,2016(00):217-226.
③ 常虹. 网络舆论监督在民主制度建设中的作用研究[D]. 西安:西安工业大学,2013:4.
④ 郭镇之,赵丽芳. 聚焦《焦点访谈》[M]. 北京:清华大学出版社,2004:248.

第十一章
近现代中国"舆论监督"观念的历史演变

闻学专有名词"舆论监督"进行概念辨析、重新认识时认为:"舆论监督"作为一个概念在我国的出现,可追溯至 1950 年 8 月 30 日《人民日报》刊登的文章《报纸上的批评与自我批评》。[①] 但是,详细考证"舆论监督"一词的词源出处,发现四种说法均不准确,其作为新词出现也有深刻的历史背景。

"舆论监督"在中文文献中并非古已有之。"舆论监督"由"舆论"和"监督"两个独立词语构成,是一个主谓结构的词组。在古汉语中,"舆论"一词指众人的意见,即老百姓的议论。据笔者考证,"舆论"一词最早出现于公元 223 年曹魏大臣王朗的《谏东征疏》:"设其傲狠,殊无入志,惧彼舆论之未畅者,并怀伊邑。"王朗使用"舆论"一词表达了魏国民众对东吴孙权未能按约派遣儿子孙登到魏国做人质之事的不满,具有"众人的议论"之义,引申为"民众的议论或言论"。古汉语中,"监督"一词三义,即"监察督促"、"督察军事"和旧时官名。"舆论"和"监督"两个独立词语组合成"舆论监督",字面含义是"公众运用舆论手段对社会所实行的监督"。但是,不论是"天谴论"还是"天理世界观",落实到现实政治层面,古代"舆论"基本处于被动、潜伏状态,仅供上层"采集"与"听闻"。尧舜时代以来,舆论监督原始形态已经出现。如在交通要道设置"进善之旌",鼓励人们在旌旗下发表议论;或"诽谤之木",在木牌上书写谏言;或"敢谏之鼓",使民击之以进谏。但在中国封建专制社会中,统治者素有"防民之口,甚于防川"的观念,很难真正主动接受舆论监督。

随着近代中国外报的在华创办和发展,近代中国人逐渐将报刊视为开民智、通风气的利器,认识到其具有的批评和监督功能,并积极主张国人办报。如洪仁玕认为设"新闻馆"可以"昭法律,别善恶,励廉耻,表忠孝"。郑观应则借"托古改制"法强调:"古之时,谤有木,谏有鼓,善

---

① 李延枫. 舆论监督:概念辨析与重新认识 [J]. 新闻与传播研究,2017,24(4):120-125.

有旌。……然以云民隐悉通，民情悉达，则犹末也。欲通之达之则莫如广设日报矣。"①随着清末君权的衰落和维新派报人将国民观念引入，"舆论"由隐渐显，走向近代政治的前台，士人群体将报馆作为"舆论"的化身，"舆论"一词也被置于士人思维的核心地位。尤其随着清末办报高潮涌起和政治运动中报刊作用的凸显，人们感受到的"舆论"远非传统社会那种虚无缥缈的"天意"，可以通过报馆（刊）化为客观力量而对现实变革产生重大作用。②他们以报刊为阵地，以舆论为武器，以文章报国，为民请命，代民众立言，对旧中国各种社会黑暗腐朽势力、各类社会不公现象等进行无情的揭露和批判，这就催生了"舆论监督"近代意义的生成。1896年1月，康有为创办《强学报》。其创刊号发表《开设报馆议》一文，积极阐述办报六大益处，将报刊的舆论监督作用列在首位，"吏史上闻，不敢作奸，是曰除舞弊"。所谓"除舞弊"，即报刊舆论监督之效，被学者认为是中国报刊上首次提倡报刊的舆论监督作用。由此，《强学报》也被认为是中国最早提倡发挥报刊舆论监督作用的报纸。③

不过，近代中国最早且较为全面论述报馆具有舆论监督功能的当数梁启超。1902年2月8日，梁启超在《新民丛报》创刊号上发表了中国近代第一篇探讨舆论的专文《舆论之母与舆论之仆》，不仅指出"舆论者，寻常人所见及者也"，而且阐述了"破坏时代""过渡时代""成立时代"豪杰与舆论的密切关系，"其始也，当为舆论之敌；其继也，当为舆论之母；其终也，当为舆论之仆"。④同年10月，他发表文章《敬告我同业诸君》，阐明了报馆具有舆论监督和舆论引导的两大功能，"某以为报馆有两大天

---

① 郑观应之《日报》。转见复旦大学新闻系新闻史教研室.中国新闻史文集[M].上海：上海人民出版社，1987：18.
② 唐海江."造健全之舆论"：清末民初士人对于"舆论"的表述与群体认知——兼论近代中国舆论的难局及其历史走向[J].新闻与传播研究，2016，23(12)：67-84.
③ 方汉奇，李矗.中国新闻学之最[M].北京：新华出版社，2005：182.
④ 饮冰子.舆论之母与舆论之仆[J].新民丛报，1902（创刊号）：90.

第十一章
近现代中国"舆论监督"观念的历史演变

职：一曰对于政府而为其监督者，二曰对于国民而为其向导者"，并明确指出报馆代表舆论发挥监督职能，"舆论无形，而发挥之代表之者，莫若报馆，虽谓报馆为人道之总督可也"。① 虽然梁启超没有直接采用"舆论监督"一词，但已经具有明确的报馆（刊）代表舆论监督政府的观念。与梁启超同时代的报人也具有报刊的舆论监督观念。1905 年 8 月，郑贯公在香港《有所谓报》发表《拒约须急设机关日报议》一文，提出制定"报律"规定，"记者有监督政界及代民鸣不平之特权"，且倡议在抵制美货运动中成立"拒约会所"，"尚支配于吾无冠帝王监督引导之下"。② 秋瑾在《中国女报》中指出："具左右舆论之势力，担监督国民之责任者，非报纸而何？"③

随着清末预备立宪运动的兴起，报刊的舆论观念日受重视。1906 年 9 月 1 日，清廷颁布"预备仿行宪政"谕旨，宣布了立宪原则是"大权统于朝廷，庶政公诸舆论"，并指明其"舆论"是狭义的政治舆论，认为"舆论有三原素存焉，试论之如左。其母伊谁，议员其一也，缙绅学子其二也，报馆主笔者其三也"。④ 随着预备立宪运动的开展，与"舆论"一词的动词搭配的词语日益灵活主动起来。如"代表舆论""铸造舆论"，《大公报》认为："报纸者，所以代表舆论，而亦所以铸造舆论者也，有铸造舆论之精神，而后可以有代表舆论之价值。"⑤ 如"指导舆论"，《大公报》指出："就报章而言，以指导舆论、监督政府为唯一之天职者。"⑥ 再如"摧残舆论""操纵舆论"，《申报》就曾使用过《枢府固无往而不摧残舆论者》《庆邸自愧不能操纵舆论》等标题。随着各省咨议局选举展开，舆论斗争

---

① 中国之新民. 敬告我同业诸君［J］. 新民丛报，1902（17）：122.
② 转见复旦大学新闻系新闻史教研室. 中国新闻史文集［M］. 上海：上海人民出版社，1987：75.
③ 秋瑾. 发刊词［N］. 中国女报，1907-01-14（1）.
④ 倪琳. 近现代中国舆论研究文献选编［M］. 上海：上海交通大学出版社，2015：11-15.
⑤ 舆论代表之责任［N］. 大公报，1909-07-14（2）.
⑥ 对于国民公报之感言［N］. 大公报，1910-08-24（2）.

日益活跃，报馆（刊）代表舆论监督政府的观念日益显现出来。如《上海报》声称其宗旨是"改良社会，代表舆论，监督自治行政，增进自治能力"。《大公报》明确宣称："报者，就其大处而论之，代表舆论，监督政府。"① 正是在此种历史背景下，"舆论监督"一词作为新词汇正式出现。1909年12月18日，《大公报》刊登社论《现政府与责任内阁》，首次使用了"舆论监督"一词，"满大臣中如肃亲王、泽贝子者亦属贤明，素着较有作为之人，然既为皇室亲贵，体统攸关，似不宜身当政局，立于舆论监督地位"。② 《大公报》认为肃亲王、泽贝子等王公贵族不宜进入责任内阁，处于被社会舆论监督的地位。在这里，"舆论监督"表达出"运用舆论监督政府官员"的观念。同月23日，《大公报》第二次使用了"舆论监督"，阐明咨议局和报馆的密切关系，指出："吾国宪政方始萌芽，事属创行，斯未能信，尤赖有正当之舆论监督补助。"③《大公报》这次使用"舆论监督"新词汇，表达出"运用舆论监督政府机关"的观念。

随着全国国会请愿运动兴起，清末预备立宪运动渐入高潮，"舆论监督"观念不断萌发，"舆论监督"新词使用频度增加。1910年3月2日，《国风报》第二期刊登《咨议局权限职务十论（一）》一文中使用了"舆论监督"一词，"地方官既不能左右一国之政治，则其有待于舆论监督之"。④ 5月11日，该报论说《立宪政治与舆论》再次使用了"舆论监督"一词，"集会出版皆得自由，举国国民咸得表发其政见，以判论国政之得失。……政府不职，失国民之信任，则为舆论所不容，不能复安其位，是故行政官吏立于舆论监督之下，虽甚不肖，皆有所畏，惮不敢为，非一国之内治外交，且必籍舆论为后援"。⑤ 在该文中，"舆论监督"同样表达出"运用舆论手段对国家机关、国家机关工作人员进行监督"的意涵。当时，

---

① 天津报界之黑暗时代[N].大公报，1909-07-17（4）.
② 现政府与责任内阁[N].大公报，1909-12-18（1）.
③ 咨议局禀控报馆之概略[N].大公报，1909-12-23（5）.
④ 沧江.咨议局权限职务十论（一）[J].国风报，1910，1（6）：25-26.
⑤ 长舆.立宪政治与舆论[J].国风报，1910，1（13）：1.

《大公报》深信报刊具有"指导舆论监督政府"的天职。《国风报》中两次出现的新词"舆论监督",比之前《大公报》中出现的那两次,监督对象有所扩大,从对王公贵族、咨议局扩大到地方官和行政官吏,监督内容也扩大到内治外交。总之,清末"舆论监督"一词表达出"运用舆论手段对国家机关、国家机关工作人员进行监督"的观念。

第二节 民国"舆论监督"观念的发展及其阶级分野

民国成立后,围绕政权更迭,各派政治势力展开了激烈的舆论斗争,各种舆论词汇和观念不断出现。如"钳制舆论",章太炎在"暂行报律"事件中撰文批评南京临时政府,"先定报律是欲袭满清专制之故智,钳制舆论,报界全体万难承认"。[①] 随着《中华民国临时约法》颁布,新闻出版自由原则以法律的形式确定下来。新闻记者逐渐担负起"代表舆论监督政府"的责任。如1912年3月18日,《申报》刊发评论认为:"新闻记者以鼓吹舆论,监督政府为天职。"[②] 4月29日,《申报》再次声称:"报纸言论必周知一时之事势,洞知全国之现状,酌理权情,折衷定断,方有代表舆论,监督政府之价值。"[③] 此后,"主持舆论""发布舆论""指挥舆论""监督舆论""伪造舆论""制造舆论""反抗舆论"等词汇纷纷出现。但是,随着袁世凯篡权,新闻自由被当权者无情剥夺,极大地限制了报刊的舆论监督功能,曾经在报刊中出现的"舆论监督"一词时隐时现。是年8月1日,《大公报》在《财政总长进退问题》报道中写道:"财政总长周学熙自审才轻望浅,当此财政棘手之时,万难胜任,故向袁总统辞职……复念财政困难,舆论监督又生恐惧,积此念进退维谷,惟感总统慰留之殷,拟先

---

① 上海报界反对新定报律[N].大公报,1912-03-12(3).
② 清谈[N].申报,1912-03-18(3).
③ 江北都督电[N].申报,1912-04-29(2).

试办，以观情形再为定夺。"① 9月，《东方杂志》刊文说："人民之政治思想发达，政府举动，亦赖此一般舆论监督指导之。"②此后，"舆论监督"一词在各大报刊与书籍中难觅踪迹。据笔者查阅，直至1919年1月10日《申报》才再次使用了"舆论监督"一词，"以真正民意，舆论监督双方，藉免外人干涉"。③

五四运动促进了马克思主义在中国的传播，促使工人阶级开始作为一支独立的政治力量登上了历史舞台，标志着中国新民主主义的伟大开端。当时，中国思想界异常活跃，各种社会思潮澎湃激荡，形形色色的社会主义观点纷然杂陈。资产阶级与无产阶级"舆论监督"观念逐渐产生了阶级分野。五四运动后，《申报》《大公报》继续延续了以往"舆论监督"的表述，表达了"运用舆论手段对国家机关、国家机关工作人员进行监督"的观念，反映出资产阶级民主政治的诉求。《申报》先后刊登了《欢迎伍秩庸大会纪事》（1920年5月17日）、《各路商界总联合会对于国民大会之希望》（1920年8月20日）、《浙省宪纪闻》（1921年6月27日）、《评安徽省议会选举无效之判决》（1922年2月7日）等报道，不仅直接指出"所谓报纸，舆论监督之机关者"④，而且探讨了社会的监督体系，"近代直接民权之范围，愈扩愈大，则其监政之范围，亦愈扩大。今乃以监政之美名，而使国民只能为寄托的监政，是诚欲求其益，而反蒙其害矣。人民直接监政之中，本为报纸监督、舆论监督、各法团各职业团体等之监督"⑤。1923年5月12日，《大公报》在阐释北洋政府张绍曾内阁的财政困境时使用了"舆论监督"一词，"开支依旧浩繁，安能够用？外债又以押品难寻，舆论监督綦严，实在大不易为"。⑥1929年6月8日，《大公报》在《论宣

---

① 财政总长进退问题[N].大公报，1912-08-01（3）.
② 沙曾诒.论中国今日急待解决之三大问题[J].东方杂志，1912（3）：4-10.
③ 张之锐，等.主张国民会议书[N].申报，1919-01-10（7）.
④ 各路商界总联合会对于国民大会之希望[N].申报，1920-08-20（11）.
⑤ 浙省宪纪闻[N].申报，1921-06-27（11）.
⑥ 韬.内阁与财政之命运[N].大公报，1923-05-12（2）.

› 第十一章
近现代中国"舆论监督"观念的历史演变

传》中探讨了舆论监督的范围,"大凡国家立国,必有不许为评论对象之一点,国家政体是;除此以外,上自中央当局,下至地方小官,皆应受舆论监督"。[①] 此后,《大公报》刊发的《日本总选举结果》(1930年2月24日)、《德国实业团到平》(1930年5月30日)、《臧启芳昨宴津新闻界即席发表市政方针》(1930年10月13日)、《津浦路设公言 广求舆论监督指导》(1931年5月2日)等文章使用了"舆论监督"一词。抗日战争爆发后,虽然资产阶级民主政治建设受到干扰,但"舆论监督"一词在报刊上时隐时现。如《大公报》的《难乎其为日本的外交家》(1932年2月24日)、《天灾人祸连台表演!》(1932年5月29日)、《战时法币对内价值究应如何稳定》(1941年11月10日)等,《申报》的《平衡物价问题》(1939年5月8日)、《物价飞涨和平衡物价问题》(1940年3月18日)等。同时,当时有更多的报刊使用了"舆论监督"一词,如1936年9月《东方杂志》第17期刊登的《中国之监察制度》。这些报道希望新闻界运用社会舆论对政府官员及其工作进行监督,"今后舆论界对于法币对内价值的问题,在政策上不必再多讨论,但是对于各负责机关的工作成绩确应当积极地加以检讨,负起舆论监督的责任"。[②] 在解放战争时期,报刊上继续使用了"舆论监督"一词,且更加强烈地表现出"运用舆论手段对国家机关、国家机关工作人员进行监督"的观念。1945年12月5日,重庆《新民报》社论指出:"政治不受批评,政治一定会腐化;官吏不受舆论监督,官吏就容易胆大妄为。"[③] 1947年11月14日,重庆《大公报》发表文章指出:"各民主国家莫不藉舆论监督其在朝政党。"[④] 甚至在报刊标题中出现了"舆论监督"字样,如《主席电令民意机关舆论监督役征》(《宁绍新报》1947年第11—12期)、《舆论监督选举》(《社会评论》1947年第47

[①] 论宣传[N].大公报,1929-06-08(2).
[②] 杨志信.战时法币对内价值究应如何稳定[N].大公报(香港版),1941-11-10(3).
[③] 赵超构.赵超构文集:第3卷[M].上海:文汇出版社,1999:154.
[④] 出版法与新闻自由[N].大公报(重庆版),1947-11-14(2).

期)等。

如果说上述"舆论监督"一词的使用及其理论探讨受到了西方资产阶级民主政治的影响,那么同时期的中国共产党则在马克思列宁主义的理论指导下走上了另一条无产阶级"舆论监督"的理论探索之路。无产阶级革命导师马克思曾将报纸称为"唯一有效的监督"。1849年2月7日,他在法庭上严正驳斥政府对《新莱茵报》的控告,宣称:"报刊按其使命来说,是社会的捍卫者,是针对当权者的孜孜不倦的揭露者,是无处不在的耳目,是热情维护自己自由的人民精神的千呼万应的喉舌。"① 俄国十月革命胜利后第二天,列宁就向俄国人民和全世界公开宣布:"我们愿意让政府时时受到本国舆论的监督。"② 针对执政后容易滋生官僚主义等腐败现象,列宁主张报刊设立"红榜""黑榜"进行舆论监督。童兵教授认为:马克思主义新闻观中,舆论监督主要被理解为媒体的批评功能,报刊的批评锋芒多指向反动当局,同时强调把公开监督党的领导人作为党报的一种神圣职责。因此,高度重视和倡导报刊的舆论监督功能成为无产阶级革命政党的优良传统。

1921年7月,中国共产党诞生后,继承和发扬了马克思主义关于利用报刊进行舆论监督的优良传统。在中央革命根据地建立人民新闻事业后,中国共产党积极运用报刊开展舆论监督,将报刊视为批评与自我批评的武器,进行了报刊的舆论监督实践和理论探索。1931年12月11日,中华苏维埃临时中央政府机关报《红色中华》创刊。其《发刊词》旗帜鲜明地表达了运用该报开展舆论监督观念,"要引导工农群众对于自己的政权,尽了批评、监督、拥护的责任……指导各级工农民主政府的实际工作,纠正其工作中的缺点与错误"③。该报开设了《红板》《黑板》等专栏,前者专

---

① 中共中央马克思恩格斯列宁斯大林著作编译局.马克思恩格斯选集:第1卷[M].2版.北京:人民出版社,1995:797.
② 列宁论和平与战争[M].北京:世界知识出版社,1959:90.
③ 发刊词[N].红色中华,1931-12-11(1).

▶第十一章
近现代中国"舆论监督"观念的历史演变

门刊登苏维埃工作人员廉洁奉公、积极工作的先进典型,后者刊登那些消极怠工、立场不坚定的工作人员。同日,《红星》报在"见面话"中强调:"它要是一面大镜子。凡是红军里一切工作和一切生活的好处坏处都可以在它上面看得清清楚楚。……它要是一个裁判员,红军里消极怠工,官僚腐化和一切反革命分子,都会受到它的处罚,并且使同志们能明白他们的罪恶。"①1933年8月10日,李富春撰写《〈红中〉百期的战斗纪念》,充分肯定了该报一年以来的舆论监督的成绩,"粉碎了许许多多官僚主义和机会主义者,发扬了党和苏维埃反机会主义、反官僚主义的火力";希望《红色中华》"对一切反革命派对苏区内外敌人的罪恶及其无能的揭发,以及反革命面目的撕破做得还不够,这里特别表现在对暗藏在苏区里面的敌人,要"适时的将这些无情的、充分的揭发出来"。②1938年1月11日,《新华日报》创刊后明确表示要发挥舆论监督功能,"对于一切阻碍抗日事业之缺陷及弱点,本报亦将勇敢地尽其报急的警钟的功用。……本报将无情地抨击一切有害抗日与企图分裂国内团结之敌探汉奸及托派匪徒之阴谋"。③1942年3月16日,党中央发布《为改造党报的通知》,指导《解放日报》改版工作,"党报要成为战斗性的党报,就要有适当的正确的自我批评,表扬工作中的优点,批评工作中的错误,经过报纸来指导各方面的工作。在党报上可以允许各种不同的观点的论争,可以容许一切非党人士站在善意的立场上对我们各方面工作的批评或建议的言论发表。另一方面,要有对于敌人的思想的批判"。④4月1日,《解放日报》在改版社论《致读者》中专门阐释了党报应该洋溢着"战斗性",党报"应该是我们党手中的有力的自我批评的武器,对于自己队伍中的错误和弱点,党报应该

---

① 见面话[N].红星,1931-12-11(1).
② 李富春.《红中》百期的战斗纪念[N].红色中华,1933-08-10(3).
③ 发刊词[N].新华日报,1938-01-11(1).
④ 中共中央宣传部为改造党报的通知[N].解放日报,1942-04-01(2).

159

以实事求是的同志的态度加以批评和指摘,帮助其克服和改正"。①改版后,《解放日报》明显加强了党性、群众性、战斗性、组织性。1945年5月16日,《解放日报》刊登社论《提高一步》,专门论述了"报纸应当成为自我批评的武器"观点,"自我批评是坚持真理、修正错误的最重要的方法之一……表扬和批评,同是报纸推进工作的武器,两者不可缺一。……报纸应当成为自我批评的武器。报纸对于批评应该有认真负责的态度,必须根据当时当地的环境和条件,掌握确实可靠的材料和根据,郑重将事,合乎分寸,以'惩前毖后,治病救人'为宗旨"。②随着延安整风运动的深入开展,利用报纸进行舆论监督开展自我批评成为一种优良作风。延安《解放日报》改版得到了深刻体现。重庆《新华日报》热烈响应延安整风运动和《解放日报》改版精神,积极贯彻运用报纸进行舆论监督,开展自我批评。1945年3月31日,《新华日报》刊文表示,"我们要建设真正的民主政治、自由世界,应从报纸能尽自己的责任、替人民服务、用公正的舆论来监督政府、指导政府开始"。③虽然该文没有使用"舆论监督"一词,却明确表达了运用报纸开展舆论监督的观念。1947年1月11日,《新华日报》发表社论《检讨与勉励》,检讨了新华日报的立场、方针和态度,主张运用报纸开展批评斗争,"斗争的主要方式就是暴露和打击。暴露黑暗,暴露帝国主义的阴谋,暴露独裁者的恐怖统治,而且同时又以适当的打击,来消灭黑暗,粉碎阴谋,反抗恐怖统治";且论述了批评的原则,"暴露和打击要有一定分寸、一定份量,要遵守有理有利有节的原则,要根据实际需要和客观发展,针对最少数的反动分子"。④后来,党在新闻宣传中发动了反"客里空"运动,进行了一场以自我批评为主要形式的维护新闻真实性运动。同年9月1日,新华社发表社论《学习〈晋绥日报〉的自我批评》,

---

① 致读者[N].解放日报,1942-04-01(1).
② 提高一步[N].解放日报,1945-05-16(1).
③ 不做懦夫,不做奴才,使报纸为民主服务[N].新华日报,1945-03-31(2).
④ 检讨与勉励[N].新华日报,1947-01-11(5).

▶第十一章
近现代中国"舆论监督"观念的历史演变

强调:"公开的自我批评是我们有力的武器,这种公开的自我批评,不但不会降低我们党的威信,相反的,它只能提高我们党的威信。……这种自我批评与对于英雄模范的表扬是一种事情的两个方面,二者不可缺一,其目的都是为了改进工作,以求实现彻底的土地改革与争取爱国自卫战争的胜利。"①

正是在中国共产党继承和发扬了马克思主义关于利用报刊进行舆论监督优良传统,在革命根据地建立人民新闻事业的过程中,积极采用报纸开展批评与自我批评,进行舆论监督,使得"舆论监督"在中国共产党党报上零星闪现。据笔者目前掌握的资料,在新民主主义革命时期,中国共产党党报仅有两次使用"舆论监督"一词。第一次是在1946年9月12日的《解放日报》,出现在其刊发的消息《港问题将有新进展,苏联提案已交小组委员会,英要求秘密讨论,苏欢迎舆论监督》之中,消息中明确表达了运用报纸开展舆论监督的观念,"对于我们的说话,报纸的意见如果越多,给我们的好处就大,应该知道,社会舆论是在注视着我们的努力"。②第二次是在1948年5月13日的晋冀鲁豫《人民日报》,希望各级政府与金融贸易机关"克服过去对劳模只表扬不批评、夸大假造成绩的现象,对二流子要有目标的教育改造,发动群众舆论监督"③。这里的"舆论监督"表达出"通过群众舆论对坏人坏事或不良社会现象开展批评进行监督"的意涵。虽然"舆论监督"一词没有被推广开来,但与之相应的"报纸批评"一词却在党报党刊开始流行起来。1948年6月15日《人民日报》创刊后就先后使用了三次"报纸批评"。第一次是1948年8月31日,《人民日报》刊登消息《冀鲁豫行署通令所属 接受民主监督 尊重报纸批评》,报

---

① 转见复旦大学新闻系新闻史教研室.中国新闻史文集[M].上海:上海人民出版社,1987:353.
② 港问题将有新进展,苏联提案已交小组委员会,英要求秘密讨论,苏欢迎舆论监督[N].解放日报,1946-09-12(3).
③ 认真检讨政策,发展生产 晋绥生产会议闭幕[N].人民日报,1948-05-13(1).

纸编辑不仅在标题中使用了"报纸批评",而且采用"编者按"的形式,写道:"冀鲁豫行署通令各级尊重报纸批评,这个决定很好,很重要。被批评者除了应该根据报纸的批评检查缺点、改进工作外,还应在报纸上公开表示态度,自己错了应作检讨,批评错了应该申辩,以便真正达到弄清事实,发掘错误缺点,改进工作。"①第二次出现在1948年9月10日《东北新闻事业发达 新闻工作者更能实事求是掌握政策 报纸发扬批评与自我批评威信日高》报道中。第三次则在1949年7月27日《唐山华新纺织厂党委会军代表 接受本报意见检讨工作 决依靠工人改革工资提高生产 已组织参观团赴天津各厂学习》消息中使用。由此,"报纸批评"开始成为中国共产党新闻宣传工作的重要概念。同年6月8日,中共中央山东分局宣传部及新华社山东总分社做出《关于加强新闻报道中批评与自我批评的决定》,并由中共中央宣传部转发全国新闻单位。在党的报刊上对党内或社会上某些坏人坏事或缺点错误进行公开的批评与自我批评的"报纸批评"和"舆论监督",通过党报也进入新中国的政治话语体系。

第三节 新中国"舆论监督"观念的曲折前行及其制度建设

新中国成立后,中国共产党面临着执政的艰巨任务和严峻挑战,要求新中国新闻工作者继承和发扬党的批评与自我批评的优良传统,利用报刊对党内或社会上某些坏人坏事或缺点错误进行公开的批评与自我批评。为此,中共中央于1950年4月19日发布《关于在报纸刊物上展开批评和自我批评的决定》,确立了舆论监督的主要形式是报纸批评,"在一切公共的场合,在人民群众中,特别在报纸刊物上展开对于我们工作中一切

---

① 冀鲁豫行署通令所属 接受民主监督 尊重报纸批评[N].人民日报,1948-08-31(1).

错误和缺点的批评与自我批评"①。这成为指导党内外报纸批评的纲领性文件。1954年4月，毛泽东提出了报纸批评的"开、好、管"方针，"开，就是要开展批评。不开展批评，害怕批评，压制批评，是不对的。好，就是开展得好。批评要正确，要对人民有利，不能乱批一阵，什么事应指名批评，什么事不应指名，要经过研究。管，就是要把这件事管起来。这是根本的关键。党委不管，批评就开展不起来，开也开不好"②。同年7月17日，《中共中央关于改进报纸工作的决议》强调，"报纸是党用来开展批评与自我批评的最锐利武器"，并指出"报纸编辑部要在党的领导下积极负责，在报纸上发表的批评的事实必须经过认真的调查研究，批评的态度和观点必须正确。……党报编辑部和党委如有不同意见，除必须执行党委的决定外，有权向上级党委机关申诉"。③ 在党中央精神的指引下，全国报纸开展了批评与自我批评活动。

在全国的报纸批评中，《人民日报》起到了先锋模范作用。据统计，《人民日报》发表的批评报道和批评文章，1949年347篇，1950年757篇，1951年1749篇，1952年1741篇，1953年1027篇，1954年210篇，1955年731篇，1956年937篇。从1949年到1956年，总计7499篇，而在1951—1953年这三年中，《人民日报》平均每天刊登批评稿件4篇多。④ 在开展批评报道的热潮中，"报纸批评"一词频现报端，尤以《人民日报》抢眼。1950—1979年，《人民日报》使用"报纸批评"和"舆论监督"一词（按一篇一次计算）变化情况见下表。

---

① 中国社科院新闻研究所.中国共产党新闻工作文件汇编：中册［M］.北京：新华出版社，1980：5.
② 中共中央文献研究室，新华通讯社.毛泽东新闻工作文选［M］.北京：新华出版社，1983：177.
③ 中共中央文献研究室，新华通讯社.毛泽东新闻工作文选［M］.北京：新华出版社，1983：319.
④ 孙旭培.新闻学新论［M］.北京：当代中国出版社，1994：271.

表1　1950—1979年《人民日报》使用"报纸批评"和"舆论监督"量表

年份（年）	报纸批评（篇）	舆论监督（篇）	年份（年）	报纸批评（篇）	舆论监督（篇）
1950	20	1	1965	2	0
1951	9	0	1966	0	0
1952	8	0	1967	0	0
1953	21	0	1968	0	0
1954	5	0	1969	0	0
1955	12	0	1970	0	0
1956	10	1	1971	1	0
1957	7	0	1972	0	0
1958	5	0	1973	0	0
1959	5	0	1974	0	0
1960	2	0	1975	0	0
1961	1	0	1976	1	0
1962	4	0	1977	0	0
1963	1	0	1978	0	0
1964	0	0	1979	0	0

1950—1979年，《人民日报》共有114篇文章使用了"报纸批评"一词，其中1950年20篇，1951年9篇，1952年8篇，1953年21篇，1954年5篇，1955年12篇，1956年10篇，1957年7篇，1958年和1959年各5篇，1960年2篇，1961年1篇，1962年4篇，1963年1篇，1965年2篇，1971年1篇，1976年1篇，其他13个年份为0，基本为"文化大革命"前后。相比较而言，同时期《人民日报》仅2篇文章使用"舆论监督"一词，分别为1950年和1956年各1篇，自1957—1979年再没有出现。《人民日报》第一次使用"舆论监督"一词是1950年8月30日，《报

> 第十一章
> 近现代中国"舆论监督"观念的历史演变

纸上的批评和自我批评》一文中提出:"对以上两种不正确的态度,必要时并组织读者集体力量,实行群众舆论监督,以达到批评的目的。"① 这里的"舆论监督"也表达出"通过群众舆论对坏人坏事或不良社会现象开展批评进行监督"的意涵。在全国执行党中央决定开展报纸批评过程中,《人民日报》转载了1950年8月22日《解放日报》的稿件。第二次是1956年12月4日,《人民日报》在全国节约粮食报道说:"当时,全国城乡各地对浪费粮食的行为形成了群众性的舆论监督,这是一种极可喜的现象。但是,近一年来,节约粮食的空气逐渐淡薄了。"② 这里"舆论监督"的含义与上面基本相同。同年12月17日,广东省委机关报《南方日报》针对"省内几个报纸在开展批评与自我批评当中受到被批评者打击和报复的报道",发表了本报评论文章《发挥报纸的舆论监督作用》,认为"报纸是人民群众的舆论机关。人民群众对于我们党和国家机关的工作,是完全有权利在报纸上发表意见、提出批评的",阐明报纸批评的理由,最后指出"不许去掉开展报纸批评的绊脚石,充分发挥报纸在社会主义事业中的舆论监督作用"。③ 但是,随着极"左"路线的实施、反右运动的兴起,报纸批评脱离了正常轨道。"文化大革命"期间,报纸批评产生了非理性的畸变。

党的十一届三中全会后,中国重新确立了解放思想、实事求是的路线,做出了以经济建设为中心、实行改革开放的伟大决策,开启了改革开放和中国特色社会主义现代化建设的新时期。新闻界逐渐恢复了报纸批评的优良传统,批评报道逐渐恢复了生机和活力。1980年,新闻界在"渤海二号"沉船事件报道中充分发挥出报纸批评的巨大威力,导致部长被撤

---

① 解放宁,夏南方.报纸上的批评和自我批评[N].人民日报,1950-08-30(5).
② 从各方面节约粮食[N].人民日报,1956-12-04(3).
③ 本报评论员.发挥报纸的舆论监督作用[N].南方日报,1956-12-17(3).

职，副总理被记大过，国务院公开检讨，这是新中国成立以来的第一次。①在此背景下，《人民日报》等报纸陆续恢复使用"报纸批评"一词。1980年3月2日，《人民日报》刊登读信札记指出，"看来，要刹住这种不正之风，单靠文件和报纸批评是不够的"。② 同年6月22日，《人民日报》使用了"舆论监督"一词，"要通过教育和学习，形成一种强大的持久的舆论监督力量，使得那种违反党的立场照顾亲属的现象，不但无人顺从迎合，而且有人挺身而出，敢于批评揭发，阻拦制止"。③ 这是改革开放后《人民日报》首次使用"舆论监督"一词。这里的"舆论监督"同样表达出"通过群众舆论对坏人坏事或不良社会现象开展批评进行监督"的意涵。

1981年，党中央颁布了《关于当前报刊新闻广播宣传方针的决定》，为新闻界进行批评报道、开展报纸批评提供了政策依据。新闻界响应号召，积极开展批评报道，"报纸批评"一词由此频现报端，而"舆论监督"一词则零星闪现。从1980—2019年《人民日报》使用"报纸批评"和"舆论监督"量表可以看出：自1980—1986年，"报纸批评"一词在《人民日报》出现的频率比"舆论监督"高，甚至1981年和1985年《人民日报》没有使用"舆论监督"一词。然而，一些敏锐的新闻学者已经关注并开始研究舆论监督。1981年5月，孙旭培在硕士毕业论文《刍议社会主义新闻自由》中多次采用了"舆论监督"一词，并强调其对中国民主政治建设的重要性，"舆论监督是最及时的监督"，是"实施社会主义民主的有效手段之一"，并将其定义为"新闻媒介对国家施政活动、国家机关和国家工作人员的监督"。④

---

① 王强华，王荣泰，徐华西.新闻舆论监督理论与实践［M］.上海：复旦大学出版社，2007.
② 任群.谁出"主意"谁付钱［N］.人民日报，1980-03-02（3）.
③ 一切干部在亲属问题上都要坚持党的立场：读周恩来同志致淮安县人委的三封信［N］.人民日报，1980-06-22（1）.
④ 孙旭培.当代中国新闻改革［M］.北京：人民出版社，2004：139.

表2　1980—2019年《人民日报》使用"报纸批评"和"舆论监督"量表

年份（年）	报纸批评（篇）	舆论监督（篇）	年份（年）	报纸批评（篇）	舆论监督（篇）
1980	15	1	2000	2	171
1981	14	0	2001	4	149
1982	17	1	2002	3	109
1983	41	1	2003	2	137
1984	42	1	2004	0	148
1985	43	0	2005	1	116
1986	30	3	2006	1	116
1987	17	22	2007	0	141
1988	23	132	2008	0	111
1989	10	90	2009	0	154
1990	4	22	2010	0	139
1991	7	29	2011	0	168
1992	5	72	2012	1	147
1993	4	55	2013	0	187
1994	5	61	2014	0	179
1995	5	52	2015	0	99
1996	3	62	2016	0	114
1997	2	90	2017	0	88
1998	2	132	2018	0	121
1999	0	144	2019	0	32

1987年，随着新闻界舆论监督活动的深入展开，"报纸批评"和"舆论监督"两词在《人民日报》上迎来了此消彼长的分水岭。是年，《人

民日报》中 22 篇文章使用了"舆论监督",反超"报纸批评"(17 篇文章)。10 月 19 日,《人民日报》刊登专文《略论舆论监督》,将"舆论监督"明确定义为"广大群众通过舆论工具实行应有的监督权,就是舆论监督";指明了其对象,"首先体现了党对国家各项工作的监督。……包括对党本身的工作和干部的监督在内";论述了其性质,"舆论监督是十分广泛的社会监督,又是人民的自我监督,体现了群众对国家的管理,对整个社会的管理";介绍了监督的具体内容,关于决策方面的监督、工作方面的监督、法律方面的监督、道德方面的监督、理论方面的监督等;阐述了舆论监督的关键,"在于观念的逐渐改变。各级干部,特别是领导干部应该认真树立人民是国家主人的观念。……还有赖于舆论监督的制度化和法律化"。①10 月 25 日,"舆论监督"作为中国共产党新闻宣传工作的一个概念,首次正式写入了党的十三大政治报告。这是中国共产党历史上第一次将"舆论监督"载入中国共产党最高文件——党的全国代表大会报告中,"要通过各种现代化的新闻和宣传工具,增加对政务和党务的报道,发挥舆论监督的作用,支持群众批评工作中的缺点和错误,反对官僚主义,同各种不正之风做斗争"。随着全党全国学习和贯彻党的十三大精神,"舆论监督"逐渐成为耳熟能详的政治概念,向全国推广。"舆论监督"正式进入新闻研究者的学术视野之中。中国知网首次收录了《论社会主义舆论监督》《加强舆论监督 发展民主政治》《新闻批评是有力的舆论监督——社会主义新闻事业的战斗性》等 5 篇以"舆论监督"命名的文章。也正是 1987 年,一个更能反映媒体属性的新词——"新闻舆论监督"也横空出世。12 月 19 日,《人民日报》刊文写道:"现在批评报道深入不下去,在报纸上开展批评很难。这主要不是记者问题,而是我们有些干部对舆论监督特别是新闻舆论监督缺乏正确的认识。"②

---

① 胡绩伟.略论舆论监督[N].人民日报,1987-10-19(5).
② "欢迎舆论监督":该中共徐州市委书记郑良玉[N].人民日报,1987-12-19(4).

> 第十一章
> 近现代中国"舆论监督"观念的历史演变

1988年,"舆论监督"一词在中国政治话语体系中更进一步,从1987年的反映出全党观念拓展为体现全国人民意志,写入了第七届全国人大第一次会议的工作报告,"要发挥新闻媒介的舆论监督作用,支持它们对官僚主义和违法乱纪等腐败现象进行实事求是的公开批评和揭露"。在《人民日报》中,"舆论监督"和"报纸批评"一词的数量差别更加明显,132篇文章出现了"舆论监督",仅有23篇文章使用"报纸批评"。是年,"舆论监督"也首次作为词条收入新闻学工具书《新闻学小词典》,解释为"是指这样一种社会行为:人民(包括新闻媒介)随时对政府(包括执政党)机构及其领导人的活动进行了解和评论(批评、赞扬或提出建议)。这种社会行为的特点是:一、相对的独立性。二、公开性。三、对被监督者具有无形的强制性。对新闻媒介来说,舆论监督是它的固有属性,这种监督可以分为决策监督和行为监督两大类"[1]。

1989年,《人民日报》发表含有"舆论监督"一词的文章达90篇,而"报纸批评"仅有10篇。"舆论监督"词条收入了《社会科学大词典》,出现了第一本以"舆论监督"命名的著作——《疲软的舆论监督》。同年11月25日,主管党中央意识形态工作的李瑞环在中宣部举办的全国省、市、自治区党报总编辑新闻工作研讨班上发表《坚持正面宣传为主的方针》的长篇讲话,其中阐述了"正确实行舆论监督"问题,辨析了舆论监督与批评报道的关系,"舆论监督包含批评报道,但不是简单地等同于批评报道,它在我国已成为人民群众行使社会主义民主权利的一种有效形式";将"舆论监督"定义为"人民的利益和愿望,人民的意志和情绪,人民的意见和批评,通过新闻媒介反映出来,形成舆论,受到党和政府的重视和考虑,这就是舆论监督"[2]。这标志着新中国舆论监督理论的成熟,为顺利开展舆论监督提供了根本的遵循。

随着舆论监督观念深入人心,《人民日报》中"报纸批评"和"舆论

---

[1] 陈力丹. 新闻学小词典 [M]. 北京:中国新闻出版社, 1988:94.
[2] 李瑞环. 坚持正面宣传为主的方针 [N]. 人民日报, 1990-03-03(1).

监督"的数量发生根本性变化。从 1990 年开始,《人民日报》中"报纸批评"一词的数量仅以个位数存在,时隐时现,甚至在 1999 年、2004 年以及 2007—2011 年没有出现过;2013 年至今,已经在《人民日报》上消失。而"舆论监督"一词则呈现出总体上升趋势,并以极大的优势超过了"报纸批评"一词。2013 年《人民日报》刊登了 187 篇使用"舆论监督"一词的文章,创历史最高纪录,2019 年 1 月 1 日至 6 月 30 日就已达 32 篇。同时,"舆论监督"一词被写进了法律法规,如《报纸管理暂行规定》(1990年)、《中华人民共和国消费者权益保护法》(1993 年)、《中华人民共和国价格法》(1997 年)等。

　　进入 21 世纪后,我国的舆论监督进入传统媒体与新媒体形成监督合力的阶段。新媒体成为舆论监督最为活跃的实施主体。对于公共事件,往往是新媒体首先介入,传统媒体随后跟进,新媒体与传统媒体形成舆论监督的合力。[①] 党中央加强了舆论监督的制度建设,不断丰富和完善舆论监督理论。2004 年 2 月,党中央颁布了《中国共产党党内监督条例(试行)》,其中第八节第三十三、三十四条专门谈到"舆论监督",这是党中央第一次将舆论监督列入党的法规之中,将其规范化和制度化。一方面要求"党的各级组织和党员领导干部应当重视和支持舆论监督,听取意见,推动和改进工作";另一方面要求"新闻媒体应当坚持党性原则,遵守新闻纪律和职业道德,把握舆论监督的正确导向,注重舆论监督的社会效果"。2005 年 3 月,党中央办公厅印发《关于进一步加强和改进舆论监督工作的意见》,对新闻舆论监督工作的重要作用、指导原则、重点和问题、社会责任、管理制度和加强领导各方面提出了要求,进行了规范,要求各级党委和政府支持新闻媒体正确开展舆论监督,并加强对舆论监督工作的领导,强化新闻媒体在舆论监督中的社会责任。这是中国共产党为加强舆论监督所制定的一个专门性的重要指导文件,标志着我党有关舆论监督法规

---

① 陈建云.舆论监督与司法公正[M].上海:上海人民出版社,2016:45.

的进一步完善。随着网络媒体的异军突起、"两微一端"的迅猛发展，网络舆论不断发挥重要作用，"网络舆论监督"新词浮出水面。2006年7月26日，《人民日报》刊文说："针对不法行为或者不当行为进行善意批评的网络舆论监督，采用'网络通缉令'这种新形式应当受欢迎，有利于改进社会风气，还能纠正不当的或者不法的行为。"[①] 2009年12月8日，最高人民法院公布了《关于人民法院接受新闻媒体舆论监督的若干规定》，舆论监督走上了依法依规的制度化轨道。

2013年，党中央审时度势地做出了推动传统媒体和新兴媒体融合发展的重大战略部署。2016年4月，习近平总书记在网络安全和信息化工作座谈会上强调，"要把权力关进制度的笼子里，一个重要手段就是发挥舆论监督包括互联网监督作用"，并要求"各级党政机关和领导干部特别要注意，首先要做好对网上那些出于善意的批评，对互联网监督，不论是对党和政府工作提的还是对领导干部个人提的，不论是和风细雨的还是忠言逆耳的，我们不仅要欢迎，而且要认真研究和吸取"。[②] 随着网络普及化程度不断提升，互联网监督已成为舆论监督的一个重要组成部分，更因其快捷性、互动性而成为群众监督的一个重要途径。"舆论监督"一词从1987年党的十三大以来一直出现在历次中国共产党最高文件——党的全国代表大会报告中，并从党的十四大开始作为一种重要的社会监督形式，逐渐融入党和国家的社会监督体系之中。2017年10月，习近平总书记在党的十九大报告中再次强调，要"构建党统一指挥、全面覆盖、权威高效的监督体系，把党内监督同国家机关监督、民主监督、司法监督、群众监督、舆论监督贯通起来，增强监督合力"。

---

① 观点碰撞[N].人民日报，2006-07-26（15）.
② 习近平.习近平谈治国理政：第二卷[M].北京：外文出版社，2017：336-337.

本章小结

语言作为一种社会现象，随着社会的产生而产生、变化而变化，反映社会客观现实和需要，成为人们传递信息或表达思想的媒介。相对于语言中较为稳定的语音、语法，词汇系统作为语言中最敏感、最活跃的因素，记录着时代的脚步，反映社会生活的变迁，更能展现新的事物、新的观念，当出现社会革命和科学技术革命等急剧变化时，词语往往能极敏感地反映出社会生活和社会思想的变化。[1]确实，"舆论监督"一词就充分反映了这一语言发展规律。虽然，中国古代社会已有原始状态的舆论监督现象，并萌发出利用公众舆论或民意监督社会及其官员的早期舆论监督观念，催生了"舆论""监督"等词语，但并没有诞生"舆论监督"这一词组。而报刊作为新闻媒体，能快捷集中地反映出社会各个领域的新变化，及时传播最新社会动态，成为新词语的诞生地和传播源。随着近代中国报刊的兴起，中国报人将报馆作为开民智、通风气的利器，逐渐认识到报刊的监督、批评功能，且在激烈的舆论斗争实践和舆论理论探讨与观念蜕变中，认识到报馆（刊）巨大的舆论威力，具有舆论监督和舆论引导的两大功能。特别在西方近代民主政治思想和制度影响下，在清末立宪运动逐渐走向高潮之际，"舆论监督"观念不断萌发，催生了"舆论监督"这一新词组。据笔者迄今查阅掌握的史料，1909年12月8日，《大公报》刊登的社论《现政府与责任内阁》最早使用了"舆论监督"这一新词语表达出"运用舆论监督政府机关"的观念。随后，《国风报》使用的"舆论监督"一词，监督对象和内容均有扩大，均表达出"运用舆论手段对国家机关、国家机关工作人员进行监督"的观念。

民国时期，"舆论监督"观念发生了资产阶级和无产阶级的分野。新

---

[1] 王建华.信息时代报刊语言跟踪研究[M].杭州：浙江大学出版社，2006：24.

闻界肩负起"代表舆论监督政府"的职责，资产阶级"舆论监督"观念有所发展，也使得"舆论监督"一词在《大公报》《东方杂志》《申报》《新民报》等报刊上相继出现。随着中国共产党的成立和壮大，无产阶级"舆论监督"观念兴起。中国共产党继承和发扬了马克思列宁主义关于利用报刊进行舆论监督的优良传统，更加重视报刊的批评功能，将报纸视为批评与自我批评的武器，积极运用报刊开展舆论监督。延安《解放日报》和晋冀鲁豫《人民日报》先后使用了"舆论监督"一词，表达出"通过群众舆论对坏人坏事或不良社会现象开展批评进行监督"的意涵；由于报纸是中国共产党"最锐利和最有力的武器"，且与"舆论监督"相比，"报纸批评"一词不仅更能旗帜鲜明地体现出党报的战斗性，而且更有利于全党推广，更易于为群众理解和接受；这促使"报纸批评"这一新词出现，并与"舆论监督"一词融入了中国共产党的政治话语体系。但是，整个民国时期"舆论监督"和"报纸批评"时隐时现，使用次数较少。

新中国成立后，中国共产党继承和发扬党的批评与自我批评的优良传统，利用党报党刊对党内或社会上某些坏人坏事或缺点错误进行公开的批评与自我批评。党中央出台文件，制定措施，使得新闻界批评报道盛行，"报纸批评"一词流行起来。新中国成立的前30年，"报纸批评"一词在《人民日报》大行其道，而"舆论监督"一词却仅出现两次，表达出"通过群众舆论对坏人坏事或不良社会现象开展批评进行监督"的意涵。党的十一届三中全会后，中国重启现代化的民主政治建设，恢复了报纸批评的传统，舆论监督活动复苏。在此历史背景影响下，《人民日报》于1980年恢复使用了"报纸批评"和"舆论监督"等词语。1981年，"舆论监督"作为学术概念引发研究者关注。孙旭培明确了"舆论监督"的定义，并解释说："笔者用'舆论监督'一词时，无非是指新闻媒介对国家施政活动、国家机关和国家工作人员的监督。其中所讲的'舆论'……仅仅是指舆论机关，也就是新闻媒介。……在笔者之前，使用'舆论监督'一词时，'舆论'都是指民众意见；自笔者开始，'舆论监督'中的'舆论'，是指舆论工具，即新闻媒介。……'舆论监督'中的'监督'，通常是对权力者的监督。"[①] 1987年成为"报纸批评"和"舆论监督"在《人民日报》上此消彼长的分水岭。是年，"舆论监督"首次载入党的十三大报告，由此正式成为中国共产党新闻宣传工作的特有概念，融入了中国的意识形态和民主政治生活，出现在历次党的全国代表大会报告之中，成为当代中国最重要的政治关键词之一。是年，以"舆论监督"命名的研究文章开始发表，"舆论监督"正式进入广大新闻研究者的学术视野之中，逐渐成为学术关键词之一。自1987年开始，"舆论监督"一词在《人民日报》上呈总体上升趋势，而"报纸批评"逐渐减少，尤其从2013年至今已经从《人民日报》消失了。另外，从1992年党的十四大以来，舆论监督逐渐融入党的监督体系之中，并逐渐同国家机关监督、民主监督、司法监督、群众监督贯通起来。为此，党中央先后制定了《中国共产党党内监督条例（试行）》《关于进一步加强和改进舆论监督工作的意见》等方案，加强舆论监督的制度建设。总之，"舆论监督"一词成为当代中国最重要的政治术语和学术关键词之一，不仅各类工具书中将其列为词条解释，也写进了中国的法律法规；而且在网络媒体兴起和媒介融合的全媒体建设推进下，与时俱进地诞生了"新闻舆论监督""网络舆论监督""互联网监督"等新词语。

---

① 孙旭培. 自由与法框架下的新闻改革［M］. 武汉：华中科技大学出版社，2010：152-154.

第十二章

从"新闻学"一词的源流演变看中国新闻学学科的兴起和发展

改革开放 30 年来，中国新闻学学科建设稳步发展，取得的成就令人欢欣鼓舞，但也面临着创新提高等问题。当我们放眼未来，探讨新闻学学科发展趋势时，不妨回眸历史，从新闻学学科名称——"新闻学"一词的源流演变中，考察中国新闻学学科的兴起和发展，厘清"新闻学"和"报学"术语的纷争，夯实新闻学学科发展的基础。正如著名历史学家费正清曾言："每个领域内的现代化进程都是用各该学科的术语加以界说的。"

第一节　汉语"新闻学"一词的由来

汉语"新闻学"一词来自何方？该词是新闻学学科的核心关键术语，曾引起过词源学和新闻学研究者的关注和研究，出现在众多工具书的词条之中。

词源学者认为，"新闻学：研究新闻活动、新闻事业特点和规律的科学。例如：'日本松本君平氏著《新闻学》一书，其颂报馆之功德也。'（ 1901 年，Qingyibao，6，6191）"。[1] 该引文出处是梁启超于 1901 年 12 月

---

[1] 《近现代汉语新词词源词典》编辑委员会编. 近现代汉语新词词源词典 [M]. 上海：汉语大词典出版社，2001：292.

21 日发表在《清议报》的文章《本馆第一百册祝辞并论报馆之责任及本馆之经历》。

新闻学者则没有进行词源考证,而是从新闻学学科发展的角度,梳理了中外新闻学学科发展历程。如有编者认为:"过去曾有人认为新闻无学,事实上新闻不仅有学,而且大有学问。新闻学是研究新闻活动和新闻事业的特点和规律,新闻与社会生活的关系和作用的一门科学。新闻学最早出现在法国,后来繁荣于美国。……中国最早把新闻作为一门学问来研究,始于 1918 年北京大学新闻研究会。1919 年,徐宝璜出版了中国第一本新闻理论的专著《新闻学》。从此,新闻学作为一门正式的学问在中国扎下了根。"[①] 其他新闻传播学工具书基本如是。

其实,汉语"新闻学"一词的词源出处,还需作进一步的考证。因为根据笔者目前所见的资料表明,在 1901 年 12 月 21 日之前,"新闻学"一词作为书名已经多次出现,1901 年出版的《译书汇编》(1900 年 12 月 6 日创刊,中国留日学生于东京主办的最早刊物之一)中曾四次出现"新闻学"一词。1901 年 6 月 3 日(清光绪二十七年四月十七日),《译书汇编》第一卷第五期刊登的"已译待刊书目录"中,有"新闻学,松本君平著"字样。该字样也出现在《译书汇编》第一卷第六、七、八期刊登的"已译待刊书目录"之中,时间分别为:1901 年 6 月 30 日(清光绪二十七年五月十五日)、1901 年 7 月 30 日(清光绪二十七年六月十五日)、1901 年 8 月 28 日(清光绪二十七年七月十五日)。

笔者查阅了目前中国大陆和台湾所藏《译书汇编》,能够查阅的第一卷第一、二期刊登的"已译待刊书目录"中没有出现"新闻学"字样,而该刊第三、四期则已经散佚。这里出现的"新闻学,松本君平著",实际是日本学者松本君平撰著的新闻学著作《新闻学》,即"新闻学"一词是书名。

---

① 刘圣清. 中国新闻纪录大全[M]. 广州:广州出版社,1998:9.

第十二章
从"新闻学"一词的源流演变看中国新闻学学科的兴起和发展

根据上述几则材料，不仅可以表明在新闻学界公认的 1903 年 10 月上海商务印书馆出版松本君平《新闻学》汉译本以前，译书汇编社早在 1901 年上半年已经翻译并准备出版《新闻学》汉译本，而且更值得我们思考的是，译者们当时翻译原著《新闻学》日文版时，"新闻学"一词到底是他们汉译的，还是原著书中就如此？带着这个疑问，笔者查阅了松本君平 1899 年日文版《新闻学》影印本，仔细阅读之后，真相大白！

松本君平的《新闻学》，成书于 1898 年前后，正式出版于 1899 年 12 月，是日本第一本比较完整的新闻学专著。该书全名为《新闻学——欧米新闻事业》，封面是竖排四行文字：右列，"米国文学博士松本君平讲述"；中列一，"新闻学 全"；中列二，"欧米新闻事业"；左列，"东京博文馆藏版"。这些文字似是日文汉字写法。再阅读该书的序文，就更为吃惊！在我们今天阅读的汉译本《新闻学》中仅有一序，而原版《新闻学》中"新闻学序"有五，其中有第三、四两序则通篇是汉字书写。第三序，由青萍迁谦所撰，其中提道："松本君平君近者著一书《新闻学》，为斯道说而画其术。"[①] 第四序，由田口卯吉于 1899 年 12 月 1 日所撰，文中提出了"新闻有学"的观点："松本君平手其所著一书来征余一言，余见其题名惊曰新闻之业亦有学乎！……余取而阅之，赫然久之，呜呼！新闻亦有学也哉！"[②]

经笔者粗略统计，在日文版《新闻学》中，"新闻学"一词共出现 20 次，主要出现在书名、序言、目录和附录之中，正文仅 3 次。另外，日文版《新闻学》记载情况表明，当时日文和汉语"新闻学"一词是同文同形的。松本君平撰写时已经采用了日文汉字形式的"新闻学"一词作为书名，而且该书的作序者也采用了该词。笔者查阅了明治时期日本新闻史

---

① 青萍迁谦. 新闻学：序 [M] // 山本武利, 有山辉雄. 新闻史资料集成：明治期篇 第 2 卷. 株式会社, 1995：15.

② 田口卯吉. 新闻学：序 [M] // 山本武利, 有山辉雄. 新闻史资料集成：明治期篇 第 2 卷. 株式会社, 1995：17.

资料10卷，发现"新闻学"在日本当时也是个新词，就是由松本君平在《新闻学》书中首创并使用。

其实，日文和汉语"新闻学"一词的同文同形，也反映了当时日本文化的历史现状。汉字传入日本约有2000年历史，日本从古代长期接受从中国传来的汉字文化，汉字及汉字词汇构成日本文字和词汇系统的基石。近代之后，明治政府学习西方，创造新语，广译西书。他们主要采用两种方法：一是借用汉语古典词汇；二是运用汉字造词法并参酌日语习惯，创造汉字新词。[①]另外，在明治时期，用汉语写文章，是文人附庸风雅的表现，深受日本许多文人的推崇。

正因为日文和汉语"新闻学"一词的同文同形，译书汇编社译者选择翻译并准备出版松本君平的《新闻学》时，直接采用了日本人使用的汉语"新闻学"一词。因此，根据目前所见的资料，从词源学的角度考察，汉语"新闻学"一词既不是最早出自《译书汇编》第五期（1901年6月3日，清光绪二十七年四月十七）的"已译待刊书目录"之中，更不是最早出自梁启超于1901年12月21日发表在《清议报》的文章《本馆第一百册祝辞并论报馆之责任及本馆之经历》，而应该最早出自1899年12月日本学者松本君平日文原著《新闻学》之中。

第二节 "新闻学"一词在中国的传播和中国新闻学的启蒙

19世纪末20世纪初，在救亡热潮的推动下，近代新闻事业从维新政变后的谷底逐渐回升，到1902年以后超过了戊戌变法时期的规模，逐渐形成了办报高潮。随着新闻事业的蓬勃发展，新闻学研究也逐渐成为一种现实需要。尤其随着保皇派和革命党人斗争形势的日趋激烈，松本君

---

① 冯天瑜.新语探源：中西日文化互动与近代汉字术语生成［M］.北京：中华书局，2004：350.

第十二章
从"新闻学"一词的源流演变看中国新闻学学科的兴起和发展

平《新闻学》中关于报纸具有无穷威力等观点,恰逢其时地成为两派人物争相运用的新闻理论武器。于是,松本君平的《新闻学》在日本正式出版后,立即就引起了中国留学生和知识分子的关注。在日本创办的中文刊物中开始使用"新闻学"一词,也正是通过他们,"新闻学"一词跨越重洋,来到了中国,开始在中华大地逐渐传播使用;也正是"在19世纪末至辛亥革命以后,中国新闻学研究历经了报业活动到报业理论的学术开拓和学术初立的衍变,进入了萌芽期"[①]。

根据目前所见的资料,首先在国内使用"新闻学"一词的是日本留学生归国后创办的报纸。1903年8月7日(农历六月十五日),章士钊在上海创办并主编《国民日日报》。其创刊号《发刊词》中,不仅使用了"新闻学"一词——"新闻学之与国民之关切为何如",而且运用了"第四等级"观点,"第四种族者,以对于贵族、教徒、平民三大种族之外,而另成一绝大种族者也"[②]。

在《国民日日报》之后,清政府的官方报纸《北洋官报》不仅使用了"新闻学"一词,而且将日文原版《新闻学》的"序言一"翻译为《新闻学绪言》,并分别于1903年9月11日(农历七月二十日)和9月23日(农历八月初三)连载发表。

1903年10月,上海商务印书馆正式出版了松本君平《新闻学》汉译版,将中国对"新闻学"一词以及新闻学学科的认识推向了一个崭新的高度。

松本君平《新闻学》汉译本与日文原版存在着最大的不同之处,就是删去了四个序言(仅存序一《新闻记者论》)和两个附录(《东京政治学校设立之宗旨》《东京政治学校学制一览》)。正是这种差异,"新闻学"一词出现的次数减少,包括书名仅为7次。但是每次出现,都涉及新闻学学

[①] 童兵,林涵.20世纪中国新闻学与传播学:理论新闻学卷[M].上海:复旦大学出版社,2001:98.

[②] 发刊词[N].国民日日报,1903-08-07.

科的一些基本问题。

在《新闻学》书名之后，首先出现的"新闻学"一词就论及新闻学学科的领域问题，"至夫此新现象，如何而搜集之、编辑之、评论之，一切分配各地，俾众周知之法及讲究理论之学，是为新闻学。得分之为三步焉：第一，新闻所自出之地。搜集社会之新闻，编辑适当加以评论，行于所自出之处，以采访及编辑为主。第二，新闻之分配销。凡编辑印刷既成之新闻，当讨论其分配于读者方法。第三，新闻之消费。新闻之销畅，视购读新闻者之多少。然其法亦宜考究。如欲使新闻畅销流行，必须使探访人及编辑者，各尽其职，使其分配不善，则不能达其目的也"。[①] 其次，探讨了新闻学学科性质，"夫新闻学既已如斯，而欲从事新闻者，首在熟知其性质。然新闻学非法律书，非哲学书，且非历史，复非字汇。每日揭载各要件，必须舍旧寻新，削繁就简。与其迟而巧，宁拙而速，是谓新闻之责任"。[②] 再次，阐述了新闻学学科的地位，"旷观当世之精神界，文物灿然。其中为文坛之大主将、大总统者，何人也？必曰新闻学也。虽其所记载者，不必皆有实际、有法律、有道德……。然欧美诸文明国之新闻学者，实可谓文学中之王霸矣。……故新闻学者，不仅载逐日之事实，而凡全社会各种民诸流之行为，俱可以褒贬之、赏罚之，谓之为文坛之霸王，谁曰不宜"。[③]

纵观《新闻学》汉译本全书，以实用新闻学为主体，内容主要是报纸工作的实际经验与实际状况，即关于报馆各机构的职能以及各新闻从业人员在报纸管理、采访、写作、编辑等方面工作的叙述，可见作者深受注重实务的美国新闻学流派的影响，带有浓厚的实用性。不过，以现在的新闻

[①] 松本君平，休曼，徐宝璜，等.新闻文存[M].余家宏，宁树藩，徐培汀，等编注.北京：中国新闻出版社，1987：10.

[②] 松本君平，休曼，徐宝璜，等.新闻文存[M].余家宏，宁树藩，徐培汀，等编注.北京：中国新闻出版社，1987：11.

[③] 松本君平，休曼，徐宝璜，等.新闻文存[M].余家宏，宁树藩，徐培汀，等编注.北京：中国新闻出版社，1987：12.

第十二章
从"新闻学"一词的源流演变看中国新闻学学科的兴起和发展

学观念(新闻学由理论新闻学、实用新闻学和历史新闻学三部分组成)来看,该书已是初具规模。它既包括了理论新闻学的相当内容,本书的序论《近世文明与新闻之德泽》、第一章《第四种族之发生》和第三十六章《新闻记者之势力及使命》集中论述了新闻事业和新闻记者的特性、功能、作用及近世文明之关系问题;第三十一章至第三十五章对欧美(英国、美国、法国、德意志和俄国)新闻事业的介绍,实为历史新闻学的组成部分。因此,《新闻学》汉译本"是我国所出版的第一本新闻学著作,这在我国新闻学术史上是一件重要的事情。它给人们提供了比较系统的新闻学知识,它把人们引入了一个比原来宽广得多的新闻学领地。可以说,这个汉译本《新闻学》的问世,标志着西方新闻学在我国的传播进入一个新的阶段"[①]。

实际上,《新闻学》中的"新闻学"是关于报纸的学问,但松本君平和中国知识分子却以"新闻学"称之;然而,就在《新闻学》汉译本出版不久,"报学"一词开始见诸报端。它是由中国新闻学兴起的另一股推动力量——外国传教士引进的。

1904年1月,美国传教士林乐知在《万国公报》第180册上发表了《报学专科之创立》。标题之中就赫然出现"报学"一词。全文900余字,"报学"一词先后出现10次。尤其该文第一段在介绍普利策捐赠200万美元设立哥伦比亚大学新闻学院的情况时,就出现了5次,"西国分类学堂,为最近之进步。各专科之间,于新闻杂志一类,所谓报学者则犹未逮也。今日,美国纽约世界报主人布列周捐出美金二百万圆,特为报学专科,立一学堂。盖世界报乃纽约最大之报馆。其房屋一项,至美金一百万圆。每日所出之报,自五十万纸,至一百万纸。故布列周之意,曾谓美国报馆之多,而报学界上,独无专科之教育,致能通知报学者尚少,必当以报学立为专科一项,方足收效。因以美金一百万圆置于纽约哥伦比亚大书院中,

---

① 宁树藩.宁树藩文集[M].汕头:汕头大学出版社,2004:448.

先行举办。伊三年之后，此种学堂，通于各处，愿再捐美金一百圆云"。[①]在这5次中，译者已经使用了"报学""报学专科""报学界"名词，这与我们现今的"新闻学""新闻学校""新闻界"相对应。同时，该文第二部分，从新闻学课程设置的角度明确指出了新闻学涵盖的范围，"将报学课之课程，著一表。今译之如下：一、报馆之内治（组织结构）……。一、报馆之器用……。一、报馆之法律……。一、报馆之道德……。一、报馆之历史……。一、报馆之文字……。"[②]从中可以看出，报学领域包含报刊业务、报刊法律和道德（理论）、报刊历史三大领域。

《报学专科之创立》一文，是对美国新闻学和新闻教育兴起的关注。1903年，美国著名报人普利策与哥伦比亚大学签订了一项协议，由他捐款设立一所新闻学院。1904年，普利策在《北美评论》（*North American Review*）发表《新闻学院》一文，阐明了他设立这所新闻学院的信条。在这里，林乐知将美国的"Journalism"直接翻译为"报学"。

较而言之，"报学"一词比"新闻学"一词更符合当时新闻事业主要是报业发展的实际情况，更有点"名副其实"的味道。但是，随着19世纪末20世纪初，国人办报高潮的兴起，教会报刊的影响力逐渐下降，传教士翻译的"报学"并没有引发中国知识分子的关注和使用。另外，上海商务印书馆在出版松本君平《新闻学》汉译本之后，在全国进行了一番广告宣传攻势，更使"报学"一词暂时湮没在"新闻学"的洪流之中。1904年3月11日，刚刚创刊的《东方杂志》刊登的新书广告中，就有"《新闻学》，松本君平，商务印书馆"字样。5月23日，《申报》刊登的商务印书馆售书广告中，"《新闻学》"名列其中，并多期连续刊登。6月28日之后，《大公报》刊登的商务印书馆售书广告中，"《新闻学》"也赫然在列。

---

① 林乐知，范祎．报学专科之创立［M］// 万国公报：第36本第180册．台北：台湾华文书局影印本：22315．
② 林乐知，范祎．报学专科之创立［M］// 万国公报：第36本第180册．台北：台湾华文书局影印本：22316．

第十二章
从"新闻学"一词的源流演变看中国新闻学学科的兴起和发展

正是上海商务印书馆对《新闻学》的全国性广告宣传，将中国人对"新闻学"一词的认识和使用以及对新闻学学科的理解推广和普及开来。1905年6月3日，宋教仁等在日本东京创办《二十世纪之支那》，在《发刊志趣意》中征引了松本君平《新闻学》，"松本君平尝言（日本松本君平，美国文学博士，语见所著《新闻学》第五页）：今日之新闻如衣食住，为文明国民所必要，且为国民教育之大学校"[①]。8月13日，香港《有所谓报》刊载了《拒约须急设机关日报议》一文，就4次运用了"新闻学"一词，介绍了日本东京政治学校新闻教育情况，"现东京政治学校之学课，必有新闻学一科。其第一年则讲新闻之原理及各国之改革，第二年则研究新闻之理论及各国之沿革，第三年则实践其新闻学。故外国记者，莫不夙娴政治，始克胜任。迩者，日本文学博士、东京政治学校校长松本君平氏，曾著《新闻学》一书问世。……乌知政治学、新闻学为何物耶？吁！所谓开通家所谓志士尚如此，安足以言办报"[②]。

正是1905年前后，一些具有远见卓识的革命报人开始走出国门，投身到新闻学的学习和研究之中。他们由在报馆从师学艺发展到去国外学习新闻学，开始了中国新闻教育的最早活动。[③]1904年10月，著名白话报人林白水东渡扶桑，赴早稻田大学攻读法律专业，兼修新闻学。1907年，革命派报人邵力子赴日本学习新闻学课程。他们两人被认为是中国最早学习新闻学的留学生。之后，黄宪昭、董显光等先后赴美国密苏里大学新闻学院学习新闻专业。这不仅反映了他们已经承认办报有学、新闻有学，而且体现出他们对新闻学知识的迫切需要和愿望。

民国初成，新闻事业迅猛发展，新闻界纷纷成立报界社团，并针对新闻界人才缺少、素质低下等问题，提出了新闻教育的主张。1912年6月

---

① 发刊志趣意[N].二十世纪之支那，1905-06-03.
② 参见张之华.中国新闻事业史文选：公元724年—1995年[M].北京：中国人民大学出版社，1999：51-52.
③ 李建新.中国新闻教育史论[M].北京：新华出版社，2003：19.

4日，中国报界俱进会在上海召开特别会议，修改章程，并通过了"组织报业学堂案"提案，阐述了建立"报业学堂"的目的、意义、必要性、可行性等问题。这是中国最早提出创办新闻教育机构的倡议。[①]虽然由于经济条件的限制未能实现，但它具有重要的历史意义，主要体现于它首次以一个组织的名义向全国进行召唤，捅破了"新闻教育"的窗户纸，使大家从"学"的层面上开始重视新闻教育，国人开始真正系统认识到办报有学、新闻有学。[②]

中国报界俱进会没有直接使用社会上已逐渐流行的"新闻学"术语，而是采用"报业学堂"的概念。笔者认为这是"报学"概念的延续，反映了报界人士对"报学"概念的回归。但是，随着美国记者休曼（E.L.Shuman）《实用新闻学》的翻译、出版和发行，"新闻学"一词再次成为主流。

1913年，上海广学会出版了美国记者休曼于1903年撰写的美国第一本新闻学著作 Practical Journalism，译者史青对"journalism"采取了不同于美国传教士林乐知（译为"报学"）的译法，而是翻译为"新闻学"，书名译为《实用新闻学》，"令此书成为中国最早译出并出版的第一本实用新闻学著作"。[③]纵观全文，笔者发现，在正文之中并没有出现"新闻学"一词；在封面和扉页的书名中，"新闻学"一词各出现一次；但是，该书在正文每页的页眉上都有"实用新闻学"书名，该书共172页，"新闻学"在页眉上就出现过172次。正是史青对"journalism"采用了"新闻学"的译法，使得本已流行起来的"新闻学"一词更加得到了中国知识分子的认可和推崇，且随着该书影响的不断扩大，"新闻学"一词更加推广和普及开来。特别是，汉语"新闻学"一词与西方英文单词"journalism"的译法

[①] 马光仁.上海新闻史（1850—1949）[M].上海：复旦大学出版社，1996：449.

[②] 李建新.中国新闻教育史论[M].北京：新华出版社，2003：34.

[③] 童兵，林涵.20世纪中国新闻学与传播学：理论新闻学卷[M].上海：复旦大学出版社，2001：114.

▶第十二章
从"新闻学"一词的源流演变看中国新闻学学科的兴起和发展

正式对应起来，并一直沿用至今。

第三节　中国新闻学学科的逐步建立和"新闻学"与"报学"的纷争

在五四新文化运动的推动下，中国新闻事业进入了一个崭新的发展阶段，社会对专门的新闻人才的需求日益增加，客观上推动了中国新闻学研究的开展和新闻教育的产生；特别是随着各种新文化新思潮的涌入，新闻学同其他新兴学科一样，拥有了较为宽松的文化氛围，中国新闻学者开始进入职业化、专业化的新闻学著述活动，从1918年到1935年完成了中国新闻学的建立历程。[①] 在这一过程中，冠以"新闻学"名称的学术团体和著作开始出现，新闻学课程也登上了高等学府的学术殿堂，也由此开启了建立中国新闻学独立学科体系的大门。

第一个冠以"新闻学"名称的新闻学学术团体是北京大学新闻学研究会。

北京大学新闻学研究会成立于1918年10月14日，起初名称为"北京大学新闻研究会"。通过对《北京大学日刊》的记载考察，从1919年1月11日起，北京大学新闻研究会在发布的启事中开始采用"北京大学新闻学研究会"之名，而正式的改名标志是1919年2月19日召开的改组大会。"北京大学新闻研究会"改名为"北京大学新闻学研究会"，一字之差，却反映了该会创办者对"新闻学"认识的深化——新闻学观念的形成，折射出他们研究理念的变化。据笔者初步统计，在《北京大学日刊》中，包含"新闻学"一词的"新闻学研究会"在文章题目中就出现了90次之多。

第一本冠以"新闻学"名称的新闻学著作是徐宝璜的《新闻学》。

[①] 李秀云.中国新闻学术史（1834—1949）[M].北京：新华出版社，2004：76.

1918年暑假，徐宝璜为"开会后讲演之用"，开始撰写《新闻学》初稿，到8月底已经完成，他请蔡元培和符鼎升为该书作序，并取名《新闻学大意》，于1918年9月15日、10月15日、11月15日发表于《东方杂志》。1918年10月14日，北京大学新闻研究会成立后，徐宝璜给会员讲演新闻学，并修改了《新闻学》初稿，冠以"徐宝璜教授在新闻研究会之演说"之名，先后刊登于《北京大学日刊》（13次）和《北京大学月刊》（2次）之上。1919年4月，徐宝璜开始对《新闻学》第二稿进行了修订，请邵飘萍为该书作序，并于1919年11月、12月发表于《新中国》杂志。1919年12月6日，徐宝璜的《新闻学》一年四易其稿，正式完成，由北京大学新闻学研究会正式出版。

第一门冠以"新闻学"名称的新闻学课程也走进了高等学府的神圣殿堂。

许多学者认为，1917年（一说1918年9月）北京大学聘请徐宝璜教授开设新闻学选修课。但目前并没有材料能直接说明。笔者查阅了大量1917—1919年的关于北京大学的材料，包括《北京大学日刊》上当时的课程表，并没有发现该课程，而文科教授徐宝璜在北京大学任教的科目是英语。但据目前所见材料表明，北京大学于1920年1月开设新闻学课程却是有证可查。1920年1月17日，《北京大学日刊》发布通知："中国文学系添设新闻学一门，请徐宝璜先生担任，每周开课两小时。于本星期六起午后一至三时开始授课，各系学生均可选习。愿习者务望于二十二日以前至第一院教务处签名，以便编坐。"

美国学者伊曼纽·华勒斯坦（Immanuel Wallerstein）认为："学科是历史的产物，并以一定的措辞建构起来。"新闻学学科的形成和建立，也是由特定的措辞（学会、专著、教育、学刊等）构建起来的。一门独立学科的建立有诸多标志，如大学讲堂将其列为讲授的内容、独立的学科理论体系的建立、学科意识的明确等。

北京大学新闻学研究会成为中国第一个新闻学研究和新闻教育团体，

第十二章
从"新闻学"一词的源流演变看中国新闻学学科的兴起和发展

开始具备搭建独立学科的基础和条件。由研究会讲座走向大学课堂中开设的新闻学课程,使得"新闻学"在高等教育的神圣殿堂里占据了一席之地,不仅越来越多的人知道新闻有"学",而且越来越多的人开始学习新闻学,并将专门化的新闻学知识带入新闻实践当中。尤其该会出版的中国第一份新闻学刊物《新闻周刊》,成为会员们学以致用、理论联系实际的实习园地。徐宝璜的《新闻学》成为中国人自撰的第一本新闻学著作;而邵飘萍以新闻学研究会的讲稿为最初研究基础,后来撰写出中国第一本新闻采访学专著《实际应用新闻学》。特别是,蔡元培、徐宝璜等都已经具有了明确的新闻学学科意识。徐宝璜不仅阐述了新闻学是一门独立学科,而且指明了新闻学的研究对象,并给了"新闻学"明确的定义,这也是中国新闻学的第一次。"尝考各科学之历史,其成立无不在其对象特别发展以后,有数千年之种植事业,然后有农学林学。新闻纸之滥觞既迟,而其特别发展,又不过近百年事,故待至近数十年,方有人以其为对象而特别研究之者。研究结果,颇多所得,已足构成一种科学,不过尚在青年发育时期耳。此学名新闻学,亦名新闻纸学。既在发育时期,本难下以定义。姑曰:新闻学者,研究新闻纸之各问题而求得一正当解决之学也。"[1]蔡元培在为《新闻学》作序时,指出:"凡学之起,常在其对象特别发展以后。……以此例推,则我国新闻之发起(昔之邸报与新闻性质不同),不过数十年,至今日而始有新闻学之端倪,未为晚也。"[2]因此,北京大学新闻学研究会作为中国新闻学研究和新闻教育的开端,在中国新闻学学科建立上具有重要的意义。有学者认为:"北京大学新闻学研究会作为早期的新闻学术组织,其成立标志着新闻学的学科'建制化'。"[3]

进入20世纪20年代以后,"新闻学"术语已经广泛地流行起来。随

---

[1] 徐宝璜.新闻学[M].北京:北京大学新闻学研究会,1919:1.
[2] 徐宝璜.新闻学[M].北京:北京大学新闻学研究会,1919:序.
[3] 姜红.现代中国新闻学"知识共同体"的初成:北京大学新闻学研究会回眸[J].国际新闻界,2008(7):86.

着中国新闻学研究的不断开展，以"新闻学"命名的新闻学术团体纷纷成立。如平民大学新闻学会（1923年）、北京新闻学会（1927年）、天津新闻学会（1927年）、燕京大学新闻学会（1928年）、复旦大学新闻学会（1929年）、中国新闻学研究会（1931年）、北平民国学院新闻学会（1933年）、国民党中央政治学校新闻学系新闻学会（1935年）、南京新闻学会（1936年）、平津新闻学会（1936年）、金陵大学新闻学会（1936年）、浙江省战时新闻学会（1937年）、中国新闻学会（1941年）等。

同时，随着中国新闻教育事业的发展，以"新闻学"命名的新闻教育机构不断建立。如厦门大学新闻学部（1922年）、平民大学新闻学系（1923年）、大夏大学新闻系（1923年）、燕京大学新闻学系（1924年）、国立法政大学新闻学系（1924年）、上海南方大学新闻学系及新闻专修班（1925年）、上海光华大学新闻学系（1926年）、上海国民大学新闻学系及新闻专修班（1926年）、复旦大学新闻学系（1929年）等。

另外，以"新闻学"命名的新闻学著作大量问世。如在1989年由林海德主编的《中国新闻学书目大全》有关新中国成立前"新闻学"专著、教材部分，所收录的书共有52种，其中以"新闻学命名的占43种"，如《应用新闻学》（任白涛，1922年）、《实际应用新闻学》（邵飘萍，1923年）、《新闻学总论》（邵飘萍，1924年）、《新闻学大纲》（伍超，1925年）、《新闻学撮要》（戈公振，1925年）、《新闻学说略》（燕京大学周刊，1926年）、《最新实验新闻学》（周孝庵，1928年）、《新闻概论》（［日］杉村广太郎著，王文萱译述，黄天鹏校订，1930年）、《最新应用新闻学》（陶良鹤，1930年）、《现代新闻学》（黄天鹏，1930年）、《基础新闻学》（李公凡，1931年）……

此外，随着中国新闻学研究的建立和深化，以"新闻学"命名的新闻学术期刊不断创刊发行。如《新闻学刊》（1927年）、《新闻学研究》（1932年）、《新闻学期刊》（1935年）、《平津新闻学会会刊》（1936年）、《新闻学季刊》（1939年）、《中国新闻学会年刊》（1942年）等。

第十二章
从"新闻学"一词的源流演变看中国新闻学学科的兴起和发展

甚至还出现了冠以"新闻学"的出版机构和新闻学讨论会（周），如中国新闻学社（1922年）、燕京大学新闻学讨论会（1931—1937年）。

虽然"新闻学"一词普遍地流行起来，但新闻界并没有遗忘20世纪初期出现的"报学"一词，而且针对两词并用的混乱局面，主张将"journalism"译为"报学"的声音从来没有中断过，两词之间的纷争一直演绎着中国新闻学的建立和发展过程。

中国第一个大学新闻系于1920年在上海圣约翰大学成立时，就称为"报学系"。1921年12月12日，密苏里新闻学院院长威廉博士（Dr. Walter Williams）抵达上海访问，《密勒氏评论报》主笔裴德生在联华总会宴请他，并邀请史量才、汪英宾、张竹平、戈公振等各界人士陪宴。在就餐前，威廉博士向各位谈论起"The School of Journalism"的译法问题。他认为："'新闻'二字不能包涵报纸全部事业，或以报业学校对，似较正确，但终难包涵一切耳。"[①] 威廉博士的言论，在报界引起了广泛的争论。有人据此，主张称为"报学"更为妥当。1927年，中国第一本新闻史著作也是以"报学"命名的《中国报学史》。在该书的《自序》中，戈公振谈到"报学"一词："民国十四年夏，国民大学成立，延予讲《中国报学史》。予维报学（Journalism）一名词，在欧美亦甚新颖，其在我国，则更无成书可考。无已，姑取关于报纸之掌故与事实，附以己见，编次为书。"[②] 在绪论中，他还特意论及命名的理由："所谓报学史者，乃用历史的眼光，研究关于报纸自身发达之经过，及其对于社会文化之影响之学问也。本书所讨论之范围，专述中国报纸之发达历史及其与中国社会文化之关系，故定名曰《中国报学史》。"[③] 1929年，黄天鹏曾将1927年创办的《新闻学刊》改为《报学月刊》出版。其他的一些新闻学著作，也有以

---

① 威廉博士（Dr. Walter Williams）之言论 [M] // 最近之五十年. 上海：申报馆，1923：471.
② 戈公振. 中国报学史 [M]. 北京：中国新闻出版社，1985：1.
③ 戈公振. 中国报学史 [M]. 北京：中国新闻出版社，1985：3.

"报学"命名，如《报学讨论集》（傅双元，1929年）、《报学丛刊》（黄天鹏，1930年）。

新闻学子也开始疑惑不解。1930年，黄天鹏在复旦大学新闻学系授课时，有同学就向他请教："乔那密斯姻""*Journalism*"，新闻学乎？抑亦报学乎？[①] 面对学生的困惑，黄天鹏撰写了《新闻学乎？报学乎？》一文，为"journalism""正名定分"。文中，他纵论古今中外对"新闻"一词的使用，指出"新闻学"一词来自日本，认为："日本夙承汉学，自 Newspaper 兴，遂以为名，如《每日新闻》《朝日新闻》等，在学术上则称曰新闻纸学，我国清末翻译日说，而新闻学之名以立焉。"[②] 当时有人认为"新闻学"之名并不妥当，提出："新闻仅当于英文之 News，若 Journalism 则系包括新闻广告印刷及一切业务而言，非新闻二字所能容也，故应改为'报学'较当。"[③] 黄天鹏则认为："予于新闻学与报学之名，毫无成见，以意义言则报学较为宽当，以习惯言，则'新闻学'已成通称，律以《伦理学》之例，则仍'新闻学'之名亦可也。"[④] 此后，黄天鹏编著的新闻学著作都以"新闻学"称之，如《新闻学名论集》等。

但是，这次争论并没有彻底解决"journalism"学术译名"新闻学"与"报学"不统一的状况，以"报学"命名的新闻学刊物继续出版，如《报学季刊》（1934年）、《报学》（1941年）等；以"报学"命名的新闻学著作继续发行，如《燕大的报学教育》（张景明，1940年），《战时报学讲话》（杜绍文，1941年）、《报学论丛》（刘豁轩，1946年）等。

1948年8月，国民党中央日报社在南京创办的《报学杂志》试刊发行，不仅以"报学"命名，而且在《试刊献辞》中指出："报学是理论与实践一致的学问，我们只能由事实中抽出真理，由历史中找出原则，由经

[①] 黄天鹏.新闻学乎？报学乎？[J].记者周报，1930（18）：1.
[②] 黄天鹏.新闻学乎？报学乎？[J].记者周报，1930（18）：1.
[③] 黄天鹏.新闻学乎？报学乎？（续）[J].记者周报，1930（19）：1.
[④] 黄天鹏.新闻学乎？报学乎？（续）[J].记者周报，1930（19）：1.

第十二章
从"新闻学"一词的源流演变看中国新闻学学科的兴起和发展

验中得到方法,由结果中看出动力……才可以把中国的报学建树起来。"①9月1日,《报学杂志》正式创刊后,开设了《报学论著》专栏,刊登新闻学论文。从10月16日第4期起,该刊开始连载学者袁昶超的"报学"系列论文,有《初期的报学教育》(第4期,10月16日)、《中国的报学教育》(第5期,11月1日)、《报学教育的目标》(第6期,11月16日)、《报学系课程概述》(第7期,12月1日)、《报学教育和职业训练》(第8期12月16日)、《报学教育的前途》(第9期,12月16日)。袁昶超写道:"笔者早年研究报学的时候,就感觉一般人士惯用的'新闻学'一辞,不能包括报学的范围,因此主张以'报学'为Journalism的正确译名,大学和专科以上学校的'新闻学系',应一律改称为'报学系'。这个意见一直支持了十年之久,获得报界和教育界许多朋友的赞同,但没有正式向关系方面提出采用。"②

1949年,随着新中国的成立,中国进入了一个院系大调整期,开始建立社会主义教育体系,各大学的新闻学系被打破重组。在人民政权下建立和重组的新闻学教育机构,都以"新闻"命名,如北京新闻学校(1949年)、苏南文化教育学院新闻系(1950年)、中共中央高级党校新闻班(1954年)、中国人民大学新闻系(1955年)。随着社会主义新闻学学科体系的逐渐建立,"新闻学"与"报学"纷争终于尘埃落定,"报学"一词在大陆基本消失了,就连辞典上也难觅它的踪影。港澳台地区虽然仍有使用,但也逐渐减少,后来随着大众传播学的传入,"报学"一词也被抛弃。

本章小结

综上所述,考察"新闻学"一词的源流演变历史,笔者认为:由于1899年在松本君平《新闻学》一书中出现的"新闻学"一词是日汉两文

---

① 试刊献辞[N].报学杂志(试刊号),1948-08-16.
② 袁昶超.初期的报学教育[J].报学杂志,1948(4):17.

的同文同形，便利了中国留日学生和知识分子的翻译与借鉴，中国知识分子开始认同"新闻学"术语。随着1903年《新闻学》汉译本在上海的出版发行，"新闻学"一词的影响更加广泛；而1904年1月出现在《万国公报》上的"报学"一词，开始了"新闻学"与"报学"的首次纷争，但由于传教士报刊事业影响的削弱，并未引起中国知识分子的关注。随着1913年美国记者休曼《实用新闻学》中文版的出版，"journalism"与"新闻学"译法的直接对应，更加强化了"新闻学"一词的概念，也使得再次抬头的"报学"观念倾覆在历史洪流之中。1918年，北京大学校长蔡元培和留美兼修过新闻学课程的文科教授徐宝璜创办起北京大学新闻学研究会，则逐渐开始搭建起中国新闻学学科大树。特别是随着20世纪20年代徐宝璜《新闻学》、邵飘萍《实际应用新闻学》和戈公振《中国报学史》的出版，中国新闻学的三大支柱（理论新闻学、应用新闻学和历史新闻学）逐渐建立起来。虽然20世纪20年代至40年代，"新闻学"与"报学"的纷争又起，新闻界对于"新闻学"与"报学"译名并存的混乱局面，进行了广泛而持久的讨论，并随着新闻学学科建设的发展，"新闻学"逐渐取代"报学"，成为主流。最后，随着新中国成立后中国社会主义新闻学学科的逐步建立，"报学"一词被历史所遗弃。

在"新闻学"一词源流演变的100多年历史中，"新闻学"与"报学"出现了三次纷争，最后"新闻学"一词成为新闻学学科的正式名称。至于其中的原因，著名新闻史学家宁树藩教授推想认为："或许是日本松本君平《新闻学》一书带来的影响；或许是考虑到，既然是一门学科，就有建立理论体系的要求，相比较而言，感到'新闻'内涵丰富，有较大的理论活动空间，而'报'只是一种载体，缺少那种优势；或许两种因由兼而有之。"[①]这种推论不无道理。事实上，中国新闻学学科，既有历史由来的原因，即1899年在松本君平《新闻学》一书中出现的"新闻学"一词是

---

① 宁树藩.宁树藩文集［M］.汕头：汕头大学出版社，2004：146-147.

第十二章
从"新闻学"一词的源流演变看中国新闻学学科的兴起和发展

日汉两文的同文同形,使得中国留日学生和知识分子翻译和借鉴,并认同了"新闻学"一词,由此而传播到中国,开始在中国落地生根,最终开花结果;也有学理的原因,即报纸作为新闻纸,以报道新闻为首要功能,新闻是其核心。中国"新闻学界最初开山祖"徐宝璜先生的意见最富有代表性。他认为:"报学固亦未尝不可,但命名以此学科最重要者之成分为主,新闻学以报告新闻为责职,广告印刷等其附件耳,以新闻命名亦自有其根据,且约定俗成,则仍新闻学是也。"[①]正是上述两种原因,使得"新闻学"一词被新闻界广泛使用,深入人心,最后被新闻界约定俗成,成为新闻学学科的正式名称。

"新闻学"一词100多年的源流演变历史,一方面更加表明中国新闻学学科是历史发展的产物。"新闻学"一词在中国的翻译、传播和广泛使用过程,也是中国新闻学学科的启蒙、兴起和发展过程,并成为新闻学学科名称,最后标志着中国新闻学学科的成型。另一方面说明,"新闻学"一词作为外来词,逐步成为中国新闻学的核心术语。正如著名学者王国维先生所言:"言语者,思想之代表也,故新思想之输入,即新言语输入之意味也……讲一学,治一艺,则非增新语不可。"[②]这告诉我们更应以开放的姿态,通过引进外来新闻传播学新词汇,并深刻理解其内涵和意义,不断学习和借鉴国外新闻传播学最新发展成果,将其不断本土化,输入国外新闻传播学新思想、新文化,最终为发展和壮大中国新闻传播学服务。

---

① 黄天鹏.新闻学乎?报学乎?(续)[J].记者周报,1930(19):1.
② 傅杰.王国维论学集[M].北京:中国社会科学出版社,1997:386-387.

第十三章

从新名词到关键词：民国"电视"概念史

电视（television）是20世纪人类最伟大的发明之一。作为电子技术新发明，"电视"一词曾以新名词出现在民国新语词辞典中，如《新名词辞典》（1934年）；作为反映用电的方法即时传送活动的视觉图像的新知识，它出现在《物理学名词》（1934年）中，成为物理学关键词；作为使用电子技术传输图像和声音的现代化传播媒介，它也在新闻学期刊和著作中出现，如《新闻学概观》（1935年）、《报人世界》（1936年）、《综合新闻学》（1941年）等。虽然，已有研究者撰文探讨民国时期国人对电视的认知情况。如孙建三教授认为：1934年，孙明经成功完成自制television装置，金陵大学理学院杨简初教授命名为"电视"，"从此，television在中国有了一个汉语名字"。[1] 谢鼎新教授撰文商榷并认为：《科学》杂志在1927年6月发表的《电视之进步》一文，是目前为止发现的在中国最早介绍电视的文章。[2] 语言学者黄河清则主张："电视"一词的辞源来自1934年《新知识辞典》。[3] 三者分歧异见，需要进行深入系统的研究才能弥合；而详细考察民国时期"电视"一词，回顾其概念的变迁场景与历史脉络，实是

---

[1] 孙建三. 在中国Televison为什么叫"电视"[J]. 中国广播电视学刊，2004（3）：69.
[2] 谢鼎新. 民国时期国人对电视的认知[J]. 新闻与传播研究，2006（2）：62.
[3] 黄河清. 近现代辞源[M]. 上海：上海辞书出版社，2010：165.

▶第十三章

从新名词到关键词：民国"电视"概念史

经历过一段从新名词到关键词的发展过程，反映出民国时期国人对电视不断深入的认识过程。"电视"一词历经时光汰洗，由新名词转化为公众生活世界里不可或缺的"关键词"，成为人们诠释与理解世界的重要凭借。

第一节　民国"电视"词源探究

语言学者黄河清在被誉为"给出始见书证，学术价值大"的《近现代辞源》中指出"电视"一词的辞源来自1934年《新知识辞典》，是错误的。该辞典由新北书局1934年9月出版，而上海新生命书局的《新名词辞典》和商务印书馆的《物理学名词》分别出版于1934年6月和1月，时间比它都早，均收录有"电视"词条。1927年6月，《科学》杂志就刊登文章《电视之进步》，而该刊此前5月就有该文的出版。

"电视"一词是由"电"和"视"字组成的古汉语词，曾在1914年底《游戏杂志》刊登的文章《研究室丛谈》中出现："天公电视应相笑，织女星期任改名。"[①]但这不是新诗，而是出自近代诗人樊增祥《赋得女学堂十四韵》一诗中。1909年，晚清小说家陆士谔的《新上海》第三十六回就曾引用该诗。

古汉语"电视"一词收入目前最具权威的《汉语大词典》："【电视】，犹瞪视，怒视。明刘基《述志赋》：'开明怒目而电视兮，貔豹吼而山裂。'"[②]但是，明朝刘基的《述志赋》也不是"电视"词源出处。据笔者考察发现："电视"一词至迟出现于中唐文学家李翰《裴将军旻射虎图赞（并序）》一诗中。李翰，约公元762年前后存世，曾作史官，累迁翰林学士。《裴将军旻射虎图赞（并序）》叙述裴旻将军射杀群虎的英雄气概，显示军人报国安疆之志，笔墨酣畅，文采斐然。他描写裴将军射杀群虎情景，使用"电视"一词，"将威有所胜，气有所全，精专于中，志正于内。

---

① 尘城野鹤.研究室丛谈[J].游戏杂志，1914（14）：21.
② 罗竹风.汉语大词典：第11卷[M].上海：上海辞书出版社，1989：672.

故能以一人之力，战群虎之命。使锯牙钩爪，戢而莫措；雷声电视，消而不扬"。"电视"一词在该句中与"雷声"相对，译为"闪电一般看"，具"瞪视，怒视"之义。

唐代后，古汉语"电视"一词零星地出现在各朝文献之中，如元代《傅与砺诗文集》和《芳谷集》，明代《诚意伯文集》和《文章辩体汇选》，清代《四库全书》、《全唐文》和《历代赋汇》等文献。时至民国，古汉语"电视"式微；但随着英文"television"一词传入中国，赋予"电视"新意涵，反映出新兴电子技术发展的新概念。

第二节　英文"television"一词传入中国

英文"television"来自希腊语，是"远处"（tele）和"景象"（vision）的意思。1900年8月25日，法国人波斯基在巴黎国际电子大会上宣读论文，首次使用英文"television"名称，表达"将远处传来的声音和图像加以播放的工具"概念。[①]1907年6月，《科学美国人》刊载文章《电视的问题》，这是"电视"一词第一次在出版物中出现。[②] 在研究者的不懈努力下，电视技术不断取得进展。1923年，美国发明家坚肯斯将美国总统哈定的肖像从华盛顿传到费城。1923年，英国发明家贝尔德获得第一份有关电视的专利。1925年，贝尔德在伦敦第一次向公众展示机械电视机。随着远距离传送图像由梦想变为现实，英文"television"一词逐渐普及推广开来。

20世纪初期，中国已经关注到电传图像新发明。1917年6月，胡愈之翻译《美国科学报》文章发表《电传照相术》，详细阐述电传图像发明过程、原理，"近世发明家梦想电报传形术之实现，盖已久矣。电报传形与电话相似。电话可以聚千里之人晤谈一室。电报传形术则能使参商异

[①] 郭镇之.电视传播史[M].北京：北京师范大学出版社，2000：47.
[②] 欧阳宏生，等.电视文艺学[M].西安：陕西师范大学出版总社有限公司，2012：52.

地之人互相见面。……电传摄影术者，以电力将照片、图画及他种墨迹传送远地之法也"①。1920年12月，《东方杂志》刊登文章《由德律风传达影像之新发明》，介绍法国工程师贝林成功在安妥卫北大赛会试验电报传达图像新闻。1922年6月，《东方杂志》推出《无线电最近的进步》专题，并刊登美国哈定总统电传图像。1923年5月，《东方杂志》刊登文章《无线电最近的应用》，再次介绍贝林电传照像技术。在中国不断报道电传图像技术过程中，海外的中国留学生将英文"television"一词传入中国。

1924年7月，法国里昂大学中国留学生黄涓生撰写《电书与电相之新发明》在《东方杂志》发表。该文叙述贝林发明电传影像技术事迹，介绍电传图像原理方法，引进英文"television"一词，"伯兰氏尚有极大之贡献，极大之成功，曰：'电晤'（television），即在远方籍电线或无线电与人相晤"②。虽然他将英文"television"翻译成"电晤"，而不是"电视"，却引进了概念清晰的英文"television"一词。1926年9月，美国普渡大学中国留学生孔祥鹅在《东方杂志》发表文章《电传像的成功与电传影的将来》，指出"电传影在德文是Telesehen，在英文是Television"，并清晰地阐述了英文"television"的概念，"凡是把一张照像或图画，或广告等，从甲地用电力传至乙地的，通都叫做'电传像'或'电像术'，或简称'电像'或改称'传像术'，均无不可。凡把甲处的事物，传送至乙处去，使甲乙两处的人，同时异地的看到甲处事物的变化，这便叫做'电传影'或'传影术'，或简称'电景'，及有区别于普通称的'电影'"③。

在中国留学生介绍海外电视实验的过程中，英文"television"传入中国，其译名"电晤"、"电传影"、"电景"、"传影术"或"无线电传形术"等，并不统一，但概念却越来越具体。同时，英文"television"在中国开

---

① 愈之.电传照相术[J].东方杂志，1917（11）：94.
② 黄涓生.电书与电相之新发明[J].东方杂志，1924（13）：96.
③ 孔祥鹅.电传像的成功与电传影的将来[J].东方杂志，1926（22）：67.

始生根发芽,在国内学生中产生了影响。1926年12月,上海交通大学学生汪德官发表《无线电界之新发明》一文,介绍贝尔德机械电视原理,采用了英文"television"一词,"英国人贝尔德氏(John L.Baird)新发明之无线电传形术(Television)"[①]。

第三节 "电视"对译"television"渐成报刊常用语

20世纪二三十年代,西方各国积极开展电视研究。中国报刊在持续报道世界电视研制新进展的过程中,将古汉语"电视"一词作为"格义"工具,与英文"television"对译,赋予其新内涵,表达英文"television"外来概念,成为今用译词形式的新名词。

1927年5月8日,上海《申报》报道:"迩来,天文学家某氏已能利用紫烈光线,摄取天空影。英人复能应用此种光线以造电视器具(Television)。"[②]报道中,作者首次将古汉语"电视"与英文"television"对译,不再是古代"瞪视、怒视"之义,而是表达英文"television"外来概念。同月,《科学》杂志使用"电视"一词,预告将刊登文章《电视之进步》。6月,《科学》发表《电视之进步》一文介绍美国电视研制的新进展,先后5次使用"电视"一词,分别是"各种传递方法史上成功之最伟大者,电视居其一""在电视之接受方面,其影亦由于五十个蒙眼小点排列而成;惟视若紫色者,以所用之光由于灼热氖气而得也""在电视装置中,则欲传之面貌即相当于幕,电影机中之动片,周期也极速,故所见者非单片之影,乃为连续之影;而电视中之动碟亦然,上具细孔五十,其光掠过面幕一周,为时不过十五分之一秒耳""狐灯发射之光,经圆碟小孔而达传递者之面部,色呈淡黯,前则置光电池三,不啻电视中之眼也"[③]。

---

① 汪德官.无线电界之新发明[J].东方杂志,1926(23):99.
② 杨复耀.死声之发明[N].申报,1927-05-08.
③ 电视之进步[J].科学,1927(6):839-840.

▶第十三章
从新名词到关键词：民国"电视"概念史

它们表达出两种概念：第一，利用无线电波传送物体影像的装置。第二，利用无线电波传送物体影像装置传送的影像。民国对外来概念的译述方式主要是音译和意译。音译不会引起词义错位，却也未能给译词提供意义支撑，其含义只能在词形以外另加注入；意译则借助汉字的表意性，由词形透露词义，为熟悉汉字文化的人们所乐于采用。意译方式除创制新词对译外来词，更多的是以汉字古典词作为"格义"工具，通过借用并引申古典语义，表述外来概念。① 《申报》和《科学》就是采用意译方式，使用古汉语"电视"一词对译英文"television"，将"电视"一词作为"格义"工具，表达英文"television"外来概念，即"利用无线电波传送物体影像的装置"和"利用无线电波传送物体影像装置传送的影像"，赋予其新语义成为今用译词。

1927年9月，"电视"一词不仅继续在文章标题和正文中出现，而且使用频率大为增加。当年4月7日，美国商业部部长胡佛发表讲话，并由贝尔实验室电视试验系统从华盛顿传送到纽约。沈嘉瑞发表文章《美国电视试验之成功》，评论说："这是科学研究的贡献，征服自然的成绩。在人类文化史上。诚有莫大的光荣！"② 该文不仅25次使用"电视"一词介绍电视试验经过和电视原理，而且将"电视"与英文"television"直接对译，"1924年，无线电照相成功。当时测想电视（Television）也是可能之事"。③

1928年，美国发明家艾利克散德森采用机械电视系统试播电视取得成功，中国留学生孔祥鹅前往西屋电机制造研究所参观。该所所长肯纳（S.M.Kintner）"特为试演电视"。他感慨说："此次得目击'电视'之动作，实为记者生平第一快事。"④ 他为《科学》撰稿《参观电传活影机记

---

① 冯天瑜. 我为何倡导研究"历史文化语义学"[N]. 北京日报，2012-12-10（19）.
② 沈嘉瑞. 美国电视试验之成功[J]. 东方杂志，1927（17）：67.
③ 沈嘉瑞. 美国电视试验之成功[J]. 东方杂志，1927（17）：72.
④ 孔祥鹅. 参观电传活影机记实[J]. 科学，1928（3）：464.

实》，先后 11 次运用"电视"一词向国内读者介绍电视发明历史、电视原理以及电视试验演示过程。同年 10 月 21 日，《申报》报道说："电视（Television）——电视之实现，业已不远，其播送将采用短波。"① 当时，英文"television"仍有其他译法。如 1929 年，《学生杂志》刊登文章《近年无线电学发达史》和《无线电之应用》，均将英文"television"一词译为"电景"。

1930 年 7 月，周惠久在《东方杂志》连载长文《电视及其新进步》向中国民众介绍电视原理，普及电视知识，是当时介绍电视篇幅最大的文章，26 页，万余字。文章为五部分：第一部分，绪言；第二部分，从原始的电视理想说到今日成功的电视机；第三部分，电视机中几种重要部分的研究；第四部分，色电视；第五部分，结论。作者明晰阐述了"电视"的概念，"用电传达活动的景像便叫作'电视'（Television）。距我们很远的人，我们能用电话同他像在对坐一样的谈话，同样距离我们很远的景物，无论死的与活的，我们可以用电视看到，如同在眼前一样"②。

1931 年 7 月 13 日，《申报》首次使用"电视台"一词报道美国费城第一家商业电视台成立，"费府创设破天荒商用电视台将成立"③。同年 8 月，《海事》杂志刊登《电视装置之改良》报道德国电视研究的进展。1932 年 12 月 8 日，《申报》刊发专文《电视》，介绍"电视是以无线电（Radio）原理而将音影同时播送的科学发明，英名为 Television"，指出"关于这一科学，各国仍在竞争的继续研究，可以说还是试验时代"。④ 至 1932 年，"电视"与英文"television"对译关系基本固定，成为报刊常用语。

---

① 徐志芳.广播无线电话亦将趋用短波乎［N］.申报，1928-10-21.
② 周惠久.电视及其新进步［J］.东方杂志，1930（13）：75.
③ 电视术之发明［N］.申报，1931-07-13.
④ 电视［N］.申报·自由谈，1932-12-08.

▶第十三章
从新名词到关键词：民国"电视"概念史

第四节 "电视"成为反映电子技术新知识的物理学关键词

"电视"一词与英文"television"对译关系确立并成为报刊常用语后，研究者开始尝试撰写电视专著，向民众系统介绍电视的知识与原理。赵真觉就是探索者之一。赵真觉，民国电讯专家，1924年赴美国哈佛大学学习电机工程，1929年获电机工程硕士学位，归国后受聘为浙江大学工学院教授。1932年7月，他在《无线电问答汇刊》开始连载《电视学》（Television），直至1933年。该刊连续刊登电视方法概述、发影机之构造、贝氏收影机等章节内容。他对电视下了定义："电视者，乃一种技术，籍电气之传道，使远处活动，或固定之事物，表现于目前也。犹吾国俗语之'千里眼'。"[①] 虽然《电视学》（Television）未能结集出版，但作者是按照著作形式分章节编写，具有著作特点，是中国人撰写电视著作的尝试。作者将英文"television"译为"电视学"，提高了"电视"在中国学术体系中的知识地位。

1933年4月，中国人撰写的第一本以"电视"命名的著作《电视浅说》由中华书局出版。该书篇幅110页，目录如下：第一章，绪言；第二章，电视的元素；第三章，电视发明史；第四章，光、人目、电磁波；第五章，分像法；第六章，感光电池；第七章，变光灯；第八章，同步法；第九章，贝尔德电视机；第十章，柏尔电视机；第十一章，真恩斯电视机；第十二章，亚历山大森电视机；第十三章，电视的现在和将来。"绪言"中，作者阐述了电视概念："'电视'的英文名称叫做'Television'，有'远视'之意。"[②] 该书作为"电学丛书第一种"出版，系统介绍电视的知识、原理及其发展现状，受到社会欢迎，提升了"电视"知识的学术层次。

---

① 赵真觉.电视方法概述［J］.无线电问答汇刊，1932（13）：161.
② 张佐企.电视浅说［M］.北京：中华书局，1933：2.

电视知识在中国系统传播后，物理学者开始研制工作。据记载：1932年，杨教授向中央研究院蔡元培院长提出研制Television设备设法，获得支持。他聘请孙明经做助手，开始研究。两年后初获成功，自制Television设备能完成"摄取、传输、接受、还原"工作。[①] 物理学者在电视研究中遇到定名问题。1932年，中国物理学会成立大会上，教育部提请该会组织名词审查委员会，专门负责厘定物理学名词事宜。1933年4月，南京召开天文数学物理讨论会，中国物理学会受国立编译馆委托，对各方编译的草案详加整理，逐字复查。8月，中国物理学会第二届年会推举出吴有训、周昌寿、何育杰、裘维裕、王守竞、严济慈、杨肇燫等7人为物理学名词审查委员会委员审查草案。1934年1月，教育部公布由国立编译馆编订、中国物理学会审查通过的《物理学名词》。其中，有关"电视"的物理学名词有："7241，Television，电视；7242，Television color，彩色电视；7243，Television wire，有线电视。"[②] 从此，"电视"对译英文"television"一词得到官方机构的学术权威认定，成为物理学关键词。同年，"电视（Television）"作为词条，收录进《新知识辞典》和《新名词辞典》中，表达"借电波的传达而将远方的景物放送到眼前来"概念。

1935年，"电视"一词频繁出现在报刊中，英国电视科普读物《电视学浅说》（*Easy Lesson in Television*）在中国翻译出版。是年5月，陈岳生翻译英国胡馨生的《电视学浅说》由商务印书馆出版。该书篇幅252页，分八章系统介绍电视基础知识与原理。各章如下：第一章，关于电的几种基本观念；第二章，关于光的几种必要的观念；第三章，电视所用器械一瞥；第四章，电视的发送与接收；第五章，电视接收上实用要点；第六章，热电真空管及其用途；第七章，电视所用无线电收影机；第八章，电影与照相的电视。序言写道："本书之作，其主要目的在使初学者明悉电

---

① 孙建三. 在中国Televison为什么叫"电视"[J]. 中国广播电视学刊，2004(3): 69, 68.

② 国立编译馆. 物理学名词[M]. 北京：国立编译馆，1934: 152.

▶第十三章

从新名词到关键词：民国"电视"概念史

视之基本原理、实际功用，而无须先具算学、电学、光学、电学、或电视学之知识。"①《电视学浅说》在英国仅是科普读物，但在科技落后的中国却是系统介绍电视原理的科学著作。《电视学浅说》进一步提升了电视知识在中国知识体系中的层次，巩固了"电视"一词的物理学关键词地位。

第五节 "电视"渐成代表新兴电子媒介的新闻学关键词

在"电视"一词从报刊用语转变为物理学关键词的过程中，新闻学者开始关注到新兴电子媒介——电视对新闻事业的影响。1935年1月，燕京大学新闻学系出版《新闻学概观》。该书收录文章《一个新闻教授的新闻学观》，作者聂士芬教授阐述了电视对新闻事业的冲击，"'电视'（Television）如果试验成功以后，整个的报纸将要在空气中发表了。订报的人，乐意的时候坐在家里就可读"②。1936年，电视"television"出现在新闻刊物中。燕京大学新闻学系刊物《报人世界》刊登《报纸之将来》一文阐述电视对报纸的冲击，"至于电力传影（Television），影响或将较大。因其效用之便捷，将来之印刷报纸，将仅为一般搜集及剪报者所订阅，其他只需备一电力传影机，在家中或办事室墙上，即可读到报纸。至于缺点，于与无线电相似，亦不过在不便剪报及保存而已"③。该预言很快实现。1936年5月，法国在巴黎埃菲尔铁塔设置电视台播放电视节目获得成功。《申报》报道："邮电部曾于去年初试办电视（一称无线电传影），所得结果，颇为良好。乃在巴黎铁塔设置电视台，已于昨日起，开始播送各种节目。……凡有电视接收机者，安坐室中，视之听之。"④ 8月，柏林奥运会

---

① 胡罄生.电视学浅说[M].陈岳生，译.北京：商务印书馆，1935：原序2.
② 燕京大学新闻学系.新闻学概观[M].北京：燕京大学新闻学系，1935：40.
③ 聂士芬.报纸之将来[J].报人世界，1936（3）：3.
④ 巴黎铁塔设电视台[N].申报，1936-05-26.

举行，德国进行电视转播。11月2日，BBC在伦敦亚历山大宫开始电视正式播出，被认为是世界电视事业的诞生日。

抗战爆发后，新闻学者并没有停止对电视的关注。1939年4月，杜绍文在《战时记者》撰文叙述电视对报纸的冲击，特别写到电视概念，"'电影传真'亦名'电视'或'无线电传影'，英文叫做TELEVISION。它是RADIO的小弟弟。现在这个小弟弟，竟青出于蓝，……造就了天涯咫尺的奇观，真可谓音容宛在四海一家了"[①]。1941年，任白涛撰写的《综合新闻学》出版。其中，第三卷"采访技术和通信方法"的第七章"现代的高速度通信机关及其作用"之第四节即为"电视"，包括两方面内容：电视之父——白阿德；什么是电视。他解释说："电视，有如其原名，是看见远处活动景色的意思，比摄影电报更进了数步。但在中国一般的新闻杂志界，有译为'无线电传影'的；有译为'电传影像'的。"他对"电视"的译法提出意见，"最近……译为'无线电影'，虽然比较好些，但在这里权且采用专家所翻译的'电视'一名；不过单有'视'，而没有'听'，觉得仍有缺陷"。[②] 新闻学著作专门讨论电视，充分说明随着电视成为新兴电子媒介，"电视"一词已是新闻学关键词。

本章小结

综上所述，"电视"一词的词源不是1934年的《新知识辞典》，也不是1927年6月《科学》杂志的《电视之进步》；根据笔者考察发现：古汉语"电视"一词至迟出现于中唐文学家李翰撰写的《裴将军旻射虎图赞（并序）》，表达"瞪视，怒视"之义。"电视"一词的近代概念则是随着20世纪电子技术发展而产生的反映电传图像概念的英文"television"传入中国后诞生。特别是1927年五六月间，上海《申报》和《科学》先

---

① 杜绍文. 敌乎？友乎？——新闻广播与电影传真果有害于报纸么？[J]. 战时记者，1939（8）：4.

② 任白涛. 综合新闻学[M]. 上海：商务印书馆，1941：704.

第十三章
从新名词到关键词：民国"电视"概念史

后采用意译方式，将古汉语"电视"一词作为"格义"工具，对译英文"television"一词，借以表达"利用无线电波传送物体影像的装置"和"利用无线电波传送物体影像装置传送的影像"外来概念，赋予"电视"一词新语义，成为以今用译词形式出现的新名词。1932年，"电视"与英文"television"的对译关系基本固定，成为报刊常用语。1933年，中国人撰写的第一本电视著作《电视浅说》作为"电学丛书第一种"出版，成为系统化传播电视知识与原理的开端，提高了电视知识在中国知识体系中的地位。1934年，中华民国教育部公布由中国物理学会审查通过的《物理学名词》，电视、彩色电视、有线电视等电视相关名词得到官方学术权威认可，"电视"一词成为反映世界电子技术新发展的物理学关键词。这才是英文"television"命名为"电视"的根本原因。此后，新闻学者密切关注到电视这一新兴电子媒介对新闻事业的冲击，并不断在新闻学论文、期刊和著作中深入研究讨论，"电视"一词成为新闻学研究的关键词。因此，民国"电视"的概念历史，实是经历过一段从新名词到关键词的发展过程，终经民国官方学术权威部门认定，确立了"电视"一词与英文"television"的对译关系，成为反映世界电子技术新知识的物理学关键词和新兴电子媒介的新闻学关键词，并不断催生出与电视相关的词汇，如电视台、电视机、电视学、电视事业、电视业等。

"电视"一词逐渐成为物理学和新闻学关键词后，不断被收录进民国各大工具书中，如《现代语辞典》（1939年）、《中华国语大辞典》（1947年）、《新名词辞典》（1949年）、《新辞典》（1950年）；也不时出现在相关著作中，如《新闻史上的新时代》（1946年）、《现代日常科学》（1947年）、《波的奇迹——电视》（1948年）、《有声电影和电视》（1948年）等。特别是随着中共中央机关报《人民日报》1948年创刊后不断报道苏联的电视发展新成就，如《苏联文化集锦》（1949年1月13日），以及新中国成立后不断修订出版的《物理学名词》（1950年、1953年、1956年），"电视"一词及其概念逐渐融入新中国话语体系，流传至今。

第十四章

从新名词到关键词：民国"新闻自由"的概念史

近些年来中国当代重要政治术语形成的研究，使得著名观念史学者柯林伍德的名言"历史知识沉淀于特定观念"变成了"历史沉淀于词汇"。确实，观念是指人用某一个（或几个）关键词所表达的思想，是组成思想体系（意识形态）的基本要素，它可以用关键词或含关键词的句子来表达。人们通过它们来表达某种意义，进行思考、会话和写作文本，并与他人沟通，使其社会化，形成公认的普遍意义，并建立复杂的言说和思想系统。[①]"新闻自由"一词就是其中代表之一。新闻自由被视为出版自由或言论自由在新闻活动中的体现，它既是民主政治制度的表征，也是新闻体制的核心问题；它不独是传媒工作者的专有权利，而是公民的一项基本权利。新闻自由作为新闻工作的理想信念和公民知情权的思想基础，是新闻传播学的关键词，其理论及实践的相关问题经常是新闻学研究的热门话题。但是，习用已久的"新闻自由"且存在着"日用而不知"状态，如"新闻自由"作为"新名词"何时出现？怎样进入民国政治话语体系？如何推广普及成为民众普遍接受的关键词？其内涵变化如何？其背后蕴含的政治斗争如何？如何融入新中国的政治话语体现？检讨民国时期"新闻自由"的概念发展，回顾其变迁场景与历史脉络，它不仅是从"新名词"到

[①] 金观涛，刘青峰. 观念史研究：中国现代重要政治术语的形成[M]. 北京：法律出版社，2009：3.

▶第十四章
从新名词到关键词：民国"新闻自由"的概念史

"关键词"的话语转变，而且是新闻界探索新闻自由的理论发展过程，更是各方政治势力围绕新闻自由进行政治抗争的反映。

第一节　国际新闻自由传递的呼吁中，"新闻自由"新名词"意外"登场

在世界上，有多种语言对新闻自由与出版自由使用了同一词。有研究者认为："除了技术层面有差别以外，在政治、法律的层面上，新闻自由和出版自由是一样的。"① 有学者则对"出版自由"和"新闻自由"概念更替进行了简单的历史性叙述："'新闻自由'最早与'出版自由'概念互通。因为报纸自由出版，无疑是属于出版自由的一个重要部分。但是，随着电子新闻的兴起，'出版自由'概念日见困窘，它无法包纳'新闻自由'中所应有的许多内容。于是，第二次世界大战以后，'新闻自由'这一术语遂普遍被采用。"② 也有研究者认为："'新闻自由'这一概念迟至1944年美国发起信息自由运动后才开始传入中国。"③ 笔者也曾撰文认为：1938年7月，新闻学者任毕明出版的著作《战时新闻学》第四章"几个解决的问题"中先后两次使用"新闻自由"一词。但另有研究者指出，"《国际报界专家会议时之报告书》中有如下记录：……根据新闻自由之原则，苟国家犹保存平时检查闻之举，则记者至少必须要求左列之保证：（一）检查电报之法，必须由专门家管理，检查之后，须立即发出……此份报告书与1927年在瑞士日内瓦召开的国际新闻专家会议有关，笔者初步判断此报告书中文文本的提供者为戈公振。以笔者现有掌握的材料看，此处应是中文'新闻自由'的首见书证，即可以此断言：'新闻自由'在中文世

---

①　孙旭培. 新闻自由在中国［M］. 香港：香港大世界出版公司，2013：序言3.
②　黄旦. 新闻传播学：修订版［M］. 杭州：杭州大学出版社，1997：102.
③　路鹏程. 言论自由、出版自由与新闻自由概念传入中国的历史考察［J］. 中国传媒报告，2009（4）：68.

207

界中的出现不晚于1930年"①。不过，如果细致地研究该中文"新闻自由"出处，其所引用的黄天鹏出版的《新闻学名论集》（1930年）已是再版之书，其原版出版时间是1929年10月；而该论集收录的《国际报界专家会议时之报告书》原文曾刊登于1927年7月25日《东方杂志》发表的戈公振日内瓦通讯《国际报界专家大会之先声》之中。②但是，在同年10月10日，戈公振在《东方杂志》发表的《国际报界专家会议记略》一文中，在翻译的"国际报界专家会议决议案"中，对上述相同内容的译文却没有采用"新闻自由"的译法，换之为"新闻之自由"，"本会在原则上反对限制新闻之自由，认为除在特别情形下及具充足理由外，检查法不应成立或保存。……本会以为各种检查法，应立即并永远取消，然因检查法在各国尚有保存者，此极与新闻之自由原则相反"。③是年11月，戈公振出版的《中国报学史》也采用了"新闻之自由"表达"新闻自由传递和发表"之义，"新闻之自由传布及公表，乃绝对必要。……盖新闻之传布若不自由，则人以为不确，对于报纸所载，期以怀疑之心对之，而不肯深思熟虑之矣。自由传布之者，即电信对于一切无不公开容纳之"④。

其实，"新闻之自由"的表达方式在中国早已有之。如1906年8月，胡汉民曾发表文章指出："三大自由，良心之自由、新闻之自由、及集会结社之自由，其法律之规定，甚重大之件也。"⑤1914年12月，章士钊也曾言："新闻之自由，已无是物矣，至是更禁刊焉。"⑥现在，我们很难猜测戈公振当时是"新闻之自由"之笔误，新造了"新闻自由"一词，还是将"新闻之自由"文言文表达简化造成了"新闻自由"新词。但是，1927年7月，戈公振在日内瓦通讯《国际报界专家大会之先声》首次使用的"新

---

① 周光明.中文"新闻自由"概念考略[J].国际新闻界，2014，36（10）：109.
② 戈公振.国际报界专家大会之先声[J].东方杂志，1927（14）：30.
③ 戈公振.国际报界专家会议记略[J].东方杂志，1927（19）：23.
④ 戈公振.中国报学史[M].北京：中国新闻出版社，1985：235-236.
⑤ 去非.俄国立宪后之情形[J].民报，1906（6）：114.
⑥ 章士钊.章士钊全集：第3卷[M].上海：上海文汇出版社，2000：279.

▶第十四章
从新名词到关键词：民国"新闻自由"的概念史

闻自由"一词并没有得到推广，且他多次使用"新闻之自由"表达。这至少表明：戈公振已经具备了强烈的"新闻自由"意识。

事实上，"新闻自由"新名词是在国际领域新闻自由传布的强烈呼声下应运而生的。随着一战后世界交往和联系的加强，在各国新闻界人士和国际联盟等组织积极推动下，国际领域的新闻自由传布呼声此起彼伏。1921年10月，世界报界大会在檀香山召开。来自世界50多个国家的2300余名代表参加了此次盛会，中国新闻界派出了6名代表参加。会议通过了六大决议案，新闻自由传布（报道和传递）成为讨论议题。香港《南华早报》编辑就曾演说："我们曾经常听说新闻自由（liberty of the press），从我个人观点出发，我们应该为这个古老的话题观点鼓掌叫好。……虽然完全的自由是每个诚实的新闻工作者都愿意享受的。我想一个明确的广泛运用的新闻自由到底意味着什么的概念，应该在这个会议上提出来。"① 大会通过决议，成立常设促进言论自由委员会处理和讨论新闻自由（freedom of the press）问题。②1927年，戈公振出版的《中国报学史》曾引用了董显光参加该世界报界大会发表的演说："出版自由及无限制传布新闻之两问题，根本上关系一切国家政府及人民，不独关系新闻家而已。……惟无限制的传布新闻，纵不能改良人之心思，要能增进人之智慧。"③

1927年8月，国际报界专家会议在日内瓦召开，36国118位代表参加了会议。戈公振作为中国新闻界代表参会并发言。大会通过十大决议案。他对十类决议案进行分类："一属于交通者，二属于运输者，三属于便利者。换言之，即一新闻纸搜集，二新闻之传递，三新闻纸之运输。是夫搜集新闻，贵有充分之自由。为与以种种便利，故有旅行赋税护照执照等案；为充满其知识，宜与以种种修养，故有学校学额等案。此第一步

---

① WILLIAMS W. The press congress of the world in Hawaii [M]. [S.l.]: E. W. Stephens Publishing Company, 1922: 346.
② WILLIAMS W. The press congress of the world in Hawaii [M]. [S.l.]: E. W. Stephens Publishing Company, 1922: 367.
③ 戈公振. 中国报学史 [M]. 北京：中国新闻出版社，1985：235-236.

也。传递消息,恐言不尽意,故有电报电话减费等案,期其无滞留,故有优先权等案。此第二步也。新闻在印刷以前,为防止不正当之竞争,故有保护等案。此第三步也。出版以后,欲其分布迅速,故有报纸运输邮局定报等案。此第四步也。为明报纸与社会之关系,故有国际合作道德上之裁兵等案。此第五步也。如此,则报纸之能事尽,故自逻辑上言之,三者互相为用而不可或缺。"[①] 从十大决议案看出,国际报界专家会议力图解决国际领域的自由采访、传递、发表等新闻自由问题,以增进民族感情,促进世界和平。正是这种经历和背景,戈公振具备了强烈的"新闻自由"意识。

第二节 新闻统制与检查中,"新闻自由"新名词渐受关注

1927年7月,戈公振在《国际报界专家大会之先声》中首次使用"新闻自由"新名词后,虽未得到推广,但开始零星闪现,且渐受新闻界关注。1929年10月,黄天鹏整理编辑出版《新闻学名论集》一书,搜录有戈公振的《国际报界专家会议时之报告书》,"新闻自由"再次出现。该书出版后,反响不错,1930年进行了再版,"新闻自由"再次出现。当时,学术界和新闻界仍沿用"新闻之自由"表达新闻自由概念。如1929年,张士林翻译出版拉斯基所著《政治典范》。该书用"新闻之自由"表达出明确的新闻自由思想,"报纸应有攻击政府之自由,发表新闻之自由,传布其主张之自由,其所受之惟一限制,曰毁人名誉律"[②]。

当时,南京政府实施新闻统制政策,颁布新闻出版检查法令,建立新闻检查所,实施严苛的新闻图书检查制度,引发新闻界的不同讨论,呈现出各种新闻自由观念的交锋和斗争。1934年,陈斯白在《新闻事业与自由》一文中叙述了"自由论"和"限制论"两种不同的新闻自由观念,

---

[①] 戈公振.国际报界专家会议记略[J].东方杂志,1927(19):17.
[②] 拉斯基.政治典范[M].张士林,译.上海:上海商务印书局,1929:100.

第十四章
从新名词到关键词：民国"新闻自由"的概念史

"新闻事业与自由，成为国内政争者发挥议论焦点之一。自由论者谓：言论应该绝对自由，新闻事业应该处于绝对自由之境地。限制论者谓：言论当统一于某种政策之下新闻事业随之应该接受某种政策之统制。前者以天赋人权为理论之出发点，以法国大革命时之人权宣言为标榜。后者以一党专政之立场为出发点，以我国政情复杂需要统一言论作口实"。他批评两种观点都有所偏颇，认为："操持新闻事业者，消极的，在不妨碍国家利益范围内应有言论之自由；积极的，在增进国家利益之范围内应有言论之自由。"①

随着社会主义苏联的兴起，国际领域内的新闻自由思想争锋逐渐兴起。无产阶级新闻自由思想在中国开始传播，但其采用"新闻之自由"的表述方式。如1936年，张友渔（笔名张忧虞）出版了《新闻之理论与现象》一书，翻译了《列宁全集》中"关于新闻之自由"论述，"资本家（怯弱的阶级的愚蠢之多数社会革命党及孟塞维克，也和他们是一丘之貉，）把新闻之自由，规定为对于检阅官之压迫及各政党之支配而能够自由地发行新闻的力量。实在，那决不是新闻之自由，而不过是欺骗人民中之被压迫、被榨取着的大众之富有阶级及布尔乔亚基的自由罢了。在布尔乔亚社会里的所谓新闻之自由，是对于富有阶级，给与组织地、不绝地、每日售卖数百万的邪恶的力量的，是对于他们，给与欺骗贫穷、被压迫、被榨取着的大众的力量的"②。同时，德国纳粹党推行法西斯统治后，引起中国学者的关注。1937年，周子亚发表文章谴责德国法西斯独裁统治，采用了"新闻自由"新名词，"希特勒认为日耳曼新文化之敌人有二，一为德谟克拉西运动，一为布尔希维克主义。自由教育、议会制度、新闻自由、言论自由、选举自由，均为民主制度之产物，与德意志之精神不相契合，已为一一淘汰"③。

---

① 陈斯白.新闻事业与自由[J].江苏月报·江苏新闻事业专号,1934(3):1.
② 张忧虞.新闻之理论与现象[M].太原：太原中外语文学会,1936:32.
③ 周子亚.国社党执政下之德国教育及其文化概况[J].教育杂志,1937(5):110.

全面抗战爆发后，国民参政会通过《确立战时新闻政策的决议》，希望政府改善新闻检查制度，实施合理的新闻检查工作。新闻界人士积极表态："在合理的限度下，我们不反对新闻检查制度，尤其是在对外争取民族独立解放的斗争的现阶段，为避免无形中供给敌人情报材料，为了健全战时新闻政策，暂时新闻检查局的设立，更是迫切的需要。"①1938年7月，任毕明感时而作《战时新闻学》，系统阐释"战时新闻学"理论。该书第四章"几个解决的问题"中探讨了"检查制度与言论自由"问题，先后两次使用"新闻自由"一词，"在抗战期间，最大的自由，是从'抗日第一''民族利益'之下而产生的所谓自由，绝对不能超出这个范围以外。同时，大家都要明白，'言论自由'和'新闻自由'也有区别。我们不能反乎法律的限制而乱登破坏别人名誉的新闻，不能在法律公安秩序之外，不负责地'有闻必录'。同样，我们此时不能破坏抗战政策的限制而有'新闻自由'"②。但是，任毕明并没有阐述"新闻自由"概念。

虽然，"新闻自由"新名词还没有得到社会各界的认可，但是随着二战形势的急剧变化，其出现频率增加。1940年1月23日，《申报》刊登国际电讯说："德国、苏联或日本倘获有胜利，则正义言论自由、新闻自由、国际合作以及基督教义所报据之基本原则，势必沦于末日。"③2月12日，《申报》又报道说："对于德国蓄意出以敌视的表示，是即矫伪的中立，盖不论何国，倘欲享受中立和益，即需遵守某某种义务，实未可以民主政治与新闻自由为口实也。"④1941年，《诗垦地丛刊》甚至刊登《新闻自由》小诗，表达了对法西斯新闻统制对新闻自由迫害的控诉，"扔下王冠的英雄们／夺回新闻的自由，因为你们的声音／是人民眼睛。坚持新闻的自

---

① 赵家欣.新闻检查与言论自由[J].战地记者，1939（11）：10.
② 任毕明.战时新闻学[M].汉口：光明书局，1938：67.
③ 美基督教名流发表宣言 向英法中三国表示深切同情[N].申报，1940-01-23.
④ 戈培尔发表谈话 德需要殖民地 列入作战目标之一 并反对矫的中立[N].申报，1940-02-12.

由！看，希特勒的欧罗巴／地下火腾空而起，报纸／在地下室透明……"[①]

世界法西斯主义新闻自由理论在中国也有体现。1943年，管翼贤参考日本和德国新闻学著作编撰出版《新闻学集成》。该书第6辑"自由主义新闻的崩溃与新课题"一章介绍了德国新闻学家加尔鲍姆博士的著作《德国的新闻自由》。他先后使用了8次"新闻自由"一词，为法西斯新闻统制理论辩护："为要正确的把握新闻自由的概念，首先第一必须明确的知道究竟'新闻自由'这句话是什么意思。因为'新闻自由'的概念，恰好和舆论的概念相似，乃是一种政治的标语，可以因地制宜，任意使用。因国家不同，而有种种意义。……那么，我们应该了解，这所谓新闻自由的概念，是随着世界观和国家观的变化而有如何的变化了。新闻自由的概念，不仅从国家政策的立场去解释，而且要从该国新闻的特殊经济机构去解释。这种例子很多，譬如就是在国法上明确的规定着新闻自由权的国家，……我想提出这样的问题，就是所谓新闻自由这个理念应该保护？"[②]确实，二战前中期，随着德意日法西斯在战场上的胜利，法西斯国家新闻统制大行其道，新闻报刊逐渐沦落为法西斯战争的宣传机器，新闻自由荡然无存；而民主国家则开始纷纷实行战时体制，加强战时新闻检查，限制新闻出版自由，在世界和平局势危急之际，国际新闻自由更是不容乐观。而中国，抗日战争进入防御阶段，新闻检查严厉实施，新闻自由程度有限，新名词"新闻自由"虽受关注，也零星闪现，但未得推广的契机。

第三节 响应国际新闻自由运动中，"新闻自由"一词融入政治话语体系

"新闻自由"新名词在中国逐渐兴起并融入民国政治话语体系，有着深刻的国际和国内背景。国际上，随着欧洲第二战场的开辟，反法西斯战

---

① 祥麟.新闻自由［J］.诗垦地丛刊，1941（6）：25.
② 管翼贤.新闻学集成：第6辑［M］.北平：中华新闻学院，1943：38-39.

争迎来胜利的曙光。罗斯福政府在国情咨文中提出"四大自由"主张，即言论和发表意见的自由、个人以不同形式崇奉上帝的自由、不虞匮乏的自由、不虞恐惧的自由。美国新闻界鉴于法西斯独裁者垄断新闻业制造战争舆论的教训，为加强各国人民利用新闻了解世界变化真相和促进感情交流，决定发动以新闻自由永保世界和平的"国际新闻自由运动"。1944年4月，美国报纸编辑协会在华盛顿召开年会，决议在全球范围开展一场推广新闻自由原则的大规模行动，以利用国际条约的形式来废除新闻检查制度、垄断制度和歧视制度。由于国际新闻自由运动倡议和掌控国际新闻领导权的需要，符合美国战后对外输出自由民主意识形态的国际战略，美国政府积极响应。在国内，抗战局势发生变化，外交上，中国对美国政策亦步亦趋；军事上，抗日战争进入战略反攻阶段；政治上，轰轰烈烈的民主宪政运动开展起来。思想上，自由主义兴盛起来，自由主义者要求自由的呼声日渐高涨，甚至喊出："我们需要什么？第一，是自由！第二，是自由！第三，仍是自由！"新闻出版界为争取新闻出版自由进行了不懈抗争。5月，张申府、张静庐等50余人联署重庆文化界对言论出版自由"意见书"，呼吁取消新闻、图书、杂志审查制度，"拒绝检查、拒绝审查"。国际新闻自由运动废除新闻检查制度的目标与中国争取新闻出版自由的诉求相吻合。正是在这种国内外时局变化的背景下，中国新闻界积极宣传报道国际新闻自由运动，"新闻自由"逐渐流行开来。

1944年六七月间，各大报刊虽然响应国际新闻自由运动，但在新闻报道中并没有采用"新闻自由"，而多以"言论自由"来表达。如6月11日，《新华日报》短评采用了"言论自由"一词："新的民主世界，人民的言论自由是重要标志之一。"[①] 7月15日，《中央日报》报道说："消除或减少战时新闻自由交换所受之限制。"该句"新闻自由"中的"新闻"应与

---

① 赞成美国报纸编辑协会的意见[N].新华日报，1944-06-11.

▶第十四章
从新名词到关键词：民国"新闻自由"的概念史

"战时"相连，"自由"与后面的"交换"相连。同日，《大公报》发表消息《便利新闻自由交换，美研究国际协定之可能性》，"新闻自由"也没有独立成词，"自由"与"交换"连接更为紧密。

随着1944年八九月间美国政界积极表态支持国际新闻自由运动，中国新闻界给予极大关注，"新闻自由"一词开始频现报端。《中央日报》先后在《本周三国会议将讨论保持和平问题，威尔斯论世界须保障新闻自由》（8月29日）、《各国保障新闻自由，美将提建议》（9月12日）、《世界新闻自由美拟就建议书》（9月14日）、《研究新闻自由议案，建议和平条约中规定保障条款，美参院将开始进行》（9月20日）、《以国际契约保证全世界新闻自由，美参众两院通过法案，美报赞我新闻检查尺度放宽》（9月23日）、《新闻自由与世界和平》（9月24日）、《美参议员主张新闻自由，应列入和议中》（9月27日）、《新闻自由政策，全美一致拥护》（9月28日）等新闻标题中使用了"新闻自由"一词。《新华日报》连续刊登《以新闻自由保持和平，美将向各国提建议》（9月12日）、《赫尔拥护新闻自由，要使这项原则获得全世界普遍承认》（9月16日）、《自由的人民有发表新闻权，美参院研究新闻自由案》（9月20日）、《保证新闻自由，美参众两院一致通过》（9月23日）、《新闻自出原则应该列入和约——美国参议员这样主张》（9月27日）、《新闻自由政策全美报界拥护》（9月28日）等新闻标题，也使用了"新闻自由"一词。9月29日，《大公报》发表社论《赞成新闻自由》，对国际新闻自由运动表达美好愿景，"新闻自由已是世界趋势的必然"，呼吁中国"赞成美国方面新闻自由的运动，在国内我们正逐步走向新闻自由"①。

"新闻自由"频现报端之时，国民党中宣部新闻处处长马星野积极进行"新闻自由"演讲。9月14日，他在国民党中央团部演讲《新闻自由与世界和平》，介绍国际新闻自由运动兴起过程，阐述以新闻自由保障世界

---

① 赞成新闻自由［N］.大公报，1944-09-29.

和平的四大理由，特别指出"新闻自由"概念是"采访及发电之自由及采用收登之自由"[①]。9月15日，他在重庆中央社演讲《新闻自由与中央通讯社》，阐明"国际新闻自由"的核心是"各国通讯社有在他国采访新闻的自由，各国通讯员有在他国应用电话电报的自由，各国通讯社有在他国出卖稿件的自由"[②]。

11月20日，中国新闻学会召开第三届年会，政界人士与新闻界人士共200余人出席。"新闻自由"成为各位政要发言的常用词。陈立夫演说：新闻自由的取得必须融入"争取民族自由解放的斗争中"。李俊龙致辞表示：希望发挥新闻自由，争取国家民族之自由。大会对"新闻自由案"进行热烈讨论，通过"响应新闻自由案"决议："值兹自由战争将获全胜，世界和平亟待重建之时，我盟邦美国本其自由平等进取之精神，起而作新闻自由之倡导，谋以国际协定，打破一切不合理之限制垄断与歧视，求取新闻来源之开放，电讯交通之通畅，新闻堡垒之扫除，以实现采访自由、传递自由、接受及发表自由之三大要求。本会聆悉此讯，深佩远见。爰经全体会员之一致决议，郑重声明，对上述新闻自由之原则，完全赞成，并赞同以国际协定，保证其实施。"[③] 会上，金诚夫等提出"厉行国内新闻自由案"。《中央日报》《新华日报》《大公报》等各大报刊对该会议进行了积极报道，美国给予充分肯定。美国合众社特意发来贺电，对中国新闻界热情支持新闻自由运动表示感谢。"新闻自由"在中国新闻界响应美国发端的国际新闻自由运动过程中被新闻界重新接纳，并确定成形，表达"采访自由、传递自由、接受及发表自由"概念，逐渐融入民国政治话语体系，成为社会各界政治表态的政治流行语。

[①] 马星野.新闻自由论[M].南京：中央日报，1948：9.
[②] 马星野.新闻自由论[M].南京：中央日报，1948：22.
[③] 中国新闻学会三届年会隆重举行，出席会员及来宾共二百余人[N].中央日报，1944-11-21.

▶第十四章
从新名词到关键词：民国"新闻自由"的概念史

第四节 迎接国际新闻自由运动代表，"新闻自由"成为政治斗争口号

1945年初，在世界反法西斯战争胜利的前夜，"新闻自由"成为各方政治势力的斗争口号，变成中国社会政治话语体系的关键词。中国各方政治势力对"新闻自由"的政治诉求有异，并围绕新闻自由开展针锋相对的政治斗争。

为了向世界各国推广国际新闻自由运动，并在运动中取得领导地位，美国报纸编辑协会决定派遣由《纽约先驱论坛报》副主笔福勒斯特、《亚特兰大宪报》主笔麦吉尔及哥伦比亚大学新闻学院院长亚更曼组成的三人代表团，前往世界各国考察新闻自由状况。1945年1月开始，三人先后前往11个国家的22个城市访问，中国报刊对他们的行程及各国态度进行了追踪报道。1月18日，中国新闻学会第四届理事会确定"以新闻自由问题为本年度研究中心之一"，成立新闻自由问题委员会，决定搜集及整理资料，研究新闻自由问题。1月底至2月初，马星野主持新闻自由问题研究委员会先后召开两次座谈会。3月28日，美国报纸编辑协会三代表抵达重庆，考察中国新闻自由状况。中国各地报刊对他们的到来进行大篇幅、密集性报道。

3月29日上午，美国报纸编辑协会三代表先后拜会国民党中宣部部长王世杰、中国新闻学会理事长萧同兹、行政院院长孙科、国民党中央秘书长吴铁城，同他们交换新闻自由意见。王世杰表示："自新闻自由运动在美国发展后，中国人士对之极感兴趣，中国在战后很可能废除检查制度，中国目前在战时，对于检查尺度，时时力求放宽。"[①]下午，美国新闻处举行中外记者招待会，欢迎福勒斯特、麦吉尔、亚更曼等到来。会后，他们

---

① 美报界三代表拜会王部长等，交换新闻自由意见[N]．中央日报，1945-03-30．

前往大公报馆参观座谈。

3月30日，《中央日报》发表社论将他们视为"新闻自由使者"，表态说："无论中国人民和政府，均以极大兴趣与热心，赞成这一有意义的运动。……我们赞成新闻自由，赞成彻底而普遍全世界的新闻自由，且希望此一合理有益之事，能载诸将来之世界宪章。"①《大公报》社论将他们比作"新闻自由的传教士"，阐述新闻自由的基本内容和实现途径，"美国同业发起新闻自由运动，主张采访自由，传递自由、接受及发表自由，我们无条件无保留的赞成。我们不特赞成此原则，并准备为此原则尽力奋斗。新闻自由有绝对的必要，它必将对今后的世界有绝大的贡献。我们以为实行新闻自由的途径甚为简单，就是在国内取消新闻检查制度，在国际间要彼此采访自由，不尽有什么保留的条件"②。

3月31日，《新华日报》刊登社论控诉国民党压迫新闻自由，"在中国，提起'新闻自由'真是令人啼笑皆非。……据统计，国民党政府为管制报纸、通讯社、新闻记者及图书杂志出版事业、书店、印刷所和戏剧电影，颁布了二十九种特别法规。……内容无所不包"③。然后，汇集《云南日报》、昆明《正义报》、成都《华西日报》、昆明《自由论坛》等各地报刊"对于新闻自由的痛切呼吁和对民主主义政策和殷切向往的部分材料"，论证"新闻自由是民主的基础"的观点。

此时，一场无硝烟的新闻自由斗争在重庆悄然打响。《新华日报》刊登的社论本身就是新闻自由斗争的实践产物。3月29日，美国新闻处召开中外记者茶话会，《新华日报》记者向美国代表反映该报欢迎他们到来的社论因国民党新闻检查未能刊登，亚更曼表示"颇为异常，望得读原文"。由于亚更曼过问此事，才使该社论得以刊登。3月30日，《中央日报》《大公报》虽然分别发表社论积极表示赞成新闻自由运动，但对新闻自由的理

---

① 拥护新闻自由，欢迎美国同业代表团[N].中央日报，1945-03-30.
② 欢迎新闻自由[N].大公报，1945-03-30.
③ 新闻自由：民主的基础[N].新华日报，1945-03-31.

> 第十四章
> 从新名词到关键词：民国"新闻自由"的概念史

解则有所区别，最大分歧是新闻检查制度。《中央日报》认为新闻自由是相对的，承认"战争中有某种检查制度"，辩解说："今日之检查，仅以维持抗战及公共安全之必要为限度，且在日益放宽尺度。"①《大公报》社论则认为新闻自由是绝对的，获得新闻自由途径就是在国内取消新闻检查制度，并对中国新闻自由状况进行论述，认为"一、中国有四千多年的文化，并首先发明了印刷术，但却从来没有过新闻自由与言论自由。……二、中国自古以来就是统制思想，干涉言论"②。这使国民党中央宣传部极为不满。3月31日，马星野亲自执笔撰写社论《中国言论界的自由传统》，指出以上两大观点"似乎与历史事实略有出入，……对于这个论断认为有讨论之余地"。他针锋相对地提出"中国言论界有自由传统"的观点，认为："研究四千年中国历史，觉得言论界之自由与独立，乃是中国可宝贵的传统；……中国所以有四千年的文化，正因为我们国家有四千年的言论自由之传统，……我们值得重视的，是中国四千年来一贯的民本主义精神，一贯的反对暴君，一贯的尊重清议，一贯的有是非有善恶，如果我们一笔抹煞，以为新闻自由、言论自由都是舶来品，这个荒漠如何能种新的花果。"③

延安《解放日报》也参加到这场新闻自由斗争中来。4月1日，《解放日报》刊登新华社专电，编辑独具匠心地将"倡导新闻自由"六字用黑体大字印刷，同时对国民党为新闻检查制度辩护的言论用编者按的形式进行严厉批评。王世杰在接见美国三代表时说："中国政府亦必愿意在战局好转与敌人宣传无效的情形下，而逐渐放宽检查。"《解放日报》在编者按中批评说："去年秋，国民党当局曾宣布放宽新闻检查尺度，而事实上是压迫人民言论较前更厉害了。"④当晚，美国代表麦吉尔访问新华日报社并与

---

① 拥护新闻自由，欢迎美国同业代表团 [N].中央日报，1945-03-30.
② 欢迎新闻自由 [N].大公报，1945-03-30.
③ 中国言论界的自由传统 [N].中央日报，1945-03-31.
④ 美编辑人协会代表在渝，倡导新闻自由，各国政府不得压制人民的舆论 [N].解放日报，1945-04-01.

工作人员交流新闻自由的意见。当看到被删得支离破碎的送检稿样后,他惊异地说:"在美国除了军事检查之外,没有政治检查,新闻自由受宪法保障,检查新闻是违反法律的。"①

国民党最高当局则频频发言支持新闻自由。4月2日,蒋介石接见了福勒斯特、麦吉尔、亚更曼。在谈话中,他表示"对新闻自由之原则,甚表赞同"。4月5日,在重庆复旦新闻馆落成典礼上,国民党元老于右任发表《新闻自由万岁》演讲,阐明国际新闻自由运动的影响和新闻自由的内涵,"大家知道新闻自由的内容,是报道自由,采访自由,传递自由,发布自由。这几种自由在此次大战前统包括在'言论自由'里面"②。

《中央日报》与《大公报》关于"中国自古有无言论自由"之争引发了研究者的关注。成都《华西日报》主笔黎澍(共产党员)撰写《中国自古无言论自由》一文有力回击了马星野"中国自古就有言论自由的传统"的论调,"马星野胡扯几节毫不相干的历史,就给可怜的中国言论界证明早已有了这么一个'自由传统';到后来,马星野越说越嘴滑,竟把一班倒霉的老祖宗说得摩登起来。简直认为早有宋朝被视为中国最初形态的报纸就在享受'新闻自由'"③。他后来撰写《言论自由古史辩》进一步阐述自己的观点。

4月3日,福勒斯特、麦吉尔离渝乘机飞往印度和澳大利亚继续考察,亚更曼留渝处理中央政治学校新闻学院事宜。美国报纸编辑协会代表来华考察,给中国各方政治势力展示新闻自由态度的舞台。国民党方面,《中央日报》作为国民党中央机关报,积极表态支持美国主导下的国际新闻自由运动;国民党中央高层政要,如王世杰、马星野等在各种场合宣扬新闻自由,阐述中国的新闻自由状况,以博取美国代表的好感;在舆论上频频

---

① 麦吉尔参观本报,中国的检查使人吃惊[N].新华日报,1945-04-02.
② 全国政协文史资料研究委员会,中国国民党革命委员会中央宣传部.于右任文选[M].北京:中国文史出版社,1987:453.
③ 黎澍.中国自古无言论自由[J].大学月刊,1945(5-6):64.

表现出高姿态，体现其唯美国马首是瞻的亲美外交政策，对内则故作尊重民主自由姿态而将新闻自由粉饰为新闻检查制度的门面。共产党方面，《新华日报》作为中共中央南方局机关报则将"新闻自由"作为新形势下在国统区争取言论新闻出版自由的口号，并在实践层面乘机揭露国民党高唱"新闻自由"之虚而严行新闻检查之实；甚至一直旁观的延安《解放日报》也直接批判国民党高层新闻自由的虚假言论，对新闻自由表示出谨慎态度。中间势力，则以《大公报》为代表，受抗战胜利前后自由主义思潮甚嚣尘上的影响，对美国主导的国际新闻自由运动表达了美好愿景，坚信新闻自由的绝对性，对新闻自由充满美好幻想，同时对国民党高唱新闻自由的论调进行了针锋相对的斗争。在中国各方政治斗争中，美国报纸编辑协会代表对中国的新闻自由真实状况心知肚明。6月，他们在公开发表的《世界新闻自由报告》中毫不客气地写道："许多政府以战争安全做籍口，将报纸加以政治上的控制，有些政府领袖对于新闻自由的未来用了'口惠而不至'的办法；……中国没有新闻自由，在绘制的世界新闻自由图中，中国被涂成一片漆黑的（黑代表没有自由）。"[①]

第五节　新闻自由争论声中，"新闻自由"成为学术关键词

美国报纸编辑协会代表团来渝一周，宣扬国际新闻自由运动，考察中国新闻自由状况，增强民国新闻界对国际新闻自由运动的认识，获得从舆论到行动的积极响应和支持。特别是由此引发的中国政治势力各方对新闻自由的争论，不仅使得民众对新闻自由概念的理解加深，而且让"新闻自由"频现报端。笔者根据中央日报数据库、申报数据库、民国时期期刊篇名数据库、人民日报图文数据库等电子资源，制作"1945—1949年报刊使

[①] 马星野.新闻自由论[M].南京：中央日报，1948：48.

用'新闻自由'量表",发现:从 1945—1947 年,渐有增长;1948 年达到高峰;1949 年回落。这种变化与当时中国时局变化和联合国新闻自由会议召开密不可分。在此过程中,"新闻自由"由社会政治话语体系向学术话语体系渗透,逐渐成为学术关键词。

表1　1945—1949 年报刊使用"新闻自由"量表　　单位:次

年份	《中央日报》数据库·标题	民国时期期刊篇名数据库·标题	《申报》数据库·全文	人民日报图文数据库·全文
1945 年	18	10	11	0
1946 年	19	75	15	6
1947 年	22	72	10	9
1948 年	26	274	18	8
1949 年	5	8	0	9

1945 年 7 月,张西林的《最新实验新闻学》在香港出版。该书第 18 章的标题就是"新闻自由",第一、二节分别为"国际新闻自由运动"和"中国新闻自由",指出:"国际新闻自由运动已由理论跨入行动的阶段,已由人民的意见变成政府决策,已由美国一隅的意见变成国际共同的呼吁了。"[①] 是月,以"新闻自由"直接命名的书籍开始在社会上流传。朱培璜的《新闻自由》一书由重庆侨声书店出版,共收录《新闻自由的几个问题》《新闻自由——人权的柱石》《美国的新闻自由》等 12 篇文章。同年 12 月,桑榆撰写的《新闻背后》由上海复兴出版社发行。该书章节探讨的"第三类问题"就是"新闻自由问题",叙述了美国"新闻自由"的发展历史。"新闻自由"逐渐进入学术研究的话语体系。

同时,关于"新闻自由"英译名称的争论也在社会上兴起。1945 年 7 月,重庆读者陈宣致信《实用英文》编辑部,请教"新闻自由"一词的英语翻译问题。编辑刊登回复认为:"Freedom of the Press,本刊译作

---

① 张西林.最新实验新闻学[M].香港:中华文化出版社,1945:223.

第十四章
从新名词到关键词：民国"新闻自由"的概念史

'报纸自由'，盖因 press 指 the newspapers generally（见 Concise Oxford Dictionary，p.908）。一般华文报译作新闻自由，等于 freedom of the news。"[1] 马星野发表《出版自由论》一文对此作出回应，特别论述言论自由、出版自由和新闻自由的区别。他认为：新闻自由与出版自由的区别是新旧问题，"'新闻自由'之名词，为晚近所提出，其较旧之名词，则为'出版自由'"。而言论自由与出版自由是发表意见方式的差异，"在英美各国，'言论自由'（Freedom of speech）乃指以口舌发表意见之自由；'出版自由'（Freedom of press）则指以印刷方式发表意见之自由。以口舌发表意见，不能行之远而传之久。在无线电广播流行以前，演说之力量，不及出版远甚。故出版自由，为意见自由之最要者"[2]。马星野认为新闻自由是出版自由的表现形式之一，两者并无实质差别，主张"Freedom of the Press"译为"新闻自由"。由于他留学美国密苏里新闻学院并长期担任中央政治学校新闻学系主任以及出任国民党中宣部新闻处处长的深厚新闻资历，其新闻话语在新闻界具有举足轻重的权威地位，使得"新闻自由"的英文译法"Freedom of the Press"被各界人士普遍接受，影响至今。

随着新闻自由学术讨论的深入，"新闻自由"一词逐渐向新闻学子普及。1945 年 7 月，燕京大学新闻学系谭宗文撰写了学士毕业论文《国际新闻自由运动》。同年，该系学生唐振常选择"新闻自由"作为毕业论文选题，并于 1946 年 6 月撰写完成了学士毕业论文《论新闻自由》，对新闻自由意义、历史发展和现实状况以及未来发展进行系统研究。他认识到新闻自由和言论自由的意义，"新闻自由是言论自由之一端，作为一个民主国家的人民，应该充分享有言论自由和新闻自由；作为一个新闻记者，更应该享有言论自由和新闻自由，否则根本失去办报的意义，新闻记者也大可以不必做了"[3]，认为新闻自由"包括采访自由，传递自由，授受及发表自

---

[1] 答本埠陈宣君[J].实用英文，1945（7）：16.
[2] 马星野.新闻自由论[M].南京：中央日报，1948：49.
[3] 唐振常.论新闻自由[D].北京：燕京大学，1946：8.

由三大项之外",必须加上"对检查制度的限制"和读者自由。

抗战胜利后,各国不断取消新闻检查制度,新闻自由呼声更加高涨。国民党在国内高唱和平民主论调,政治上玩起"和谈"阴谋。中国自由主义思潮兴盛,民主党派积极行动,反对新闻图书出版检查制度,掀起争取新闻出版自由的斗争。8月7日,以《延安归来》一书的出版为标志,重庆杂志界率先发起"拒检运动",一场争取新闻出版自由的斗争由重庆向国统区如火如荼地开展起来。9月1日,《新华日报》发表社论《为笔的解放而斗争》,猛烈抨击国民党新闻检查制度,呼吁政府兑现诺言取消新闻检查制度,号召新闻界为争取新闻自由而斗争。9月15日,代表中间势力的昆明文化界发表《争取出版自由宣言》:"重庆、成都、昆明的新闻文化团体,先后自动取消审查制度,争取新闻自由、言论自由的热潮,弥漫全国。这是人民的要求,这是人民的世纪的表现。……一、当局所宣布十月一日起废除新闻检查制度,必须做到'彻底'两个字,不能有丝毫保留。各地的新闻检查处即日撤消,收复区不能例外。二、取消中央社的新闻垄断政策,民营通讯社和报馆有自由采访、收发新闻和翻译外国新闻的自由权利。三、人民有经营通讯社和报纸杂志、印行书籍的绝对自由。除呈报政府备案外,不受任何党派的限制。"[1]这份宣言充分体现了新闻自由的原则,也是中间政治势力向国民党当局争取新闻出版自由的战书。在世界各国纷纷取消战时新闻检查制度和国内争取新闻出版自由不断升级的背景下,国民党当局迫于国内外压力于9月12日对外宣布:决定自10月1日起废止战时新闻检查制度,但收复区在军事行动尚未完成以前除外。至此,由民主势力在国统区发起并得到共产党大力支持的争取新闻出版自由权利的"拒检运动"获得初步胜利。"拒检运动"让新闻自由理论进一步深入人心,概念也更加清晰。

1946年,随着联合国将新闻自由纳入讨论议程,美苏两国阐述各自

---

[1] 张静庐.中国现代出版史料:丙编[M].北京:中华书局,1957:71-72.

第十四章
从新名词到关键词：民国"新闻自由"的概念史

不同的新闻自由主张，国民党也加强了研究新闻自由问题。6月，马星野在《中央日报》开辟《报学》双周刊，注重新闻自由宣传和研究。该刊先后刊登《世界各国新闻自由概况》《世界新闻自由现状之研究》等21篇与新闻自由相关的文章，积极宣扬美国的新闻自由观点，继续为国民党执行新闻检查制度辩护。他采用美国新闻界观点，指出"新闻自由，实有四意：（一）采访之自由，即新闻记者有自由地平等地向新闻来源采取新闻之不受限制之谓。（二）传递之自由，即新闻记者使用电信及其他交通工具得自由平等之机会，不受垄断与歧视之谓。（三）刊载之自由，即报纸刊出新闻不受官方直接间接检查及扣留之谓。（四）发布之自由，即通讯社之发布新闻，各报社均得自由采用，不受任何通讯社或政府之垄断或限制"[①]。

随着联合国新闻自由会议日程的确定，苏联也加强了其新闻自由理论在中国的传播。苏联大使馆新闻处编辑出版《论新闻自由》小册子，汇集《论新闻自由和报纸的责任》《论新闻自由问题》《论苏联的言论与出版自由》等3篇文章，宣传苏联的新闻自由主张。同年，美国记者冈瑟·斯坦因（Gunther Stein）撰写的著作《红色中国的挑战》（中文版），其中就有《新闻自由与言论自由的限制》一节。1947年，由王揆生、王季深联合翻译的Frank Luther Mott的著作《美国的新闻事业》由上海文化服务社出版，该书也有"从斗争中得来的美国新闻自由"一节内容。

1948年三四月间，联合国新闻自由会议在日内瓦召开。马星野将其撰写的与新闻自由相关的文章整理出版《新闻自由论》一书，并带往会场分发给51国与会代表。美国着眼于新闻自由的扩充，向大会提出《新闻采访传递自由公约》；法国注重对新闻自由滥用的限制，提出《错误新闻更正公约》；英国则从新闻自由的权利和义务出发，提出《新闻自由公约》。苏联也发表了新闻自由方案。大会通过了带有新闻自由条款的《人权宪

---

① 马星野.新闻自由论［M］.南京：中央日报，1948：46.

章》，讨论通过了设立常设机构等六方面提案。国内报刊纷纷刊登新闻，报道联合国新闻自由会议，导致"新闻自由"更加频繁出现在各大报端。在"1945—1949年报刊使用'新闻自由'量表"中，1948年的数字创下纪录，《申报》全文出现次数高达274次。5月，马星野返国后，立即组织中央日报资料社室编译出版《新闻自由宪章》，将联合国新闻自由会议决议全文向中国公布。天津《益世报》主编刘豁轩也将自己参加大会的见闻编辑出版《联合国新闻自由会议与中国报业》小册子。

同年，储玉坤修订出版的《现代新闻学概论》（增订本），增加了"新闻自由"章节，并写道："战后新闻学上最时髦的名词莫过于'新闻自由'了"，新闻自由"实有五种自由：（一）采访的自由，（二）传递的自由，（三）刊载的自由，（四）批评的自由，（五）发行的自由"。他认识到："新闻自由足以促进国内政治的民主化。民主政治若无新闻自由，那么这种政治是否民主，一定是非常可疑的。"认为新闻自由运动将有远大的理想，但"绝对的新闻自由，今日根本不存在"。其原因是："第一，英美的大报大通讯社，大半被握在少数有力巨子的手里，而且还受到广告大户的影响；第二，在苏联既未参加国际新闻自由运动，而且苏联的报业至今仍要受政府严格的控制。"[①] 因此，新闻自由运动任重而道远。

正因为社会各界对联合国新闻自由会议的关注，"新闻自由"成为学术关键词。同年，由石啸冲、陈原编辑，华光书局出版的《国际常识小辞典》，按笔画顺序排列收录了600余词条，包括国际政治及外交术语、名词，重要事件，人名地名，重要条约及协定等。其中收录有"新闻自由"词条，释义为："新闻自由，美国名记者肯特·古伯等在二次大战中提出新闻自由之建议，并由美报纸编辑人协会派员到各国考察新闻自由。"[②] 这里的"新闻自由"明显是指美国发端的"国际新闻自由运动"。

[①] 储玉坤.现代新闻学概论[M].增订本.上海：世界书局，1948：367-368.
[②] 石啸冲，陈原.国际常识小辞典[M].上海：光华书局，1948：62.

▶第十四章
从新名词到关键词：民国"新闻自由"的概念史

本章小结

虽然，在国际社会中，国民党高举支持国际新闻自由运动的旗帜，积极参加联合国新闻自由会议。但是，随着内战的全面爆发，国民党抛弃了民主、自由的外衣，新闻检查变本加厉，迫害新闻自由事件时有发生。1947年3月26日，国民党政府通令查禁重庆《职工青年》《难民周刊》《联合特刊》等数十家报刊。据4月22日重庆《世界日报》报道：几个月来各地各级国民党政府以"登记未准"或"尚未办竣登记手续"为名，查禁或勒令停刊的报纸杂志达100种以上。5月24日，上海淞沪警备司令部查封《文汇报》、《新民报》晚刊、《联合日报》晚刊三家报纸。6月，《观察》杂志刊文，控诉国民党当局迫害新闻自由行径，"希望中国走向新闻自由之路的人，若翻阅最近数月以来的报纸，不时可以发现怵目惊人的消息，……中国报业进入一个悲惨的低潮时期"①。

联合国新闻自由会议后，在军事上不断失利和外交上失去美国援助的国民党政权彻底抛弃"新闻自由"遮羞布，疯狂关停报刊，迫害新闻进步人士。1948年7月8日，国民党下令《新民报》南京版日、晚刊"永久停刊"。《中央日报》发动"三查"王芸生运动。8月16日，中央日报社长马星野主持"出版法和出版自由"座谈会，陶希圣对建议"最好不要有《出版法》"的成舍我进行围攻，辩解说："今天共产党是专门利用自由来破坏自由的阴谋暴动集团。言论自由受了他们的利用，便成为扰乱公共秩序、颠覆政府紊乱宪政、内乱外患行为的掩护，联合国新闻自由会议通过的新闻自由的八项限制，就是针对国际阴谋团体以自由破坏自由的活动而发。"②国民党与新闻自由渐行渐远。1948年12月，《观察》杂志也被国民党当局查封，"第三条道路"在中国彻底破产。

---

① 葛思恩.新闻自由的低潮[J].观察，1947（16）：8.
② 出版法与出版自由（本刊第一次座谈会）[J].报学杂志，1948（试刊号）：5.

从 1927 年至 1948 年，"新闻自由"在中国完成了从新名词到关键词的转变，新闻自由概念也逐渐明确兴起。1944 年，"新闻自由"包括采访自由、传递自由、接受及发表自由等三项；1945—1946 年，"新闻自由"外延扩大，发展为采访自由、传递自由、刊载自由、发布自由等四项，甚至有人还提出"读者自由"；1948 年，"新闻自由"概念外延进一步扩大，增加了"批评自由"，具体包括了采访自由、传递自由、刊载自由、批评自由、发行自由，且"新闻自由"英译名"Freedom of the Press"基本确立，流传至今。唐振常撰文主张：新闻自由有广义（言论自由）和狭义（新闻自由）之分，"新闻自由与言论自由这两个名词，很难作确定的划分。实则，两者也是一而二，二而一的东西。普通称言论自由其范围很广，但却很少牵连到报纸的新闻方面。因国际新闻自由运动而起的新闻自由，主要在新闻方面，但报纸的言论，自然也应包括在里面"[①]。正如他所言，因国际新闻自由运动针对新闻方面，使得新闻界的言论自由转变为"新闻自由"；确实，民国新闻界对美国发端的国际新闻自由运动在舆论上的热烈响应和行动上积极支持，使得"新闻自由"新名词在中国兴起，并逐渐融入民国政治话语体系，成为各派政治势力角力的口号，并演变为社会各界普遍接受的关键词。

随着共产党领导的人民政权的建立，"新闻自由"经《人民日报》等报刊进入新生人民政权的政治话语体系。1948 年 6 月 15 日，延续至今的《人民日报》在河北平山县创刊。10 月 25 日、27 日、28 日，《人民日报》连载文章《美国一千人》，先后 4 次使用"新闻自由"，批判美国新闻自由的虚伪性，"美国独占资本家们如何去津贴反动组织、去打击职工会与劳工运动、去蹂躏并破坏人民的民主自由，包括新闻自由在内，赛尔底斯认为新闻自由是最重要的"[②]。1949 年 5 月 27 日，《人民日报》报道说："'新闻自由'的口号，已被用作进行反民主、反和平、反国际合作斗争的

[①] 唐振常.论新闻自由[D].北京：燕京大学，1946：23.
[②] 萨基伊瓦."美国一千人"（三）[N].关梦觉，译.人民日报，1948-10-27.

掩护。"[①] 9月7日,《人民日报》直接刊文再次猛烈地批驳美国新闻自由虚伪性,"本来在资本主义的社会里,真正的属于人民大众的新闻自由,先天上已经决定,不可能存在","这一张'新闻自由'膏药,还是假的"[②]。

随着新中国成立,"新闻自由"进入中华人民共和国的政治话语体系,成为攻击西方新闻自由虚伪性的"批判武器"。1949年9月29日,中国人民政治协商会议通过了具有临时宪法性质的《中国人民政治协商会议共同纲领》,其中第5条规定:"中华人民共和国人民有思想、言论、出版、集会、结社、通讯、人身、居住、迁徙、宗教信仰及示威游行的自由权。"第49条规定:"保护报道真实新闻的自由。"10月1日,中华人民共和国成立,正式实施《中国人民政治协商会议共同纲领》,人民享有新闻出版自由权利融入新中国,流传影响至今。

---

① 消息报观察家著文,评本届联大的成就与斗争[N].人民日报,1949-05-27.
② 段连成.谈美国反动派的"新闻自由"[N].人民日报,1949-09-07.

第十五章
新闻心理学在中国研究发展历史的再考察

关于中国新闻心理学研究的发展历史,目前新闻传播学界众说纷纭、莫衷一是,基本观点有三:第一种观点以中国传媒大学刘京林教授为代表。她在1995年撰文《试论我国新闻心理学研究的历史、现状及其走向》中将新中国成立后45年内我国新闻心理学的发展分为3个阶段,分别是萌芽(1949—1978)、酝酿(1979—1986)和初步形成(1986—1994)。[①]第二种观点以湖南师范大学周庆元教授为代表。他2002年撰写的研究论文《略论新闻与传播心理学研究对象的认知历程与科学诠释》,从新闻与传播心理学研究对象的认知角度认为:第一阶段(孕育期),采访对象说。20世纪初期,代表性人物是邵飘萍先生等。第二阶段(萌生期),受众心理说。20世纪80年代,代表者如安岗、陈朗等。第三阶段(草创期),记者为主说。20世纪80年代中后期,代表者汪新源等。第四阶段(发展期),认识主体说。酝酿于20世纪90年代初期,成熟于20世纪与21世纪之交,代表者刘京林等同志。[②]第三种观点以复旦大学新闻学院教授徐培汀为代表。他在2006年出版的专著《中国新闻传播学说史:1949—2005》中认为:中国内地对新闻心理学的研究,大体经历萌芽期(1918—1978)、

---

① 刘京林.试论我国新闻心理学研究的历史、现状及其走向[J].现代传播(北京广播学院学报),1995(5):64-68.

② 刘京林.新闻心理学原理[M].修订本.北京:新华出版社,2012:11.

第十五章 新闻心理学在中国研究发展历史的再考察

酝酿期（1979—1986）、初步形成期（1986年至今）三个阶段。[①] 这三种观点，有一定的共识，如第二种观点得到了刘京林教授的认可，其在主编的《新闻心理学原理》初版（2004年）及其修订版（2012年）中引用了周庆元教授关于新闻与传播心理学研究对象的认知历程的论述。但是，更有分歧。三种观点的分歧主要集中在关于民国时期新闻心理学研究发展历史认知上，主要表现在：第一，中国新闻心理学研究的起点。第一种观点认为："我国对于新闻心理学较全面的、形成一定规模的研究虽然是在（20世纪）80—90年代，但是对新闻心理现象的研究却可以追溯到本世纪20年代。当时，我国新闻界的有识之士曾把新闻心理作为心理学研究的一个重要内容，……我国早期著名报人邵飘萍在其1923年出版的《实际应用新闻学》一书。"[②] 这得到了第二种观点的认同。但第三种观点则认为：1918年徐宝璜在《新闻学大意》一书的第四章"新闻之精采"中，论证了新闻之精采与读者心理的关系。第二，对民国时期新闻心理学研究发展历史的整体认知。第一种观点未能将民国时期新闻心理学研究列入中国新闻心理学研究发展的整体历史之中，并在后来三次修订出版的教科书《新闻心理学概论》（1995年、1999年、2007年）中一直袭用该论断。第二种观点则认为是以采访对象说为主的第一阶段（孕育期）。第三种观点则将1918—1978年定为中国内地新闻心理学的萌芽期。因此，如何看待民国时期新闻心理学研究发展历史，成为考察的重中之重，笔者将运用丰富的原始史料还原新闻心理学在中国研究发展的本来面目，夯实新闻心理学研究的历史基础。

第一节 民国时期新闻心理学研究发展的历史概况

20世纪初至1919年的五四运动，是近代中国新闻学研究由术入学

[①] 徐培汀. 中国新闻传播学说史：1949—2005［M］. 重庆：重庆出版社，2006：351.

[②] 刘京林. 新闻心理学概论［M］. 3版. 北京：新华出版社，1999：13.

的初步发展阶段，新闻学专著开始出版。[1] 如 1903 年日本学者松本君平的《新闻学》由上海商务印书馆翻译出版。1913 年，上海广学会出版由史青翻译的美国记者休曼的《实用新闻学》。中国新闻学界"开山祖"——徐宝璜将心理学运用到采访对象和受众心理等研究之中。1918 年 9 月，他在《东方杂志》发表《新闻学大意》，告诫新闻记者进行采访时要注意"谈话人之心理"，"访员欲人之谈话也，须设法增其对于己之信任，信任之后，自肯多谈，否则纵肯谈话，必多不由衷之言也。故访员如遇不肯谈话之人，应尊重其守缄默之意思，不必惊讶，亦不必失望，可委婉说明外间已注意某事，报纸之天职，在供给新闻，对于某事须有记载"[2]。10 月，他作为北京大学新闻学研究会导师向会员讲演《新闻之精采》，强调了新闻学与心理学的密切关系，"新闻学与心理学常发生至深之关系。新闻之精采，即吾人心理上之产物也"[3]。1919 年 12 月，他出版中国人第一本自撰的新闻学著作《新闻学》，再次强调上述观点，并对新闻界迎合受众低级趣味的现象多次进行猛烈批评，"为迎合社会之恶劣心理，常捏登猥亵之新闻如某某之风流案，某姨太太或小姐之秘史者，或因受股东或津贴者之指挥，登载一种谣言以混乱一时之是非者，是为有意以伪乱真，其欺骗阅者之罪，实不可恕"[4]。

20 世纪 20 年代到抗日战争爆发，是近代中国新闻学研究繁荣发达的时期，新闻学流派纷呈、学术活跃，各种新闻学术观点逐步形成与传播。[5]1923 年，邵飘萍出版中国第一本采访学著作《实际应用新闻学》，积

---

[1] 赵凯，丁法章，黄芝晓.二十世纪中国社会科学：新闻学卷[M].上海：上海人民出版社，2005：6.

[2] 徐宝璜.徐宝璜新闻学论集[M].肖东发，邓绍根，编.北京：北京大学出版社，2008：12.

[3] 徐宝璜.新闻之精采[N].北京大学日刊，1918-10-26.

[4] 徐宝璜.徐宝璜新闻学论集[M].肖东发，邓绍根，编.北京：北京大学出版社，2008：52.

[5] 赵凯，丁法章，黄芝晓.二十世纪中国社会科学：新闻学卷[M].上海：上海人民出版社，2005：9.

► 第十五章
新闻心理学在中国研究发展历史的再考察

极探讨记者采访心理,主张新闻记者需具备观察力、推理力、联想力,视为记者"探索新闻真相之利器",认为遇到"谈话半吞半吐"的采访对象,"最易不得要领,纵可获其一部,亦苦于漫无系统,不能明其因果,则心理学上之联想作用,每足以济其穷"①。批评新闻界迎合受众低俗心理现象,"京中各报,殆十有九花柳优伶之品评记事……各报为迎合社会心理,利用社会弱点起见,似关于花柳优伶种种不堪入目之论载为不可少"②。1924年,他出版著作《新闻学总论》,认为记者应当"默察多数国民之心理与夫人群发达进步之潮流,不敢因一人一时之私见或利害关系,发生畏我国民悖之议论,致失多数国民之信仰与同情"③。反对盲目迎合受众心理,"新闻事业之政策,大体在得社会多数之同情,不能不迎合乎各方读者之心理,然不宜不问事实理性,而一味以盲从迎合为事"④。他积极主张"利用群众心理以吸收多数读者"⑤。该时期,新闻学研究者在引进介绍日本新闻心理学研究成果方面取得突破,其代表性人物是袁殊。

袁殊于1929年赴日本留学,先后在早稻田大学和日本大学攻读新闻学和东洋史。1931年3月,他创办新闻周刊《文艺新闻》。在日本留学期间,他关注到宣传社会主义学说的社会学家杉山荣,并将其著作《新闻心理学》翻译成中文,分别于1931年5月、6月、10月在上海《微音》月刊发表,篇幅达35页,系统介绍了日本新闻心理学研究成果。内容分为九部分:第一,何为新闻心理学;第二,感觉过程与新闻;第三,表现过

---

① 邵飘萍.邵飘萍新闻学论集[M].肖东发,邓绍根,编.北京:北京大学出版社,2008:20.
② 邵飘萍.邵飘萍新闻学论集[M].肖东发,邓绍根,编.北京:北京大学出版社,2008:63.
③ 邵飘萍.邵飘萍新闻学论集[M].肖东发,邓绍根,编.北京:北京大学出版社,2008:117.
④ 邵飘萍.邵飘萍新闻学论集[M].肖东发,邓绍根,编.北京:北京大学出版社,2008:109.
⑤ 邵飘萍.邵飘萍新闻学论集[M].肖东发,邓绍根,编.北京:北京大学出版社,2008:132.

程与新闻；第四，感情过程与新闻；第五，意志过程与新闻；第六，知觉过程与新闻；第七，大众心理之诸特征；第八，传达之方法效果及其关系；第九，结论。该著作积极阐明新闻对社会的重要性，指出新闻学研究的不足，"关于新闻学之本质的研究却极少，犹其实如新闻的心理学之研究，更几乎是没有"[①]。明确提出"新闻心理学"的定义，"是翳以心理学之光来照明新闻的努力。换言之，即是新闻之心理学的照明和说明"[②]。新闻心理学积极运用心理学原理分析新闻现象和活动，尝试按照心理活动的感觉过程、表现过程、感情过程、意志过程、知觉过程探讨新闻心理活动的表现和规律，构建起新闻心理学的基本理论框架。其中，特别分类分析了大众心理和个体心理特征，将受众分为"一是隔离着于空间的大众；一是密接了于空间的大众"。认为前者的心理特征：（1）大众的心理是朴素、单纯的；（2）是鲜明浓淡的；（3）是富于信仰性与模仿性；（4）是稀薄于传统之影响的。认为后者的心理特征：（1）注意是瞬间的，不确定的；（2）是易破坏的；（3）判断过程是易生错误的。个体心理特征则表现为：（1）失去个别性与个别意识的；（2）责任观念之稀薄；（3）恃于众多之力，易陷于所谓权力自趁；（4）易为客受传达。[③]同时探讨了新闻传播方法与效果的辩证关系，具体为：若多量给与传达，则其效果也多；传达之举得效果，是要一定时间的；传达的度数与其效果，大体是成正比的；传达之内容与其效果之间之关系，无待言的是密接的关系。[④]最后呼吁，"今后新闻心理学的考究是将次第的盛行吧。必须是要盛行的！把这社会之怪物，为最多大众的心理所系的新闻事业之正体；以其依于心理学之光而无残遗的光辉出来这事"[⑤]。虽然袁殊的翻译没有达到信、达、雅的标准，有时译文让人晦涩难懂；但他明确翻译"新闻心理学"，强调新闻心理学的

---

① 杉山荣.新闻心理学[J].袁殊，译.微音，1931（3）：73.
② 杉山荣.新闻心理学[J].袁殊，译.微音，1931（3）：74.
③ 杉山荣.新闻心理学[J].袁殊，译.微音，1931（5）：104-107.
④ 杉山荣.新闻心理学[J].袁殊，译.微音，1931（5）：108-109.
⑤ 杉山荣.新闻心理学[J].袁殊，译.微音，1931（5）：111.

第十五章
新闻心理学在中国研究发展历史的再考察

重要性，引起其好友任白涛的关注，随之延续了新闻心理学在中国的引介过程。

任白涛于1916年东渡日本，就读早稻田大学政治经济科，参加了日本新闻学会。1922年，出版中国最早实用新闻学专著《应用新闻学》。1935—1937年，潜心完成巨著《综合新闻学》，并于1941年出版。他再次翻译杉山荣的《新闻心理学》，将其纳入《综合新闻学》第五章"新闻事业心理"，内容包括：第一，新闻事业心理是什么；第二，感觉过程与新闻事业；第三，表象过程与新闻事业；第四，感情过程与新闻事业；第五，意志过程与新闻事业；第六，知觉过程判断过程与新闻事业；第七，大众心理的诸特征；第八，传达方法与效果的关系。虽然翻译水平比袁殊更高，但将"新闻心理学"译成"新闻事业心理"似有不妥，而且该书缺少原书"结论"部分，显得不够完整，但他对日本新闻心理学的引介走得更远。

《综合新闻学》第六章"报纸与读者"总26页，详细引介日本新闻学泰斗小野秀雄关于报纸读者的研究成果，内容包括报纸与读者及读者相互间的关系、报纸的媒介机能、报纸的诱导机能、关于公众成立的诸家见解、读者群之观念的分类、读者形成的公众人数及其种类等。他将报纸与读者的关系分为两部分：一是报纸与读者的交互关系，二是以报纸为媒介的读者相互间的关系。他既考察报纸反映社会心理的媒介功能，认为读者会由于"长期的读报而直接受到报纸之心理的影响"；又研究报纸的诱导机能，即"个人的心理机能"，认为报纸内容会对受众产生影响，"众人的判断和感情，当然受其性格、教育、信仰、习惯的影响"。[①] 他将报纸读者分为"意识的和无意识的之两类。前者是明瞭地生出买报的欲望而成为读者；后者是漠然地生出买报的欲望而成为读者"[②]。他对两类读者心理分别进行论述，无意识的报纸读者是"少教育的，智能或年龄较低的读者。属

---
① 任白涛.综合新闻学［M］.上海：上海书店，1992：214.
② 任白涛.综合新闻学［M］.上海：上海书店，1992：223.

于此群的读者是靠暗示的读者"；有意识的读者群"可分为主观的关心群与报道的关心群的两类。所谓主观的关心群，是对报纸之主观的倾向即报格有关心的读者群，是由报纸的判断或感情等与读者合致而成立的一群。……报道的关心群，是对新闻记事有关心的读者群"[1]。但他并没有照搬小野秀雄的研究成果，而是表明立场，进行修正。如小野秀雄主张因现实问题而使公众分为理智和感情两大群的观点，他认为"在大体上同意这种见解"，并声明"无论是目的报纸和营业报纸上的材料，不可偏重理智，也不可偏重感情，对此两者，宜持兼收并蓄的办法"[2]。

1947年9月，任白涛在《文汇丛刊》发表文章《新闻事业心理研究的重要性》，主张"新闻事业心理的研究，已成了新闻业本质的研究之一种，与它的史的和技术的研究具有同等——就某点上说也许超过些——的重要性"，"大众的心理犹如气象、风向和潮流。所以，要想做现代的民主的报人，必须了解这种大众的心理，即顺应时代的潮流来作安全的驾驶"[3]。他批判新闻界迎合大众低级趣味的做法，"'低级趣味'这种心理，差不多就好像大潮流中的一种非正常的流——比如漩涡；若是顺着它走，必然会被卷入深渊而蒙受'失足'或'落水'的灾祸"[4]。

第二节 民国时期新闻心理学研究发展的历史分析

在近代中国新闻学研究由术入学的初步发展阶段，徐宝璜从1918年暑假筹办北京大学新闻学研究会开始，就自觉运用心理学原理研究新闻现象，发表部分研究成果（《新闻学大意》中的相关论述），在随后的新闻教育活动中，不仅完善新闻心理学研究成果（《新闻学》中的相关论述），而

---

[1] 任白涛.综合新闻学[M].上海：上海书店，1992：224.
[2] 任白涛.综合新闻学[M].上海：上海书店，1992：232.
[3] 任白涛.新闻事业心理研究的重要性[J].文汇丛刊，1947（1）：51.
[4] 任白涛.新闻事业心理研究的重要性[J].文汇丛刊，1947（1）：52.

▶第十五章
新闻心理学在中国研究发展历史的再考察

且向学员公开传授。因此,徐宝璜是中国最早认识到新闻学与心理学密切关系的学者,中国新闻心理学研究的起点是1918年从采访对象心理开始并向读者(受众)心理发展。此后,邵飘萍从新闻实践中总结经验,积极探索新闻记者的心理素质和采访主客体以及受众心理现象,先后出版《实际应用新闻学》和《新闻学总论》,且在法政大学讲授新闻学课程中重视新闻心理现象的分析。可见,新闻心理学在中国的研究发展历史是随着五四时期中国新闻学研究发展和新闻教育的开端而兴起的。

民国时期新闻心理学在中国的兴起有着深刻的社会背景。一方面是五四时期社会剧变,社会心理变迁,新闻业由政论时代向新闻时代转型,新闻职业化运动兴起,使得新闻心理学逐渐受到研究者关注。这是新闻心理学在中国发展的时代背景。五四时期处于世界史的转折阶段,更是近代中国的转型期。国际上,一战刚刚结束,国际形势风云变幻莫测;国内,则处于山雨欲来风满楼的前夜。五四时期是标志着中国社会从传统到现代过程中的一次历史性跳跃,是中国社会心理变迁最为显著的时期之一,现代化和革命成为五四时期社会心理变迁的趋势。[①] 在此期间,各种政党报刊由盛转衰,开始从政论本位时代向新闻本位时代转型,涌现出一批著名新闻记者。新闻逐渐成为光鲜亮丽的职业,社会地位空前提高。新闻职业化运动兴起,引起新闻学研究者必须面对采访对象、读者(受众)和记者心理等问题。

另一方面,中国科学心理学诞生,特别是社会心理学在中国兴起,为新闻心理学在中国的研究发展准备了学术理论基础。1917年,北京大学哲学教授陈大齐创立中国第一个心理学实验室。1918年,他出版《心理学大纲》,是中国第一本大学心理学教本,标志着中国科学心理学的诞生。社会心理学在中国开始受到关注,"群众心理"逐渐成为中国研究者共同面对的话题。1920年,上海尚志学会出版《群众心理》[法国社会心理学家

---

① 王跃.变迁中的心态:五四时期社会心理变迁[M].长沙:湖南教育出版社,2000:5.

古斯塔夫·勒庞（Gustave Le Bon）的代表作，现译《乌合之众：大众心理研究》］，至1927年已经出版第5版，可见该书在中国的受欢迎程度。此后，社会心理学著作不断出现，如陆志韦的《社会心理学新论》（1924年）、陈东源的《群众心理学ABC》（1929年）、张九如和周求是的《群众心理》（1931年）等。关于"群众心理"对新闻学研究者的影响，徐宝璜的表现非常明显。1919年2月，他起草的北京大学新闻学研究会讲演会大纲中，特意将"群众心理学"排在导师演讲或聘请中外记者讲演题目的第一位。[1] 1920年10月，他在《北京大学月刊》发表《舆论之研究》一文论述说："群众心理，对于简单常见之事，常有一定之善恶观念，存于心中。"[2] 这两方面因素共同促使中国学者在新闻学研究和教育活动中关注和研究新闻心理现象和活动。

第三节 民国时期新闻心理学研究发展的历史定位

虽然新闻心理学研究从1918年就开始蹒跚起步，但在民国时期始终处于引介（引进介绍）阶段。新闻心理学主要引进介绍美日等国新闻心理学研究成果，尤其后者居多。如徐宝璜的《新闻学》，是他留学美国学习新闻学的结果。蔡元培在序言中说："新闻学之取资，以美为最便矣。伯轩先生游学于北美时，对于兹学，至有兴会。"[3] 邵飘萍逃亡日本期间关注到日本新闻学研究。他将《日本普通新闻学》作为《实际应用新闻学》的附录出版，并写明"它乃愚数年前留东听讲于日本新闻学会讲义之一种也"。从这可以看到他研究新闻心理学的部分理论来源。袁殊关注到日本社会学家杉山荣的著作《新闻心理学》，并将它翻译引介到中国，向中国

---

[1] 肖东发.新闻学在北大[M].2版.北京：北京大学出版社，2011：91.

[2] 徐宝璜.徐宝璜新闻学论集[M].肖东发，邓绍根，编.北京：北京大学出版社，2008：133.

[3] 徐宝璜.徐宝璜新闻学论集[M].肖东发，邓绍根，编.北京：北京大学出版社，2008：41.

▶第十五章
新闻心理学在中国研究发展历史的再考察

学者展示了日本学者运用心理学原理建构新闻心理学理论体系的研究成果。任白涛在20世纪40年代前后再次翻译杉山荣的著作《新闻心理学》，命名为"新闻事业心理"再次进行引进介绍，同时引进介绍日本新闻学泰斗小野秀雄关于受众心理的研究成果。因此，民国时期新闻心理学在中国的研究发展一直处于引介国外研究成果阶段，未能创立自己的新闻心理学理论体系。

但是，民国时期新闻心理学在中国的研究发展发挥了一定的积极作用和影响。其一，它推动新闻界其他人士运用心理学原理研究其他传播活动，促进其他传播心理研究活动的开展。如广告心理学，1919年9月，孙科在《建设》杂志发表《广告心理学概论》，运用心理学原理告诫广告界人士要在广告心理的四方面下功夫，"注意之提起、注意之握住印象之深入、反应之激起"[①]。1924年，师泉在《东方杂志》第21卷第21号发表文章《广告心理学概论》，明确提出广告心理学定义，即"研究广告在心理上的效力，欲以最经济的广告费获得最大量的注意和最深刻的印象"[②]。同年，周德在《商学》杂志上发表文章《广告学和心理学》，阐述两者的密切关系。1929年，徐宝璜发表论文《新闻学讲话》，论述说："新闻学，也正如其他科学，不能离各科而独立，且恒甚于其他各科。……我们不能在不懂心理学，商业等等科学时研究广告学。"[③] 其二，它推动新闻心理学、广告心理学教学活动的开展。1923年，由徐宝璜创办的平民大学新闻学系开设群众心理课程，以研究报纸读者心理为主。[④] 1938年，上海冠群补习学校工商美术专修班聘请许晓霞担任广告心理学专任教师，并在期末出广告心理学试题考试。其三，它为新中国新闻心理学发展奠定了学术基础。

---

① 孙科. 广告心理学概论[J]. 建设，1919，1(2)：324.
② 师泉. 广告心理学概论[J]. 东方杂志，1924，21(21)：82.
③ 徐宝璜. 徐宝璜新闻学论集[M]. 肖东发，邓绍根，编. 北京：北京大学出版社，2008：162.
④ 赵凯，丁法章，黄芝晓. 二十世纪中国社会科学：新闻学卷[M]. 上海：上海人民出版社，2005：206.

学者们并没有否认民国时期新闻学者对新闻心理学研究的探索实践。在追溯中国新闻心理学发展历史时，虽然他们可能会遗漏袁殊对新闻心理学的翻译介绍，但都会记载邵飘萍、任白涛等新闻学者的研究贡献。

本章小结

综上所述，在中国新闻学研究由术入学的初步发展阶段，徐宝璜于1918年最早认识到新闻学与心理学的密切关系，并将心理学运用到采访对象和受众心理的研究之中，开启了中国新闻心理学研究的序幕。此后，邵飘萍、袁殊、任白涛等新闻学者先后在新闻学研究中关注和研究新闻心理现象和活动，疾呼新闻心理学研究的重要性，积极引进介绍美国、日本新闻心理学的研究成果，明确提出"新闻心理学"定义，使得民国时期新闻心理学在中国研究发展处于引介阶段，促进了其他传播心理研究活动的发展，推动新闻心理学、广告心理学教学活动的开展，为新中国新闻心理学发展奠定根基。因此，笔者认为：新闻心理学在中国研究发展的整体历史中，不能像文章开头第一种观点那样直接将民国时期的新闻心理学排除在外，但它既不是第二种观点中以采访对象说为主的第一阶段（孕育期），也不是第三种观点的萌芽期（1918—1978），而是一个独立的引介阶段，否则新中国的新闻心理学研究就成了无源之水、无本之木。纵观新闻心理学在中国研究发展的整体历史，中国新闻心理学应包括四个阶段，即引介（1918—1949）、萌芽（1949—1978）、酝酿（1979—1986）、初步形成（1986年至今）。

第十六章
"党八股"一词的词源历史考察

2012年11月十八大召开后,中宣部在《关于贯彻党的十八大精神 切实改进文风的意见》中指出:文风是党风的体现,关系党的形象,关系事业成败,要求宣传思想文化战线把改进文风作为宣传贯彻党的十八大精神的重要任务。为响应中央号召,新闻界重温毛泽东《反对党八股》经典文献,将其视为文风改革的思想武器和理论来源,积极改进新闻文风,"反对党八股"之声不绝于耳。毛泽东关于文风建设的经典文献《反对党八股》名扬天下,曾经作为范文节选进入中学课本,使得稍微懂点中国历史的人都对"党八股"一词耳熟能详。但是,当我们详细考察"党八股"一词的历史时,却发现其词源纷争不断,有时甚至处于"日用而不知"或"日用而不察"的境地。因此,有必要重新对"党八股"一词进行深入细致的词源历史考察,以求抛砖引玉,以免以讹传讹,推进中国的新文风建设。

第一节 "党八股"词源三观点

由于党八股与近代中国文风建设紧密相连,学者在进行文风研究时,都会涉及党八股问题。根据笔者迄今掌握的文献资料,目前学术界关于"党八股"一词的词源出处,大致有三种观点。

第一种观点，党八股是毛泽东在1942年2月《反对党八股》中首创的。如2012年5月17日，《北京日报》刊登文章《毛泽东独创"党八股"，抨击党内精英言必称苏俄》，指出："毛泽东在《反对党八股》演讲中独创'党八股'一词，以抨击'五四'的一种倾向和思想风气。"① 其实，该观点由来已久。1989年9月23日，《新闻出版报》刊登文章《〈反对党八股〉一文发表的由来》，写道："五四运动后，'八股'已成为僵化、教条、呆板的代名词。……毛泽东主席发明一个新词'党八股'，不免使听会者耳目一新。"② 同年出版的《毛泽东思想辞典》"党八股"词条认为："'党八股'是毛泽东1942年2月为开展整风运动而作的《整顿党的作风》和《反对党八股》两次演说中提出的一个概念。"③1990年后出版的多本工具书都采纳了该观点，如《马克思恩格斯列宁斯大林毛泽东著作大辞典》（长春出版社，1991年）、《毛泽东周恩来刘少奇朱德邓小平陈云著作大辞典》（辽宁人民出版社，1991年）、《邓小平著作学习大辞典》（山西经济出版社，1992年）、《新闻学大辞典》（河南人民出版社，1993年）、《毛泽东选集大辞典》（山西人民出版社，1993年）、《党的群众工作大辞典》（中共中央党校出版社，1993年）等。

第二种观点，党八股是张闻天于1932年撰写的文章《论我们的宣传鼓动工作》中首次使用。如2012年10月，《新闻记者》杂志刊登文章《中国共产党新闻文风改革的历史演进与启示》，认为："针对土地革命时期新闻宣传工作出现的一系列问题，张闻天最早提出了'党八股'的概念。"④ 其实这一观点早在1986年1月13日《人民日报》发表的文中《精

---

① 李洁非.毛泽东独创"党八股"，抨击党内精英言必称苏俄［N］.北京日报，2012-05-17.
② 鲁德.《反对党八股》一文发表的由来［N］.新闻出版报，1989-09-23.
③ 中国毛泽东思想理论与实践研究会理事会.毛泽东思想辞典［M］.北京：中共中央党校出版社，1989：198.
④ 王梅芳，涂鸣华.中国共产党新闻文风改革的历史演进与启示：兼谈如何使"改文风"取得实效［J］.新闻记者，2012（10）：32.

第十六章
"党八股"一词的词源历史考察

辟的见解 深刻的启迪——学习〈张闻天选集〉札记》提出,"《论我们的宣传鼓动工作》同样立足于克服'左'的错误,巩固和扩大统一战线。它用'党八股'一语概括和批评宣传鼓动工作从形式到内容存在的'左'的毛病,详细分析'党八股'的表现形式、产生原因及其危害。这在党的历史上是第一次"[1]。1990年2月25日,《中共党史通讯》刊发《谁是"党八股"一词的最早提出者》一文指出,"党八股"一词"在党内最早提出者是张闻天。早在1932年11月,张闻天用'歌特'的笔名撰写的《论我们的宣传鼓动工作》一文中明确提出,我们的同志在宣传鼓动工作中有一个特点,就是'党八股'"[2]。该文发表后,《羊城晚报》《新华文摘》《当代传播》等报刊进行转载。1993年,该观点收入辞书工具书。人民日报社出版的《马克思主义百科要览》认为:"党八股是中国共产党宣传工作中的一个否定性用语。张闻天1932年对它进行了论证;毛泽东1942年进一步进行了论证。它特指党所领导的宣传、文化战线上的一种教条主义文风。"[3]进入新世纪后,这一论断才不断在工具书和论著中被提及,如《马克思主义新闻学词典》(中国广播电视出版社,2002年)、《增广开心辞典》(内蒙古文化出版社,2002年)、《论张闻天新闻宣传思想》(《衡阳师范学院学报》,2004年第4期)、《张闻天与反对"党八股"》(《党史文汇》,2009年第10期)等。新华出版社2005年出版的新闻工具书《中国新闻学之最》中,设有专条"中国最早提出宣传工作中'党八股'概念的政治家",认为"是杰出的无产阶级革命家、报刊活动家张闻天。……在发表于1932年11月18日出版的中共中央机关报《斗争》第31期的《论我们的宣传鼓动工作》中,首次使用了'党八股'这一概念"[4]。

---

[1] 程中原.精辟的见解 深刻的启迪:学习《张闻天选集》札记[N].人民日报,1986-01-13.

[2] 牛桂云.谁是"党八股"一词的最早提出者[J].中共党史通讯,1990-02-25.

[3] 廖盖隆,孙连成,陈有进,等.马克思主义百科要览[M].北京:人民日报出版社,1993:2676.

[4] 方汉奇,李矗.中国新闻学之最[M].北京:新华出版社,2005:293.

第三种观点，最早提出"党八股"一词的是吴稚晖。1999年，有学者在《晋阳学刊》发表文章《最早提出"党八股"一词的是吴稚晖》，认为"'党八股'一词的最早提出者是国民党中的吴稚晖"，其立论根据是周作人于1930年5月19日在《骆驼草》第2期发表的文章《论八股文》中提到，"吴稚晖公说过，中国有土八股，有洋八股，有党八股，我们在这里觉得未可以人废言"。① 2012年5月21日，有学者在《学习时报》发表文章《胡适的母亲、祖坟及其他》也认为："'党八股'这三个字最早是谁提出来的？首创者可能是国民党元老之一的吴稚晖，钱玄同、胡适、毛泽东沿用了这个概念。"②

第二节 "党八股"词源分歧考析

随着新闻界"走基层转作风改文风"活动开展以来，文风建设提上议事日程。学术界关于"党八股"一词词源提出的三种观点，大有"你方唱罢我登场"的态势。因此，需要我们细致地分析，厘清史实，以免以讹传讹。

关于毛泽东在1942年独创党八股的论断，仅从他自己使用"党八股"一词的时间就站不住脚。1942年之前，毛泽东在两篇文章使用过"党八股"一词。第一次是1937年6月，毛泽东在中央政治局会议上作《关于党的传统》发言："党在十五年中造成与造成着革命的与布尔什维克的传统，这是我们党的正统，……但是还有若干不良的习惯……表现在宣传教育上的高傲态度、不深刻与普遍地联结于实际、党八股等等的作风上。"③第二次是1941年8月26日，毛泽东在《鲁忠才长征记》一文按语中写

---

① 黄强.最早提出"党八股"一词的是吴稚晖［J］.晋阳学刊，1999（5）：105.
② 邵纯.胡适的母亲、祖坟及其他［N］.学习时报，2012-05-21.
③ 中共中央文献研究室.毛泽东文集：第1卷［M］.北京：人民出版社，1993：507.

第十六章
"党八股"一词的词源历史考察

道:"现在必须把那些'下笔千言、离题万里'的作风扫掉,把那些主观主义、形式主义扫掉。……我们需要的是这类东西,而不是那些千篇一律的'夸夸其谈',不是那些党八股。"[①]

关于第二种观点,则需要有所限定。《论我们的宣传鼓动工作》是张闻天用"歌特"署名发表的第二篇文章,发表于1932年11月18日出版的中共中央机关报《斗争》第31期。该文主旨是检讨党的宣传鼓动工作中存在的"左"倾问题。文章在尖锐批评宣传工作中的种种脱离群众、脱离实际的教条主义表现时,先后9次使用了"党八股"一词。它详细分析了党八股的表现形式、产生原因及其危害。他认为,当时革命宣传鼓动的内容"往往是死板的、千篇一律的、笼统武断的","缺乏具体性、时间性,缺乏忍耐的解释与具体的证明的工作。我们同志在这一方面的特点,就是'党八股'",指出当时"所需要的是带有时间性的、具体性的、适合于群众目前斗争的要求的宣传鼓动,而不是'党八股'。谁想在这种情形之下背诵'党八股',谁就没有法子争取到广大的群众"。[②]他批评说:"党八股式的宣传鼓动只能是秘密的与狭窄的,它决不想法子去利用公开可能与争取公开。我们党八股的宣传家无论到那里,从不想用另外一种方式,用许多具体的事实来说出我们所要说的话。"[③]因此,从中国共产党史的角度,张闻天无疑是最早提出宣传工作中党八股概念的政治家,但放置在近代中国的历史背景中,最早使用"党八股"一词者则另有其人。

至于吴稚晖最早提出"党八股"一词,笔者认为值得商榷。仅凭周作人在《论八股文》一文中写到的"吴稚晖公说过,中国有土八股,有洋八股,有党八股"之句的二手资料就得出结论"'党八股'一词最早出于

[①] 中共中央文献研究室,新华通讯社.毛泽东新闻工作文选[M].北京:新华出版社,1983:58.

[②] 张闻天选集编辑组.张闻天文集:第1卷[M].北京:中共党史资料出版社,1990:317.

[③] 张闻天选集编辑组.张闻天文集:第1卷[M].北京:中共党史资料出版社,1990:319.

吴稚晖之口，可为定论"，显得过于简单草率。而《胡适的母亲、祖坟及其他》作者严谨地认为"可能是"，并在其另一篇论文《两次重大的文化传承》叙述说："国民党元老之一的吴稚晖也有过'土八股'、'洋八股'、'党八股'之类的说法，但不知出自何处。'党八股'很可能是吴稚晖首创的，目前我还在查找确凿的根据，暂无结果。"[1]笔者查阅了大量吴稚晖著述，如《吴稚晖书信集》《吴稚晖近著》《吴稚晖先生文粹》《吴稚晖学术论著》《吴稚晖学术论著续编》《吴稚晖学术论著三编》《吴稚晖文集》《吴稚晖先生全集》《吴稚晖陈公博辩论集》等，却未能发现他使用"党八股"一词，而关于"洋八股"的论述则特别多，如专文《箴洋八股化之理学》和《物质文明与科学——臭毛厕与洋八股》等。因此，"党八股"一词的词源出处还需进一步考证。

第三节 "党八股"一词的词源新证

虽然在吴稚晖著述中未能发现他使用"党八股"一词，但笔者在爬梳1930年5月19日前的史料的过程中却有新发现，为"党八股"一词的词源提供了新出处。

1930年4月17日，《申报》刊登的《改进社会教育编制之经过及其要点》一文，使用了"党八股"一词："教育应该整个的三民主义化的议论起来，我们似乎不应当割裂的碎屑的讲党义讲政治，须把他们溶化于课程教材训育之中，以免研究党义的人，如研究党八股一样，这样难再将党义教育等和社会教育分离。"[2]同月24日，《申报》在全国教育工作会议的采访报道说："现在各级学校均有党义课程，若无整个党义教育的设施，则无异于读党八股。"

在此之前，1927年《幻洲》半月刊曾三次刊登有关党八股的文章。

---

[1] 邵纯.两次重大的文化传承[J].当代社科视野，2010（4）：37.
[2] 改进社会教育编制之经过及其要点[N].申报，1930-04-17.

第十六章
"党八股"一词的词源历史考察

《幻洲》半月刊由创造社和光华书局于1926年10月1日出版,分上、下两部,上部《象牙之塔》由叶灵凤主编,专载文艺作品;下部《十字街头》由潘汉年主编,专载杂文述评。1928年1月,出至第2卷第8期,被国民党当局以"宣传反动"罪名查禁。

第一次刊登有关党八股文章是1927年10月1日第2卷第1期下部的《重礼聘请党八股老师启事》。全文如下:

> 荒谬绝伦,看了几年独秀文存,再从胡适博士,研究白话文学,现任大学院长蔡元培同志也害了我,他提倡国音国语,到了今年,政府党部,一律重视文言,通电指令,宣言公文,有声有韵,赛过三字经,我连忙丢了白话,再弄文言,已经咕唔嗷牙,似通非通,为此等因,痛骂了我爹娘,昏庸老朽,随波逐流,烧了左传春秋,拼命要我学那蓝青官话这个、那个,特此登报聘请海内外党八股老师一位,专教党八股之文言文,年龄不拘,男女都好,只要通晓三民主义,善长四六、八股、韵文,自问对于老文学素有根蒂者,均可投函应聘。如认为合意者,即行重礼登门聘请。①

第二次是1927年10月16日第2卷第2期下部发表的《党八股参考一则》一文,"字付世侄卜效连青及:见报知吾侄痛悔抛弃文言文为自娱,亟欲礼聘党八股老师教诲,甚好。惜我日来为国府诸公开会忙,无暇为吾侄留意朋辈中之宿学通儒,以充师资,憾甚。今国府为讨孙阵亡烈士追悼大会发出祭文一通,吾约略过目,龙潭喋血,洋洋来下,颇堪资吾侄参政之用,特令书记抄录一份附上,愿吾侄百读不厌,庶几将来有所应用,挥毫自如。至嘱,至嘱。世愚叔廉琵劳于宁国府副官处"。②并附《申报》刊登的《国府祭文》。

---

① 卜尧连.重礼聘请党八股老师启事[J].幻洲,1927,2(1:下):47-48.
② 廉琵劳.党八股参考一则[J].幻洲,1927,2(1:下):97-98.

247

第三次是 1927 年 11 月 1 日第 2 卷第 3 期下部刊登的《党八股参考文之三》一文，文中对国民政府交通部长王伯群的双十节题辞的八股水平赞不绝口，"不禁雀跃三百，盖寥寥五十余字，有典有古，征引诗经礼记，切合三民主义，五权之宪法，尤为难得"①，并刊有题词全文。

　　但是，在《幻洲》半月刊之前，胡适在《现代评论》第 6 卷第 145 期发表文章《漫游的感想（三）》论述"麻将"时使用了"党八股"一词。"从前的革新家说中国有三害：鸦片、八股、小脚。鸦片虽然没有禁绝，总算是犯法的了。虽然还有做'洋八股'与更时髦的'党八股'的，但八股的四书文是过去的了。小脚也差不多没有了。只有这第四害，麻将，还是日兴月盛，没有一点衰歇的样子，没有人说他是可以亡国的大害。"②该文写作时间应该更早。因为《漫游的感想》是连载文章。该文于 1927 年 8 月 13 日、8 月 20 日、9 月 17 日分三次在《现代评论》第 6 卷第 140、141、145 期刊登。其实，早有学者曾指出胡适在《漫游的感想》使用过"党八股"一词，如 1990 年苏任的《"党八股"一词的"发明者"是谁》一文，但认为该文献出自江震的《国语修辞学》（1935 年，北平文化学社印行）。③2010 年，又有学者再次提出该观点，但他认为："胡适的那段话写于 1927 年，发表于 1930 年 3 月中旬。"④实际上，胡适的《漫游的感想》发表后，于 1928 年 2 月 29 日被《生活》周刊第 3 卷第 14 册转载，1930 年 9 月和 12 月又收入亚东图书馆出版的《胡适文存》和《胡适文选》。因此，根据迄今笔者掌握的文献资料，从词源学角度，"党八股"一词的词源新证是：1927 年 9 月 17 日《现代评论》第 6 卷第 145 期刊登的胡适的文章《漫游的感想》。

---

① 王伯群.党八股参考文之三［J］.幻洲，1927，2（3：下）：155.
② 胡适.漫游的感想（三）［J］.现代评论，1927，6（145）：823.
③ 苏任."党八股"一词的"发明者"是谁［J］.枣庄师专学报，1990（1）：103.
④ 邵纯.两次重大的文化传承［J］.当代社科视野，2010（4）：36.

第十六章
"党八股"一词的词源历史考察

本章小结

　　1927年,"党八股"一词出现,有着深刻的时代背景。在蒋介石和汪精卫先后发动反革命政变后,国民党利用"党化教育"的口号实行一党专政,公开推行"党化教育",甚至在大学招生中提倡以文言文作答,如中山大学"文科所取的新生,居然以作文言文反对语体文为最多数"。这导致有些人不得不重金聘请八股文老师。这一倒行逆施受到社会各界的强烈反对,《复古的党化教育》一文的批判颇具代表性。该文认为这"是青天白日之下康有为做寿"行为,批评说:"整天价高唱要党化的新而又新的大学文科,居然反对语体文,……'党化教育'要改为'狗化教育','中山大学'要改为'复古大学'。"[①]因此,在党化教育的复古逆流中出现"党八股"一词就不足为怪了。因此,根据迄今笔者掌握的文献资料,从词源学角度,胡适在1927年9月17日《现代评论》第6卷第145期刊登的《漫游的感想》一文最早使用"党八股"一词。此后,《幻洲》半月刊在1927年10月至11月三次在标题中使用"党八股"一词,使得该词逐渐流传。随着"党化教育"的开展,知识界采用"党八股"一词来批评国民党复古八股文的文风。在瑞金中央革命根据地时期,党的革命宣传工作出现了不切实际、不顾对象和具体条件且内容死板、千篇一律等问题后,张闻天于1932年11月18日在中共中央机关报《斗争》第31期发表《论我们的宣传鼓动工作》一文,采用"党八股"一词来批评宣传工作中的种种脱离群众、脱离实际的教条主义文风。1942年2月,毛泽东在延安整风运动中发表著名演讲《反对党八股》,深刻分析"党八股"产生的原因和八大罪状。从此,"党八股"一词成为党宣传工作中浮而不实、无的放矢的恶劣文风的代名词。

---

① 泼皮.复古的党化教育[J].幻洲,1927,2(1:下):42.

第十七章

"党八股"概念的来源与变迁

——兼谈马克思主义文风建设的要求

毛泽东曾指出：学风和文风也都是党的作风问题。确实，"文风不是小事"，文风连着学风，也体现出党风。近来，各种媒体上"跪求体""哭晕体""吓尿体""厉害体"等浮夸自大文风频现，人民网为此推出《文章不会写了吗？》《中国人不自信了吗？》《文风是小事吗？》等"三评浮夸自大文风"系列评论，抨击这种华而不实的新"八股"文体，产生了积极的社会影响。为贯彻习近平总书记对文风"短、实、新"的要求，倡导清新文风，崇尚风清气正，新闻界有必要重温毛泽东《反对党八股》经典文献，将其视为文风改革的思想武器和理论来源，力行改进新闻文风。

毛泽东的《反对党八股》名扬天下，曾作为范文节选进入中学课本，更让人们对"党八股"一词耳熟能详。但当我们详细考察"党八股"一词时，却发现其词源纷争不断，有时甚至处于"日用而不知"或"日用而不察"的境地。因此，本文对"党八股"词源深入考察，梳理其概念变迁的历程，期待以严谨治学精神推进新时代马克思主义新闻文风建设。

▶第十七章
"党八股"概念的来源与变迁

第一节 "党八股"的四种词源说

根据迄今的文献资料，目前学术界关于"党八股"一词的词源出处有以下四种说法。

第一种观点认为，党八股是毛泽东在1942年2月《反对党八股》中首创的。如2012年5月17日，《北京日报》刊登文章《毛泽东独创"党八股"，抨击党内精英言必称苏俄》说："毛泽东在《反对党八股》演讲中独创'党八股'一词，以抨击'五四'的一种倾向和思想风气。"[①] 其实，这种观点由来已久。1989年9月23日，《新闻出版报》刊登文章《〈反对党八股〉一文发表的由来》说："五四运动后，'八股'已成为僵化、教条、呆板的代名词。……毛泽东主席发明一个新词'党八股'，不免使听会者耳目一新。"[②] 同年出版的《毛泽东思想辞典》"党八股"词条认为："'党八股'是毛泽东1942年2月为开展整风运动而作的《整顿党的作风》和《反对党八股》两次演说中提出的一个概念。"[③] 1990年后出版的多本工具书都采纳了该观点，如《马克思恩格斯列宁斯大林毛泽东著作大辞典》（长春出版社，1991年）、《毛泽东周恩来刘少奇朱德邓小平陈云著作大辞典》（辽宁人民出版社，1991年）、《邓小平著作学习大辞典》（山西经济出版社，1992年）、《新闻学大辞典》（河南人民出版社，1993年）、《毛泽东选集大辞典》（山西人民出版社，1993年）、《党的群众工作大辞典》（中共中央党校出版社，1993年）等。

第二种观点认为，党八股是张闻天于1932年撰写的《论我们的宣传鼓动工作》一文中首次使用。如2012年10月，《新闻记者》杂志刊登文

---

① 李洁非. 毛泽东独创"党八股"，抨击党内精英言必称苏俄[N]. 北京日报，2012-05-17.
② 鲁德.《反对党八股》一文发表的由来[N]. 新闻出版报，1989-09-23.
③ 中国毛泽东思想理论与实践研究会理事会. 毛泽东思想辞典[M]. 北京：中共中央党校出版社，1989：198.

章《中国共产党新闻文风改革的历史演进与启示》认为："针对土地革命时期新闻宣传工作出现的一系列问题，张闻天最早提出了'党八股'的概念。"[①] 其实这一观点早在 1986 年 1 月 13 日《人民日报》发表的《精辟的见解 深刻的启迪——学习〈张闻天选集〉札记》一文就已提出："《论我们的宣传鼓动工作》同样立足于克服'左'的错误，巩固和扩大统一战线。它用'党八股'一语概括和批评宣传鼓动工作从形式到内容存在的'左'的毛病，详细分析'党八股'的表现形式、产生原因及其危害。这在党的历史上是第一次。"[②] 1990 年 2 月 25 日，《中共党史通讯》刊发的《谁是"党八股"一词的最早提出者》指出，"党八股"一词"在党内最早提出者是张闻天。早在 1932 年 11 月，张闻天用'歌特'的笔名撰写的《论我们的宣传鼓动工作》一文中明确提出，我们的同志在宣传鼓动工作中有一个特点，就是'党八股'"[③]。该文发表后，《羊城晚报》《新华文摘》《当代传播》等报刊进行转载，后来收入很多辞书工具书，如《马克思主义百科要览》（人民日报社出版，1993 年）、《马克思主义新闻学词典》（中国广播电视出版社，2002 年）等。陈力丹和高翔合著的论文《党八股：中国共产党宣传工作的反面概念》（《新闻界》2014 年第 5 期）也采纳了这一观点。

第三种观点认为，最早提出"党八股"一词的是吴稚晖。1999 年，《晋阳学刊》发表文章《最早提出"党八股"一词的是吴稚晖》，认为"'党八股'一词的最早提出者是国民党中的吴稚晖"，其立论根据是周作人于 1930 年 5 月 19 日在《骆驼草》第 2 期发表的文章《论八股文》中提到，"吴稚晖公说过，中国有土八股，有洋八股，有党八股"[④]。2012 年 5

---

① 王梅芳，涂鸣华. 中国共产党新闻文风改革的历史演进与启示：兼谈如何使"改文风"取得实效[J]. 新闻记者，2012（10）：32.
② 程中原. 精辟的见解 深刻的启迪：学习《张闻天选集》札记[N]. 人民日报，1986-01-13.
③ 牛桂云. 谁是"党八股"一词的最早提出者[J]. 中共党史通讯，1990-02-25.
④ 黄强. 最早提出"党八股"一词的是吴稚晖[J]. 晋阳学刊，1999（5）：105.

月21日,《学习时报》发表的文章《胡适的母亲、祖坟及其他》也认为:"'党八股'这三个字最早是谁提出来的?首创者可能是国民党元老之一的吴稚晖,钱玄同、胡适、毛泽东沿用了这个概念。"①

第四种观点认为,"党八股"一词出自1927年8月卜尧连在《幻洲》第2卷第1期发表的《重礼聘请党八股老师启事》。2015年3月《中共党史研究》发表的《"党八股"一词的时代语境及意涵源流辨析》认为,国民政府力图迅速强制推行以三民主义为核心的党化教育,却招致社会人士的嘲弄和反抗。文化界开始频繁使用"党八股"一词,来批评、嘲讽僵化的三民主义和政府公文。1927年8月,上海《幻洲》半月刊登载一则别开生面的"招聘启事",要招聘"党八股"教师一名,文曰:"特此登报聘请海内外党八股老师一位,专教党八股之文言文。"②

学术界关于"党八股"词源的四种说法,大有"你方唱罢我登场"的态势。从党八股词源入手,厘清史实,探求其概念的历史变迁,也是求真求实的学风、党风的要求。毛泽东在《如何研究中共党史》中曾指出:"研究中国共产党的历史,还应该把党成立以前的辛亥革命和五四运动的材料研究一下。不然,就不能明了历史的发展。现在有很多东西直接联系到那时候,比如反对党八股,如不联系'五四'时反对老八股、老教条、孔夫子的教条、文言文,恐怕就不能把问题弄清楚。"③这为我们研究党八股词源及其概念发展指引了方向和历史脉络。

第二节 从反八股文到新八股、洋八股

党八股在党内是小资产阶级思想的反映,更是在五四新文化运动中资产阶级批判文言形式的老八股的产物。五四新文化运动中,新一代知识分

---

① 邵纯.胡适的母亲、祖坟及其他[N].学习时报,2012-05-21.
② 卜尧连.重礼聘请党八股老师启事[J].幻洲,1927,2(1:下):47-48.
③ 毛泽东.如何研究中共党史[J].支部建设,2021(10):12.

子反对文言文，提倡白话文，反对封建迷信，提倡科学和民主，文言八股文被指为"空洞死板的文章或迂腐的言论"，成为"公式化、教条主义"的代名词。在反对文言八股的声浪中，新八股、洋八股在思想文化界粉墨登场。

1894年中日甲午战争后，随着维新运动的发展，康梁等人抨击君主专制、纲常名教，反对科举制度，提倡民权、自由、平等，开五四新文化运动的先声。1897年12月，北洋大学教员吴稚晖由天津赴京至米市胡同南海会馆拜访康有为，两人畅论除三害。他向康有为请教："中国现在何事最坏？"康有为说：女人缠小脚，吸鸦片，考八股。吴稚晖慨然回答说：小脚不缠，鸦片不吸，八股不作，那不就好了吗。两人相约明年（戊戌年）起不再参加会试。① 戊戌变法期间，在康有为等人的推动下，光绪皇帝下诏废八股，乡会试及生童岁、科考试，改考历史、政治、时务及四书五经，以及定期举行经济特科。虽然变法失败，但对八股取士的科举制度造成巨大冲击。1901年8月，清廷下诏改革科举制度，废八股，改考策试，八股文被正式废除。

但是，随着老八股式微，改头换面的新八股却浮出水面。1905年1月7日，《大公报》在《说实业》一文中对北京实业学堂只凭学习史算学和洋文四年就能获得同知、知州、州同补用资格批评说："按这卒业后的升途，就不是个正经办法。……好容易把八股革除，又来了新八股了，你说可笑不可笑。"② 1913年9月，《大共和日报》增设"新八股"专栏，以"某人以猜拳又麻雀为题撰新八股"向读者征稿。1916年10月27日，《顺天时报》副刊中设有游戏专栏《新八股孔教》。1917年2月12日，《申报》也发表《新八股》一文。

五四新文化运动声浪日渐高涨中，文学革命和白话文运动兴起，八股文被作为旧文化、旧文学、文言的象征受到严厉批判。"八股文在被废

---

① 吴稚晖.吴稚晖全集：卷14［M］.北京：九州出版社，2013：556.
② 说实业［N］.大公报，1905-01-07.

第十七章
"党八股"概念的来源与变迁

除后的相当一段时间内,少有人提及,在五四时期也只是作为批判封建旧道德、旧文化的矛头而存在,以陈独秀、胡适、鲁迅、钱玄同为代表的一大批新文化运动干将多将之与桐城派古文相提并论,鄙夷不屑之情溢于言表。"[1] 在此运动中,洋八股粉墨登场。思想文化界兴起科学与人生观的争论,胡适等主张用科学眼光看待传统文化,宣称"研究问题,输入学理,整理国故,再造文明",竖起"整理国故"的大旗,激起巨大波澜,批评之声不绝于耳。鲁迅、周予同、刘掞藜、成仿吾、陈源等都曾从不同角度提出质疑,其中反对最力者为吴稚晖。1923年7月23日,他在《晨报副刊》发表《箴洋八股化之理学》一文,批评胡适"整理国故","决不是闹什么新文化,简直是复古",整理国故会导致"祸国殃民"。"国学大盛,政治无不腐败。因为孔孟老墨便是春秋战国乱世的产物。非再把他丢在毛厕里三十年,现今鼓吹成一个干燥无味的物质文明,人家用机关枪打来,我也用机关枪对打,把中国站住了,再整理什么国故,毫不嫌迟……胡适之、胡先骕诸位先生,也不过做一个洋八股的创造人而已。"[2] 在这篇文章中,吴稚晖认为中国的当务之急是发展科学,建设中国人所亟须的物质文明,而不应当群集于玄学、文学和国故。他认为胡适通过"整理国故"实现再造文明的带有洋气、时髦做法,是一种洋八股。他后来撰文直接声讨洋八股,"自从五四运动以来,不料新文化却成就了洋八股。什么人生观呀,什么新创作呀,简直坐在马坑上发昏。制造了许多的洋八股家事情还小,竟引起了闯草索的那班老先生们,直截把老八股配合起来,那是万劫不复的退化了"。[3] 吴稚晖将以新形式出现的空洞死板的文章、讲演等称为洋八股。

随着教育界中食洋不化、生搬硬套外国教育模式的现象流行,出现不

---

[1] 黎晓莲.近百年以来八股文研究综述[M]//陈文新,余来明.科举文献整理与研究:第八届科举制与科举学国际学术研讨会论文集.武汉:武汉大学出版社,2013:396.
[2] 吴敬恒.箴洋八股化之理学[N].晨报副刊,1923-07-23.
[3] 吴稚晖.吴稚晖全集:卷3[M].北京:九州出版社,2013:441.

少批判教育领域洋八股的声音。1923年12月8日,恽代英发表《八股?》一文,认为时下流行的洋八股教育是一件怪事,"废止了八股的文学,却这样高兴提倡洋八股的文学,已经是一件怪事;废止了八股的教育,却很普遍地很坚决地提倡洋八股的教育,这却更是一件怪事了";批评使全国中学生疲精劳神而考试完大半就要忘记干净的升学考试,未尝不是一种洋八股,仍然是一种"敲门砖",使中学生们没有一点工夫学习做人、做公民的学问,"仅学了些半通不通的英文、数学,他对于一个人与一个公民所需要的常识,仍是全然无有,我真不知道这比八股教育有什么好处"。[1] 教育家陶行知也认为:"我们先前以'老八股'不适用,所以废科举,兴学堂;但是新学办了三十年,依然换汤不换药,卖尽气力,不过把'老八股'变成'洋八股'罢了。"[2] 周作人则一针见血地指出了洋八股的本质:"所谓洋八股,其实并不是什么真正进口货,乃是洋装的土货,也因为八股的名声太坏了,所以改头换面的来这一下,拿出古已有之的策论来,与时务相配合,来充任八股的维新派,事实上是比八股还要古老。"[3]

第三节 国民党"党化教育"中催生党八股

五四新文化运动中,随着新旧、土洋八股的论争的兴起,国民党创办的党刊《星期评论》和《觉悟》先后改用白话文,成为南方新文学的重要中心,但对新文化运动始终是一种有限度的支持。国民党先由广东后逐步向全国推行"党化教育",催生了"洋八股"的新形式——党八股。

"党化教育"是指国民党政府希图通过对全国灌输国民党党义、封建道德和军事训练等手段,重建以"三民主义"为中心的意识形态,巩固其

---

[1] 代英.八股?[J].中国青年,1923(8):3-11.
[2] 陶行知.生活工具主义之教育[J].乡教丛讯,1927,1(12).
[3] 洋八股的经验[M]//钟叔河.周作人文类编②:千百年眼.长沙:湖南文艺出版社,1998:242.

> 第十七章
> "党八股"概念的来源与变迁

一党专政而采取的重大政治举措。1924年1月，在国民党一大上，孙中山提出"以党建国""以党治国"的主张，奠定"党化教育"的理论基础，并决议要注重对国民进行国民党主义和政策的宣传与教育。1926年8月，广东省教育厅起草的《党化教育——教育方针草案》首次阐述"党化教育"的概念，规定以孙中山"三民主义"为指导思想，注重产业教育、政治教育和军事训练。1927年5月，蒋介石在南京召开的五四运动纪念大会上，正式向全国号召实行"党化教育"。8月，南京国民政府制定了《学校实行党化教育草案》，其教育目标在于获取民众认同、统一民众思想，实现确立和巩固国民党在全国范围内的正统地位。1928年，国民政府颁布《国民党中央常务会议通过的检定各级学校党义教师条例》《各级学校增加党义课程暂行条例》，这两个文件的颁布标志着国民党党化教育制度的正式建立。[①]

"党化教育"受到其他政治势力的强烈反对。国家主义派邱椿反对"党化教育"，以为"一个执政的政党，用法令的方式，制定教育方针，改变学校课程以贯彻其政治上的主张，或用浮夸的言辞及不正当的方法，对思想未成熟的青年，宣传其片面的主义，而同时又不容许他党在学校里做宣传的工作"。[②] 改良派胡适认为，"党化教育"摧残思想自由，呼吁"取消统一思想与党化教育"。

在"党化教育"的推动下，对仗工整、平仄押韵、骈四俪六的八股文体死灰复燃，日受推崇，广大民众"不得不读骈文的函电，古文的宣言，文言的日报，文言的法令"。胡适疾呼："我们至少要期望一个革命政府成立之日就宣布一切法令公文都改用国语"，但是"一个革命的政府居然维持古文骈文的寿命"。[③] 正是这种历史背景下，洋八股以党八股的新形式闪

---

① 陈钊.国民党党化教育制度研究：1924—1937[M].杨凌：西北农林科技大学出版社，2014：35.
② 邱椿.反对党化教育的理由[J].新国家，1927（7）.
③ 胡适.新文化运动与国民党[J].新月，1929，2（6-7）：3-4.

亮登场。

1927年，胡适在《现代评论》第6卷连载文章《漫游的感想》，记述1926年7月乘西伯利亚铁路火车赴英出席中英庚款委员会全体会议途中的所见所闻，文中充满对西方近代文明的向往和对东方文明的批判。其中，在9月17日出版的第145期《漫游的感想》（三）中论述"（六）麻将"时使用了"党八股"一词："从前的革新家说中国有三害：鸦片、八股、小脚。鸦片虽然没有禁绝，总算是犯法的了。虽然还有做'洋八股'与更时髦的'党八股'的，但八股的四书文是过去的了。小脚也差不多没有了。只有这第四害，麻将，还是日兴月盛，没有一点衰歇的样子，没有人说它是可以亡国的大害。"[①] 这是目前所见"党八股"一词第一次在媒体上出现。

南京国民政府在向全国推行"党化教育"的过程中，大兴八股文言文，甚至提倡招生试卷以文言文作答，以致出现中山大学"文科所取的新生居然以作文言文反对语体文"的现象，引发思想文化界的广泛关注。时人以"泼皮"笔名撰写的文章《复古的党化教育》颇具代表性。该文认为，这"是青天白日之下康有为做寿"行为，"整天价高唱要党化的新而又新的大学文科，居然反对语体文，……'党化教育'要改为'狗化教育'，'中山大学'要改为'复古大学'"。[②] 发表此文的上海《幻洲》半月刊曾先后四次刊登有关"党八股"的文章，反对文言文复辟及国民党党化教育的态度昭然若揭。

上海《幻洲》半月刊由潘汉年、叶灵凤于1926年10月1日创刊，作者多署"下流人""无聊人""泼皮""小流氓""店小二"之类的假名。该刊文风泼辣但有时不免失之油滑，文笔直率、流畅，引起了不小的社会反响。1927年10月1日，《幻洲》半月刊第2卷第1期下部刊登《重礼聘请党八股老师启事》，全文如下：

---

① 胡适. 漫游的感想（三）[J]. 现代评论, 1927, 6（145）: 823.
② 泼皮. 复古的党化教育[J]. 幻洲, 1927, 2（1：下）: 42.

> ▶ 第十七章
> "党八股"概念的来源与变迁

荒谬绝伦，看了几年独秀文存，再从胡适博士，研究白话文学，现任大学院长蔡元培同志也害了我，他提倡国音国语，到了今年，政府党部，一律重视文言，通电指令，宣言公文，有声有韵，赛过三字经，我连忙丢了白话，再弄文言，已经咕唔嗷牙，似通非通，为此等因，痛骂了我爹娘，昏庸老朽，随波逐流，烧了左传春秋，拼命要我学那蓝青官话这个，那个，特此登报聘请海内外党八股老师一位，专教党八股之文言文，年龄不拘，男女都好，只要通晓三民主义，善长四六，八股，韵文，自问对于老文学素有根蒂者，均可投函应聘。如认为合意者，即行重礼登门聘请。①

启事刊登后，该刊编辑们又唱起了双簧戏。1927年10月16日，署名"廉琵劳"的作者撰写《党八股参考一则》一文发表于《幻洲》半月刊第2卷第2期下部，全文如下：

字付世侄卜效连青及：见报知吾侄痛悔抛弃文言文为自娱，亟欲礼聘党八股老师教诲，甚好。惜我日来为国府诸公开会忙，无暇为吾侄留意朋辈中之宿学通儒，以充师资，憾甚。今国府为讨孙阵亡烈士追悼大会发出祭文一通，吾约略过目，龙潭喋血，洋洋来下，颇堪资吾侄参政之用，特令书记抄录一份附上，愿吾侄百读不厌，庶几将来有所应用，挥毫自如。至嘱，至嘱。世愚叔廉琵劳于宁国府副官处。②

文末，附有9月26日《申报》刊登的《国府祭文》作为党八股第一篇参考范文。该文四律，对仗工整，洋洋洒洒，气势磅礴，记叙了南京国民政府追悼北伐战争中讨孙阵亡将士的功绩。

1927年11月1日，《幻洲》半月刊第2卷第3期下部刊登了两篇对党

---

① 卜尧连.重礼聘请党八股老师启事[J].幻洲，1927，2（1：下）：47-48.
② 廉琵劳.党八股参考一则[J].幻洲，1927，2（2：下）：97-98.

八股文章的讽刺性评论。第一篇是《昌明儒化天尊挽留蒋总司令之妙文》，这是对 9 月 22 日《四明日报》刊登的《昌明儒化天尊挽留蒋总司令》一文的嘲讽，署名"廉琵劳"的作者说：自己读了此文后"击节三叹，玉仙老人不愧为善撰党八股之中流砥柱。……如遇党国要人弃职高蹈之际，挽留之电文，自能走笔如飞，文行天下，自能蜚声中外"。[①] 第二篇是对国民政府交通部部长王伯群的《双十节题辞》的评论："不禁雀跃三百，盖寥寥五十余字，有典有古，征引诗经礼记，切合三民之主义，五权之宪法，尤为难得。提倡的吗了呢之小丑胡适，当流愧汗不如也，即现任大学院长蔡元培先生对之，对亦宜忏悔昔日提倡国音国语之妄焉，再进而言之，即孙总理转世，犹愧总理笔墨之不如部长也。"[②]

同年 12 月 24 日，由北京迁来上海的综合性周刊《现代评论》发表了《闲话》一文，批评忙着做党八股而忽略了日益严峻的日本威胁形势，"中国人忙的了不得，谁耐烦分别这些琐事！党八股，做得不亦乐乎，谁还耐得住性子，去研究什么羊头狗肉！不错，近来党八股之外，最流行的还有性八股"[③]。

胡适所使用党八股作为比洋八股更时髦的新形式，且与"八股的四书文"相对，讲的是一种八股文言文复兴的新文体。如果说胡适的党八股还有点隐晦的话，由潘汉年、叶灵凤主编的《幻洲》半月刊则立场坚定、态度鲜明，积极反对国民党推行的党化教育，将党八股指为形式僵化、内容枯燥的三民主义以及国民党政府公文文体，即在文言文复兴基础上沾染了浓烈党化色彩的国民党新八股。

随着国民政府"党化教育"在全国的开展，"党八股"一词也被越来越多地使用。如 1929 年 4 月，罗隆基在《新月》杂志上撰文《专家政

---

① 廉琵劳.昌明儒化天尊挽留蒋总司令之妙文：党八股参考文之二[J].幻洲，1927，2（3：下）152-153.
② 党八股参考文之三[J].幻洲，1927，2（3：下）：155.
③ 遂初.闲话[J].现代评论，1927，7（159）：11.

治》，批评国民党"党治"是"分赃政治"，导致军阀混战局面："如今一班武人，背熟了几句党八股，开口'资本'、'地权'，闭口'创议'、'复决'，好像二十世纪政治和经济上的一切专门的问题，用喊口号、念标语的方法可以解决似的。"①同年，正值五四运动十周年之际，胡适接连发表文章，批评国民政府假说人权以掩饰思想专制。他在《新文化运动与国民党》一文中从文学革命、思想自由、对文化问题的态度三个方面，批评"今日国民政府所代表的国民党是反动的"。其中，再次使用了"党八股"一词，"用一个人的言论思想来统一思想，只可以供给一些不思想的人的党义考试夹带品，只可以供给一些党八股的教材，决不能变化思想，决不能靠收革命之成"②。

20世纪30年代，全国大报如上海《申报》、天津《大公报》上也逐渐出现了"党八股"一词。1930年4月17日，上海《申报》在报道政府制定的《改进社会教育计划编制之经过及其要点》时说："我们似乎不应当割裂的碎屑的讲党义、讲政治，须把它们溶化于课程教材训育之中，以免研究党义的人如研究党八股一样。"③4月24日，《申报》发表评论："现在各级学校，均有党义课程，若无整个党义教育的设施，则无异于读党八股。"④6月27日，天津《大公报》副刊《灯下闲语》刊文说："希望少做些党八股，多表现点真正的成绩。"⑤这些文章中，"党八股"与国民党的三民主义党义相提并论。

1932年7月，傅斯年在批判中国教育现状时，也使用了"党八股"一词。他说："他（吴稚晖老先生）是士人出身，而在丽景街的多所学校做过工，深知此中奥妙，乃把一切弄文字者皆叫做洋八股，于是纸上的科学是洋八股，胡适之先生之以新方法治旧学者，也叫做洋八股。……大约胡

---

① 罗隆基.专家政治［J］.新月，1929，2（2）.
② 胡适.新文化运动与国民党［J］.新月，1929，2（6-7）.
③ 陈剑脩.改进社会教育计划编制之经过及其要点［N］.申报，1930-04-17.
④ 讨论临时案［N］.申报，1930-04-17.
⑤ 冷.灯下闲语［N］.大公报，1930-06-27.

先生很欣赏他这句话，遂把说空话的党义文叫做党八股。"① 傅斯年认为，所以一切洋八股、科学八股、党八股、教育八股，都是不学无术。同年，《青春》旬刊发表《算是一篇国难八股》一文说："从前科举时代的八股文章，大旨是替圣人立言；靠一班小童生，去替数千年的圣人立言，要真要美，确不是易事，并不是懂得什么破题、开讲、分比，写满一篇千多两千字的文章，便算好八股。至于时髦一点的所谓洋八股，所谓党八股，也是一样的不容易。……倘若党八股是易做的，那么，发挥党义的著作也不少了。"②1933年10月25日，周作人在《大公报》发表的《颜氏学记》再次提及："今人有言，土八股之外加以洋八股，又加以党八股，此亦可谓知言也。"③

随着"党八股"一词在国统区的流行，中国共产党领导的革命根据地也开始使用起来。1932年11月18日，张闻天署名"歌特"在瑞金《斗争》杂志第31期发表文章《论我们的宣传鼓动工作》，主要检讨党的宣传鼓动工作中存在的"左"倾问题。其在尖锐批评宣传工作中种种脱离群众、脱离实际的教条主义表现时，先后9次使用了"党八股"一词。该文分析了党八股的表现形式、产生原因及其危害，认为当时革命宣传鼓动的内容"往往是死板的、千篇一律的、笼统武断的"，"缺乏具体性、时间性，缺乏忍耐的解释与具体的证明的工作。我们同志在这一方面的特点，就是'党八股'"，指出当时"所需要的是带有时间性的、具体性的、适合于群众目前斗争的要求的宣传鼓动，而不是'党八股'。谁想在这种情形之下背诵'党八股'，谁就没有法子争取到广大的群众"。④ 他批评说："党八股式的宣传鼓动只能是秘密的与狭窄的，它决不想法子去利用公开可能与争取公开。我们党八股的宣传家无论到哪里，从不想用

---

① 孟真.教育崩溃之原因[J].独立评论，1932（9）：3.
② 算是一篇国难八股[J].青春旬刊，1932，1（13）：278.
③ 岂明.颜氏学记[N].大公报，1933-10-25.
④ 张闻天选集编辑组.张闻天文集：第1卷[M].北京：中共党史资料出版社，1990：317.

另外一种方式,用许多具体的事实来说出我们所要说的话。"① 但是,反"围剿"斗争持续不断,导致中央苏区宣传工作中的党八股文风并没有得到纠正。

第四节 毛泽东在延安整风前后积极倡导反对党八股

抗日战争全面爆发后,国共实现第二次合作,中国共产党在延安获得局部的稳定和相对和平。早在1937年6月,毛泽东对党在历史上的宣传教育中存在的党八股不良风气已有客观认识,并指出:"党在十五年中造成与造成着革命的与布尔什维克的传统……但是还有若干不良的习惯……表现在宣传教育上的高傲态度、不深刻与普遍地联结于实际、党八股等等的作风上。"② 他倡导中国特色的文风建设,提出了中国作风和中国气派的文风建设目标,积极反对洋八股、党八股。

1938年10月,中共中央六届六中全会《中国共产党在民族战争中的地位》报告中,毛泽东提出了马克思主义中国化问题。他指出:"马克思列宁主义的伟大力量,就在于它是和各个国家具体的革命实践相联系的。对于中国共产党说来,就是要学会把马克思列宁主义的理论应用于中国的具体的环境,成为伟大中华民族的一部分。而和这个民族血肉相连的共产党员,离开中国特点来谈马克思主义,只是抽象的空洞的马克思主义。因此,使马克思主义在中国具体化,使之在其每一表现中带着必须有的中国的特性,即是说,按照中国的特点去应用它,成为全党亟待了解并亟须解决的问题。洋八股必须废止,空洞抽象的调头必须少唱,教条主义必须休息,而代之以新鲜活泼、为中国老百姓所喜闻乐见的中国作风和中国

---

① 张闻天选集编辑组.张闻天文集:第1卷[M].北京:中共党史资料出版社,1990:319.
② 中共中央文献研究室.毛泽东文集:第1卷[M].北京:人民出版社,1993:507.

气派。"① 同时，他号召全党学习马列主义理论，来个学习竞赛。1939年2月，党中央成立干部教育部，领导和组织全党的马列主义理论学习。1940年1月，毛泽东指出中华民族新文化建设的目标是新民主主义的文化，是民族的科学的大众的文化，即无产阶级领导的人民大众的反帝反封建的文化。

1941年5月，毛泽东在高级干部整风学习会议上作了《改造我们的学习》的报告，开始对全党高级干部的整风教育。1941年8月26日，他在《鲁忠才长征记》一文按语中写道："现在必须把那些'下笔千言、离题万里'的作风扫掉，把那些主观主义、形式主义扫掉。……我们需要的是这类东西，而不是那些千篇一律的'夸夸其谈'，不是那些党八股。"②

1942年2月1日，毛泽东在中央党校开学典礼作《整顿学风党风文风》报告，标志着整风运动进入全党普遍整风阶段，号召全党反对主观主义以整顿学风、反对宗派主义以整顿党风、反对党八股以整顿文风。他将改进文风和改造学风提升到整顿党风的高度，将党八股定性为"是藏垢纳污的东西，是主观主义和宗派主义的一种表现形式。它是害人的，不利于革命的，我们必须肃清它"③。

2月8日，中宣部和中央出版局联合召开800多人出席的干部会议。毛泽东作《反对党八股》报告，系统论述了"反对党八股"思想。该报告的主要内容包括：第一，旗帜鲜明地对主观主义和宗派主义的宣传工具或表现形式——党八股"给以清算"，使它们没有藏身之处，成为过街老鼠，人人喊打，最终消灭之。第二，论述党八股产生的历史根源。"党八股在我们党内已经有了一个长久的历史，特别是在土地革命时期，有时竟

---

① 中共中央文献研究室，新华通讯社.毛泽东新闻工作文选［M］.北京：新华出版社，2014：49.
② 中共中央文献研究室，新华通讯社.毛泽东新闻工作文选［M］.北京：新华出版社，2014：82.
③ 中共中央文献研究室，新华通讯社.毛泽东新闻工作文选［M］.北京：新华出版社，2014：93.

> 第十七章
> "党八股"概念的来源与变迁

闹得很严重。从历史来看,党八股是对于五四运动的一个反动。""党八股这种东西,一方面是五四运动的积极因素的反动,一方面也是五四运动的消极因素的继承、继续或发展,并不是偶然的东西……如果五四时期不反对老八股和老教条主义,中国人民的思想就不能从老八股和老教条主义的束缚下面获得解放,中国就不会有自由独立的希望。这个工作,五四运动时期还不过是一个开端。"第三,分析党八股产生的阶级根源,"主观主义、宗派主义和党八股,这三种东西,都是反马克思主义的,都不是无产阶级所需要的,而是剥削阶级所需要的。这些东西在我们党内,是小资产阶级思想的反映。……小资产阶级革命分子……很容易产生主观主义、宗派主义,它的一种表现形式就是洋八股,或党八股"。第四,列举党八股的八大罪状:空话连篇,言之无物;装腔作势,借以吓人;无的放矢,不看对象;语言无味,像个瘪三;甲乙丙丁,开中药铺;不负责任,到处害人;流毒全党,妨害革命;传播出去,祸国殃民。第五,指出党八股在党内普遍存在的各种形式,"不但文章里演说里有党八股,开会也有的。'一开会,二报告,三讨论,四结论,五散会'。假使每处每回无大无小都要按照这个死板的程序,不也就是党八股吗?在会场上做起'报告'来,则常常就是'一国际,二国内,三边区,四本部',会是常常从早上开到晚上,没有话讲的人也要讲一顿,不讲好像对人不起。总之,不看实际情形,死守着呆板的旧形式、旧习惯"。最后,他号召全党必须抛弃党八股,写文章要有鲜明的民族风格,必须采取生动活泼新鲜有力的马克思列宁主义的文风,并殷切期望全党下苦功夫去学习群众的语言,古为今用,洋为中用,形成为中国老百姓所喜闻乐见的中国作风和中国气派。[①]

毛泽东对党八股的声讨,代表了全党的意志,喊出了革命者的心声。《反对党八股》报告也成为声讨新闻宣传工作中"假、大、空"党八股的战斗檄文,成为中国共产党人熟知的一个词语和观念。1942 年 2 月 11 日,

---

[①] 中共中央文献研究室,新华通讯社.毛泽东新闻工作文选[M].北京:新华出版社,2014:95-103.

《解放日报》刊登社论《宣布党八股死刑》，向全党传达了毛泽东反对党八股的中央精神，"肃清党八股的残余是全党的任务，每个党员都应当同时是宣传员"，积极推动了全党的整风运动。

1942年3月31日，毛泽东在《解放日报》改版工作座谈会上再次强调了整顿三风、反对党八股的观点，"执行这个（抗日民族统一战线）政策中，常常要遇到许多障碍，比如主观主义、宗派主义、党八股等。为了纠正这些不良作风，我们提出了整顿三风"。①4月20日，毛泽东指示新华社要多播整顿三风的教育材料文件，并指出："现在，国民党也利用我们反对主观主义、宗派主义、党八股来骂我们，在报上写文章骂我们。……我们首先要使在座的同志，还要经过在座的同志使延安所有的干部都懂得，我们现在做的是一件有很大意义的事情，是做一件有全国性意义的工作，做一件建设党的事，使我们党的工作更完善更健全。现在中央已经下了决心反对主观主义，反对宗派主义，反对党八股，要把我们的学风、党风、文风改变，扩大正风，缩小和消灭歪风。"②此后，毛泽东在多种场合的发言报告中都重申了反对党八股立场，如《经济问题与财政问题》（1942年12月）、《关于共产国际解散问题的报告》（1943年5月26日）、《中共中央为抗战六周年纪念宣言》（1943年7月2日）等。1945年4月20日，中共中央六届七中全会通过《关于若干历史问题的决议》，标志着延安整风运动胜利结束。延安整风运动在全党确立了一条实事求是的辩证唯物主义思想路线，反对和肃清党八股成为整风运动的重要成果之一。

1945年4月21日，毛泽东在中国共产党第七次全国代表大会预备会议上的报告，再次表明了反对党八股的立场。5月31日，毛泽东给七大代表们报告了国际形势和国内形势，以及党内若干思想政策问题。他在讲到领导问题时，为避免盲目性，认为全党要多想问题，分析问题，"要提

---

① 中共中央文献研究室，新华通讯社．毛泽东新闻工作文选［M］．北京：新华出版社，2014：109.
② 毛泽东．整顿党的作风［M］．北京：人民出版社，1975：24.

倡想各种问题，多思多想，开动机器，开动脑筋，还要放下包袱，精神解放，轻装前进。我们的同志们还要善于分析问题"①。他说："我们党内过去有一个习惯，就是有一个固定的框子，无论做文章、讲话，都用这个框子去套。这个框子就是所谓党八股。我们要打破这个框子。马克思主义的精髓是对具体的问题作具体的分析，这是列宁讲的，我们恰恰缺乏这一点。所以，要提倡多想，这样就可以去掉盲目性，就可以对具体问题作具体分析。"② 6月11日，大会举行隆重的闭幕式。毛泽东致闭幕词。他总结到，"我们开了一个胜利的大会，一个团结的大会"，并号召全党"下定决心，不怕牺牲，排除万难，去争取胜利"。③大会通过了新党章，确立毛泽东思想为全党指导思想并写入党章。反对党八股理论，由此成为毛泽东思想的重要组成部分。

本章小结

总之，根据目前史料表明："党八股"一词词源出自1927年9月17日《现代评论》第六卷第145期刊登的胡适文章《漫游的感想》中的"还有'洋八股'与更时髦的'党八股'"一语中。它诞生有两大背景：一是五四新文化运动兴起后，思想文化界积极提倡白话文，反对文言文，反对旧文学，提倡新文学，在反对文言八股基础上产生了改头换面、食洋不化的新八股。而"党八股"作为"洋八股"的一种更加时髦的新形式随之出现。二是随着国民党"党化教育"的推广和深化、封建道德伦理建设的复苏，胡适等新文化运动知识分子创造了"党八股"一词反对国民党的"党

---

① 中共中央文献研究室.毛泽东文集：第2卷[M].北京：人民出版社，1993：392.

② 中共中央文献研究室.毛泽东文集：第2卷[M].北京：人民出版社，1993：409.

③ 中共中央文献研究室.毛泽东文集：第2卷[M].北京：人民出版社，1993：411.

化教育"（而非吴稚晖等国民党保守派），后经潘汉年、叶灵凤等进步人士在反对国民党党化教育运动中不断向全国推广使用，用它来比喻形式僵化、内容枯燥的三民主义以及国民党政府公文文体。

上海《申报》、天津《大公报》等全国性大报使用推广后，"党八股"一词也出现在中国共产党领导的革命根据地报刊上。1932年11月18日，张闻天在瑞金《斗争》杂志发表文章《论我们的宣传鼓动工作》，创造性地用"党八股"一语概括和批评中国共产党宣传鼓动工作从形式到内容存在的"左"的毛病和教条主义。从中国共产党历史的角度，张闻天无疑是党内最早提出宣传工作中"党八股"概念的政治家。

延安时期，毛泽东成为中国共产党内倡导反对党八股的第一人和系统阐述反对党八股思想的集大成者。首先，他在延安最早于1937年6月使用"党八股"一词来形容党在宣传教育领域的不良倾向，扩大了其使用范围和领域，并将其与中国特色的文风建设和中国作风目标紧密相连，提升全党对"党八股"问题的认识高度。其次，他身体力行，在实践中积极贯彻，在整风运动的发言和报告中积极提倡，发表《反对党八股》檄文，向全国发出了反对党八股最强音。再次，他从思想理论上深刻分析"党八股"历史源头，并深挖其阶级根源及现实表现，尖锐指出："党八股"实质是反马克思主义的主观主义和宗派主义的宣传工具，其外在形式表现为"假大空"文风，是教条主义的体现。最后，他为全党反对党八股、肃清党八股提出了建设具有鲜明的民族风格、生动活泼、新鲜有力的马克思列宁主义文风奋斗目标，并使其成为全党指导思想。正因如此，毛泽东在《反对党八股》报告中说："党八股也就是一种洋八股。这洋八股，鲁迅早就反对过的。我们为什么又叫它做党八股呢这是因为它除了洋气之外，还有一点土气，也算一个创作吧！谁说我们的人一点创作也没有呢这就是一个！"① 这里讲的"洋气"是指"党八股"是食洋不化的表现形式，而"土

---

① 中共中央文献研究室. 毛泽东文集：第3卷［M］. 北京：人民出版社，1993：376.

气"可以看作自八股取士的科举制度以来养成的中国式的本本主义作风。毛泽东将"党八股"这个词，与当时中国共产党党内的"假大空"文风、作风与名声不佳的"八股文"联系起来，颇具创意，使得"党八股"一词成为中国共产党宣传工作中浮夸不实、无的放矢恶劣文风的代名词。探索"党八股"历史，发现反对党八股也是个漫长的过程，反映出马克思主义中国化文风建设的艰辛历程，需要一代代人具有坚定的毅力，付出艰苦努力；时至今日，思想文化界和新闻界不时发出"再反一次党八股"声音，因此，反对党八股是一项马克思主义中国化文风建设的艰巨任务，更是当今马克思主义新闻观文风建设重中之重，需要新时代新闻舆论工作者共同努力，坚决斗争。

第十八章
新时期《人民日报》中"新闻规律"的话语呈现及其知识特征

新闻规律是指新闻现象、新闻工作、新闻事业在其自身的发展变化中所表现出的必然趋势和与其他事物的必然联系。改革开放新时期,中国新闻事业的迅速恢复和发展,相当程度上得益于新闻界对新闻规律的重新认识、遵循与实践。因此,新闻规律是新闻学界一个重要的研究课题,更是马克思主义新闻观的核心命题。目前以篇名在中国知网全文数据库里检索"新闻规律",各种文章(1979—2018年)多达188篇,但多以解读党的领导人讲话和业务探讨为主,缺乏具体探讨新闻规律观念的演变文章。观念是人们通常所说的看法,即人们关于某方面的认识和觉悟。观念可以用关键词或关键词的句子来表达,是指人用某一个(或几个)关键词所表达的思想。[①] 近年来中国现代政治术语的研究,使得柯林伍德那句名言"历史知识沉淀于特定观念"变成了"历史沉淀于词汇"。《人民日报》是中国共产党中央委员会机关报,70年来在党中央坚强领导下坚持政治家办报和党性原则,与党和人民同心同德,深入宣传党的理论和路线方针政策,热情报道人民的伟大实践,在革命、建设、改革各个历史时期发挥了十分重

---
① 金观涛,刘青峰.观念史研究:中国现代重要政治术语的形成[M].北京:法律出版社,2009:3.

► 第十八章
新时期《人民日报》中"新闻规律"的话语呈现及其知识特征

要的作用。关于《人民日报》的研究硕果累累，目前以篇名在中国知网检索"人民日报"，各种文章（1979—2018年）多达2904篇，内容丰富，包罗万象，但缺乏直接聚焦探讨《人民日报》"新闻规律"观念的文章。本文拟通过对改革开放新时期《人民日报》使用"新闻规律"一词的分析，力图呈现《人民日报》的新闻规律观念演变特点，管中窥豹般体现同时期中国共产党的新闻规律观念变化，见微知著地反映中国共产党力求不断认识、遵循、实践新闻规律的历程。这不仅对于加强马克思主义新闻观研究具有重要的学术理论价值，而且对于纪念《人民日报》创刊70周年也具有积极的现实意义。

第一节 《人民日报》"新闻规律"观念产生的历史背景

从无产阶级新闻事业创立伊始，马克思、恩格斯积极研究和阐明民主报刊、工人报刊和党的报刊的内在逻辑联系与不同社会使命，并对新闻传播的性质和特点进行了探讨。他们承认新闻规律，尊重新闻规律并不断总结新闻规律。1843年，马克思写道："要使报纸完成自己的使命，必须承认它具有植物也具有的那种为我们所承认的东西，即承认它是有自己的内在规律。"[1] 在社会主义革命和建设期间，列宁对报刊在新的历史时期性质与功能的变化进行过积极探索。中国共产党人在继承马克思列宁主义新闻思想的基础上，不断发展马克思主义新闻观，探索新闻规律。五四新文化运动中，毛泽东提出"傍着活事件来讨论"新闻观点。1919年11月14日，湖南长沙赵五贞女士自杀后，毛泽东先后发表9篇新闻评论，批判封建礼教，呼吁妇女解放和主张恋爱婚姻自由。其中，11月16日，他在时评《对于赵女士自杀的批评》说："昨日的事件，是一个很大的事件。这

---

[1] 中共中央马克思恩格斯列宁斯大林著作编译局. 马克思恩格斯全集：第1卷 [M]. 2版. 北京：人民出版社，1995：397.

事件背后,是婚姻制度的腐败,社会制度的黑暗,意想的不能独立,恋爱不能自由。吾们讨论各种学理,应该傍着活事件来讨论。"①"傍着活事件来讨论"的新闻观点,即充分利用报纸有计划地组织思想讨论,达到传播某种思想、指导工作的目的,不仅是一种符合新闻规律的新闻评论的有效做法,而且奠定了后来毛泽东党报思想的基础。1920年9月5日,毛泽东在《湖南通俗报》编辑会议上发言:《通俗报》是向一般群众进行教育的武器,文字必须浅显、生动,短小精悍,要根据事实说话,不可专谈空洞的大道理。②1925年12月5日,毛泽东撰写《〈政治周报〉发刊理由》,论述了革命报刊要用事实粉碎谎言的思想,充分体现了他对用事实说话的新闻规律的尊重。毛泽东满怀自信地说,"我们反攻敌人的方法,并不多用辩论,只是忠实地报告我们革命工作的事实",并宣布"《政治周报》的体裁,十分之九是实际事实叙述,只有十分之一是对于反革命派宣传的辩论"。③1950年5月16日,邓小平在西南区新闻工作会议上作报告,阐述了党的新闻工作的许多重要规律,阐释了报道动机和报道效果的科学联系,揭示党报新闻报道的基本规律,为记者克服新闻报道的随意性,提供了新思路,在新闻界产生深远影响。④

1978年12月召开的中共十一届三中全会,标志着中国历史进入社会主义改革开放和社会主义现代化建设的新时期。特别是"真理标准问题大讨论"后,新闻界思想大解放。从1978—1982年,中国新闻界实现了新闻改革第一次跨越。高扬新闻规律的旗帜,否定"阶级斗争工具"论,重新恢复报纸作为"新闻纸"的本来面目,是这四年的主课题。在这一阶段,马克思关于报刊规律的名言成为当时新闻界使用频率最高的语录,既为新闻界高扬新闻规律旗帜寻找理论依据,又为新闻界正本清源的一系列

---

① 毛泽东.对于赵女士自杀的批评[N].大公报(长沙),1919-11-16.
② 中共中央文献研究室.毛泽东年谱:1893—1949 上卷[M].北京:中央文献出版社,1993:63.
③ 《政治周报》发刊理由[J].政治周报,1925(1):2.
④ 郑保卫.中国共产党新闻思想史[M].福州:福建人民出版社,2004:404.

▶第十八章
新时期《人民日报》中"新闻规律"的话语呈现及其知识特征

举措作理论辩护。① 新闻界高扬新闻规律的旗帜,树立了"新闻有学"且有规律的观念。1979年,徐铸成发表文章认为新闻工作有客观规律,必须尊重新闻工作特有的客观规律,并抛砖引玉地提出了两条新闻规律:报纸要以事实说话;报纸是读者的朋友,而不是老师。②1980年1月,王中撰文指出:新闻不仅有学,"新闻学只有从生产关系的总和中加以研究才能发现它的客观规律,才能成立一门科学";新闻而且有规律,"新闻事业不以人的意志为转移的客观规律存在于'社会存在',而不存在于任何人的头脑里"。③ 1981年,甘惜分发表文章阐明新闻工作受到客观规律支配,指出认识新闻工作的客观规律,不但是新闻工作者的事,同样也是党委的领导人的事;认为新闻写作、新闻采访、新闻编辑、新闻摄影等都有它们特有的规律,都可以专门探讨。但是,新闻工作有根本规律,分别是舆论机关、政治倾向、依靠群众、事实说话、实际出发、经济决定、迅速广泛。④ 同年,暨南大学陈朗撰文认为:"新闻采访学作为一种独立的应用科学,应该有符合新闻规律的科学概念,它应该准确地表达自己的内涵。"⑤1982年,艾丰在著作《新闻采访方法论》中认为,记者在报道中"一定要按新闻规律办事"。⑥ 当时,"新闻规律"观念引发广泛兴趣,不论是学界的理论研究,还是业界的实践探索,均达成空前共识。新闻界重视新闻规律,因为新闻规律是对历史尤其"文化大革命"十年的反思,并提高到理论层面上的总结。新闻规律针对现实,防止"长官意志"的瞎指挥。新闻规律更是着眼于未来新闻学体系的建设。总之,从1978—1982年,新闻界的拨乱反正过程中,上至中央领导下至普通记者编辑都接受了"新闻规律"观

---

① 李良荣.中国新闻改革:20年的三次跨越[J].新闻界,1998(6):11.
② 徐铸成.关于新闻规律的两点浅见[J].新闻战线,1979(5):19.
③ 赵凯.王中文集[M].上海:复旦大学出版社,2004:309-310.
④ 甘惜分.甘惜分文集:第2卷[M].北京:人民日报出版社,2012:201.
⑤ 陈朗.新闻采访学是一门独立的应用科学[J].新闻大学,1981(1):23.
⑥ 艾丰.新闻采访方法论[M].北京:人民日报出版社,1982:119.

念。这是当年新闻界拨乱反正的最大收获。[①]

新闻界在重新认识"新闻规律"观念的同时，也在探索新闻规律。如1983年，张宗厚、陈祖声在合著教材《简明新闻学》中认为："新闻规律，从狭义上讲，指的是新闻传播规律，即新闻报道规律；从广义上讲，它包括新闻事业发生、发展和变化的规律，新闻价值规律，新闻传播规律，新闻采访规律，新闻写作规律，新闻编辑规律，新闻摄影规律等。其中又可分为普遍规律和特殊规律，总的规律和具体规律，如报纸、刊物、广播、电视、新闻电影又各有自己的特殊规律性。"[②] 同时，他们在第四章"新闻工作"设有专节"社会主义新闻工作的基本规律"，不仅阐明了研究新闻规律的目的，"正在于总结三十多年新闻工作正反两方面的经验，认识社会主义新闻活动的本质属性和内部必然联系，改进和做好我们的新闻工作。要达到这一目的，我们不仅要研究普遍规律，研究新闻事业发展规律，还应该研究社会主义新闻工作的基本规律"[③]；而且给予了"新闻规律"完整的科学表述，"社会主义新闻工作的基本规律表达为：以日益进步的传播手段，最迅速最广泛地把最有新闻价值的事实向社会传播，宣传党和国家的方针、政策、法令，反映人民群众的智慧，创造和呼声，交流经验，沟通情况，表彰先进，批评错误，表达舆论，引导舆论，以完成它担负的社会政治任务和满足广大群众认识、改造世界的需要"。[④]

改革开放新时期，在新闻界高扬新闻规律的旗帜、正确认识和探索新闻规律、回归马克思主义新闻观的历史背景下，《人民日报》开始使用"新闻规律"一词表达出中国共产党对"新闻规律"的认识和看法。通过对《人民日报》使用"新闻规律"一词的分析，可管中窥豹般体现出中国共产党"新闻规律"观念。1984年7月4日，《人民日报》在《由新闻单位按新闻规律自行处理》报道中首次使用"新闻规律"一词："江苏省

---

① 李良荣，等.历史的选择[M].武汉：武汉大学出版社，2009：13-14.
② 张宗厚，陈祖声.简明新闻学[M].北京：人民日报出版社，1983：153-154.
③ 张宗厚，陈祖声.简明新闻学[M].北京：人民日报出版社，1983：341.
④ 张宗厚，陈祖声.简明新闻学[M].北京：人民日报出版社，1983：344.

第十八章
新时期《人民日报》中"新闻规律"的话语呈现及其知识特征

委办公厅要求改革会议新闻报道 由新闻单位按新闻规律自行处理。……如何报道会议,应该由新闻单位根据新闻规律按情况自行处理,严格把关。"[①] 从1984—2016年,"新闻规律"在《人民日报》先后出现过82次。其中,1984、1995、2000、2004、2007、2014等年份均为1次,共6次;1986、1988、1989、1996、2008、2013等年份各为5次,共30次;1990和2005年各为2次,共4次;1993、1997、2010、2015、2016等年份各为3次,共15次;1998年一年共6次;2001、2006、2009等年份各为4次,共12次;2012年出现频次最高,一年出现9次"新闻规律"。

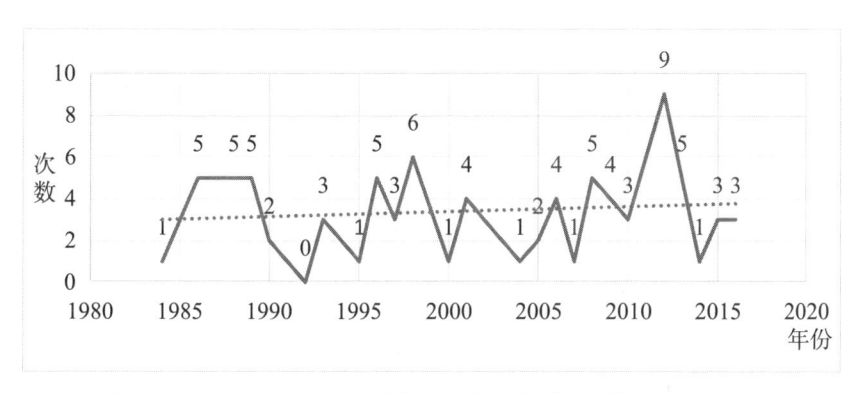

图1 1980—2020年《人民日报》使用"新闻规律"频率图

该图清晰地呈现出"新闻规律"在《人民日报》中的总体上升趋势。20世纪80年代,《人民日报》使用了16次"新闻规律";90年代,使用20次;新世纪头10年,使用22次;2010—2016年,使用24次,呈现出总体上升趋势。

第二节 20世纪80年代的《人民日报》:遵守新闻规律,改革会议报道

1983年中共十二大后,改革开放和社会主义现代化建设全面展开,中

---

① 由新闻单位按新闻规律自行处理[N].人民日报,1984-07-03(1).

国的媒介生态发生了明显变化，新闻改革从转变新闻文风改进会议报道开始。在20世纪80年代，《人民日报》先后16次运用"新闻规律"一词表达新闻规律观念。1984年7月4日，《人民日报》针对当时"写作老框框甚多，八股味甚浓"的情况，推介新华日报社会议报道"由新闻单位按新闻规律自行处理"做法。

1986年2月3日，《人民日报》发文要求"按新闻规律和新闻改革的要求处理会议报道"。8月15日，《人民日报》明确表态，"对确实没有新闻价值的会议消息，报社有权不发——这叫作按新闻规律办报"。①8月20日，《人民日报》批评"有的党委和领导不善于按照新闻规律管理和运用报纸"。在同年随后的两次报道中，《人民日报》希望"各级党委要尊重新闻规律，尊重新闻单位的自主权"，"'报人'要懂点新闻规律，有点读者观点"。

随着新闻改革的深入发展，新闻界开始积极探求"新闻规律"。1988年3月14日，《人民日报》指出："按新闻规律办新闻不仅是新闻界的事，也是上级领导的事、全社会的事。"同年9月13日，《人民日报》报道中国社会科学院新闻研究所举行建所10周年学术讨论会专家谈论新闻规律情况，"新闻改革突破口：首先在于新闻界自身，在于新闻工作者要按照新闻规律办事，减少自我束缚……要按新闻规律办事，首先要认识新闻规律"②。甚至，《人民日报》刊文鼓励专业报和企业报开展新闻规律研讨。

1989年，《人民日报》重提在新闻业务中要尊重新闻规律，并强调舆论导向中坚持新闻规律的重要性。1月22日，《人民日报》希望各级"党委要为新闻改革创造条件，支持新闻队伍的建设。要放手让新闻单位按照新闻规律独立负责地进行工作"③。3月25日，《人民日报》刊登《改进领

---

① 张持坚.报纸上会议消息多而枯燥 读者不满意总编辑伤脑筋［N］.人民日报，1986-08-15（1）.
② 新闻界同仁畅谈如何按新闻规律办事［N］.人民日报，1988-09-13（3）.
③ 加强舆论引导，推进新闻改革的意见［N］.人民日报，1989-01-22（3）.

▶第十八章
新时期《人民日报》中"新闻规律"的话语呈现及其知识特征

导人活动报道 支持按新闻规律办报》一文,"省委、省顾委、省纪委、省人大、省政府、省政协主要领导人下基层检查工作或调查研究,是否报道以及如何报道,由报社按新闻价值和新闻规律决定"①。5月22日,《人民日报》报道中提到,各级干部都应尊重新闻规律,以保证正常的新闻渠道畅通。10月14日,《人民日报》发文《舆论导向错误教训深刻》,认为加强党对新闻事业的领导和纪律约束,决不是要新闻单位违背新闻规律,按行政的方式去工作,恰恰相反,党应当提高自己的领导艺术,改善党对新闻工作的领导,使之更符合新闻规律。②12月17日,《人民日报》载文主张:新闻主管部门也在强调按新闻规律办事,并共同把关,促使对新闻真实性的维护逐步走向制度化、规范化。

第三节 20世纪90年代的《人民日报》:遵循新闻规律,在新闻改革中坚持党性原则

进入20世纪90年代,中共中央在"坚持正面宣传为主的方针"的指引下,以稳中求进的原则全面指导新闻改革,新闻业务全面改进。20世纪90年代,《人民日报》先后20次运用了"新闻规律"一词,强调新闻改革坚持党性,同时遵循新闻规律。此阶段,《人民日报》从传达"正面宣传为主"方针强调党性原则入手,重提新闻规律。

1990年2月3日,《人民日报》发表文章讨论"当好喉舌与按新闻规律办事的关系"。3月3日,全文刊登李瑞环《坚持正面宣传为主的方针》讲话,强调"坚持正面宣传为主的方针并不否认新闻的特点。新闻的特点,人们可以作多种概括,但照我看,除了前面谈到的党性以外,还要注意真实性、时效性和可读性。……我们社会主义新闻改革的目的,就是使

---

① 罗茂械.改进领导人活动报道 支持按新闻规律办报[N].人民日报,1989-03-25(2).
② 舆论导向错误教训深刻[N].人民日报,1989-10-14(4).

277

新闻工作更加符合新闻的党性原则,更好地遵循新闻的规律,发挥现代化舆论工具的功能,发挥新闻作为党、政府和人民的耳目喉舌作用"[1]。1993年2月23日,《人民日报》强调:新闻改革需要"按照新闻的规律和特点"。5月6日,该报畅谈新闻改革加强和改善党的领导,"要遵循新闻规律,对各种新闻媒介实行分级负责,分类指导"。1996年3月22日,《人民日报》刊文批评坚持党性与新闻规律对立观点,"一是孤立地和过分地强调新闻规律,而摆脱党的领导,淡化党性原则,脱离正确的政治方向;二是把维护党性同按新闻规律办事对立起来,不敢按新闻规律办事,使新闻宣传一般化"[2]。12月28日,《人民日报》报道李瑞环在《人民政协报》改日报座谈会上的讲话,"一要把握中央精神,二要了解读者愿望,三要尊重新闻规律,四要勇于探索创新"[3]。

1998年2月22日,丁关根在全国省级党报总编辑工作会议上强调:新闻舆论工作要发挥优势,办出特色。要按照新闻规律办事,大胆探索创新,讲究宣传艺术,提高引导水平。6月15日,人民日报迎来五十华诞。李瑞环题词:坚持正确方向　尊重新闻规律　发扬创造精神。9月,《人民日报》刊登新闻工作者倡议书,呼吁新闻工作者坚持"二为"方针,遵循新闻规律,不断提高素质,努力改进新闻工作。

第四节　新世纪头10年的《人民日报》:新闻工作要全面坚持新闻规律

进入新世纪后,以互联网为标志的新媒体传播作为革命性因素,打破了传统媒体霸权,极大地推动了新闻媒介形态的变革。新世纪头十年,

---

[1] 李瑞环.坚持正面宣传为主的方针　在新闻工作研讨班上的讲话(1989年11月25日)[N].人民日报,1990-03-02(2).
[2] 任锋.读《办报余墨》[N].人民日报,1996-03-22(11).
[3] 《人民政协报》改日报座谈会在京举行[N].人民日报,1996-12-28(1).

第十八章
新时期《人民日报》中"新闻规律"的话语呈现及其知识特征

《人民日报》先后22次使用"新闻规律"一词，表达了在网络媒体环境下的新闻规律观念，强化了新兴媒体的新闻规律。2000年8月9日，《人民日报》在报道加强互联网媒体建设时，强调重点新闻网站要把新闻规律和网络特点很好地结合起来。

2001年3月9日，中宣部开展马克思主义新闻观教育活动中，《人民日报》发文指出："如果你不讲新闻性，不遵循新闻规律，人家不看、不听，难以产生良好的宣传效果，那么党性就不能较好地得到坚持。"① 同年8月21日，《人民日报》强调：记者在报道新闻时，须按新闻规律办事，站在客观真实的角度去报道。《人民日报》在报道第十一届宣传人民代表大会制度好新闻评选时认为，从专业、程序里跳出来，按照新闻规律，通过记者的眼光，依据群众的需要，去发现、处理新闻。11月7日，丁关根在新华社建社七十周年纪念大会上发表讲话："要尊重新闻规律，讲究新闻艺术，开拓新的报道领域，探索新的报道形式，采用新的报道方法，增强准确性、生动性。"② 在2002年全国宣传部长会议上，胡锦涛指出：要尊重舆论宣传的规律，讲究舆论宣传的艺术，不断提高舆论引导的水平和效果。2003年1月，李长春在全国宣传部长会议上讲话指出：加强党对新闻宣传工作的领导，尊重新闻工作的客观规律，积极探索新闻工作的客观规律，要大兴调查研究之风。深入调查研究，是我们掌握情况、掌握规律的基本途径。2004年9月21日，《人民日报》记录"人民共和国党报论坛"首届年会发言，"在全国2000多种报纸中，党报以坚持党性原则、尊重新闻规律、彰显各自特色的政治品格和鲜明风格"。同年，党的十六届四中全会通过《中共中央关于加强党的执政能力建设的决定》，把加强和改进党对新闻宣传工作的领导提到关系增强党的执政能力的高度来强调。胡锦涛强调：加强党的领导，必须尊重宣传思想工作规律，积极探索宣传思想

---

① 王维.新闻事业必须坚持党性原则［N］.人民日报，2001-03-09（6）.
② 丁关根.在新华社建社七十周年纪念大会上的讲话［N］.人民日报，2001-11-08（2）.

工作规律；并指出"要用时代的要求来审视宣传思想工作，用发展的眼光来研究宣传思想工作，以改革的精神来推动宣传思想工作，努力使宣传思想工作更好地体观时代性、把握规律性、富于创造性。……要坚持解放思想、实事求是、与时俱进，科学地认识和把握新形势下宣传思想工作的特点和规律，形成新思路，探索新办法，开辟新途径，取得新成效"。[①]

2005年4月5日，《人民日报》在报道"三项学习教育"活动时，希望新闻工作者紧跟时代发展、紧贴实际生活，遵循新闻规律，讲究宣传艺术，弘扬求真务实的作风，培育清新活泼的文风，努力提高舆论引导的水平。2006年4月29日，《人民日报》总结"三项学习教育"活动成效时强调：正确舆论导向，就要按照新闻规律办事，回答人们关心的问题，用鲜活的事实说话，才能赢得读者。5月3日，《人民日报》刊文希望典型报道要加强对"对受众心理、新闻规律的不断研究"。7月16日，《人民日报》希望农村记者"应遵循两种规律，即新闻规律和农业、农村经济发展的规律"。2007年1月15日，《人民日报》指出：法治新闻受关注程度较高，管理难度较大，既应遵循新闻规律，又应遵守宣传纪律。

2008年1月2日，《人民日报》强调政协新闻报道应该"要把发挥政协优势和遵循新闻规律结合起来"。6月20日，在人民日报创刊60周年之际，胡锦涛来到人民日报社考察工作，并发表重要讲话，提出"要坚持用时代要求审视新闻宣传工作，按照新闻传播规律办事，创新观念、创新内容、创新形式、创新方法、创新手段，努力使新闻宣传工作体现时代性、把握规律性、富于创造性，不断提高舆论引导的权威性、公信力、影响力"。[②]同年6月25日，《人民日报》总结自身改版经验，"精心研究国外报纸和国内办报的经验，着眼于读者需求，探索新闻规律"。26日，《人民日报》希望全国新闻宣传战线"尊重和把握新闻规律，不断提高主流媒体的亲和力"。7月16日，又呼吁新闻工作者"不断改革创新，切实提高把握

[①] 郑保卫.中国共产党新闻思想史［M］.福州：福建人民出版社，2004：517.
[②] 胡锦涛.在人民日报社考察工作时的讲话［N］.人民日报，2008-06-21（4）.

▶第十八章
新时期《人民日报》中"新闻规律"的话语呈现及其知识特征

新闻规律的能力"。12月13日,《人民日报》希望工会报道"要按照新闻规律办事,深入采访,精心写作,勇于创新,不断提高宣传报道的质量和水平"。

2009年,《人民日报》倡导"新闻规律"扩展到更加宽广的领域。《人民日报》刊文期待高素质的新闻工作干部队伍既要严格遵循宣传纪律,又正确把握新闻规律,善于寻找宣传工作和新闻报道的结合点;也希望政府部门在信息披露过程中越来越遵循新闻规律、正视民意和舆论,这不仅仅是新闻工作者的幸事,更希望各级领导干部要学习些新闻知识,知晓新闻规律才能更好地发挥媒体作用。当然,文章希望新华社"为记者提供符合新闻规律的个性化、专业化、人性化服务,使新闻中心成为'世界记者之家'"①。

第五节 2010年代的《人民日报》:新闻规律新发展,传递正能量

2010—2016年,党中央多次提倡新闻宣传工作必须不断发展创新,推动传统媒体与新兴媒体深度融合发展。该阶段,《人民日报》先后运用了24次"新闻规律"一词,体现出新闻规律在新的历史条件下的新发展。2010年1月8日,《人民日报》首先在新时期的党报改革中希望"打造新闻党报,把尊重宣传规律和尊重新闻规律结合起来",同时希望在党管媒体过程中,"善待媒体,善用媒体,善管媒体,……把行业管理与尊重新闻规律有机结合起来"。

2012年,"新闻规律"在《人民日报》频现,前后出现12次,是至今出现频率最高的年份。这与全国新闻战线贯彻落实胡锦涛总书记"七一"讲话精神,开展"走转改"活动密切相关。4月13日,《人民日报》报道

---

① 庆祝新中国成立60周年活动新闻中心启用[N].人民日报,2009-09-23(1).

说：" '走转改'增强了新闻工作者对马克思主义新闻观的理解和社会主义新闻规律的把握。"同日该报刊登文章认为："'走转改'是对新闻规律的把握和深化。'走转改'广受赞誉，就在于它符合新闻规律，契合了受众的心理和接受习惯。"12月28日，《人民日报》认为改文风应当确立的原则是尊重新闻规律，同时指出对新闻规律尊重不够，改文风就落不到实处。2013年4月17日，《人民日报》报道中国记协发起"为实现中国梦传递正能量"倡议书，期待新闻工作者"精心做好正面报道，真正按照新闻规律，传递正能量"。10月17日，《人民日报》发声，正面宣传"要尊重新闻规律，讲究艺术，传播正能量"。11月20日，《人民日报》甚至提倡"要按新闻规律做标题，要下功夫做标题"。

2014年2月27日，习近平在主持召开的中央网络安全和信息化领导小组第一次会议就谈道："做好网上舆论工作是一项长期任务，要创新改进网上宣传，运用网络传播规律，弘扬主旋律，激发正能量，大力培育和践行社会主义核心价值观，把握好网上舆论引导的时、度、效，使网络空间清朗起来。"他不仅提出新兴媒体传播规律问题，并将把握好"时、度、效"的传播规律要求延伸到了网络。5月15日，《人民日报》强调，"媒体应当敢说话、早说话、会说话。早说话体现新闻规律，先入为主"。8月18日，习近平主持召开中央全面深化改革领导小组第四次会议时表示，要推动传统媒体和新兴媒体融合发展，要遵循新闻传播规律和新兴媒体发展规律，强化互联网思维，坚持传统媒体和新兴媒体优势互补、一体发展，坚持先进技术为支撑、内容建设为根本，推动传统媒体和新兴媒体在内容、渠道、平台、经营、管理等方面的深度融合，着力打造一批形态多样、手段先进、具有竞争力的新型主流媒体，建成几家拥有强大实力和传播力、公信力、影响力的新型媒体集团，形成立体多样、融合发展的现代传播体系。2015年9月23日，《人民日报》报道"一带一路"媒体合作论坛时，希望各国媒体遵循新闻规律，多途径、多渠道传播正能量。

2016年2月19日，习近平在北京主持召开党的新闻舆论工作座谈会

> 第十八章
> 新时期《人民日报》中"新闻规律"的话语呈现及其知识特征

并发表重要讲话。他强调,党的新闻舆论工作是党的一项重要工作,是治国理政、定国安邦的大事,要适应国内外形势发展,从党的工作全局出发把握定位,坚持党的领导,坚持正确政治方向,坚持以人民为中心的工作导向,尊重新闻传播规律,创新方法手段,切实提高党的新闻舆论传播力、引导力、影响力、公信力。21日,《人民日报》报道强调,"中国媒体在国际舞台上不断发声,这不仅体现在加强驻外人员和力量上,更体现在把握新闻规律,以驻在国的视角讲好中国与世界的故事方面"[①]。2月22日,《人民日报》表示今后要谨记总书记的嘱托,唱响主旋律、传播正能量,尊重新闻规律,创新理念方法。8月23日,《人民日报》在总结党中央推动传统媒体和新兴媒体融合发展经验时,强调"要遵循新闻规律,探索融合新路"。

第六节 改革开放新时期《人民日报》的"新闻规律"观念特点

从1984—2016年,中国共产党中央委员会机关报《人民日报》先后82次运用"新闻规律"一词,反映出改革开放新时期《人民日报》的"新闻规律"观念演变过程,也体现出一些鲜明特点。

首先,改革开放新时期《人民日报》"新闻规律"观念具有一定的阶段性。

20世纪80年代,《人民日报》从转变新闻文风改革会议报道入手,高扬新闻规律的旗帜,回归新闻本位,认识新闻规律;90年代,《人民日报》则强调在新闻改革坚持党性原则基础上,遵循新闻规律,并探索新闻规律;新世纪头10年,《人民日报》强调新闻工作要全面坚持新闻规律;2010年代,《人民日报》则在坚持新闻规律基础上,不断总结经验,创新和发展新闻规律新发展,传递社会正能量。从《人民日报》运用"新闻规

---

① 为中国发展注入强劲正能量[N].人民日报,2016-02-21(3).

律"一词的阶段性体现出：改革开放新时期，中国共产党重视新闻规律，尊重新闻规律，力求新闻工作全方位全流程遵守新闻规律。

其次，改革开放新时期《人民日报》的"新闻规律"观念具有创新性。

改革开放新时期，《人民日报》在不同的时期根据新闻传播学研究和新闻媒体发展特点，提出了不同的"新闻规律"的表述。如"新闻传播规律"，1987年12月4日，《人民日报》在报道首都新闻学会第二次学术年会首次使用了"新闻传播规律"，"报纸应该向全社会宣传新闻理论观点、新闻传播规律、新闻工作特点"。这是中国新闻学借鉴西方传播学的呈现结果，认识到传播的重要性。如"传播规律"，2000年5月13日，《人民日报》评论说："我们的文学创作及研究，也必须重视对传播规律的研究，必须重视对传播对象——文学受众的研究。"如"新闻宣传规律"，2001年3月31日《人民日报》使用了"新闻宣传规律"报道互联网新闻宣传经验交流会，"要积极探索和把握互联网新闻宣传规律，进一步把中央和地方的重点新闻网站做大做强"。如"宣传规律"，2003年12月30日，《人民日报》呼吁"在新闻宣传方式上，认真研究宣传规律和思维规律，使新闻宣传的形式进一步适合群众的需要"。如"网络传播规律"，2009年12月25日，《人民日报》认为网络舆论引导要尊重网络传播规律，尊重网民的知情权和表达权，用网民喜闻乐见的方式进行。如"舆论规律"，2010年1月27日《人民日报》刊文强调："增强新闻舆论意识，学习研究舆论规律和宣传艺术，增强组工宣传的主动性、针对性、实效性。"网络传播和舆论规律则反映了新媒体技术和社会舆论复杂多元化结果。这充分地体现出改革开放新时期中国共产党认识到：随着社会经济形态的变化，新闻规律会有所变化并更加丰富；在不同技术条件、不同规模、不同受众的新闻传播活动、新闻传播过程中，具有不同的具体表现形式。①

---

① 童兵.马克思主义新闻观读本［M］.上海：复旦大学出版社，2016：67.

第十八章
新时期《人民日报》中"新闻规律"的话语呈现及其知识特征

再次，改革开放新时期《人民日报》的"新闻规律"观念具有继承性。

改革开放新时期，《人民日报》虽然涌现出"新闻规律""新闻传播规律""传播规律""新闻宣传规律""宣传规律""网络传播规律""舆论规律"等不同表述，但它们都是对"新闻规律"的继承和发展。《人民日报》在1987年使用"新闻传播规律"后，再次重提已是20年后的2007年12月24日。但是，在胡锦涛2008年6月15日视察人民日报社讲话和习近平总书记"2·19"讲话强调"按照新闻传播规律办事"和"尊重新闻传播规律"指引下，"新闻传播规律"被新闻界大量使用，仅《人民日报》在自2008年6月至2016年底已经使用了86次，超过了1984—2016年"新闻规律"一词的使用总数，年均9.5次；"新闻规律"仅使用一次。2015年10月20日，《人民日报》在报道习近平主持召开中央全面深化改革领导小组第四次会议讲话时，曾对"新闻规律""新闻传播规律"关系有过精辟的论述，"遵循新闻传播规律和新兴媒体发展规律，关键是恪守马克思主义新闻观；而且强调马克思主义新闻观是关于新闻现象、新闻活动和新闻媒体的全面论述，是新闻规律的精辟凝练"[①]。确实，习近平在讲话中明确提出"遵循新闻传播规律和新兴媒体发展规律"，这一论述是对马克思恩格斯关于报刊工作规律性论述的直接继承，并将新闻宣传工作的切入点和着力点摆在突出位置，强调新闻宣传工作对外部环境的感应。[②]

总之，党中央机关报《人民日报》从1984—2016年先后82次运用"新闻规律"一词，清晰地反映出改革开放新时期《人民日报》的"新闻规律"观念演变及其特点。虽然新闻规律的探索任务艰巨，任重而道远，但是该时期《人民日报》的"新闻规律"观念变化，管中窥豹般体现了同时期中国共产党的"新闻规律"观念演变。中国共产党一方面高扬新闻规

---

① 常庆."互联网+"时代尤须恪守马克思主义新闻观[N].人民日报，2015-10-20（7）.
② 童兵.马克思主义新闻观读本[M].上海：复旦大学出版社，2016：68.

律旗帜,积极强调遵循新闻规律,且将是否认识、遵循新闻规律上升到关系新闻舆论工作得失成败的高度去强化;另一方面不断实践新闻规律,且顺应新闻改革需要和新闻传播学研究以及新媒体技术发展要求,创新性地总结新闻规律,推动中国新闻事业的发展。通过对该时期党中央机关报《人民日报》的分析,本文见微知著地反映出中国共产党确实走过的和正在行进的正是一条不断回归新闻本位、尊重新闻传播规律的道路。

第十九章

"舆论引导"在《人民日报》的演变及其新态势

舆论引导是马克思主义新闻观的重要内容。马克思主义奠基人马克思和恩格斯认为，报刊的责任是代表社会舆论、反映社会舆论、表达社会舆论，而各种不同的舆论，也会找到相应的报刊作为自己的载体。[①] 马克思主义新闻观强调，舆论引导是任何一种新闻媒体都具有的基本功能。新闻媒体影响舆论，最基本的手段是反映舆论，最终的目的是实现舆论引导。新闻媒体经常通过反映舆论能够实现舆论引导的目的。但是，马克思主义新闻经典论著中并没有使用"舆论引导"的科学表述；中国共产党在继承和发扬马克思主义新闻舆论思想的基础上，结合改革开放以来中国特色社会主义现代化建设的伟大实践，创造出新词汇"舆论引导"，反映出新闻舆论发展的新情况，践行着中国特色社会主义新闻舆论新理念。本章将集中探讨"舆论引导"在《人民日报》的演变及其新态势。

---

① 童兵.马克思主义新闻观读本[M].上海：复旦大学出版社，2016：74.

第一节　应运改革开放新时代，"舆论引导"独立成词

党的十一届三中全会后，中国实行改革开放，社会激变，发生翻天覆地的变化，新事物、新制度、新体制、新思想、新观念层出不穷。这种激变引发语言词汇与社会结构间的矛盾，促使人们不断创制新词汇来表述这些新事物、新制度、新体制、新思想、新观念。这些新词汇不仅打有新时期的时代烙印，而且映射出新时期的斑斓色彩，透视新时期的社会镜像。"舆论引导"就是其中的经典案例。

改革开放前，"舆论"和"引导"两个词在《人民日报》中是独立使用的。如1976年5月10日，《人民日报》刊文："在反击右倾翻案风的斗争中，县委利用有线广播大造革命舆论，引导广大干部和社员集中火力深入批邓。"[①] 改革开放初期，"舆论"和"引导"在《人民日报》中也是独立使用的。如1979年10月31日，《人民日报》希望文艺工作"同意识形态领域的其他工作紧密配合，造成全社会范围的强大舆论，引导人民提高觉悟"[②]。"舆论"和"引导"密切地并列在一起，但明显两者不是合并组成的一个词，也不是一个科学表述。1982年1月20日，《人民日报》甚至还出现标题《用舆论引导建设民主和睦的新家庭》，正文说："要解决这些问题，不但要用正确的法律去约束，还要靠正确的社会舆论去引导。"[③] 在这里，"舆论引导"也非独立词汇。

1987年10月25日至11月1日，党的十三大在北京召开，大会系统地阐述了我国处于社会主义初级阶段的理论，制定了党在初级阶段的基本路线，同时对新闻舆论工作的经验进行反思和总结，提出在政治体制改革

---

① 大造革命舆论　掀起批邓高潮[N].人民日报，1976-05-10.
② 在中国文学艺术工作者第四次代表大会上的祝辞[N].人民日报，1979-10-31.
③ 用舆论引导建设民主和睦的新家庭[N].人民日报，1982-01-20.

▶第十九章
"舆论引导"在《人民日报》的演变及其新态势

中要建立社会协商对话制度。其中，就有提出发挥舆论监督的作用，同时期《人民日报》发表了大量关于舆论监督的理论文章。正是党在探讨舆论监督理论并对舆论工作的经验进行反思和总结的过程中，"舆论引导"在《人民日报》应运而生。据笔者考察发现："舆论引导"作为一个独立词汇，首次出现在《人民日报》的时间是 1987 年 11 月 20 日。时任共青团中央书记处书记、全国青联主席刘延东在第六届全国人民代表大会常务委员会第十六次会议发言中提到希望发挥舆论引导和舆论监督的作用。[①] 根据笔者的初步发现，1987 年后，"舆论引导"作为一个独立的主谓结构的词汇，且作为一个科学表述，开始连续且以渐增的趋势频繁地在《人民日报》出现。

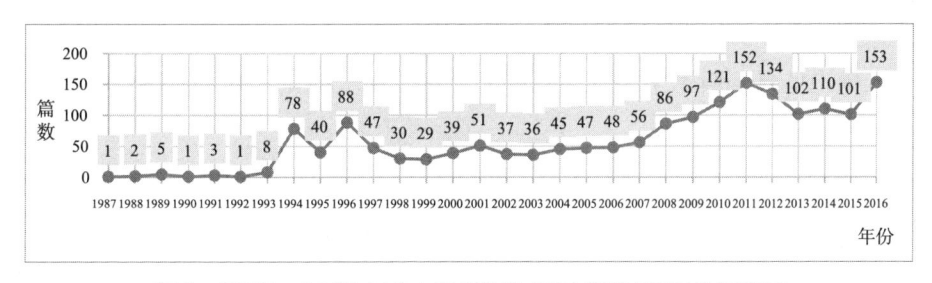

图 1　1987—2016 年《人民日报》使用"舆论引导"频率图

第二节　推广"舆论引导"，探索舆论引导建设

根据"舆论引导"出现频率及其社会变化情况，可以发现"舆论引导"一词在《人民日报》演变发展分为四个阶段：1987—1993 年，出现推广期；1994—2007 年，普及使用期；2008—2015 年，成熟运用期；2016 年至今，舆论引导新态势。伴随着"舆论引导"在《人民日报》报道中的演变发展，具有中国特色的舆论引导理论不断得到探索、确立和强化。

---

① 民主监督要制度化讲求政治效果　更好地发挥政协和民主党派作用 [N]. 人民日报，1987-11-19（4）.

1988年,《人民日报》2次使用"舆论引导"一词,范围从政治和新闻改革走向经济领域,体现在经济建设的新闻媒体功能和企业思想政治工作讨论中。1988年7月2日,《人民日报》刊文:"出版发行单位,要为青少年着想,在考虑经济效益的同时,不能忘记社会效益;发挥主管部门及社会团体和舆论的引导和监督作用,用经济手段调控书刊市场。"①10月4日,《人民日报》刊文指出:"企业应该首先尝试运用正在迅速发展的大众传播手段,强化社会舆论系统,加强舆论引导工作。"②党甚至将"舆论引导"作为中国特色新闻理论的重要组成部分。11月15日,中宣部召集全国44位报纸、广播电台、电视台和宣传部门的负责人开办新闻研修班,讨论学习党的十三届三中全会精神,研究如何搞好改革关键时期的新闻工作。《人民日报》刊文:希望他们就新闻的性质和任务、新闻自由、舆论监督和舆论引导等问题展开讨论,逐步创立具有中国特色的新闻理论。③

1989年,《人民日报》先后5次使用"舆论引导"一词,且作为标题进入政府文件。是年1月下旬,山西省委批转省委宣传部《加强舆论引导,推进新闻改革的意见》文件。"舆论引导"一词也进入人民的日常生活之中。是年4月,太原市"克塞"帽流行,《人民日报》发文说:"如果不受天气转暖和舆论引导的影响,估计还会大有市场。"④同年夏,随着资产阶级自由化的高涨和政治风波的爆发,《人民日报》连续发文表态支持党中央重大决策,强调加强"舆论引导和舆论监督",维护安定团结的政治局面,同时认为"我们的文艺要在多样化的发展中强化主旋律,必须加强舆论引导,澄清被资产阶级自由化搞乱了的一系列思想理论问

---

① 全国人大常委会委员呼吁严禁出版淫秽出版物[N].人民日报,1988-07-02.
② 左方,春雷.改进企业思想政治工作的几点思考[N].人民日报,1988-10-04.
③ 李光菇.研究如何搞好改革关键时期新闻工作 中宣部开办新闻研修班[N].人民日报,1988-11-16.
④ 谢宝东."克塞"帽风行质疑[N].人民日报,1989-04-08.

▶第十九章
"舆论引导"在《人民日报》的演变及其新态势

题"。①1990年,《人民日报》使用"舆论引导"一词1次。1991年,《人民日报》使用"舆论引导"一词3次。

1992年10月12日至18日,党的十四大在北京举行,大会提出了我国经济体制改革的目标是建立社会主义市场体制,确立了邓小平建设有中国特色社会主义理论在全党的指导地位。随着社会主义市场经济体制的逐步建立,极大地解放了社会生产力,促进了经济社会的发展,随之而来的就是社会成员的价值观念多样化与思想乱象并存。党及时总结舆论工作经验,提升舆论理论水平,注重舆论引导和舆论监督齐头并进。《人民日报》发文认为:"当今的社会,与过去相比,人与人之间的关系、利益要求、道德观念等方面,都发生了巨大变化,社会矛盾已不是那么单一。这就给舆论监督提出了新的要求。要通过舆论监督,疏通、协调各方面的关系,既要舆论监督,又要舆论引导。监督和引导是一件事情的两个方面,切不可偏废一方。既要有激情,又要有理智,要用是否符合党和人民的根本利益这根标尺来衡量舆论监督的效果。"②

1993年,《人民日报》刊登8篇文章8次使用"舆论引导"一词,既强调经济建设的宏观调控、企业破产中注意"舆论引导",又有精神文明建设的文化宣传、新闻改革中发挥"舆论引导"作用。《人民日报》希望新闻工作者"要紧密配合党和国家重大决策和改革措施的出台,做好舆论引导工作"③。

从1988年至1993年,《人民日报》共使用了19次"舆论引导"一词,应用范围越来越广泛,从政治体制的重大决策渗透到经济建设的改革措施,转入文化生活,逐渐深入人民群众生活。《人民日报》在推广"舆论引导"一词并探讨新时期新闻改革中,不断探索舆论引导理论建设。

---

① 中宣部文艺局和湖南省委宣传部联合召开研讨会强调文艺在多样化的发展中强化主旋律[N].人民日报,1989-11-23.
② 涂晓东.把握时代脉搏 做好群众工作[N].人民日报,1992-10-27.
③ 新闻宣传要以建设有中国特色社会主义理论为指针[N].人民日报,1993-02-23.

第三节　普及"舆论引导"，确立舆论引导理论

1994年1月24日，江泽民在全国宣传思想工作会议发表讲话，指出："我们的宣传思想工作，必须以科学的理论武装人，以正确的舆论引导人，以高尚的精神塑造人，以优秀的作品鼓舞人。"这成为我党新时期宣传思想工作的根本指针。他强调进行舆论引导要重视舆论导向，并高度认识到舆论导向的极端重要性，"舆论导向正确，人心凝聚，精神振奋；舆论导向失误，后果严重。正反两方面的经验告诉我们，引导舆论，至关重要。各级党委、宣传部门和新闻出版等单位的领导干部，必须以高度的责任心抓好舆论引导工作"。同时，他具体阐述了媒体进行舆论引导的策略，"正确引导舆论，重要的是正确把握形势，增强全局观念，……要重视对社会舆论情况和群众思想情况的调查研究，积极地反映广大群众的意见和建议，加强舆论监督。舆论监督应着眼于帮助党和政府改进工作，解决实际问题，增进人民团结，维护社会稳定"。他也对"正确的舆论"提出了集体要求，即"五个有利于"，"坚持正确的舆论导向，就是要造成有利于进一步改革开放，建立社会主义市场经济体制，发展社会生产力的舆论；有利于加强社会主义精神文明建设和民主法制建设的舆论；有利于鼓舞和激励人们为国家富强、人民幸福和社会进步而艰苦创业、开拓创新的舆论；有利于人们分清是非，坚持真善美，抵制假恶丑的舆论；有利于国家统一、民族团结、人民心情舒畅、社会政治稳定的舆论"。[①]《人民日报》为了宣传贯彻好党中央宣传思想工作的会议精神，积极宣传舆论引导的重要性，高频度使用"舆论引导"一词，不仅促使了该词汇的普及，而且在探索舆论引导理论基础上，逐渐确立了中国特色的舆论引导理论，即要坚持正确的舆论导向，也要重视舆论监督，进行舆论引导。1994年，《人民日

[①] 在全国宣传思想工作会议发表讲话[N].人民日报，1994-03-07.

第十九章
"舆论引导"在《人民日报》的演变及其新态势

报》出现"舆论引导"一词78次,其中"以正确的舆论引导人"出现了64次,而独立使用"舆论引导"一词14次。同时,"舆论引导"一词也进入了国务院总理的政府工作报告中。

1995年,"舆论引导"一词在《人民日报》先后出现40次,其中"以正确的舆论引导人"出现30次,而独立使用"舆论引导"一词10次。在舆论引导理论建设中,提出了一个重要的命题,即提高舆论引导艺术。1995年2月24日,人民日报社召开国内记者工作会议,社长邵华泽和总编辑范敬宜分别讲话,强调人民日报的工作要抓好两个环节:一是集中精力办报,真正把《人民日报》办得更好;二是进一步抓好队伍建设。在宣传报道上,要求记者进一步提高把握全局的能力,进一步增强贴近群众的意识,进一步提高舆论引导的艺术。①

1996年,中国特色舆论引导理论得到了深化,"舆论引导"一词在《人民日报》先后出现88次,其中"以正确的舆论引导人"出现18次,而独立使用"舆论引导"一词70次。9月26日,江泽民视察人民日报社并发表重要讲话,强调:"舆论导向正确,是党和人民之福;舆论导向错误,是党和人民之祸。要把新闻舆论的领导权牢牢掌握在忠于马克思主义、忠于党、忠于人民的人手里;新闻舆论单位一定要把坚定正确的政治方向放在一切工作的首位,坚持正确的舆论导向;新闻舆论工作要紧紧围绕经济建设这个中心,服从、服务于全党全国工作的大局;宣传思想工作要把最好的东西奉献给人民,用最好的东西去武装人、引导人、塑造人、鼓舞人。"②

1998年,"舆论引导"一词在《人民日报》先后出现47次,1999年29次,2000年39次,2001年51次,2002年37次,2003年36次,2004

---

① 本报国内记者工作会议在京举行 团结鼓劲集中精力办好人民日报[N].人民日报,1995-02-25.
② 江泽民总书记视察人民日报社 丁关根和中央有关部门负责人参加了视察[N].人民日报,1996-09-27.

年45次，2005年47次，2006年48次，2007年56次。该阶段，《人民日报》反复引用"以正确的舆论引导人"，强调党报党刊对于加强人民精神文明建设的舆论引导功能。2004年，随着网络媒体的冲击，网络舆论引导工作的重要性彰显出来。2004年6月和12月，《人民日报》刊文指出，"网上论英雄，论客诉衷情。互联网上的舆论引导作用，真是不可估量"，"在多样性、多元化的网络环境中，必须体现和保持马克思主义的意识形态、价值观念和中国特色社会主义伟大实践对网络舆论的引导作用"。在新闻单位开展的"三项学习教育活动"中，也将提高舆论引导水平作为一项重要的考核指标。刘云山在新闻战线"三项学习教育活动"经验交流会议上指出："坚持正确舆论导向，是社会主义新闻工作的基本要求，是提高舆论引导水平的前提条件。"[①] 媒体加强了舆论引导功能的发挥，并扩展至网络舆论引导主动权。

第四节　强化舆论引导建设，构建舆论引导新格局

2008年，人民日报社在宣传党的十七大精神，特别是在抗击低温雨雪冰冻灾害、维护西藏社会稳定、北京奥运会、抗震救灾等重大报道中发挥了重要的舆论引导作用。6月20日，胡锦涛视察人民日报社并发表讲话，不仅指出"'西强我弱'的国际舆论格局还没有根本改变，新闻舆论领域的斗争更趋激烈、更趋复杂"，而且对新时期的新闻宣传工作提出了新要求，"要高举旗帜、围绕大局、服务人民、改革创新，坚持正确舆论导向，提高舆论引导能力，营造良好舆论环境，更好地发挥宣传党的主张、弘扬社会正气、通达社情民意、引导社会热点、疏导公众情绪、搞好舆论监督的重要作用。要把提高舆论引导能力放在突出位置，进行深入研究，拿出切实措施，取得新的成效"。同时，他不仅将舆论引导工作上升到极其重

---

① 深化"三项学习教育活动"　增强引导舆论本领[N].人民日报，2004-12-27.

► 第十九章
"舆论引导"在《人民日报》的演变及其新态势

要的地位,"舆论引导正确,利党利国利民;舆论引导错误,误党误国误民",而且对舆论引导的创新工作提出了新希望,"必须不断改革创新,增强舆论引导的针对性和实效性。新闻宣传工作必须坚持解放思想、实事求是、与时俱进,适应国内外形势的新变化,顺应人民群众的新期待,以改革创新精神做好工作。要坚持用时代要求审视新闻宣传工作,按照新闻传播规律办事,创新观念、创新内容、创新形式、创新方法、创新手段,努力使新闻宣传工作体现时代性、把握规律性、富于创造性,不断提高舆论引导的权威性、公信力、影响力"。同时,他针对新兴媒体的冲击,提出了建立舆论引导新格局的任务,"必须加强主流媒体建设和新兴媒体建设,形成舆论引导新格局。要从社会舆论多层次的实际出发,把握媒体分众化、对象化的新趋势,以党报党刊、电台电视台为主,整合都市类媒体、网络媒体等多种宣传资源,努力构建定位明确、特色鲜明、功能互补、覆盖广泛的舆论引导新格局"①。

《人民日报》在宣传贯彻胡锦涛讲话精神过程中,成熟运用"舆论引导",强化舆论引导建设,构建舆论引导新格局。2008年,"舆论引导"在《人民日报》先后出现86次。2009年高达97次。2010—2016年,"舆论引导"在《人民日报》先后出现873次,平均每年频率124次以上,总体呈现增长趋势。2010年首次突破百次大关,为121次,再次刷新历史纪录。2011年达152次。虽然此后略有下降,2012年134次,2013年102次,2014年110次,2015年101次。"舆论引导"在《人民日报》中的运用范围越来越广泛,从党务工作报道扩展到经济消费、农业发展和网络环境等方面。

确实,随着现代信息传播技术的迅猛变革,新兴媒体快速发展,广大受众特别是年轻受众群体多以网络为主渠道获取信息,社会舆论的形成和传播渠道更加复杂多元,媒体格局和舆论生态正在重塑调整,新兴舆论阵

---

① 在人民日报社考察工作时的讲话[N].人民日报,2008-06-21.

地已经成为舆论斗争的主战场,在新闻宣传整体格局中的地位和重要性日益凸显。但是,我们对新兴舆论传播规律的认识还不够深入,运用新兴媒介载体的能力不强,在新兴舆论阵地的话语权和影响力还不够强大,掌控力度较弱,依法依规、实现科学管理还存在许多薄弱环节。习近平总书记对舆论引导理论有所继承、有所发展,将新媒体时代的舆论引导能力提升到前所未有的高度。8月19日,习近平在全国宣传思想工作会议上发表的讲话中指出,"特别是面对传播快、影响大、覆盖广、社会动员能力强的微博客、微信等社交网络和即时通信工具用户的快速增长,如何加强网络法制建设和舆论引导,确保网络信息传播秩序和国家安全、社会稳定,已经成为摆在我们面前的现实突出问题""做好舆论引导工作,一定要把握好时、度、效。"《人民日报》积极宣传贯彻党中央舆论引导新精神。人民日报社社长张研农希望"人民日报坚持高举旗帜,围绕大局,服务人民,改革创新,牢牢把握正确舆论导向,践行'三贴近',深入'走转改',新闻报道的公信力、影响力、传播力不断提高,舆论引导的及时性、针对性、实效性明显增强",要求人民日报社"传统媒体与新兴媒体并举,官方声音与民间舆论呼应,构建舆论引导新格局和现代传播体系"。①2014年2月27日,习近平在主持召开中央网络安全和信息化领导小组第一次会议时发表讲话,指出"把握好网上舆论引导的时、度、效,使网络空间清朗起来",要求网上舆论引导以使网络空间清朗起来为目标。

第五节 "2·19"重要讲话后舆论引导新态势

习近平在"2·19"重要讲话中指出:"党的新闻舆论工作必须创新理念、内容、体裁、形式、方法、手段、业态、体制、机制,增强针对性和实效性。要适应分众化、差异化传播趋势,加快构建舆论引导新格局。要

---

① 人民日报召开纪念创刊65周年座谈会[N].人民日报,2013-06-15(4).

> 第十九章
> "舆论引导"在《人民日报》的演变及其新态势

推动融合发展,主动借助新媒体传播优势。要抓住时机、把握节奏、讲究策略,从时度效着力,体现时度效要求。要加强国际传播能力建设,增强国际话语权,集中讲好中国故事,同时优化战略布局,着力打造具有较强国际影响的外宣旗舰媒体。"他对党的新闻舆论工作提出了"加快构建舆论引导新格局"新要求。

全国上下学习贯彻习近平总书记"2·19"重要讲话热潮,引发新一轮"舆论引导"使用高潮,形成了舆论引导新态势。2016年,《人民日报》先后使用"舆论引导"153次,创历史最高纪录。2017年1月,至目前(1月30日)已经使用了17次。1月4日,全国宣传部长会议在京召开,提出积极做好供给侧等热点问题的舆论引导任务。1月5日,《人民日报》刊文《深度融合 构筑媒体新版图》,强调"从做大阵地到创新传播,把握舆论引导主动权,抢占信息传播制高点"[①]。此后,《人民日报》先后在《深化国企改革要打持久战和攻坚战》(1月9日)、中办国办《关于深化职称制度改革的意见》(1月9日)、《中办国办印发〈关于创新政府配置资源方式的指导意见〉》(1月12日)、《完善社会主义市场经济体制的重大举措》(1月12日)、《全国统战部长会议在京召开》(1月17日)、《百余位首都老新闻工作者共庆新春》(1月18日)、《改善人居环境 建设美丽乡村》(1月19日)、《中共中央印发〈关于新形势下加强政法队伍建设的意见〉》(1月19日)、《提高统筹理论与舆论的本领》(1月20日)、《中国共产党纪律检查机关监督执纪工作规则(试行)》(1月21日)、《"一带一路"需要全面系统研究》(1月23日)、《进一步引导和鼓励高校毕业生到基层工作》(1月25日)、《树立适应社会主义市场经济的财富观念》(1月26日)等文章中使用了"舆论引导"一词,涉及政治、经济、统战、新闻、理论建设、政法、外交、就业等领域。"舆论引导"一词不仅适用到社会各大领域,而且舆论引导理论建设也呈现出新态势,扩大到国际国内、网上网下

---

① 汪晓东,曹树林,于洋.深度融合 构筑媒体新版图[N].人民日报,2017-01-05(1).

的全新格局。

　　总之，纵观"舆论引导"一词在《人民日报》中使用情况的演变过程，于1987年在《人民日报》首次出现，由此开始，其得到推广普及，逐渐成为一个政治流行语。伴随着这一过程，具有中国特色的舆论引导理论随着中国舆论环境的变化发展，不断得到了探索、确立和强化，从而丰富和完善了马克思主义舆论引导理论，并将"舆论引导"创新转化成一种科学表述，践行着中国特色社会主义新闻舆论新理念。

第二十章
"特约评论员"的历史解读

特约评论员,是指新闻机构约请有关权威人士、专家、学者就某一重大理论或现实问题发表重要评论时所使用的名义。它较一般评论更为显著,是新闻机构对外发言的一种灵活方式,往往在社会上产生较大的反响。2010年,两会报道中,央视新闻节目《杨禹快评》受到了大家的关注,这是央视两会报道中首次以"特约评论员"为品牌的节目。随着节目的热播,"特约评论员"重新获得大家的高度关注。其实,对中国当代史略有所闻者都知道,在中国拨乱反正的关键历史时刻起过重大历史作用的"特约评论员"文章是1978年5月11日《光明日报》发表的重磅文章《实践是检验真理的唯一标准》。但是,人们往往对自己生活中熟悉的事物产生日用而不辨的感觉,臆想当然地存在,而忽略了事物自身的演变过程。笔者愿就"特约评论员"的前世今生做一番粗浅的历史解读,抛砖引玉,以飨读者。

第一节 "特约评论员"横空出世

据笔者初步考察,"特约评论员"署名发表文章最早出现于《中国电影》月刊。该刊物由中国电影工作者联谊会主办,1956年10月28日创刊。1958年8月,《中国电影》月刊发表文章《努力提高军事题材影片的思想性》，在标题下使用的署名形式就是"本刊特约评论员"，主张"应以政治挂帅，努力提高军事题材影片的思想性"①。但它就像一颗流星，仅此一次闪烁就消失在寂寞历史的苍穹之中。由于它出现的背景复杂，现在难以找到真相。

"特约评论员"第二次出现在"文化大革命"结束后的"两年徘徊"期。"特约评论员"能够像恒星般照耀着中华大地，与一人、一刊、一报的大胆创新密切相关。"一人"指的是中国无产阶级政治家胡耀邦，"一刊"即《理论动态》，"一报"为《人民日报》。

1977年3月3日，胡耀邦同志任中央党校副校长，主持中央党校工作。他为了思想上的拨乱反正工作，亲手创办、直接领导、具体指导了《理论动态》。7月15日，《理论动态》正式出刊，成为当时全国唯一的一家思想理论性质的内部刊物。它宛如春风拂地，在中华大地的一潭死水中荡起阵阵涟漪。

1977年12月30日，《理论动态》第34期刊登文章《以怎样的精神状态跨进新的一年》。《人民日报》同志看到后，立即打电话请求转载。发表前，《人民日报》来电话征询署名问题。胡耀邦建议说："他们报纸发社论，写评论，有些问题，大家都可以评论嘛！报纸要依靠大家办嘛！我们也可以参加评论嘛！我们可以当特约评论员嘛！我们感到特约评论员这个署名很好。"②《理论动态》同志认为"特约评论员"这个名称很好，是全党办报、群众办报路线的具体体现。《人民日报》立即赞同。1978年1月2日，《人民日报》头版发表这篇文章，署名却是"岳平"，而非"特约评论员"。可见，《人民日报》还是有所顾虑。1978年2月19日，《人民日报》头版上发表文章《老干部的光荣责任》，正式署名"本报特约评论员"。

---

① 本刊特约评论员.努力提高军事题材影片的思想性[J].中国电影，1958（8）：9.

② 沈宝祥.理论动态[M].北京：中国三峡出版社，2009：38.

> 第二十章
> "特约评论员"的历史解读

"特约评论员"应运而生。当时"四人帮"虽已被打倒,但十余年来的思想禁锢和"两个凡是"思想的统治地位,人们在发表自身观点时仍心有余悸。报刊作为当时最主要的新闻媒体,肩负着群众喉舌的重任,同时也感受到了来自政治上的压力,于是诞生了"特约评论员"文章这一颇具"曲线救国"意味的评论形式。"特约"为"特别邀约"之意,即邀请本刊之外的人员为自己撰稿,颇有几分借人之口、抒己之志的意味。此后,《人民日报》以"本报特约评论员"署名连续转载了《理论动态》的文章,如《认真肃清"四人帮"的流毒》(《理论动态》第46期,《人民日报》1978年3月11日)、《提高执行十一大路线的自觉性》(《理论动态》第48期,《人民日报》3月23日)、《开展一个新的持久的学习运动》(《理论动态》第51期,《人民日报》3月28日)。

当时,"特约评论员"这一称谓新颖,文章颇具特点,十分引人注目。香港等地的报纸纷纷报道,并发文揣摩和评论"特约评论员",但他们终究没有得知"特约评论员"的庐山真面目。《人民日报》"特约评论员"做法,受到了其他报刊的追捧,开始广泛地在党报党刊中流行起来。"《红旗》杂志特约评论员"开始出现在一些报刊上,如《人民日报》分别于4月6日、4月7日、5月2日发表的文章《正确执行毛主席关心爱护干部的方针》《党委要善于领导科学技术工作》《工交战线要打一场肃清"四人帮"流毒的人民战争》均署名"《红旗》杂志特约评论员"。省委机关报"特约评论员"也开始活跃起来,如"《吉林日报》杂志特约评论员"。《人民日报》发表的文章《为啥落实政策慢腾腾?》(1978年4月9日)、《不能要专搞瞎指挥的人当家》(1978年4月11日)、《写文章、讲话都得交心》(1978年4月20日)等,均署名"《吉林日报》杂志特约评论员"。当时新华社主办的《新华月报》也纷纷转载"特约评论员"发表在各大报刊的文章。随后,全国报刊开始效仿"特约评论员"署名。而刚刚诞生的"特约评论员"从一开始就孕育出强大的舆论威力。

第二节 "特约评论员"大显神威

"特约评论员"兴起之后，北京新闻界逐渐兴起一种流行做法，即一些本来打算作为社论的重要文稿，报社宁可先给《理论动态》刊登，试探政治"空气"，然后作为本报特约评论员文章在自己报纸上发表。对于一些重要文章，《人民日报》、《光明日报》和《解放军报》甚至互通声息，主动支持，进行转载。这种合力使得"特约评论员"大放异彩，特约评论员文章更是大显神威。"特约评论员"发表在《光明日报》的文章《实践是检验真理的唯一标准》，就是最具代表性的经典。

1978年5月10日，在胡耀邦的主持下，《理论动态》第60期发表了《实践是检验真理的唯一标准》一文。5月11日，《光明日报》署名"本报特约评论员"发表文章《实践是检验真理的唯一标准》。关于"特约评论员"的署名问题，胡福明回忆说："杨西光同志跟我商量，为了加强文章的效果，用《光明日报》本报特约评论员的名义发表，不以个人名义发表，你有什么意见？我说我一点意见都没有，只要文章能够起它应有的作用，我就很高兴了。你看《光明日报》所有留下的稿子，上面的署名都是胡福明，到了最后发表的时候是特约评论员。所以一定要告诉你，历史就是历史，而且我推动拨乱反正的目的已经达到了。文章是好多同志参与修改的，特别是胡耀邦同志审定发表的，功劳很大，说文章是集体创作，也有道理，人家都是动了笔给你改了的。"[①]因此，"特约评论员"署名从开始就闪烁着集体智慧的光芒。

这篇特约评论员文章发表后，石破天惊，激起千层浪花。有人赞誉它是"东风第一枝"，是"一颗彻底摧毁'四人帮'反动思想体系的重磅炸弹"。5月12日，《人民日报》《解放军报》全文转载，新华社发了通稿。5

---

① 南方都市报.见证：中国改革开放三十年口述史[M].广州：广东教育出版社，2008：7.

月底，全国已有 30 家报纸转载，中央及各省市报刊上发表的有关文章达 650 篇以上，在中华大地上出现了一场范围广泛、意义重大的关于真理标准问题的大讨论。这篇文章的发表，在拨乱反正、正本清源的历史关头起到了不可估量的作用，为党的十一届三中全会恢复实事求是的思想路线做了理论上和舆论上的准备，正因它深刻地影响现代中国历史的进程，这篇名作载入史册、永垂青史。

第三节 "特约评论员"与时俱进

全国关于真理标准问题大讨论后，特约评论员文章这一新兴评论文体被各大媒体广泛使用，表现出蓬勃发展的朝气。从 1978 年以来，在各大报刊上，以"特约评论员"表现出鲜明的特点。

第一，数量多。以读秀学术搜索关键词检索为例，用时 0.010 秒，"特约评论员"相关的中文报纸条目约 2948 篇。用时 0.001 秒，"特约评论员"相关的中文期刊条目 2912 篇。

第二，阶段性强。1970—1979 年，处于初兴阶段，数量较少，且基本集中在 1978—1979 年这两年，1978 年 25 篇，1979 年 21 篇。《人民日报》发挥了重要的导向和示范作用。20 世纪 80 年代后，报纸和期刊在"特约评论员"方面发生了分化。报纸方面，"特约评论员"发表的文章总体呈现下降趋势。试以《人民日报》为例，1980 年 26 篇，1981 年 8 篇，之后 7 年消失。1989 年重新恢复，但仅 1 篇，然后又 5 年没有出现。1996 年 1 篇，1998 年 1 篇，1999 年 8 篇。新世纪以来，《人民日报》每年基本保持 1 篇，也有个别年份略有回升，如 2001 年 2 篇，2005 年 7 篇，2006 年 5 篇。期刊方面，从 1980 年以来，特约评论员文章数量有增无减，其中，《求是》等理论刊物仍每年以"特约评论员"发表重要文章。但专业刊物采用"特约评论员"后，则被泛化，如《锻造与冲压》杂志就曾公布 2009 年度"特约评论员"。

第三，"特约评论员"评论主题与时俱进。计划经济时代，各大报刊邀请党政机关或理论学术机构的权威人士充当"特约评论员"多侧面地、系统地就一些重大思想、理论等重大问题为评论对象，具有突出的专题性、强烈的理论性、鲜明的政论性。如1978年6月24日《解放军报》发表的《马克思主义的一个最基本的原则》、1979年10月20日《人民日报》发表的《要弄清社会主义的生产目的》、1981年4月20日《解放军报》发表的《四项基本原则不容违反——评电影文学剧本〈苦恋〉》等。市场经济时代，"特约评论员"在以前重视重大理论问题的基础上开始以重大政策的解读为重要内容。如1996年12月16日，《人民日报》针对中国股市狂热而出现的过度投机现象，"特约评论员"发表文章《正确认识当前股票市场》，宣布1996年新股发行规模100亿和实行涨停板制度等措施，有效地控制住了股市的过度投机，成为中国证券监管历史长河中的一个经典事例。1999年6月15日，《人民日报》刊登署名"本报特约评论员"的文章《坚定信心，规范发展》，旗帜鲜明地支持股市大发展。2009年10月23日，《人民日报》在头版显著位置发表题为《推动自主创新，服务经济发展》的特约评论员文章，为创业板市场的推出打气助威。

总之，在平面媒体上，"特约评论员"的地位被弱化和泛化，也不再具有以往强大的舆论威力，但在舆论导向上仍然发挥着重要的作用。

第四节　广电、网络"特约评论员"异军突起

进入新世纪以来，随着广电、网络等媒体的兴盛，"特约评论员"泛化现象更加突出，广电、网络"特约评论员"异军突起，"特约评论员"制度化趋势愈加明显。

虽然在目前媒体竞争中，广播不具优势，但其对"特约评论员"制度的尝试则毫不逊色于其他媒体。2005年9月8日，为进一步发挥广播优势，打造强势广播，江西人民广播电台决定借用外脑，聘请一批在省内

外有一定知名度的专家、学者为特约新闻评论员,为办好广播提供智力支持。这些特约新闻评论员来自省内有关职能部门、高校和科研机构,涉及政治、经济、社会等多个领域。2009年1月8日,中央人民广播电台新改版的中国之声,聘请18位专家、学者和媒体人担任第一批特约评论员,他们是清华大学国际传播研究中心研究员丁兆林,教育部高等教育司教育问题专家马若龙,中国人民大学公共管理学院教授王丛虎,国家行政学院法学部教授王宝明,国务院发展研究中心金融研究所副所长、博士生导师巴曙松,《华夏时报》总编辑水皮,资深媒体人朱煦,中国青年政治学院青少年工作系教授刘卫兵,中国人民大学公共管理学院教授杨宏山,中央电视台资深编辑杨继红,《21世纪商业评论》执行主编吴伯凡,中国传媒大学应用语言学研究所副教授张政法,国防大学战略教研部副主任战略研究所所长、教授金一南,南京晓庄学院教育与心理学系副教授、心理专家陶勑恒,经济观察研究院院长清议,资深华语主持人梁冬,资深媒体人梁宏达。其中,梁宏达最为活跃,其伶俐的口齿、独到的见解,使他的节目深受体育爱好者的喜爱与赞扬。

  随着网络媒体的兴起,网络"特约评论员"制度化建设最有成效,各大官方网站都建立网络特约评论员队伍。如2005年7月15日,上海市团委、市网宣办联合组建起20名优秀青年组成的青年网络评论员队伍;上海东方网至2008年已有18位正式特约评论员;当时新近成立的央视国际网站的体育频道也拥有一支由著名体育记者汪大昭、刘建宏、梁悦、欧阳婕、王俊、苗炜、师旭平、李轩、龚晓跃、王亦君等组成的特约评论员队伍。有些网站为了奖励优秀网络特约评论员,还定期公布奖励名单,或将其网络评论结集出版。

  但是,最受人瞩目的应数央视"特约评论员"。2009年4月27日,中央电视台《新闻联播》邀请国务院发展研究中心研究员、农业问题专家程国强,配合相关报道撰写"本台评论"《强农到地头 惠农到心头》,并在播出该短评时配发程国强的照片及其署名。这是《新闻联播》首次推出署名特约评论员。6月4日,中央电视台在《新闻联播》播出系列报道"海西新坐标"后,配发特约评论员刘国深的文章《海西建设　两岸双赢》。

总之,"特约评论员"虽经多年的发展,在媒体环境不断变化中与时俱进,但仍有许多不足和缺点。随着央视"特约评论员"制度的推行,地方各大电视台以及其他媒体的仿效,掀起新一轮"特约评论员"热潮,使"特约评论员"在舆论引导中发挥更加重要的作用。

第二十一章
"党媒姓党"的理论根基、历史渊源和现实逻辑

2016年2月19日，习近平在北京主持召开党的新闻舆论工作座谈会并发表重要讲话，旗帜鲜明地提出了在新时代条件下党的新闻舆论工作的职责和使命，具有很强的政治性、思想性和指导性，为我们在新形势下做好党的新闻舆论工作点亮了前行的航灯。习近平讲话旋即受到了海内外舆论的高度关注，在国内新闻舆论战线引起强烈反响。习近平尤其强调："党和政府主办的媒体是党和政府的宣传阵地，必须姓党。"①

在全国新闻战线组织学习习近平讲话的热潮中，多地传媒集团负责人纷纷表态。如河南日报报业集团党委书记、董事长赵铁军表示，党媒姓党，这是根本方向。新华日报社党委书记、社长周跃敏表示，要坚定不移地坚持党媒姓党，坚持正确政治方向。②一些主流报纸也纷纷刊登文章表态支持"党媒姓党"，如《深入学习贯彻习近平总书记重要讲话精神　始终坚持党媒姓党牢牢把握正确政治方向》(《中国新闻出版广电报》2月23日)、《党媒姓党应是价值底线》(《宁夏日报》2月24日)、《坚持党媒姓

---

① 杜尚泽，鞠鹏，李涛，等.坚持正确方向创新方法手段提高新闻舆论传播力引导力[N].人民日报，2016-02-20（1）.
② 边骅荦.不给错误言论提供传播渠道——各地媒体表态：党媒姓党[EB/OL].（2016-02-24）[2016-03-02].https://news.ifeng.com/a/20160224/47568653_0.shtml.

党嘱托 牢牢占领舆论阵地》(《陕西日报》2月26日)、《党媒姓党，天经地义》(《湖南日报》2月27日)、《牢记党媒姓党担起职责使命》(《贵阳日报》2月29日)、《坚持"党媒姓党"的思想自觉》(《吉林日报》3月5日)等。《人民日报》也曾多次采用"党媒姓党"的表述，如4月19日《人民日报》发表文章强调："旗帜鲜明地坚持党媒姓党，依法有序有效管理媒体。"[①] 甚至早在2月24日就已有人在百度百科编辑了"党媒姓党"词条。一些关于"党媒姓党"的文章在多家专业及学术刊物上发表，如《牢记使命 党媒姓党 不断提升新闻舆论引导水平》(《视听纵横》2016年第2期)、《始终坚持党媒姓党原则 牢牢把握正确政治方向》(《中国广播电视学刊》2016年第3期)、《坚持党媒姓党嘱托 牢牢占领舆论阵地》(《新闻知识》2016年第3期)、《"党媒姓党"的三个要点》(《人民论坛》2016年第7期)等。这些文章从多个方面探讨了"党媒姓党"的相关问题，为后续研究打下了坚实基础。但是，"党媒姓党"的理论根基、历史渊源和现实逻辑尚需要从新闻舆论工作党性原则进一步深入系统地阐述，以提高新闻舆论工作者的认识水平，坚定新闻舆论工作者"党媒姓党"的信念。

第一节 "党媒姓党"的理论根基

党性原则是马克思主义新闻观的根本原则。党性是社会主义新闻舆论事业的灵魂，也是"党媒姓党"的理论根基。党创办的媒体，必须坚持党的领导，具有鲜明的党性特征。从党媒属性看，党媒是党主办的，是无产阶级革命和社会主义事业的一部分，是党的整个事业的一个重要组成部分，它必须体现党的意志、反映党的主张、接受党的领导。这不仅是党媒的身份认证，而且是党媒的身世渊源。党媒，是党和人民的喉舌，是密切联系群众的桥梁和纽带，作为党的重要思想文化阵地和舆论工具，是体现

---

① 梁桂.用新发展理念推动宣传思想文化工作[N].人民日报，2016-04-19（7）.

第二十一章
"党媒姓党"的理论根基、历史渊源和现实逻辑

党的意志、传播党的声音、维护党的尊严的重要理论工具。党媒因党而立、为党而办，这是基本常识，亦是应有之义。党的新闻舆论工作必须把党性原则放在第一位。党的新闻舆论工作具有鲜明的意识形态属性和身份归属。我国社会主义新闻事业的性质和任务决定了新闻舆论工作必须坚持党性原则，决定了党和政府主办的媒体必须姓党。社会主义新闻舆论事业是中国共产党领导下的社会主义事业的重要组成部分，不仅是党、政府和人民的耳目喉舌，而且是动员群众、组织群众的重要舆论工具。它承担推动经济发展、引导人民思想、培育社会风尚、促进社会和谐等方面的重要任务，同时作为中国认识世界、世界认识中国的重要桥梁和纽带，在维护国家利益、促进祖国统一、树立国家形象、不断提高我国国际影响力方面也担负着重要职责。党的新闻舆论工作是党的全局工作的重要组成部分，是姓中国共产党、姓社会主义的，对此绝不能有任何异议。这就决定了党的新闻舆论工作必须坚持党的领导。这既是习近平遵循马克思主义新闻思想原理、总结中国革命和社会主义现代化建设伟大实践得出的历史结论，又是他在新形势下对新闻舆论工作党性原则的新发展，这充分彰显出"党媒姓党"的理论科学性。

新闻舆论工作的党性原则是在无产阶级新闻舆论斗争中逐步形成的。最早对无产阶级的党性原则进行理论阐述和亲身实践的是马克思和恩格斯。他们总是指明报刊同党派的关系，强调新闻舆论工作的无产阶级党性原则。1845年，恩格斯在《"傅立叶论商业的片断"的前言和结束语》中，首次使用"党性"一词，"德国的'绝对的社会主义'真是可怜得怕人……由于自己在理论领域中没有党性，由于自己的'思想绝对平静'而丧失了最后一滴血、最后一点精神和力量"。[①] 列宁明确提出新闻党性原则，并使之论述系统化、具体化。1905年11月，列宁指出："对于社会主义无产阶级，写作事业不能是个人或集团的赚钱工具，而且根本不能是与无产

---

① 恩格斯. "傅立叶论商业的片断"的前言和结束语 [M] // 马克思恩格斯全集：第2卷. 北京：人民出版社，1957：659.

阶级总的事业无关的个人事业。无党性的作者滚开！超人的作者滚开！写作事业应当成为无产阶级总的事业的一部分，成为由全体工人阶级的整个觉悟的先锋队所开动的一部巨大的社会民主主义机器的'齿轮和螺丝钉'。写作事业应当成为社会民主党有组织的、有计划的、统一的党的工作的一个组成部分。"① 为了保证党性原则的贯彻执行，列宁还强调报纸必须在组织上同党保持联系，成为集体的宣传者、鼓动者和组织者，党的报刊一分钟也不能站在党的队伍之外，不同党保持组织上的关系的党的报刊一律不得存在，"报纸应当成为各个党组织的机关报"，它们"应受党的监督"，应主动向党"请示汇报"工作；报刊"日常的宣传和鼓动必须具有真正的共产主义性质。党掌握的各种机关报刊，都必须由确实忠于无产阶级革命事业的可靠的共产党人来主持"。② 列宁关于党性原则的论述，不仅将新闻事业和党的关系形象地比喻为"齿轮和螺丝钉"与大机器的关系，是部分和整体的关系，而且明确无产阶级、社会主义新闻事业要受马克思主义政党领导。列宁同马克思、恩格斯共同开创的党报坚持党性原则的光荣传统，为世界各国无产阶级新闻事业所继承。

坚持新闻舆论工作的党性原则，不仅是中国共产党新闻工作的优良传统，而且是中国革命和社会主义建设实践的历史结论。1921年，中国共产党认为新闻舆论工作是党的事业的重要组成部分，必须置于党的统一领导之下，规定："一切书籍、日报、标语和传单的出版工作，均应受中央执行委员会或临时中央执行委员会的监督。""每个地方组织均有权出版地方通报、日报、周刊、传单和通告。不论中央的或地方出版的一切出版物，其出版工作均应受党员的领导。"③ 在延安整风期间，中国共产党形

---

① 中共中央马克思恩格斯列宁斯大林著作编译局. 列宁选集：第1卷[M]. 3版. 北京：人民出版社，1995：663.
② 中共中央马克思恩格斯列宁斯大林著作编译局. 列宁选集：第4卷[M]. 3版. 北京：人民出版社，1995：251.
③ 中国社会科学院新闻研究所. 中国共产党新闻工作文件汇编（上）[M]. 北京：新华出版社，1980：1.

成了关于新闻工作党性原则较为系统的观点。1942年4月1日,《解放日报》在改版社论《致读者》中总结党报工作的四项原则：党性、群众性、战斗性、组织性,其中党性被列为第一。同时指出,党报"不仅要在自己的一切篇幅上,在每篇论文,每条通讯,每条消息……中都能贯彻党的观点、党的见解,而且更重要的是报纸必须与整个党的方针、党的政策、党的动向密切相连,呼吸相通,是报纸应该成为实现党的一切政策、一切号召的尖兵、倡导者"①。在社会主义建设时期,中共中央十分重视新闻舆论的党性原则,提出了明确要求。1958年1月4日,《人民日报》刊文阐述："我国的新闻事业是整个社会主义事业的一部分。它是建设社会主义的工具,是用马克思主义教育人民的讲坛,因此,必须牢牢地掌握在党的手里。……党的领导乃是坚持新闻事业党性原则的决定性的保证。"②进入改革开放和社会主义现代化建设的新时期后,邓小平高瞻远瞩,从党的根本性质和当前所面临的形势和任务入手,强调党对宣传思想战线的领导,新闻工作必须毫不动摇地坚持党性原则。他指出,开展批评也好,组织讨论也好,"要合乎党的原则,遵守党的决定。否则,如果人人自行其是,不在行动上执行中央的方针政策和决定,党就要涣散,就不可能统一,不可能有战斗力","要使我们的报刊成为全国安定团结的思想上的中心"③。1989年11月28日,江泽民在新闻工作研讨班上发表讲话强调："我们的新闻工作是党的整个事业的一个重要组成部分。因此不言而喻,必须坚持党性原则。这本来是新闻战线的同志,特别是老同志都熟知的。"④1996年1月2日,他在接见解放军报社师以上干部的讲话中强调：办好报纸,

---

① 致读者[N].解放日报,1942-04-01(1).
② 王谟.党的领导是坚持新闻事业党性原则的保证[N].人民日报,1958-01-04(7).
③ 新华社新闻研究所.邓小平论新闻宣传[M].北京：新华出版社,1998：28.
④ 林枫.马克思主义新闻观：中国视角的系统阐释[M].北京：新华出版社,2005：190.

"首要的一条,就是必须坚持鲜明的党性原则"[①]。党的十六大以来,胡锦涛进一步强调了坚持新闻工作党性原则的重要性。2002年1月11日,胡锦涛在全国宣传部长会议发表讲话时说:"我们的新闻媒体是党和人民的喉舌,一定要坚持新闻工作的党性原则。"2003年12月,他在全国宣传思想工作会议上指出,党管宣传、党管意识形态,是我们党在长期实践中形成的重要原则和制度,是坚持党的领导的一个重要方面,必须始终牢牢坚持,任何时候都不能动摇。2004年9月,党的十六届四中全会作出《中共中央关于加强党的执政能力建设的决定》,突出强调:坚持党管媒体的原则,增强引导舆论的本领,掌握舆论工作的主动权。[②] 党管媒体不仅是加强党的执政能力建设的内在要求,而且成为构建社会主义和谐社会的基本要求。总之,历史经验证明:中国共产党的新闻舆论工作具有一贯坚持党性原则的优良传统。它不仅是做好无产阶级、社会主义新闻舆论的根本保证,而且已成为中国新闻舆论工作的显著特征,更成为广大新闻舆论工作者的行为准则。老一辈新闻工作者穆青认为:"如果要说我们的新闻工作、党的新闻工作有什么优势,有什么最大的特色的话,我看就是一个党性。新闻工作是党的事业不可分割的一部分。新闻工作取得的成绩、威信是和党的威信联系在一起的。离开了党的光辉就没有新闻工作的光辉。"[③]

习近平一贯主张党的新闻舆论工作必须坚持党性原则,强化党对新闻舆论工作的领导,而且对如何坚持党性原则进行过系统论述。1989年5月,他在福建宁德地区新闻工作会议上强调新闻工作必须坚持党性原则,"新闻工作者要把握时代的脉搏,认识新闻的作用,要看到新闻事业是党和人民的喉舌,担负着反映舆论、引导舆论的一个重要任务。我们党历来有一个传统,就是通过运用报纸、广播、电视等宣传工具,宣传党的

[①] 中共中央宣传部.讲学习 讲政治 讲正气[M].北京:学习出版社,1996:340.

[②] 中共中央关于加强党的执政能力建设的决定[N].人民日报,2004-09-27(1).

[③] 穆青.新闻散论[M].北京:新华出版社,1996:355.

路线、方针、政策，教育人民，反映人民的呼声，弘扬正气，揭露消极腐败现象，动员组织广大群众投身社会主义建设事业。……既要强调新闻工作的党性，又不可忽视新闻工作自身的规律性"①。2002年12月，他撰文指出："新闻舆论是上层建筑、意识形态的重要组成部分。新闻宣传一旦出了问题，舆论工具一旦不掌握在真正的马克思主义者手中，不按照党和人民的意志、利益进行舆论导向，就会带来严重的危害和巨大的损失。"②2004年8月4日，习近平重申："增强政治意识、大局意识、责任意识，是新闻宣传的党性原则所决定的。新闻的党性原则，是发展社会主义新闻事业的根本原则，是我们党代表人民群众根本利益的本质要求。新闻的党性原则，决定了新闻事业是党的事业的有机组成部分，决定了新闻媒体是党和人民的喉舌。"③2006年1月26日，习近平将党性原则上升到"讲政治"的高度，"新闻宣传是有党性原则的。任何新闻宣传都是为一定的党派和社会团体服务的，都是他们经济政治利益的集中反映。政治是经济的集中表现，任何时代的政治集中体现了那个时代经济发展的客观要求和现实需要。新闻宣传讲政治，就是要集中反映所处时代经济社会发展的现实需要，就是要坚持党管媒体的原则，坚持正确的政治方向和舆论导向。因此，新闻宣传工作首要的是解决好政治立场、政治方向的问题，任何时候任何情况下始终保持政治立场坚定，政治方向明确"④。

第二节 "党媒姓党"的历史渊源

无产阶级和社会主义的新闻舆论属于上层建筑、意识形态的重要组成

---

① 习近平. 摆脱贫困［M］. 福州：福建人民出版社，1992：83-84.
② 习近平. 干在实处 走在前列：推进浙江新发展的思考与实践［M］. 北京：中共中央党校出版社，2006：308.
③ 习近平. 干在实处 走在前列：推进浙江新发展的思考与实践［M］. 北京：中共中央党校出版社，2006：309.
④ 习近平. 干在实处 走在前列：推进浙江新发展的思考与实践［M］. 北京：中共中央党校出版社，2006：312.

部分。党的新闻舆论工作具有鲜明的政治属性和党性,从来都是姓党、为党的,必须坚持党的领导,决定了党性原则是新闻舆论工作的根本原则,决定了党和政府主办的媒体是党和政府的宣传阵地,必须姓党,即"党媒姓党"。在新闻舆论战线纷纷表态时,研究者应该进一步追究"党媒姓党"的历史渊源,彰显其历史底蕴。习近平强调,党的新闻舆论工作是党的一项重要工作,是治国理政、定国安邦的大事,要适应国内外形势发展,从党的工作全局出发把握定位,坚持党的领导,坚持正确政治方向,坚持以人民为中心的工作导向。他强调新闻舆论工作必须将党性原则放在第一位,坚持党性原则最根本的是坚持党对新闻舆论工作的领导,其核心是"党和政府主办的媒体是党和政府的宣传阵地,必须姓党",即"党媒姓党"。

其实,早在1989年那场政治风波中,就有研究者旗帜鲜明地提出了"党报姓党"的观点:"党报当然姓党,党报不姓党又姓什么呢? 然而,正是在这个不该成为问题的问题上,有的党报出了问题。""党报的主要特征是具有无产阶级党性,要时时刻刻站在党的立场上讲话,维护党、国家和人民的利益。""党报的党的喉舌作用和人民的喉舌作用本来是一致的,这是党的性质所决定的,党的宗旨就是全心全意为人民服务,忠实代表全国各族人民的利益,'除了工人阶级和最广大人民群众的利益,没有自己特殊的利益'。""只有代表人民的根本利益才能当好人民的喉舌。"[①]2000年,李良荣和林晖提出"党报必须姓党"的三个原因:第一,党报功能定位是工作报,不是家庭报。党报必须是用于指导、协助工作的工作报,而绝不是纯粹供茶余饭后消遣娱乐之用的家庭休闲报,这是党报工作者必须树立的党报功能观。第二,党报受众定位是干部报,不是大众报。党报以宣传、指导为己任,对人们的决策起参考作用,应以各级党政干部和知识分子为核心读者群。第三,党报风格内容定位是严肃的高级报,不是大众化

---

① 刘峥. 党报只能姓党[J]. 新闻通讯,1989(12):57-61.

> 第二十一章
> "党媒姓党"的理论根基、历史渊源和现实逻辑

的通俗报。党报以政策宣传为主功能,面向各级党政干部和中高级知识分子,那么它在内容风格上就应当是以刊载政治、经济等硬新闻为主的格调严谨的、高品位的严肃大报,而绝不是一张以社会、文化、娱乐等以软新闻为主的通俗报。因此,他们认为:党报视党性为最高准则,这就决定了党报发展必须明确"党报姓党",围绕这一原则,确立党报观念和发展策略,否则党报不会有真正的前途。①2004 年,周正荣撰文《党报姓党,党报是报》,指出:"'党报'这两个字,'党'是个性,是报纸当中的党报,不是晚报生活类报纸;'报'是共性,虽然是党报,但它是报纸,报纸就要尊重新闻规律。党报的主要读者群是机关干部和知识界人士、企业家,党报是党和人民的喉舌,必须服务于党和政府的中心工作,这是个性。党报改革,不能改掉它的主要功能,否则,就不成其为党报了。"②2004 年,林晖出版著作《未完成的历史——中国新闻改革前沿》,再次详细阐释了"党报姓党"的理论。此后,"党报姓党"逐渐为公众所接受,《人民日报》也在报道中屡有提及。

　　习近平提出"党媒姓党"也有一个发展的过程。在 2007 年至 2012 年兼任中央党校校长期间,他始终强调"党校姓党"的根本原则。2012 年 7 月 17 日,习近平在全国党校校长会议上指出:"坚持把党校姓党作为党校的灵魂,贯穿于教学、科研、行政、后勤各个方面工作之中,融入到党校教员和管理人员的思想与行动之中。"2015 年 12 月 11 日至 12 日,习近平在全国党校工作会议上再次重申了"党校姓党"思想,"党校承担着为领导干部补钙壮骨、立根固本的重要任务,必须坚持党校姓党这个党校工作根本原则,更加重视干部教育培训工作,切实做好新形势下党校工作"。他指出:"党校姓党,就是要坚持一切教学活动、一切科研活动、一切办学活动都坚持党性原则、遵循党的政治路线,坚持以党的旗帜为旗帜、以党的意志为意志、以党的使命为使命,严守党的政治纪律和政治规矩,坚

---

① 李良荣,林晖.党报必须姓党[J].新闻实践,2000(12):17-18.
② 周正荣.党报姓党,党报是报[J].传媒观察,2004(3):10.

持在党爱党、在党言党、在党忧党、在党为党,归根到底一句话,就是要在思想上政治上行动上自觉同党中央保持高度一致。"他强调,"党校姓党,首先要把党的旗帜亮出来,让党的旗帜在各级党校上空高高飘扬"。①

2014—2015 年,习近平发表的系列重要讲话中还提出了"党史研究是一项政治性很强的工作"和关于党史研究"是一门具有鲜明党性的科学"的论述,强调党史工作性质与我们党的性质的同一性或曰一致性,强调党史工作方向与党的性质的价值取向具有同一性或曰一致性。这被党史研究者概括为"党史姓党"。②"党史姓党"是指党史工作的性质与党的性质是同一的,党史工作的方向与党的性质的价值取向也是同一的。换言之,没有党的性质,就没有党史工作的性质,没有党的性质的价值取向,也就不存在党史工作的方向。

2015 年 12 月 25 日,习近平视察解放军报社时,旗帜鲜明地提出了"军报姓党"的重要论断,他指出:"解放军报,是中央军委机关报,是党在军队的喉舌,是我党我军宣传思想工作的一个重要阵地,也是党领导人民军队的一个特色。"习近平强调:"新形势下办好解放军报,必须坚持军报姓党。解放军报是党领导和掌握、直接为党领导的人民军队服务的,必须在恪守党性原则上坚持最高标准、最严要求。要毫不动摇坚持党对军队的绝对领导,始终不渝从思想上政治上行动上同党中央保持高度一致,高度自觉维护党中央和中央军委权威,坚定不移传播党中央和中央军委声音。这是解放军报必须坚守的政治灵魂,任何时候都不能忘、不能丢。军报姓党,就要爱党、护党、为党,为巩固和壮大主流思想舆论竭尽全力,让党的主张成为时代最强音。"③

---

① 坚持党校姓党根本工作原则 切实做好新形势下党校工作[N]. 人民日报,2015-12-13(1).
② 曲青山. 以习近平总书记系列重要讲话统领党史工作[N]. 光明日报,2014-03-19(14).
③ 坚持军报姓党坚持强军为本坚持创新为要 为实现中国梦强军梦提供思想舆论支持[N]. 人民日报,2015-12-27(1).

第二十一章
"党媒姓党"的理论根基、历史渊源和现实逻辑

2016年2月19日，习近平在党的新闻舆论工作座谈会上发表重要讲话，明确指出"党和政府主办的媒体是党和政府的宣传阵地，必须姓党"，即"党媒姓党"。其包括两层具体的含义，一是党的新闻舆论工作必须坚持党性原则，二是党的新闻舆论工作最根本的是坚持党对新闻舆论工作的领导。此后，在关于党的事业的党性论述中都有"姓党"的表述，如在《人民日报》报道中出现过"坚持军队'永远姓党'"、"党的智库必须姓党"、"舆论监督姓党"、"传统媒体姓党，网络媒体也姓党"等。

第三节 "党媒姓党"的现实逻辑

党和政府主办的媒体是党和政府的宣传阵地，必须姓党，举旗当然要举党旗，走路要走中国特色社会主义之路。新闻舆论工作者坚定"党媒姓党"信念，是沉甸甸的政治责任和神圣使命。在当今现实逻辑中，新闻舆论工作者坚定"党媒姓党"信念，必须做到四点。

第一，恪守新闻舆论工作党性原则。党的新闻舆论媒体的所有工作，都要体现党的意志、反映党的主张，维护党中央权威、维护党的团结，做到爱党、护党、为党。在新闻舆论工作中，要时时、处处、事事按党性原则办事，并且坚决同一切违背党性原则的行为做斗争。同时，也要强化党对新闻舆论工作的组织领导。新闻舆论工作者要做到讲政治、强党性、敢担当、勇创新、严律己，认真践行党管宣传、党管意识形态、党管媒体的根本原则，切实担负起巩固壮大主流思想舆论的责任。

第二，增强看齐意识，在思想上政治上行动上同党中央保持高度一致。这也是新形势下党的新闻舆论工作坚持党性原则的体现。党的新闻舆论媒体出生于党、姓党，要在党爱党、在党言党、在党为党，在思想上政治上行动上同党中央保持高度一致。"看齐意识，就是经常、主动向党中央看齐，向党的理论和路线方针政策看齐。"这是习近平在2015年12月28日至29日召开的中央政治局专题民主生活会上提出的。能够经常、主

动向党中央看齐,向党的理论和路线方针政策看齐,就可以使党员政治上站稳立场、思想上辨明方向、行动上令行禁止。首先,增强看齐意识,就是要在思想上同党中央保持高度一致。要求新闻舆论工作始终以马克思列宁主义、毛泽东思想、邓小平理论、"三个代表"重要思想和习近平治国理政理念为指导思想。确立一个明确的指导思想就等于树立起一面鲜明的思想旗帜。只有以马克思主义、列宁主义、毛泽东思想、邓小平理论、"三个代表"重要思想和习近平治国理政理念为指导思想,新闻舆论媒体才能更好地发挥宣传作用,才能把人民群众的思想统一起来,推进"五位一体"总体布局和"四个全面"战略布局,带领人民实现两个一百年奋斗目标,实现中华民族伟大复兴梦。其次,增强看齐意识,就是要在政治上同党中央保持高度一致。看齐意识的具体体现就是向党的理论和路线方针政策看齐,向中央关于意识形态和宣传思想文化工作的重大决策部署看齐,向党中央改革发展稳定、内政外交国防、治党治国治军各项决策部署看齐,全天候、无条件地宣传好党的主张、传播好党的声音。再次,强化看齐意识,就是要在行动上同党中央保持高度一致。新闻舆论媒体要自觉接受党的领导和监督,严格遵守党的组织原则和纪律。

第三,正确处理好党性和人民性关系。坚持党性和人民性相统一,把党的理论和路线方针政策变成人民群众的自觉行动,及时把人民群众创造的经验和面临的实际情况反映出来,丰富人民精神世界,增强人民精神力量。这是新形势下党的新闻舆论工作坚持党性原则的必然要求。我国新闻舆论工作的党性与人民性关系,实质上是党和人民的关系在新闻舆论工作中的具体体现。党和人民的关系,决定着新闻舆论事业的党性和人民性的关系。党性和人民性是一致的、统一的,根本原因就在于党和人民的关系是一致的、统一的,这是坚持党性和人民性相统一的客观基础。党性和人民性相统一的客观基础源于党和人民在利益上的高度一致。中国共产党是全心全意为人民服务,代表中国最广大人民根本利益,来自人民为了人民的马克思主义政党。它是各族人民利益的忠实代表,人民的利益就是党的

第二十一章
"党媒姓党"的理论根基、历史渊源和现实逻辑

利益。除此之外,党没有自己特殊的利益。我们党从成立之日起,就把人民利益深深镌刻在自己的旗帜上。95年来,在党带领人民实现民族解放、建设社会主义、开辟中国特色社会主义道路、迎来中华民族伟大复兴的进程中,党和人民始终是休戚与共的命运共同体,这是党性和人民性高度统一的根本前提。党性和人民性相统一,从本质上说,是指坚持党性就是坚持人民性,坚持人民性就是坚持党性,党性寓于人民性之中,没有脱离人民性的党性,也没有脱离党性的人民性。党性是人民性的集中体现和升华。这个"集中体现和升华"主要表现在"为了谁"的问题上。党的执政理念是以人为本、执政为民。人民性是党性的主要来源和根基。这个"主要来源和根基"主要表现在"我是谁""依靠谁"的问题上。人民群众是历史的创造者,是认识世界和改造世界的主体。党的一切正确决策的制定,在于它体现最广大人民的心愿;党的一切奋斗目标的实现,在于它团结了可以团结的、依靠了可以依靠的最大多数的人民群众,这是党受到人民拥护的根本原因。基于此,完全可以明确地说,人民性是党性的主要来源和根基。党性寓于人民性之中,人民性以党性引领方向。[①]

第四,强化能力意识,践行马克思主义新闻观。新闻舆论工作者要强化能力意识,努力增强同媒体打交道的能力,善于运用媒体宣讲政策主张、了解社情民意、发现矛盾问题、引导社会情绪、动员人民群众、推动实际工作,轻松自如地引导媒体做"党的政策主张的传播者、时代风云的记录者、社会进步的推动者、公平正义的守望者"。强化能力意识,途径之一就是学习和践行马克思主义新闻观。新闻观是新闻舆论工作的灵魂。学习和践行马克思主义新闻观,关键是要坚定马克思主义信仰,自觉地用马克思主义新闻观来指导自己的言论和行动。确保党的各级各类新闻机构的领导权牢牢掌握在忠于马克思主义、忠于党和人民的人的手里。

---

① 张研农.坚持党性和人民性相统一[N].人民日报,2013-09-16(7).

本章小结

总而言之，新闻舆论是上层建筑、意识形态的重要组成部分，具有鲜明的党性；党的新闻舆论工作因党而生，为党而立，是党的整个事业的一部分，必须接受党的领导，必须坚持党性原则。这是"党媒姓党"的理论根基，决定了党和政府主办的媒体是党和政府的宣传阵地，必须姓党，彰显出"党媒姓党"的理论科学性。同时，从历史渊源的角度，正是因为党的新闻舆论工作是党的整个事业的一部分，研究者早就在20世纪80年代末提出了"党报姓党"的观点，历经数十年发展逐渐为公众接受，且"姓党"逐渐扩散指称党的其他事业。这充分反映出"党媒姓党"是深思熟虑的结果，具有深刻的历史底蕴。在当前传播格局多元、传播途径多样、传播方式多面的新形势下，党和政府主办的媒体，其主流地位丝毫没有改变也绝对不能改变，重要舆论宣传无时不依靠它们的主流作用，重大关键时刻和大是大非面前必须坚定发出党的声音，但是也面临着网络新媒体、自媒体的强烈挑战。"党媒姓党"的重要论述掷地有声，富有现实逻辑，具有强烈的现实意义，为党媒指明了发展方向，确定了基本价值底线，提供了根本遵循，为协调推进"四个全面"战略布局、贯彻落实五大发展理念、决胜全面建成小康社会提供坚强思想舆论支撑，为早日实现中华民族伟大复兴的中国梦贡献力量。

第二十二章

正本清源:"马克思主义新闻观"概念的生成与发展

德国概念史学派经典名言"历史沉淀于特定概念",经中国学者的研究实践逐渐演绎为"历史沉淀于词汇"。确实,一定的社会、政治经验和意义积淀在特定的词语里并被表述出来后,该词语就成为概念。德国学者莱因哈特·科塞雷克(Reinhart Koselleck)认为概念史研究理论依托于两个前提:一是历史沉淀于特定概念,并在概念中得到表述和阐释;二是这些概念本身有着自己的历史,走过不同的历史时期。其概念史研究的雄心是,借助被考察的概念,重构社会史色彩缤纷的截面并以此呈现(整个)社会历史,为史学研究提供一种范式。[①] 概念是对客观事物进行抽象思维、分类、概括的结果,其形成和存在都必须借助于语词。语词是概念的载体,概念是语词的思想内容。[②]"马克思主义新闻观"词汇及概念就是其中代表之一。

党的十八大以来,习近平总书记高度强调党的新闻舆论工作要牢牢坚持党性原则。全国各大新闻院校纷纷加强了马克思主义新闻观研究队伍建设,马克思主义新闻观研究成果丰硕。马克思主义新闻观进教材、进课堂、进头脑,逐渐取得实效。随着中国共产党百年诞辰的到来,迎来新的

[①] 方维规. 概念史研究方法要旨:兼谈中国相关研究中存在的问题[M]//黄兴涛. 新史学:第3卷 文化史研究的再出发. 北京:中华书局,2009:8.

[②] 姜祖桢. 逻辑学概论[M]. 北京:对外经济贸易大学出版社,2013:23.

马克思主义新闻观研究热潮。100年前诞生的中国共产党就是马克思主义与中国工人运动相结合的产物。100年来,党的新闻舆论工作者不断运用马克思主义立场、观点、方法去研究和看待新闻现象与新闻活动,在继承和发展马克思列宁主义新闻理论的基础上,丰富创新了马克思主义新闻观。"马克思主义新闻观"成为当下中国特色新闻学的学术关键词和政治术语之一。但是,在中国共产党丰富创新马克思主义新闻观的百年历程中,很长时间并没有使用"马克思主义新闻观"一词及其概念。而概念作为逻辑思维的基本单元和形式,不仅是思维的起点、认识的前提,而且是判断、推理、论证的基础。因此,从概念史研究的视角,正本清源,细致地考察"马克思主义新闻观"词汇及其概念,发现它不仅是一个从新名词到关键词的演变过程,而且是"马克思主义新闻观"概念的生成与发展过程;不仅是马克思主义新闻观教育活动的兴起过程,而且是马克思主义新闻观学术研究和理论建设逐渐开展并形成思想体系的过程。

第一节 拨乱反正中,"马克思主义新闻观"新词出现

目前,有研究者撰文指出:"马克思主义新闻观"概念的提出是20世纪80年代后的事,1997年林枫首次明确公开提出了"马克思主义新闻观"概念。[①] 也有研究者认为:"马克思主义新闻观"的所指,早在20世纪50年代就有了,即马克思主义经典作家和后来党的主要领导人关于新闻、宣传、文化、传播政策以及党内思想交流等等的论述。[②] 后来,该研究者进一步完善了该论述,"马克思主义新闻观指马克思主义经典作家关于新闻、宣传工作的认识,中国共产党对所领导的新闻、宣传、舆论等传播领域工

---

① 叶俊."马克思主义新闻观"的概念起源及其话语变迁[J].现代传播(中国传媒大学学报),2018,40(4):57.
② 陈力丹.马克思主义新闻观教程[M].2版.北京:中国人民大学出版社,2015:2.

第二十二章
正本清源："马克思主义新闻观"概念的生成与发展

作性质和作用，以及关于传播政策、宣传纪律等的认识的总体称谓。……50—70年代用得比较多的称谓是'马克思、恩格斯、列宁、毛泽东论报刊'……还有马克思的新闻（或宣传）思想、毛泽东的新闻（或宣传）思想等说法"[1]。确实，新中国成立后，马克思列宁主义、毛泽东思想成为全党全国的指导思想。运用马克思列宁主义、毛泽东思想指导新闻工作和新闻学研究、批判资产阶级新闻观点成为时代所需，马克思主义新闻学建设提上议事日程。

1957年5月，毛泽东明确指出："马克思主义新闻学的立足点是新闻有阶级性、党派性。""不同的阶级有不同的新闻学、新闻观点、新闻政策。"[2]为了贯彻毛泽东的指示精神，中国人民大学新闻系主任安岗制订新闻学研究规划，其中"关于新闻学的基本理论和新闻学史"第一部分就是"马克思列宁主义新闻学的基本理论"，组织教师编写"马克思、恩格斯、列宁、斯大林、毛泽东论新闻工作及党对新闻出版文件集"[3]，并编印了《马克思恩格斯论报刊》《列宁论报刊》。邓拓也论述了"马克思主义新闻学"，"任何报刊及其它新闻工具都有它的阶级性，它们都为一定的阶级利益服务。这是客观事实，也是马克思主义新闻学的一个基本原理"[4]。中华全国新闻工作者协会制定的"苦干三年的工作纲要"提出，"进一步展开关于马克思主义新闻学问题的研究工作，系统地批判资产阶级新闻观点"[5]。1962年，复旦大学新闻系李龙牧撰文指出，"马克思主义新闻学不能是、也从来不是从资产阶级新闻学中发展出来的"，其源泉来自实践，

---

① 陈力丹. 马克思主义新闻观百科全书［M］. 北京：中国人民大学出版社，2018：192.
② 吴冷西. 忆毛主席：我亲身经历的若干重大历史事件片断［M］. 北京：新华出版社，1995：35.
③ 安岗. 捍卫社会主义的新闻路线［M］. 沈阳：辽宁人民出版社，1957：132.
④ 中华全国新闻工作者协会订出苦干三年的工作纲要［J］. 新闻战线，1958（5）：6.
⑤ 邓拓. 新闻战线上的社会主义革命［M］// 复旦大学新闻系. 中国报刊研究文集. 上海：上海人民出版社，1959：198.

"是在丰富的新闻工作实践中"。[①]1963年，沈育撰文指出："马克思主义新闻学的任务，一般地说，是研究新闻事业的发展规律；特殊地说，是研究无产阶级新闻事业的发展规律，解决无产阶级新闻事业中的理论问题和实践问题。……马克思主义新闻学在它的发展过程中，一方面不断总结无产阶级新闻事业的经验，经过分析研究，把它概括到理论的高度；一方面又不断地揭露和批判了资产阶级新闻学中的种种错误观点，在斗争中发展了自己的理论。"[②]"文化大革命"期间，马克思、恩格斯、列宁、斯大林、毛泽东论报刊工作的资料整理工作并没有中断。1969年，人民日报社编印《毛主席论报刊宣传》。1971年，新华日报社编印出版《毛主席论报刊宣传工作》。1973年、1975年，北京大学中文系新闻专业编印了《马克思恩格斯列宁斯大林论报刊》。1976年，湘潭大学中文系编印了《马克思恩格斯列宁斯大林毛主席论宣传》。

1976年10月，党中央粉碎"四人帮"，实际上宣告了"文化大革命"的结束。人民开始清醒地认识到"四人帮"的流毒，打破了精神枷锁，思想得到了一定的解放，开始清醒地认识什么是马克思列宁主义、毛泽东思想，如何对待马克思列宁主义、毛泽东思想。[③]粉碎"四人帮"后，中国在徘徊中前进，广大干部和人民群众强烈要求纠正"文化大革命"的错误理论和实践，彻底扭转十年内乱造成的严重局面。1977年7月，复出的邓小平在党的十届三中全会上发表讲话，强调马克思列宁主义、毛泽东思想，是我们党的指导思想。毛泽东思想是一个体系，是发展了的马克思主义；希望全党完整地准确地理解毛泽东思想，不能割裂、歪曲、损害毛泽东思想并要高举毛泽东思想的伟大旗帜，推动社会主义事业向前发展。8月，党的十一大召开。大会路线是：高举毛主席的伟大旗帜、坚持党的

---

① 李龙牧.加强新闻学的理论建设[J].新闻业务，1962（4）：21.
② 沈育.马克思主义新闻学的基本观点[J].江淮学刊，1963（4）：31.
③ 肖贵清.马克思主义中国化史：第3卷（1976—1992）[M].北京：中国人民大学出版社，2018：14.

▶第二十二章
正本清源:"马克思主义新闻观"概念的生成与发展

基本路线,抓纲治国、继续革命,为建设社会主义的现代化强国而奋斗。大会总结了同"四人帮"的斗争,正式宣告"文化大革命"结束,推动了各条战线努力进行思想上、政治上、组织上的拨乱反正,平反冤假错案和澄清了教育科学文化领域的是非。新闻界积极贯彻落实"高举毛主席的伟大旗帜"党的十一大精神,开始从历史中寻求理论力量和发展道路,正本清源,回归马克思主义新闻学探索。所谓的"本",即"新闻规律","源"是马克思主义对新闻规律的阐释。[①] 新闻界重拾传统,着手编辑出版了马克思列宁主义、毛泽东思想关于报刊工作文集。1977年,北京广播学院编印《马恩列斯论报刊·列宁论广播》。11月,北京大学中文系新闻专业编《学习毛泽东光辉的新闻思想》征求意见稿。12月,为纪念毛主席逝世一周年,全国编辑出版了《永远高举毛主席伟大旗帜前进》《隆重纪念伟大的领袖和导师毛主席逝世一周年》等书籍,刊登了中央广播事业局理论组编撰的文章《红波永奏〈东方红〉》,其中就有关于"马克思主义新闻学"的相关论述,"毛主席关于新闻宣传工作的论述极大地丰富和发展了马克思主义新闻学理论,是我国无产阶级新闻工作的指路明灯"[②]。

在全国揭批"四人帮"开展拨乱反正和新闻界回归马克思主义新闻学的理论探索中,"马克思主义新闻观"一词出现了。据目前笔者掌握的史料,"马克思主义新闻观"作为新词汇最早出现在1978年。是年1月,北京广播学院新闻系编采教研室编撰了《广播电视宣传概论》。该书绪论中先后三次使用了"马克思主义新闻观"一词。第一次是开头第一段,"广播电视宣传工作人员认真学习马克思主义、列宁主义、毛泽东思想关于新闻学的基本理论,树立马克思主义新闻观,认识和掌握广播电视宣传工作的规律,提高贯彻执行毛主席无产阶级新闻路线的自觉性,这对于高举

---

① 吴廷俊.中国新闻传播史(1978—2008)[M].上海:复旦大学出版社,2011:61.
② 中央广播事业局理论组.红波永奏《东方红》[M]//缅怀毛主席 永向红太阳.郑州:中共郑州市委宣传部,1977:435.

毛主席的伟大旗帜，完整地准确地领会、掌握和宣传马克思列宁主义、毛泽东思想体系，……宣传贯彻党的十一大路线……具有十分重要的意义"①。第二次在第二部分"学习马克思主义新闻学理论，提高执行毛主席无产阶级新闻路线的自觉性"，"广播电视理论的任务，是在马克思主义新闻观的指导下，总结和研究我国无线电广播、有线广播和电视广播工作的经验和基本规律"②。第三次在第三部分"贯彻理论和实践相结合的原则，总结广播电视宣传工作的实践经验"，"我们在向广大有实践经验的广播电视编辑记者和工农兵通讯员学习的过程中，要同他们一起以马克思主义新闻观为指导，认真总结广播电视宣传工作的实践经验"③。该书在阐释马克思主义新闻学理论的党性和实践性特征及其学习目的与方法时，使用了"马克思主义新闻观"概念，特别强调"马克思主义新闻观"的指导作用，呼吁广大广播电视宣传工作人员树立"马克思主义新闻观"。

《广播电视宣传概论》是北京广播学院新闻系编采教研室在1977年编印《广播稿选》《新闻文选》后出版的广播电视宣传工作者学习资料。该教材全文公开发表于《湖北广播》1978年的增刊。该刊编辑部刊发说明："这份教材是北京广播学院新闻系编采教研室在今年元月份编成定稿的。他们说，编写这份教材，是为了帮助新闻系编采、摄影、播音三个专业的学生更好地学习马克思主义、列宁主义、毛泽东思想关于新闻学的基本理论，掌握毛主席为我们党的新闻事业制定的路线、方针和政策，深入批判'四人帮'反革命的修正主义新闻路线，提高执行毛主席的无产阶级新闻路线的自觉性。"④早在1973年，北京广播学院在周恩来总理的亲切关怀下

---

① 北京广播学院新闻系编采教研室. 广播电视宣传概论[M]. 北京：北京广播学院新闻系编采教研室，1978：1.
② 北京广播学院新闻系编采教研室. 广播电视宣传概论[M]. 北京：北京广播学院新闻系编采教研室，1978：8.
③ 北京广播学院新闻系编采教研室. 广播电视宣传概论[M]. 北京：北京广播学院新闻系编采教研室，1978：10-11.
④ 北京广播学院新闻系编采教研室. 广播电视宣传概论[M]. 北京：北京广播学院新闻系编采教研室，1978：162.

恢复重办。1974年11月，北京广播学院新闻、外语、无线电三个系恢复招生。1977年，北京广播学院先后召开了多次深入揭批"四人帮"罪行会议，并逐渐恢复了正常教学秩序。为了适应新的教学需要，北京广播学院新闻系编采教研室组织编写了《广播电视宣传概论》。据赵玉明2020年2月20日的回忆：当时新闻系系主任康荫，副主任张保安、李宜；编采教研室负责人张保安，还有王珏、娄才杰等；他负责编撰了该书第一讲"我国人民广播事业的战斗历程和广播战线上两条路线斗争"，编撰后还交给了温济泽审阅书稿内容。该书作为1977级教学用书。

《广播电视宣传概论》的绪论三次使用了"马克思主义新闻观"，但并没有对其概念进行界定，却明确阐述了"马克思主义新闻学理论"概念，"是无产阶级革命导师总结新闻事业和新闻工作实践经验，特别是总结和概括无产阶级新闻工作实践经验得出来的科学结论"[①]。因此，重返"马克思主义新闻观"概念的知识生产场域，发现"马克思主义新闻观"一词是在"文化大革命"结束后拨乱反正、正本清源的背景下，新闻界回归马克思主义新闻学的理论研究正轨过程中提出的。虽然《广播电视宣传概论》提出的"马克思主义新闻观"没有清晰的概念所指，但至少明确表明"马克思主义新闻观"是"马克思主义新闻学的一个组成部分"，且从"马克思主义新闻学"的理论阐述中，可以看出"马克思主义新闻观"概念所指中明确包含了马克思列宁主义、毛泽东思想关于新闻学的基本理论观点。

第二节　反对资产阶级自由化中，"马克思主义新闻观"概念初步兴起

1978年5月"真理标准问题"大讨论兴起后，新闻界积极参与并将这场全国的思想解放运动引向深入。12月，党的十一届三中全会召开，彻

---

① 北京广播学院新闻系编采教研室.广播电视宣传概论[M].北京：北京广播学院新闻系编采教研室，1978：8.

底否定了"两个凡是"的错误方针，重新确立解放思想、实事求是的马克思主义思想路线，决定把全党工作重心转移到经济建设上来，实行改革开放。此后，广大干部群众从个人崇拜和教条主义的精神枷锁中解放出来，党内外思想异常活跃，出现了一些值得警惕的现象。社会上极少数人打着"社会改革""解放思想"的旗号，极端夸大共产党的错误，企图否定共产党的领导和社会主义道路，一股资产阶级自由化思潮兴起。为此，1979年3月，党中央召开了理论工作务虚会，邓小平旗帜鲜明地作了《坚持四项基本原则》的讲话，对拨乱反正、正本清源起了积极的作用。同月，党和国家领导人开始重视马克思主义新闻学的理论建设。中宣部召开全国新闻工作座谈会，胡耀邦作了重要报告，阐述了党的新闻工作性质、新时期新闻工作的任务，要求全党解放思想，把发挥新闻工作者的积极性、主动性、创造性同加强党的集中统一领导密切结合起来。新闻界也抛弃了报纸是"阶级斗争工具"的观点，逐步回归马克思主义新闻学研究。

虽然"马克思主义新闻观"一词出现后，新闻界没有立即关注和使用，但是随着马克思主义新闻学研究和教学的开展，马克思主义经典作家与党和国家领导人关于新闻宣传的资料整理工作取得了成效，也出现了"马克思主义新闻观点"的表述。1978年，中国人民大学新闻系开设了"马克思主义新闻原著选读"研究生课程。1979年3月，复旦大学新闻系新闻理论教研组编印出版《马克思恩格斯列宁斯大林新闻论著选读》。1980年1月，复旦大学新闻系提出新闻专业人才要具有"马克思主义新闻观点"的培养目标，"培养新闻工作者和从事新闻教学、研究的专门人才。要求学生具有马克思主义新闻观点，较广泛的基础知识，能密切联系群众，深入调查研究，有一定的写作水平，具备从事新闻工作和新闻理论研究的能力"[①]。12月，中国社会科学院新闻研究所编辑出版了《中国共产党新闻工作文件汇编》，这是研究党的新闻事业史和无产阶级新闻理论的

---

① 中华人民共和国教育部学生管理司.1980年高等院校招生专业介绍汇编[M].北京：中华人民共和国教育部学生管理司，1980：21.

第二十二章
正本清源："马克思主义新闻观"概念的生成与发展

宝贵材料。1981年10月，中国人民大学新闻系编印了《马克思恩格斯列宁斯大林论报刊》。1982年7月，甘惜分出版的专著《新闻理论基础》，成为新中国第一部以马克思主义观点阐释新闻现象的理论著作，也是对中国社会主义新闻学进行的第一次系统化的表述。他在初版前言中记载了写作目的："一方面要拨乱反正，肃清林彪、'四人帮'的流毒；另一方面要继承和发扬党报的革命传统，使后继者有所遵循。……我们尽可能向读者传播马克思、恩格斯、列宁、斯大林、毛泽东关于新闻方面的重要论点，以显示无产阶级新闻理论的渊源流长，让青年一代新闻工作者能以革命前辈为师。"[①] 同年，艾丰出版的《新闻采访方法论》成为运用马克思主义立场、观点和方法研究新闻业务的典范，产生了较大影响。在他们的示范下，尤其随着马克思逝世100周年新闻学术讨论会的临近，新闻界运用马克思主义指导新闻学研究逐渐成为一种理论自觉。1983年3月，北京新闻学会和中国社会科学院新闻研究所召开"纪念马克思逝世一百周年新闻学术讨论会"。来自全国的研究者提交了28篇论文。温济泽在大会发言中呼吁"加强对马克思主义新闻学的研究"，并建议"一方面重新认真地学习马列主义、毛泽东思想；另方面，深入地研究我国新闻事业、新闻工作的历史、现状、经验和问题，并且把它们很好地结合起来，就能够创建起具有中国特色的马克思主义新闻学"[②]。新闻学术讨论会的研究成果后来由中国社会科学院新闻研究所结集为《马克思新闻思想研究论文集》出版。

全国纪念马克思逝世100周年活动及其浓厚的学术氛围，增强了新闻界运用马克思主义立场观点和方法研究新闻现象的理论自觉，"马克思主义新闻观"一词再度浮出水面。1983年6月，中国社会科学院新闻研究所何光先、卢惠民、张宗厚合著的《新闻学再探》出版。其中，卢惠民在

---

① 甘惜分. 甘惜分文集：第1卷[M]. 北京：人民日报出版社，2012：初版前言4-5.
② 中国社会科学院新闻研究所. 马克思新闻思想研究论文集[M]. 北京：人民日报出版社，1983：7.

负责撰写的《新闻的真实性、客观性和倾向性》一文中使用了"马克思主义新闻观"一词，"在'四人帮'横行时，'新闻必须真实'这个马克思主义新闻观的基本原则遭到了践踏，理论是非颠倒了。现在，新闻理论要正本清源，新闻真实的原则不能不是首先要解决的"[①]。1984年，随着全国反对精神污染运动的开展，北京广播学院王珏撰文指出："一九四七年，从《晋绥日报》开始，新华社发表社论支持，推广到整个解放区新闻战线的反'客里空'运动。这是一次影响广泛、意义深远的马克思主义新闻观的教育运动。"[②]1985年，全国迎来纪念马克思《资本论》第二卷出版100周年和恩格斯逝世90周年活动。6月，中国社会科学院新闻研究所编辑出版《马克思恩格斯论新闻》。9月，邓小平发表重要讲话，呼吁全党重视社会主义精神文明建设，呼吁全党加强学习马克思主义理论。会后，新闻界高举马克思主义旗帜，强调马克思主义对新闻工作的指导作用。同年12月，王珏使用"马克思主义新闻观"一词阐述了利用《中国广播电视年鉴》对"青年同志要进行马克思主义新闻观和无产阶级新闻事业优良传统的教育"[③]。

随着反对资产阶级自由化斗争的激烈展开，"马克思主义新闻观"和"马克思主义的新闻观"的出现频率有所增加。1986年，俞月亭出版的著作《韬奋论编辑工作》使用了"马克思主义新闻观"的表述，"1935年，从欧美考察回国以后，他（邹韬奋）树立了马克思主义新闻观，对所谓'言论自由'等重要问题有了正确的看法，并在思想感情上接受了中国共产党的领导"[④]。同年，甘惜分在撰写《新闻学原理纲要》时，不仅强调马克思主义新闻学是以马克思主义的立场、观点和方法来研究当代的新闻现象，而且指出中国特色的马克思主义新闻学"是以马克思主义世界观和马

[①] 何光先，卢惠民，张宗厚. 新闻学再探［M］. 北京：人民日报出版社，1983：88.

[②] 王珏. 试论党的新闻事业的优良传统［J］. 北京广播学院学报，1984（S1）：3.

[③] 王珏. 新闻广播学论集［M］. 北京：北京广播学院出版社，1987：258.

[④] 俞月亭. 韬奋论编辑工作［M］. 太原：山西人民出版社，1986：35.

▶第二十二章
正本清源:"马克思主义新闻观"概念的生成与发展

克思主义新闻观为指导思想的新闻学"。①戴邦在《新闻改革要以观念更新为先导》和钱辛波在《新闻理论研究的十年回顾》一文中则延续了"马克思主义的新闻观"表述。1987年,王珏出版学术论文集《新闻广播学论集》,收录了此前他撰写发表的新闻广播学论文,其中包括有关"马克思主义新闻观"的两篇文章。1988年,何光先在著作《现代新闻学》中则两次运用了"马克思主义的新闻观"表述。

1989年,"政治风波"后,全国深入开展了揭批资产阶级自由化运动,"马克思主义新闻观"的使用频率开始高于"马克思主义的新闻观"。7月27日至28日,中共中央政治局会议讨论通过了《中共中央关于加强宣传思想工作的通知》,要求各级党组织加强领导,切实反对资产阶级自由化,真正让社会主义思想占领意识形态阵地。是年,王珏出版的著作《新闻广播电视概论》先后两次使用了"马克思主义新闻观"。在绪论中,他认为新闻学的研究目的之一是"能够帮助我们树立和巩固马克思主义新闻观,增强在新闻领域内抵制错误思想的能力"②。在第六章"经济宣传"中,他写道:"马克思主义新闻观认为,人类的社会实践是新闻报道的源头活水。"③赵德全在著作《新闻理论基础》绪论中认为:"建立在马克思主义新闻观基础上的新闻理论,应该运用辩证唯物主义和历史唯物主义的立场、观点和方法来观察、分析各种新闻现象,确立新闻活动的一般原则,从而认识和掌握它的功能、结构和发展变化的规律。"④郜永堂则撰文说:"这些年来,新闻界的某些人,利用各种场合、各种机会,大肆鼓吹资产阶级新闻观,否定马克思主义新闻观,造成严重的后果。坚持新闻的党性原则是新闻事业的一条根本原则,这也是马克思主义新闻观的一个最基本的观点,任何时候任何情况下都不能动摇。"⑤桑结加在庆祝《青海日报》创刊

---

① 甘惜分.甘惜分文集:第1卷[M].北京:人民日报出版社,2012:167.
② 王珏.新闻广播电视概论[M].北京:北京广播学院出版社,1989:33.
③ 王珏.新闻广播电视概论[M].北京:北京广播学院出版社,1989:219.
④ 赵德全.新闻理论基础[M].北京:中国广播电视出版社,1989:3-4.
⑤ 郜永堂.认真总结经验,坚持新闻工作的党性原则[M]//《河北省广播电视年鉴》编辑委员会.河北省广播电视年鉴1995版.北京:中国广播电视出版社,1997:176.

40周年大会上发言说:"维护新闻的党性原则,坚持正确的办报方向,我看,要搞好四个方面的教育:一是要进行马克思主义新闻观的教育,从理论上武装新闻队伍,不断提高新闻工作者的政治素质和业务素质。"① 陈金松撰文认为:"我们要坚持四项基本原则,坚持马克思主义新闻观,坚持社会主义党性原则,分析、批判和清除资产阶级自由化新闻观点及其影响。"② 当然,"马克思主义的新闻观"也还在沿用,如中宣部发文《中共中央宣传关于反腐败现象宣传的几点意见》规定:"必须站在党的立场上,坚持用马克思主义的新闻观来认识和处理。……坚决而彻底地批判资产阶级的新闻观,真正树立起无产阶级的新闻观。"③ 1989年11月,江泽民、李瑞环在全国省、市、自治区党报总编辑新闻工作研讨班上发表了题为《关于党的新闻工作的几个问题》和《坚持正面宣传为主的方针》的重要讲话,成为中国特色社会主义新闻理论体系的重要内容,两者均强调了反对资产阶级自由化、加强马克思主义学习的观点。

1990年,江泽民、李瑞环两个新闻讲话公开发表后,全国新闻界积极组织学习,深刻领会讲话精神。"马克思主义新闻观"一词随之频繁使用起来,也出现了同一人混用"马克思主义新闻观""马克思主义的新闻观"的现象。如庞际昌撰文认为:"要弘扬社会主义新闻的主旋律,必须认真澄清新闻理论和观点上的种种混乱,牢固树立马克思主义的新闻观,认真批判和抛弃形形色色的非马克思主义新闻观。"④ 还出现了同一本论文集混用两种表述的现象,如张锡林主编出版的《新闻工作论文集》。1991年3月,戴邦在书评《评〈社会主义新闻学导论〉》中不仅使用了"马克思主义的新闻观",该书"维护了马克思主义的新闻观,而且对人民进行马克思主义新闻学的理论教育有特殊的意义",而且两次使用了"马克思主义

---

① 赵得录,叶森.青海日报四十年[M].西宁:青海日报出版社,1989:8.
② 陈金松.笔苑探艺[M].北京:新华出版社,1996:468.
③ 中共辽宁省委组织部,等.党务工作文件选编(1988.5—1992.5)[M].沈阳:辽宁人民出版社,1992:776.
④ 庞际昌.灯下杂论[M].北京:中国华侨出版社,1991:240.

第二十二章
正本清源："马克思主义新闻观"概念的生成与发展

新闻观","纵观全书，不仅史论结合较好，更为突出的是，它运用马克思主义新闻观……总之，该书是用马克思主义新闻观解释新闻现象之论，是一本好的教材"。[①]5月，王莉撰文开门见山地说："马克思主义新闻观告诉我们，新闻事业作为一定阶级的舆论工具。"[②]6月，吴冷西在接受采访时明确表示，"资产阶级自由化思潮泛滥，不仅冲击了马克思主义新闻观，也冲击了新闻业务上一些带方针性、政策性的原则"[③]。11月，李志石主编的《广播记者论集》出版，其认为新闻工作者要"用马克思主义新闻观对西方资本主义新闻观点、理论进行剖析、批判"[④]。12月，首届"中国新闻奖"颁奖后，《新闻出版报》发表评论员文章认为："一年来，中国记协、地方记协以及许多新闻单位组织马克思主义新闻观的学习，贯彻《中国新闻工作者职业道德准则》，都收到很好成效。"[⑤]同年，俞月亭出版著作《韬奋论》，收入了研究邹韬奋报刊活动的论文20篇，两次使用了"马克思主义新闻观"。至1991年，在坚持四项基本原则进行社会主义精神文明建设、反对资产阶级自由化运动中，随着马克思主义新闻学的理论探索的深入，不仅"马克思主义新闻观教育"新词汇也正式出现，如是年5月深圳市文化委员会新闻出版处编辑出版的《深圳报刊评论选编》记载"在报刊整顿中，15家期刊又接受了一次马克思主义新闻观教育，全面而深刻地理解坚持四项基本原则与改革开放的辩证关系"[⑥]，而且"马克思主义新闻观"概念初步兴起，如是年7月新华社新闻研究所林枫研究员撰文《办好党报的十项原则》认为，党报工作者要"具有马克思主义新闻观"，其目的就

---

① 戴邦.评《社会主义新闻学导论》[J].新闻与写作，1991（4）：36.
② 石晓峰.新闻理论与新闻实践[M].长春：东北师范大学出版社，1991：35.
③ 余振鹏，陆小华.新形势与党的新闻工作优良传统：吴冷西同志答问录[J].中国记者，1991（6）：5.
④ 李志石.广播记者论集[M].北京：中国广播电视出版社，1991：5.
⑤ 本报记者.队伍建设是重大课题：向中国记协"一会两奖"热烈祝贺[N].新闻出版报，1991.
⑥ 深圳市文化委员会新闻出版处.深圳报刊评论选编[M].深圳：深圳市文化委员会新闻出版处，1991：1.

333

是"识别和抵制资产阶级新闻观点",并明确提出了"马克思主义新闻观"概念所指,包括马克思主义新闻理论、马克思主义新闻自由观以及马克思主义新闻道德[①]。这是目前所见研究者第一次对"马克思主义新闻观"所指内容具体化,标志着"马克思主义新闻观"概念的初步兴起。

第三节 中国特色社会主义新闻理论体系建设中,"马克思主义新闻观"概念生成

1992年,以邓小平南方谈话和党的十四大为标志,中国改革开放和社会主义现代化建设进入新阶段。尤其是党的十四大确立了建设社会主义市场经济体制的改革目标和邓小平建设有中国特色社会主义理论在全党的指导地位。"马克思主义新闻观"一词的使用既有继承又有突破。1月,王福如在《新闻战线》发表《再学习与再深入》一文,指出"要保持新闻舆论的正确方向,还要有马克思主义新闻观作指导","为了始终把握坚定正确的政治方向,我们要进行马克思主义新闻观的再学习、再教育,……用马克思主义新闻观统一自己的认识。这样才能保证新闻舆论的正确方向,同时把新闻改革不断推向前进"[②]。3月,高兴烈总结深圳特区政府办报经验后,认为"政府机关报也要用马列主义、毛泽东思想武装自己的队伍,使编辑、记者具有马克思主义新闻观,并善于用马克思主义的立场、观点、方法,观察世界,反映世界,影响世界"[③]。

当然,"马克思主义新闻观"一词的使用也有新突破。"马克思主义新闻观"跨出了新闻学大门,被其他学科所采用。如孙恒杰等编著的《干群关系学》一书,在讨论"社会舆论对干群关系的影响"时论述说:"我们舆论宣传要发挥积极作用,应该坚持的要点是:1.坚持马克思主义新闻

---

① 林枫.办好党报的十项原则[J].新闻战线,1991(7):8.
② 王福如.再学习与再深入[J].新闻战线,1992(1):3-4.
③ 高兴烈.试论政府机关报[J].中国记者,1992(3):32.

观。马克思主义新闻理论，是对各种新闻活动与新闻现象的规律的科学总结，是我们进行新闻舆论宣传的理论基础与指针。"①1993年，"马克思主义新闻观"使用取得了更大突破，且有诸多新亮点。第一，"马克思主义新闻观"一词进入了新闻学教材。武汉大学吴高福在主编的高等学校文科教材《新闻学基本原理》中写道："马克思主义新闻观是以事实的客观存在作为前提的，它所肯定的传者反映社会生活的能动性，决不是离开事实本身的什么主观臆想、精神创造，而是更真实地反映客观事实。"②第二，"马克思主义新闻观"课程成为高校新闻教育改革的新措施。12月9日，《光明日报》报道说："项德生教授认为，基本知识的传授和基本技能的训练，加强马克思主义新闻观的必修课，突出实践环节。"③第三，在党和国家重要领导人诞辰纪念活动中，正式使用了"马克思主义新闻观"表述。12月21日，为纪念毛泽东诞辰100周年，中华全国新闻工作者协会举行学习毛泽东同志新闻思想座谈会。人民日报社社长、中国记协副主席邵华泽发言认为："毛泽东新闻思想继承和发展了马克思主义新闻观，是毛泽东思想的一个重要组成部分。"④次日，《人民日报》报道了此句话。这是《人民日报》第一次使用"马克思主义新闻观"一词，该词由此从学术关键词向政治术语发展。

1994年1月，江泽民在全国宣传思想工作会议上发表重要讲话，提出了"我们的宣传思想工作，必须以科学的理论武装人，以正确的舆论引导人，以高尚的精神塑造人，以优秀的作品鼓舞人"重要论断，丰富了中国特色社会主义新闻理论体系。随后，全国新闻界兴起学习热潮。4月，陈中民撰文指出："探讨新闻自由，首先要树立马克思主义新闻观。"⑤同月，

---

① 孙恒杰，等.干群关系学［M］.北京：光明日报出版社，1992：263.
② 吴高福.新闻学基本原理［M］.武汉：武汉大学出版社，1993：226.
③ 邵文杰.新闻教育要出新［N］.光明日报，1993-12-09（2）.
④ 中国新闻年鉴杂志社.中国新闻年鉴（1994）［M］.北京：中国新闻年鉴杂志社，1994：316.
⑤ 陈中民.春泥集［M］.郑州：河南人民出版社，1994：217.

陶涵出版著作《比较新闻学》，多次论述到"马克思主义新闻观"，如"试图将马克思主义新闻观和西方新闻理论，列宁主义新闻观和西方新闻理论，马克思主义新闻观和列宁主义新闻观之间，作一粗线条的比较"[①]，"在对比马克思主义新闻观和列宁主义新闻观之后可以看出，两者观点相通之处甚多"[②]，"列宁没有修正马克思主义新闻观，而是在新的历史条件下作出了灵活运用"[③]。9月，林枫为纪念《新闻与写作》杂志创刊10周年发表贺信《继续成为宣传马克思主义新闻观的坚强阵地》，"衷心希望《新闻与写作》永远是坚持和发展马克思主义新闻观的坚强阵地，始终保持正确的舆论导向，在建设有中国特色社会主义新闻学和新闻事业的征途中，作出更大的贡献"[④]。这是目前中国知网全文数据库中第一篇以"马克思主义新闻观"命名标题的文章。10月，新华社召开1994年新闻学术年会。据《中国新闻年鉴（1995）》记载：新闻研究所副所长徐人仲"结合当前新闻工作实际，就马克思主义新闻观的八个基本点作了论述"[⑤]。但是，该新闻学术年会研讨成果《以正确的舆论引导人与新闻工作》汇编出版后，收录的徐人仲文章并没有采用"马克思主义新闻观"的表述，而是"马克思主义新闻理论"。而该书收录的林枫研究员的论文则使用了"马克思主义新闻观"，"为建设有中国特色的社会主义创造良好的新闻舆论环境，要做一系列长期艰苦扎实的工作。其中，包括恰当处理相关的一些新闻理论问题，结合新的情况，阐述马克思主义新闻观，批判资产阶级新闻观点"[⑥]。1995年8月，"马克思主义新闻观"一词再次出现在大学教材中。胡正荣出版

---

① 陶涵.比较新闻学［M］.北京：文津出版社，1994：86-87.
② 陶涵.比较新闻学［M］.北京：文津出版社，1994：88.
③ 陶涵.比较新闻学［M］.北京：文津出版社，1994：89.
④ 林枫.继续成为宣传马克思主义新闻观的坚强阵地［J］.新闻与写作，1994（9）：13.
⑤ 中国新闻年鉴杂志社.中国新闻年鉴（1995）［M］.北京：中国新闻年鉴杂志社，1995：248.
⑥ 新华社新闻研究所.以正确的舆论引导人与新闻工作［M］.北京：新华出版社，1995：103.

> 第二十二章
> 正本清源："马克思主义新闻观"概念的生成与发展

广播电视新闻系列教材之《新闻理论教程》。在绪论中，他阐述说："我们学习和研究新闻理论是为了树立马克思主义新闻观，明确社会主义新闻事业的性质和任务。"[1] 11月，1995年新闻学术年会在新华社举行，与会者达成共识："抓作风、改文风"的基础是坚持马克思主义世界观、人生观、价值观和新闻观，"新闻观包含着世界观、人生观、价值观与新闻工作实践相结合的种种新闻观念。用马克思主义新闻观武装我们的新闻工作者非常重要。在新闻观中最根本的是要坚持并创造性地实现无产阶级新闻的党性原则，坚持并创造性地当好党与人民的耳目、喉舌"。[2] 同月，高兴烈主编的《政府机关报的功能与特色》出版，其第六章第三节就是"加强马克思主义新闻观教育：坚持干中学与学中干，提高新闻队伍专业素质"。

1996年1月2日，江泽民在接见解放军报社师以上干部时的讲话，重提毛泽东"政治家办报"的指示精神。同月24日，江泽民在中南海与出席全国宣传部长会议代表座谈时发表讲话中使用了"马克思主义的新闻观"，强调按照马克思主义的新闻观，按照为人民服务、为社会主义服务、为全党全国工作大局服务的要求，加强对舆论宣传的指导、监督和管理[3]。9月26日，江泽民视察人民日报社并发表重要讲话，提出"导向论"，"舆论导向正确，是党和人民之福；舆论导向错误，是党和人民之祸"，并指出新闻工作者必须打好五种根底，坚持六种优良作风。时任广播电影电视部部长孙家正认为，江泽民重要讲话"运用马克思主义新闻观，针对当前新闻的实际，……揭示了改革开放新形势下新闻工作必须遵循的群众路线的新的内涵，是我们新闻工作坚持群众路线的指针"[4]。随着全国新闻界掀

---

[1]　胡正荣.新闻理论教程[M].北京：中国广播电视出版社，1995：7.
[2]　本刊记者."抓作风、改文风"的核心是坚持实事求是：新华社'95新闻学术年会综述[J].中国记者，1995（12）：7.
[3]　中共中央文献研究室.改革开放三十年重要文献选编：上[M].北京：中央文献出版社，2008：846.
[4]　人民日报社.以正确的舆论引导人 学习江泽民总书记视察人民日报社的重要讲话[M].北京：人民日报出版社，1996：50.

起学习和贯彻江泽民关于新闻宣传的重要讲话精神的高潮,"马克思主义新闻观"一词在新闻界兴起。

1996年5月,中国记协主席吴冷西在为林枫即将出版的著作《新闻改革理论探索》作序时,虽然正文没有提到"马克思主义新闻观",但他认为"中国共产党的几代领导人和从事新闻工作的卓越代表人物,以他们的实践和论述,都为我国马克思主义新闻理论提出了一系列的原理、原则、方针、政策、工作作风和工作方法"①。他还分十二部分阐述了这些马克思主义新闻理论的原理、原则、方针、政策、工作作风和工作方法。从内容上看,他明确地将五四运动以来中国共产党的几代领导人和从事新闻工作的卓越代表人物的新闻思想统摄进了"马克思主义新闻观"中。"马克思主义新闻观"一词也再次进入新闻传播学教材。王珏在出版的《新闻广播电视概论》绪论中认为:"新闻产生和发展的本质原因是什么?这就是新闻的起源问题。对于这个问题的不同回答,形成了马克思主义新闻观同资产阶级新闻观的根本对立。"②他阐释道:"马克思主义新闻观认为,人的兴趣、好奇心、新闻欲,是一种心理状态。"③10月4日,《人民日报》再次使用了"马克思主义新闻观","江泽民同志担任中共中央总书记以来,高度重视党的新闻事业,多次发表讲话,针对新的形势和任务,运用马克思主义新闻观,从理论和实际的结合上,就新闻工作的一系列重要问题,作了精辟阐述"。④同月,林枫在《新闻战线》发表论文《中国特色的社会主义新闻事业必须以正确的舆论引导人——学习江泽民同志的重要新闻论述》,两次使用了"马克思主义新闻观"。徐光春出版的著作《漫谈新闻出版》先后三次使用了"马克思主义新闻观"。12月,1996年新闻学术年会在新华社召开。在研讨环节,新闻研究所顾问文有仁对新闻界争论的十个

---

① 吴冷西.坚持马克思主义新闻观[J].当代思潮,1996(5):7.
② 王珏.新闻广播电视概论[M].北京:北京广播学院出版社,1996:35.
③ 王珏.新闻广播电视概论[M].北京:北京广播学院出版社,1996:37.
④ 《新闻战线》杂志第10期刊载江总书记视察人民日报社消息和照片 发表学习江泽民对新闻工作重要论述文章[N].人民日报,1996-10-04(4).

问题进行了剖析，并指出新闻界"必须以江泽民同志为核心的党中央所坚持的马克思主义新闻观为我们的根本指针"[①]。同年，"马克思主义新闻观"使用也取得突破，在进理论文章和著作、教材之后，也载入了辞书工具书中。《中国监督学大辞典》收录了词条"新闻本源"，释义为："新闻报道的客体。马克思主义新闻观认为，新闻的本源乃是物质的东西，是事实，是人类在同自然的斗争中和在社会的生活中所发生的各种事实。"[②]

1997年2月，邓小平逝世。9月，党的十五大高度评价邓小平理论是当代中国的马克思主义，是中国特色社会主义理论体系的开创之作。全党继承邓小平遗志，高举邓小平理论的伟大旗帜，用邓小平理论来指导我们整个事业和各项工作，全国掀起学习邓小平理论高潮，"马克思主义新闻观"概念生成，明确具体化。同年4月，由中宣部主办的全国省、市、自治区党委和中央部委机关报总编辑研讨班在北京召开。来自全国的80多位总编辑参加，中宣部副部长徐光春在研讨班上作了题为《进一步提高新闻宣传水平 为两件大事创造良好氛围》的讲话。他在讲话中强调，"要谆谆教育记者、编辑确立马克思主义新闻观"，并明确论述了"马克思主义新闻观"概念为马克思主义新闻观是社会主义新闻学的理论基础，是我们新闻宣传工作的指导思想，核心是无产阶级新闻事业的党性原则[③]。会后，《人民日报》《光明日报》等媒体也使用"马克思主义新闻观"一词进行了报道，进一步强化了"马克思主义新闻观"一词政治术语的地位，全国新闻界积极组织学习贯彻会议精神。

5月，新闻界关注到了"马克思主义新闻观"新概念，《新闻战线》《中国记者》公开发表了徐光春讲话摘要。新华社新闻研究所研究员林枫出版著作《新闻改革理论探索》，选录了他1987年至1996年的新闻学论

---

① 中国新闻年鉴杂志社.中国新闻年鉴（1997）[M].北京：中国新闻年鉴杂志社，1997：269.
② 郑力.中国监督学大辞典：上[M].北京：中国财政经济出版社，1996：224.
③ 徐光春.进一步提高新闻宣传水平 为两件大事创造良好氛围[J].中国记者，1997（5）：5.

文，其中使用了"马克思主义新闻观"一词的文章有5篇，分别是《办好党报的十项原则》《立足新华社，放眼全世界》《以正确的舆论引导人的一些新闻理论问题》《中国特色的社会主义新闻事业必须以正确的舆论引导人——学习江泽民同志的重要新闻论述》《抓作风、改文风和端正世界观、人生观、价值观、新闻观》。尤其是在第一篇中，他重申了第一次使用"马克思主义新闻观"的概念所指，即包括马克思主义新闻理论、马克思主义新闻自由观，以及马克思主义新闻道德。

7月，林枫撰文《讲政治 要坚持马克思主义新闻观》在《新闻战线》公开发表，对"马克思主义新闻观"概念进行了深入论述。首先，他开门见山地介绍了政治背景，"近几年来，江泽民总书记多次强调：'一定要讲政治'。……马克思主义博大精深，新闻工作者要学好用好它，需要作坚持不懈的努力。这里着重谈学习马克思主义的重要组成部分——马克思主义新闻观的问题"[①]。其次，他明确阐释了"马克思主义新闻观"概念内涵和体系，"马克思主义新闻观，是社会主义新闻学的理论基础，是我国新闻工作的指导思想。新闻工作者讲政治，必须坚持马克思主义新闻观。马克思主义新闻观，包括马克思列宁主义新闻理论、毛泽东新闻思想、邓小平的新闻论述、江泽民的新闻论述，以及党和国家的有关决定、法规等。这是一个跨越150年的继承和发展的科学体系，内涵极其丰富"[②]。再次，他阐述了坚持马克思主义新闻观的紧迫性和现实性，并明确指出，"新闻工作者讲政治，必须坚持马克思主义新闻观"，"马克思主义新闻观的核心，是无产阶级党性原则"，"实事求是，是马克思主义新闻观的重要原则"，认为"讲政治，一定要坚持马克思主义新闻观。当前，特别需要明确下列几点：一、坚持鲜明的党性原则……二、遵循为人民服务、为社会主义服务的基本方针……三、'要使我们党的报刊成为全国安定团结的思想上的中心'，为'安下心来搞建设'创造良好的新闻舆论环境……

[①] 林枫.讲政治 要坚持马克思主义新闻观[J].新闻战线，1997（7）：3.

[②] 林枫.讲政治 要坚持马克思主义新闻观[J].新闻战线，1997（7）：3.

第二十二章
正本清源："马克思主义新闻观"概念的生成与发展

四、在党的基本理论、基本路线指导下，新闻事业必须'以正确的舆论引导人'"。①最后，他呼吁新闻工作者一定要头脑清醒，居安思危，扎扎实实地用马克思主义新闻观武装自己，提高分辨理论是非的能力，抵制资产阶级新闻观的影响，改进新闻工作，为出色地完成党和人民赋予新闻界的繁重任务而努力奋斗。从林枫阐述的"马克思主义新闻观"概念，明显受到了徐光春在总编辑研讨班上讲话精神的影响，并借用了其表述，但也丰富了其观点。林枫积极宣传"马克思主义新闻观"，先后撰写了文章《用马克思主义新闻观研究、规范新闻摄影》《真诚合作，宣传马克思主义新闻观》。尤其在后文中，他认为："在以经济建设为中心、坚持四项基本原则、坚持改革开放的新形势下，如何继承、发展马克思主义新闻观，促进有中国特色社会主义新闻事业"，"希望《新闻战线》继续成为宣扬马克思主义新闻观的坚强阵地"。②同年，董广安的《当代新闻采写方略》、雷跃捷的《新闻理论》、李世同的《新闻单位内部管理概论》、中共中央宣传部政策法规研究室的《十四大以来宣传思想工作的理论与实践》，以及工具辞书《中华人民共和国年鉴》《河北省广播电视年鉴》《中国新闻年鉴》《新闻学传播学新名词词典》均使用了"马克思主义新闻观"一词。

　　1998年，"马克思主义新闻观"概念得到了丰富和发展。徐光春在著作《我说新闻》中再次公开发表《关于提高新闻宣传水平的若干意见——在1997年全国省级党委机关报总编辑研讨班上的讲话（摘要）》，其中论述"马克思主义新闻观"的内容比之前更加丰富。首先，阐述"马克思主义新闻观"概念更加深刻，更具理论色彩，"马克思主义新闻观是社会主义新闻学的理论基础，是我们新闻宣传工作的指导思想。马克思主义新闻观是科学的革命的新闻观，揭示了新闻宣传工作的本质和基本规律，核心是无产阶级新闻事业的党性原则"，要求新闻界"把确立马克思主义新闻观作为新闻队伍思想建设和业务建设的重要内容，密切联系社会主义现代

---

① 林枫.讲政治 要坚持马克思主义新闻观［J］.新闻战线，1997（7）：4.
② 林枫.真诚合作，宣传马克思主义新闻观［J］.新闻战线，1997（12）：29-30.

化建设的实际和新闻工作的实际，引导记者编辑分辨理论是非，自觉抵制资产阶级新闻观的影响，增强党性原则。要组织记者编辑认真学习马克思主义、毛泽东思想、邓小平理论关于新闻的观点和江泽民总书记关于新闻工作的一系列重要论述，努力提高新闻队伍的政治思想素质和业务素质，使党的新闻舆论阵地牢牢掌握在忠于马克思主义、忠于党、忠于人民的人手里。这是坚持正确舆论导向的重要保证"[1]。这段论述其实也点明了"马克思主义新闻观"内容所指，包括马克思主义、毛泽东思想、邓小平理论关于新闻的观点和江泽民关于新闻工作的一系列重要论述。同年，《邓小平论新闻宣传》由新华社新闻研究所正式出版。编者在前言中说：他运用了马克思主义立场、观点和方法研究新情况、解决新问题的科学态度和创造精神，在书中都有所体现。[2] 新华社新闻研究所顾问文有仁撰文高度评价，"邓小平同志有关新闻宣传的论述，是邓小平理论的重要组成部分，是马克思主义新闻观在改革开放新时期的体现"，而且认为"我国新闻界在正确认识的基础上，遵循马克思主义新闻观、毛泽东新闻思想和邓小平同志关于新闻宣传的论述、党中央关于新闻宣传的方针，自觉地服从党的领导，努力改进党的基本理论和路线方针政策的宣传以及其他各方面新闻报道，大大增强了新闻报道的社会效果"。[3]

第四节　"马克思主义新闻观"概念在其教育活动兴起中普及与深化

　　中国共产党从延安时期开始高度重视马克思主义教育活动，新闻舆论战线也概不能外。有研究者认为毛泽东在延安整风运动、反"客里空"运动、反对大跃进浮夸风运动中坚持新闻真实性原则就是"毛泽东亲自领导

---

[1]　徐光春．我说新闻［M］．合肥：安徽教育出版社，1998：172．
[2]　新华社新闻研究所．邓小平论新闻宣传［M］．北京：新华出版社，1998：前言．
[3]　文有仁．改革开放二十年与新闻事业［J］．新闻与写作，1998（12）：4-5．

第二十二章
正本清源："马克思主义新闻观"概念的生成与发展

了三次较大规模的马克思主义的新闻观教育",并评价这"是毛泽东首创的马克思主义的新闻观教育"[①]。从20世纪八九十年代，新闻界就不断呼吁开展马克思主义新闻观教育。时至21世纪，尤其加入WTO之后，中国面临诸多新的挑战和机遇。在思想政治领域出现了复杂的矛盾和斗争，一方面，拜金主义、享乐主义和极端个人主义侵蚀着新闻队伍，另一方面，西方的政治主张、新闻理论、价值观念、生活方式等乘隙而入。他们还利用网络技术，传播各种攻击社会主义的谬论，中国面临严峻的意识形态挑战。在此背景下，新闻界积极贯彻和落实党中央建设好一支政治强、业务精、纪律严、作风正的新闻队伍的指示精神，抓住各种时机组织开展全国马克思主义新闻观教育。有研究者对马克思主义新闻观教育的形成和推进过程进行了大致梳理，"最初是由广东和上海的媒体在1999年和2000年率先开始的。而2001年在全国范围内开展的马克思主义新闻观教育活动，正是在学习和推广广东、上海经验的基础上展开的。……2003年10月28日，中宣部、国家广电总局、国家新闻出版总署、中国记协结合学习'三个代表'重要思想，联合发布在全国新闻战线开展'三项学习教育活动'。……后来（2011），中宣部等部门又在新闻界组织开展'走基层、转作风、改文风'的活动，进而把马克思主义新闻观教育活动推到了一个新的阶段。2013年底，中宣部和教育部联合发出《关于地方党委宣传部门与高等学校共建新闻学院的意见》，……拉开了全国范围内'部校共建'的序幕。……这也使得它成为推进马克思主义新闻观教育的一个新渠道和新形式"[②]。中国特色社会主义进入新时代，尤其是2016年2月19日，习近平总书记在党的新闻舆论工作座谈会上发表重要讲话后，新闻界积极学习和贯彻习近平总书记关于新闻舆论工作的重要论述——马克思主义新闻观最新成果，更加推进了全国马克思主义新闻观教育活动开展。

[①] 王能昌. 无产阶级报刊的基本原则[J]. 毛泽东思想研究，1985（1）：115.
[②] 郑保卫，叶俊. 马克思主义新闻观教育的形成、推进及意义[J]. 中国大学教学，2016（12）：16.

首先，马克思主义新闻观教育活动的兴起，极大地促进了"马克思主义新闻观"一词在中国的普及使用。据笔者利用人民日报图文数据库（一篇算一次）统计：《人民日报》（1948年6月15日—2019年12月31日）发稿中总共使用了332次"马克思主义新闻观"一词，分别是1993年1次，1996年1次，1997年1次，1999年2次，2000年1次，2001年15次，2002年2次，2003年17次，2004年24次，2005年14次，2006年18次，2007年8次，2008年12次，2009年15次，2010年6次，2011年25次，2012年12次，2013年29次，2014年19次，2015年10次，2016年43次，2017年20次，2018年17次，2019年20次。能看出"马克思主义新闻观"一词在中国增长态势与马克思主义新闻观教育活动关系密切。1999年，由于美国轰炸我国驻南斯拉夫联盟大使馆事件，新闻界组织开展马克思主义新闻观教育活动，揭批西方新闻自由的虚伪性。《人民日报》在报道此事件中，2次使用了"马克思主义新闻观"一词。2001年，数字陡然增加到15次，不仅超过了以前数年之和，而且是2.5倍。其原因就是中国记协于2001年3月14日向各地方记协、专业记协和各会员单位发布《关于推动马克思主义新闻观学习教育活动的意见》，全国新闻界掀起了开展马克思主义新闻观教育活动高潮。此后，2003年17次和2004年24次，均与中宣部等部门组织全国新闻战线开展"三项学习教育活动"（"三个代表"重要思想、马克思主义新闻观、职业精神职业道德学习教育活动）紧密相连。2011年25次，2013年29次，2016年43次，不断创造"马克思主义新闻观"一词使用新纪录，均与推进马克思主义新闻观教育密切相关。正是由于马克思主义新闻观教育的形成和推进，"马克思主义新闻观"一词在新闻界的使用不断得到推广普及，特别由于"部校共建"，马克思主义新闻观逐渐进课堂、进教材、进头脑，深入人心，成为社会生活领域的高频词。

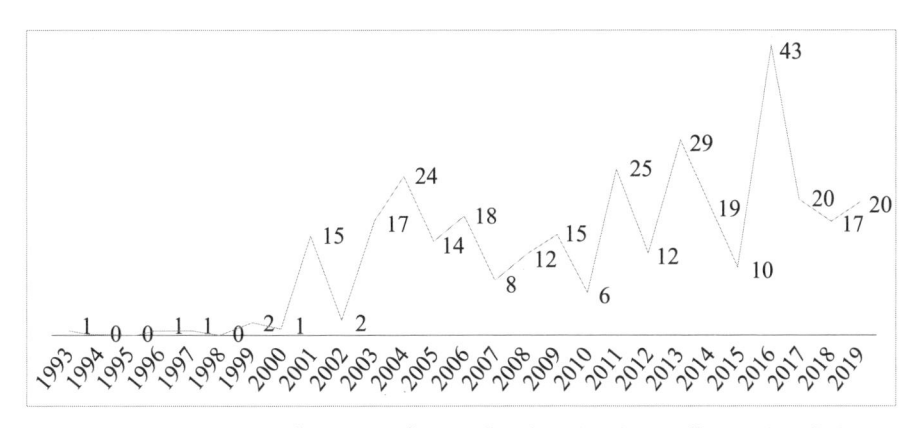

图 1　1948—2019 年《人民日报》使用"马克思主义新闻观"一词变化曲线图

其次，马克思主义新闻观教育活动的兴起推动新闻界积极开展了马克思主义新闻观的学术研究。笔者据中国知网全文数据库统计，篇名中含"马克思主义新闻观"的文章达 800 篇之多，其中，第一篇出现在 1994 年，第二篇是 1996 年，1997 年有 3 篇，1999 年有 5 篇。随着 2001 年全国范围内马克思主义新闻观教育活动的开展，当年中国知网全文数据库中篇名含"马克思主义新闻观"一词的文章数量高达 100 篇，可见马克思主义新闻观话题的热度。时任南方日报报业集团总编辑范以锦在 2001 年 2 月 27 日中国记协召开的"开展马克思主义新闻观学习教育活动座谈会"上说："关于马克思主义新闻观的问题，是新闻管理部门和新闻单位使用频率很高的一个话题。"[①]2002—2004 年分别为 22 篇、20 篇和 38 篇，此后有所回落；至 2011 年又回到了 22 篇。2013 年达 41 篇，此后除了 2015 年，文章数量不断攀升，2016 年高达 90 篇，2017 年 78 篇，2018 年则创历史新高，为 117 篇，2019 年为 109 篇。这些篇名含"马克思主义新闻观"一词的文章发表量的增长，如实地呈现出马克思主义新闻观教育活动的各个历史节点，也反映出新闻界尤其是新闻学界对马克思主义新闻观学术研究的推动作用。特别是习近平总书记"2·19"重要讲话后，马克思

---

① 中华全国新闻工作者协会.学习马克思主义新闻观［M］.长春：吉林人民出版社，2001：510.

主义新闻观研究阵地不断得到巩固和拓展，马克思主义新闻观研究论坛和教育培训纷纷举办，新闻传播学期刊纷纷设立"马克思主义新闻观"专栏，发表的马克思主义新闻观文章大幅增长。

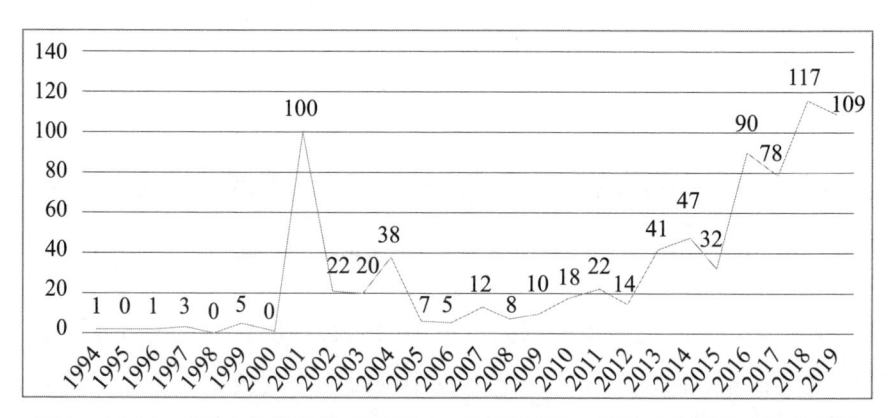

图2 1994—2019年篇名含"马克思主义新闻观"一词的文章数量变化曲线图

再次，马克思主义新闻观教育活动的兴起促使新闻界加强了马克思主义新闻观的理论建设，马克思主义新闻观书籍纷纷出版问世。据读秀学术搜索数据库（精确匹配）统计：自2001—2019年（截止到2019年12月31日）书名含"马克思主义新闻观"的图书达41种。2001年前，没有出现过书名含"马克思主义新闻观"的书籍，2001年一年内就出版有3种。按照时间顺序，它们分别是中共广东省委宣传部等选编的《马克思主义新闻观学习读本》（2001年4月，南方日报出版社）、中华全国新闻工作者协会编写的《学习马克思主义新闻观》（2001年6月，吉林人民出版社）、高挺先主编的《马克思主义新闻观基础读本》（2001年8月，山东人民出版社）。《马克思主义新闻观学习读本》辑录了马克思、恩格斯、列宁、毛泽东、邓小平和江泽民同志有关马克思主义新闻观的经典著作和重要论述。《学习马克思主义新闻观》分上下两篇，上篇为领袖论述（马克思、恩格斯、列宁、毛泽东、邓小平、江泽民等关于新闻工作的重要论述），下篇为学习文章（王晨、邵华泽、徐光春等学习马克思主义新闻观文章）。《马克思主义新闻观基础读本》包括马克思主义新闻思想的哲学基础、

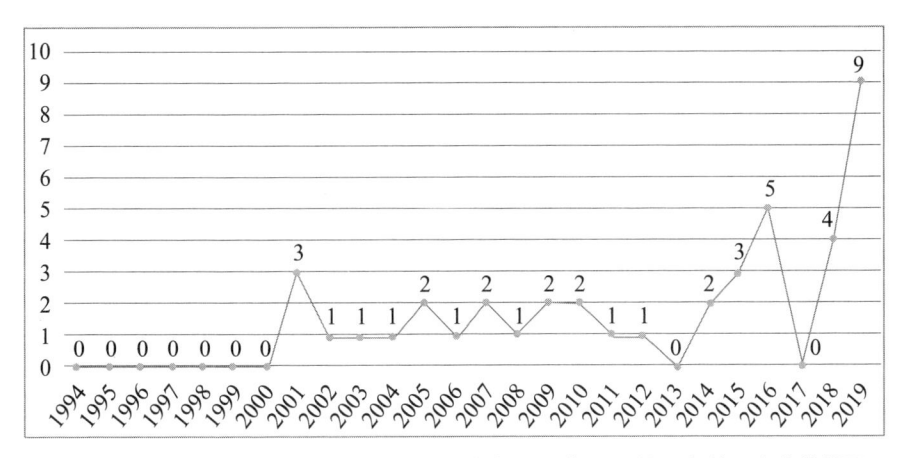

图3　1994—2019年书名含"马克思主义新闻观"一词的图书数量变化曲线图

马克思主义经典作家思想、马克思主义新闻传播规范三部分内容。也有些省份编写的马克思主义新闻观学习和研究书籍没有以"马克思主义新闻观"命名，如汪石满主编的《新闻工作者学习读本》（2001年8月，安徽人民出版社）分为三个部分：第一部分为经典论述，收入了马克思、恩格斯、列宁、毛泽东、邓小平、江泽民有关新闻工作的论述文章；第二部分为政策法规；第三部分为新闻基础知识。这些书籍的出版不仅是全国马克思主义新闻观教育活动的成果，打破了新闻界以往没有马克思主义新闻观书籍的局面，而且成为第一批马克思主义新闻观学习和研究成果。此后，除了2013年、2017年，每年均有书名含"马克思主义新闻观"的书籍。2002年、2003年、2004年、2006年、2008年、2011年、2012年各有1种书名含"马克思主义新闻观"的书籍出版；2005年、2007年、2009年、2010年、2014年各有2种；2015年有3种；2016年达5种；2018年有4种；2019年创历史新高，达9种之多。这些书名含"马克思主义新闻观"的书籍有马克思主义新闻观资料汇编、教材、专著和论文集，此外还有许多书名不含"马克思主义新闻观"的书籍无法完全统计。这些马克思主义新闻观书籍，从历史、理论和现实的三个维度对马克思主义新闻观进行了理论建设，为马克思主义新闻观教育活动的开展提供了理论和学术支持，反过来也极大地推动了马克思主义新闻观教育活动的深入持续发展。

最后，马克思主义新闻观教育活动的兴起在全国范围内普及推广了"马克思主义新闻观"概念，且在学术研究发展中内涵得到深化，外延不断扩大。2001年2月27日，中国记协在北京举行"开展马克思主义新闻观学习教育活动座谈会"。时任中宣部副部长王晨在会上发表讲话，阐述了开展马克思主义新闻观教育的重要性和必要性，指出："马克思主义新闻观是指导做好新时期新闻工作的思想基础。马克思主义新闻观实际上是新闻工作者科学正确的世界观、人生观和价值观的具体体现。"[1] 中国记协党组书记郑梦熊在发言中阐述了"马克思主义新闻观"概念，"马克思主义新闻观，是马克思主义理论的重要组成部分。马克思主义的创立者马克思、恩格斯对新闻工作十分重视，不仅亲手创办《新莱茵报》，而且联系当时革命实践阐述了无产阶级新闻理论。列宁继承和发展了这一理论，提出了坚持党性原则等一系列新闻工作主张。在我国，以毛泽东、邓小平、江泽民为核心的三代中央领导集体，在长期斗争实践中不断总结新闻工作经验，形成了有中国特色社会主义的新闻理论，丰富和发展了马克思主义新闻观。……马克思主义新闻观，是做好新闻工作的根本指导思想，是繁荣和发展社会主义新闻事业的根本保证"[2]。随着2001年全国范围内马克思主义新闻观教育活动的兴起，特别是马克思主义新闻观学术研究和理论建设的加强，"马克思主义新闻观"概念的普及，其内涵得到了进一步阐发。同年5月，郑保卫撰文指出：马克思主义新闻观，是指马克思主义对于新闻现象和新闻传播活动的总的看法，它涉及诸如新闻本源、新闻本质及新闻传播规律等许多根本性问题。其核心是马克思主义关于无产阶级及其政党新闻事业的工作性质、工作原则和工作规律的一系列基本观点。它是马克思主义的世界观、人生观和价值观在新闻传播领域的反映和体现。他认

---

[1] 中华全国新闻工作者协会.学习马克思主义新闻观[M].长春：吉林人民出版社，2001：439.
[2] 郑梦熊.深入开展马克思主义新闻观学习教育活动[J].新闻战线，2001（3）：1.

第二十二章
正本清源："马克思主义新闻观"概念的生成与发展

为"马克思主义新闻观是一个科学的理论体系,有其科学内涵。它是世界无产阶级新闻事业经验和传统的科学总结,是马克思主义新闻思想与理论的高度概括。马克思主义新闻观的形成是一个过程。它经历了由马克思和恩格斯奠基,和以列宁为代表的苏联共产党人、以毛泽东为代表的中国共产党人继承、发展的长期过程,不断充实完善,逐步形成了科学的理论体系"[①]。他分别阐明了马克思主义新闻观的开放性、完整性、原则性、实践性等四大特点。骆惠宁在为《马克思主义新闻观基础读本》撰序时认为:"马克思主义新闻观,是马克思主义理论的重要组成部分。马克思主义新闻观是辩证唯物主义与历史唯物主义科学世界观在新闻领域中的体现,是我们在改革开放中搞好新闻工作的指路明灯。"[②]

2002年,陈富清出版著作《马克思主义新闻观与广播电视业》,指出:"新闻观是新闻从业人员对新闻工作的总的看法,是新闻工作的灵魂。……马克思主义新闻观核心是无产阶级新闻工作的党性原则,这是马克思主义新闻观精髓。"[③]2003年10月28日,中宣部会同广电总局、新闻出版总署、中国记协发布《关于在新闻战线深入开展"三个代表"重要思想、马克思主义新闻观、职业精神职业道德学习教育活动的通知》,规定:"马克思主义新闻观是辩证唯物主义和历史唯物主义的科学世界观在新闻领域的具体体现,是做好新闻宣传工作的思想理论基础。"2004年,中宣部新闻局组织编写出版了《"三个代表"重要思想、马克思主义新闻观、职业精神职业道德学习读本》。2005年,林枫出版专著《马克思主义新闻观——中国视角的系统阐释》,以马克思主义理论为指导,论述了新闻、新闻事业、新闻活动新闻事业的重要原则、新闻与相近学科的关系、新闻工作者等诸多问题,深化了新闻界对马克思主义新闻观的内涵认识和理

---
① 郑保卫.马克思主义新闻观的形成与特点[J].中国记者,2001(5):17.
② 高挺先.马克思主义新闻观基础读本[M].合肥:安徽人民出版社,2001:序言1.
③ 陈富清.马克思主义新闻观与广播电视业[M].北京:中国广播电视出版社,2002:2.

解。同年，夏赞君、卿明星编著的教材《马克思主义新闻观教程》出版。该书第一章导论第一节"什么是马克思主义新闻观"，专门探讨了"马克思主义新闻观"概念及其时代性、科学性和实践性特点，认为"马克思主义新闻观是马克思主义的重要组成部分，是马克思主义关于新闻现象和新闻传播活动的总的观点与看法，是以马克思恩格斯为代表的历代马克思主义者总结概括无产阶级新闻事业的实践经验而形成的关于新闻的属性、地位、作用、方针、原则和新闻传播规律的科学理论"[①]。2006年，陈力丹出版专著《马克思主义新闻观思想体系》一书，从整体上以发展的眼光研究了马克思主义新闻观思想体系，认为马克思主义新闻观概念的内涵，一向是党领导的新闻传播业，以及更大范围内的党领导的文化产业在政治上需要遵循的一些原则、观念和行动指南。在绪章"马克思主义新闻观是一个与时俱进的思想体系"中，他主张：由于"马克思主义关于信息传播、宣传、新闻、文化、传播政策，以及组织内部思想交流的论述"这样的内容表述过长，不易经常重复使用，因而本书使用"马克思主义新闻观思想体系"涵盖以上提到的内容。[②]马克思主义新闻观概念的外延进一步扩大。范静宜和李彬编写了《马克思主义新闻观十五讲》，陈力丹出版教材《马克思主义新闻观教程》，进一步推动了"马克思主义新闻观"概念内涵的普及深化。2009年，邵华泽主编出版《马克思主义新闻观及其在中国的运用和发展》一书，认为马克思主义新闻观是马克思主义关于人类新闻传播活动规律的总看法，是关于无产阶级政党新闻事业的性质、宗旨、方针、任务等一系列根本问题的基本观点，是新世纪新阶段中国共产党领导新闻事业的理论基础和行动指南。[③]2010年，新华社马克思主义新闻观研究课题

---

① 夏赞君，卿明星. 马克思主义新闻观教程［M］. 长沙：湖南科学技术出版社，2005：1.
② 陈力丹. 马克思主义新闻观思想体系［M］. 北京：中国人民大学出版社，2006：2.
③ 邵华泽，于宁. 马克思主义新闻观及其在中国的运用和发展［M］. 北京：人民出版社，2009：1.

第二十二章
正本清源："马克思主义新闻观"概念的生成与发展

组出版了研究成果《马克思主义新闻观研究》，概括了马克思主义新闻观的18个基本原理及其核心论点，紧密结合新闻实践，阐述了马克思主义新闻观的科学性、系统性和强大的生命力；认为马克思主义新闻观，集中体现在马克思、恩格斯、列宁的新闻理论，以及以毛泽东、邓小平、江泽民、胡锦涛为首的历届党中央的众多新闻论述之中。[①] 马克思主义新闻观概念的外延不断扩大。

中国特色社会主义进入新时代，尤其是2013年中宣部推行新闻教育的"部校共建"模式后，马克思主义新闻观教育得到了体制和制度保障，全国高校加强了马克思主义新闻观教育，研究领域不断开拓。2014年，王泱泱出版专著《互联网信息之魂——马克思主义新闻观在网络新闻传播中的运用研究》。该书是一部将马克思主义新闻观与网络新闻传播联系加以全面和系统论述的、带有拓荒性质的著述。拓展到互联网领域后，马克思主义新闻观向出版业开掘。国家新闻出版广电总局组织编写了《马克思主义新闻出版观重要文献选编》。2015年，马克思主义新闻观又向新闻实践研究拓展。高晓虹领衔的编写组出版《实践中的马克思主义新闻观——新闻报道经典案例评析》一书，分为"主题宣传篇""典型人物篇""热点引导篇""突发事件篇""舆论监督篇""国际传播篇"等6个大类主题共16组主要新闻报道案例。其中，每组案例由案例概述、专家评析、采写手记、延伸阅读、思考题等5个部分组成，并配有丰富的网络及新媒体链接资源，包括大量文字、音视频案例作品及更多珍贵的、富有参考价值的记者采写手记。

2016年2月19日，习近平总书记在党的新闻舆论工作座谈会上发表重要讲话，指出要牢牢坚持马克思主义新闻观，新闻观是新闻舆论工作的灵魂，要深入开展马克思主义新闻观教育。随着全国新闻界学习和观察习近平总书记"2·19"重要讲话，在全国范围内再次掀起了开展马克思

---

① 朱国圣，林枫.马克思主义新闻观研究[M].北京：新华出版社，2010：序．

主义新闻观教育活动高潮。复旦大学新闻学院童兵领衔的马克思主义新闻观教学团队编写了《马克思主义新闻观读本》，认为马克思主义新闻学是马克思主义的重要内容之一，是经典作家关于新闻传播活动、新闻传媒生产及流通规律的观点与学说体系。马克思主义新闻观是其中的观点体系，是马克思主义经典作家（从马克思、恩格斯到习近平）关于新闻传播活动、新闻信息生产、流通、消费及其规律的观点体系。[1]2018年，有研究者对新世纪以来的马克思主义新闻观进行了长达2万字的学术综述。作者首先梳理了各种不同的"马克思主义新闻观的科学内涵"，指出学者从不同视角对其概念进行解读，形成了四种代表性观点：马克思主义新闻观是指马恩经典作家及其继承者对新闻思想的继承与发展；马克思主义新闻观在新的时代条件下被赋予新的时代内涵；马克思主义新闻观是马克思主义与具体实际相结合的产物；马克思主义新闻观是在总结实践规律基础上的科学总结。同时，认为"以上观点差异的原因是建立在对马克思主义新闻观概念不同视角的理解基础之上，……马克思主义新闻观的本意是建设中国特色社会主义新闻事业，传播中国声音，同时仍需要根据具体国情和时代条件，不断丰富马克思主义新闻观的科学内涵"[2]。2019年，郑保卫领衔的团队编写出版《马克思主义新闻观十二讲》，在第一讲"学习和践行马克思主义新闻观"第二节"马克思主义新闻观是马克思主义对新闻工作的科学认识"中专门阐释了马克思主义新闻观概念，"马克思主义新闻观，是马克思主义对新闻现象和新闻传播活动的总的看法及规律性认识，它涉及新闻工作的一系列根本性问题，其核心是马克思主义关于无产阶级及其政党新闻事业和社会主义新闻事业根本性质、工作原则及运行规律等重要问题的基本观点"[3]。该书特别指出马克思主义新闻观源于实践又指导实践，

---

[1] 童兵.马克思主义新闻观读本[M].上海：复旦大学出版社，2016：前言.
[2] 徐立波，朱小玲.新世纪以来国内马克思主义新闻观研究综述[J].社会主义研究，2018（4）：164.
[3] 本书编写组.马克思主义新闻观十二讲[M].北京：高等教育出版社，2019：7.

第二十二章
正本清源："马克思主义新闻观"概念的生成与发展

是一个开放创新、完整科学的理论体系。马克思主义新闻观概念的内涵不断深化，而其外延也进一步扩大。

本章小结

"问渠那得清如许，为有源头活水来。"明确的概念内涵是科学研究的前提。纵观全文，"马克思主义新闻观"一词及其概念的生成与发展，经历了一个从新名词到学术关键词再到政治术语的演变过程。据笔者目前掌握的文献资料："文化大革命"结束后，在拨乱反正、正本清源的历史背景下，北京广播学院新闻系编采教研室在回归马克思主义新闻学的理论探讨中，于1978年1月编撰出版《广播电视宣传概论》一书时首先使用了"马克思主义新闻观"新词汇；虽然当时"马克思主义新闻观"没有清晰的概念所指，但已表明它是"马克思主义新闻学的一个组成部分"。在20世纪80年代坚持四项基本原则进行社会主义精神文明建设、反对资产阶级自由化运动中，随着马克思主义新闻学的理论探索的深入，作为与"资产阶级新闻观"针锋相对的学术关键词和政治术语，"马克思主义新闻观"一词不断被新闻界使用，其概念初步兴起。1991年，新华社新闻研究所研究员林枫明确提出了其概念所指，包括马克思主义新闻理论、马克思主义新闻自由观，以及马克思主义新闻道德。1992年后，在加强中国特色社会主义新闻理论体系建设过程中，"马克思主义新闻观"一词逐渐被推广，其概念正式生成。1997年4月，徐光春在中宣部主办的全国总编辑研讨班上明确提出"马克思主义新闻观"概念，即马克思主义新闻观是社会主义新闻学的理论基础，是我们新闻宣传工作的指导思想，核心是无产阶级新闻事业的党性原则。从1999年兴起的历次马克思主义新闻观教育活动，不仅推动了"马克思主义新闻观"一词及其概念在全国范围内的普及，而且随着其学术研究和理论建设的展开，也促使"马克思主义新闻观"概念内涵在理论、历史和现实等层面深化发展，其外延也不断扩大。

尽管目前"马克思主义新闻观"概念各异，但其本质均以坚持马克思主义的世界观与方法论为指导，都主张运用马克思主义立场、观点和方法研究新闻现象和新闻活动，体现了马克思主义与中国新闻舆论工作实践的科学总结。但是，我们应该注意到马克思主义新闻观是一个开放创新的科学体系，具有与时俱进的理论创新特点。党的十九大概括和提出习近平新时代中国特色社会主义思想，并写进党章、载入宪法，成为党和国家必须长期坚持的指导思想，是马克思主义中国化最新成果。它贯穿着马克思主义立场观点方法，始终把马克思主义作为理论起点、逻辑起点、价值起点，是当今时代最现实、最鲜活的马克思主义。[①]为了学习和贯彻习近平新时代中国特色社会主义思想，中共中央宣传部编辑出版《习近平新时代中国特色社会主义思想三十讲》。其第十八讲"推进社会主义文化繁荣兴盛"论述了"牢牢坚持马克思主义新闻观"，简要地阐明"马克思主义新闻观"概念，"新闻观是新闻舆论工作的灵魂。马克思主义新闻观是马克思主义立场、观点、方法在新闻舆论工作的根本体现，是做好党的新闻舆论工作的'定盘星'"。[②]这是马克思主义新闻观概念的精练表述，既简洁明了、通俗易懂，又体现了其概念内涵的实质和功能定位。因此，马克思主义新闻观是中国特色的政治术语，是马克思主义中国化的理论成果，是党和人民新闻实践经验和集体智慧的结晶，是习近平关于新闻舆论工作重要论述的核心概念，已成为习近平新时代中国特色社会主义思想的重要组成部分。

[①] 中共中央宣传部.习近平新时代中国特色社会主义思想三十讲[M].北京：学习出版社，2018：14.

[②] 中共中央宣传部.习近平新时代中国特色社会主义思想三十讲[M].北京：学习出版社，2018：201.

图书在版编目（CIP）数据

中国新闻传播概念史：从新名词到关键词 / 邓绍根著.—北京：中国国际广播出版社，2023.11
ISBN 978-7-5078-5454-1

Ⅰ.①中… Ⅱ.①邓… Ⅲ.①新闻学－传播学－研究－中国 Ⅳ.①G219.2

中国国家版本馆CIP数据核字（2023）第230670号

中国新闻传播概念史：从新名词到关键词

著　　者	邓绍根
责任编辑	万晓文
校　　对	张　娜
版式设计	邢秀娟
封面设计	王广福

出版发行	中国国际广播出版社有限公司 ［010-89508207（传真）］
社　　址	北京市丰台区榴乡路88号石榴中心2号楼1701 邮编：100079
印　　刷	天津市新科印刷有限公司

开　　本	710×1000　1/16
字　　数	350千字
印　　张	23
版　　次	2024 年 6 月　北京第一版
印　　次	2024 年 6 月　第一次印刷
定　　价	86.00 元

版权所有　　盗版必究